Helmuth Figdor

Scheidungskinder – Wege der Hilfe

Reihe: »**Psychoanalytische Pädagogik**« Band 3

Herausgegeben von Christian Büttner, Wilfried Datler,
Annelinde Eggert-Schmid Noerr und Urte Finger-Trescher

Helmuth Figdor

Scheidungskinder – Wege der Hilfe

Psychosozial-Verlag

Die Deutsche Bibliothek - CIP-Einheitsaufnahme

Figdor, Helmuth:
Scheidungskinder - Wege der Hilfe / Helmuth Figdor. -
Gießen : Psychosozial-Verl., 1998
(Psychoanalytische Pädagogik)
ISBN 978-3-932133-09-1

6. Auflage 2007

Goethestr. 29, 35390 Gießen
e-mail: info@psychosozial-verlag.de
www.psychosozial-verlag.de
Umschlagsabbildung: Dick Prins

Umschlaggestaltung nach einem Reihenentwurf des
Ateliers Warminski, Büdingen
Printed in Germany
ISBN 978-3-932133-09-1

Inhaltsverzeichnis

2. Kapitel – Die Chance Scheidung
Über mögliche und notwendige Zielsetzungen in der Arbeit mit Scheidungskindern und deren Eltern

3. Kapitel – Wo soll Hilfe ansetzen?
Zur Relation von Elternberatung und (therapeutischer) Arbeit mit den Kindern

4. Kapitel – Das Konzept der psychoanalytisch-pädagogischen Beratung von Scheidungseltern

Hans-Georg Trescher
(† 1992)
zum Gedenken

Vorwort

Hans-Georg Trescher war einer der wichtigsten Repräsentanten der „neuen“ Psychoanalytischen Pädagogik[1]. Es verband uns eine Freundschaft „auf das erste Wort“. Seine Arbeiten und die Diskussionen mit ihm waren nicht einfach „theoretisch anregend“ im üblichen Sinn, sondern haben meinen wissenschaftlichen Werdegang nachhaltig beeinflußt. Seinen unerwarteten Tod 1992 habe ich daher als großen persönlichen Verlust erlebt[2].

Daß ich ihm gerade dieses Buch widme, fünf Jahre nach seinem Tod, hat einen besonderen Grund. Es war wesentlich seinem Zureden zu verdanken, daß ich mich 1990 entschloß, mein erstes Buch über Scheidungskinder zu schreiben. Trescher war damals Lektor im Matthias Grünewald-Verlag und redete mir zu, aus dem nüchternen Abschlußbericht eines Forschungsprojektes der Sigmund Freud-Gesellschaft, Wien ein Buch zu machen. Und es war nicht zuletzt der Erfolg dieses Buches, der dazu führte, daß ich mich im Zuge von Kongreßeinladungen, Fortbildungsveranstaltungen und durch viele Klienten, die daraufhin einen guten Rat von mir erhofften, auch weiterhin so intensiv mit diesem Thema beschäftigte. Insofern hatte also Hans-Georg Trescher seine Hände auch bei diesem 2. Band mit im Spiel. Ich habe es damals verabsäumt, ihm zu danken und möchte das hiermit nachholen.

Während ich diese Zeilen schreibe, denke ich daran, daß ich jenes erste Buch meiner Lehrerin und Förderin Marta Kos-Robes widmete, durch die ich die Faszination und Freude kennenlernte, mit Kindern zu arbeiten und die im Jahr zuvor, 1989, verstorben war. Es muß wohl am Thema der *Trennung* liegen, daß ich beide Bücher lieben Menschen widmete, die ich verlieren mußte. Vielleicht hängt es aber auch damit zusammen, daß wir uns der Bedeutung, die andere für uns haben, erst dann so richtig bewußt werden, wenn sie uns verlassen haben? Auch das ist ein Grund, warum Trennungen so schwer zu ertragen sind. Sie lassen uns immer mit einem Gefühl der Schuld, dem Gefühl, etwas versäumt zu haben, zurück.

Wien, im März 1997 — *Helmuth Figdor*

---

1 Zur Geschichte und Renaissance der Psychoanalytischen Pädagogik vgl. Datler 1995. Einen guten *inhaltlichen* Überblick über Theorie und Praxis der Psychoanalytischen Pädagogik in den letzten fünfzehn Jahren liefern Trescher 1990 und Muck/Trescher 1993 sowie das *Jahrbuch für Psychoanalytische Pädagogik* 1989ff.

2 Zur Würdigung des Werkes von Hans-Georg Trescher s. den Nachruf von Datler/Büttner 1993.

Einleitung

„Vielleicht hat der Titel dieses Buches - 'Zwischen Trauma und Hoffnung' - bei manchem Leser die Erwartung geweckt, ich könnte einen richtigen Weg zeigen, wie die mit der Scheidung verbundenen Hoffnungen (wenigstens eines Elternteils) erfüllbar bzw. die Gefahren der [...] skizzierten Langzeitfolgen vermeidbar wären. Ich glaube zwar, daß ich Antworten auf diese Fragen nicht gänzlich schuldig geblieben bin. Aber das Problem besteht wohl darin, daß diese Antworten selten eindeutig waren, ich zumeist irgendein 'Wenn' oder 'Aber' hinzuzufügen hatte, welches sich oft auf Voraussetzungen berief, die von dem betroffenen Leser/der betroffenen Leserin nicht vorausgesehen, beeinflußt oder beurteilt werden können.

Der Grund dafür liegt einerseits in der Komplexität der menschlichen Seele und andererseits in jener des 'Scheidungsgeschehens' selbst. Jeder 'Akt' dieses Geschehens hat zwar seine eigene Dramatik. Was jedoch im Einzelfall wie und warum vor sich geht, ist ohne Wissen darüber 'was bisher geschah', nicht verstehbar. Ebensowenig aber läßt sich an irgendeinem Punkt des Dramas schon mit Sicherheit voraussagen, wie das Stück ausgeht. Denn es sind die Darsteller selbst, die die Handlung fortschreiben. Insofern haben sie die Macht der Gestaltung und tragen die Verantwortung für sie. Dennoch ist ihre Freiheit begrenzt: durch den bisherigen Verlauf des Geschehens, das nicht auslöschbar ist; durch bestimmte Regeln (i.e. psychologische Gesetzmäßigkeiten), die die Variationsmöglichkeiten begrenzen; durch die Mitspieler, die mitunter andere Ziele verfolgen; und viertens durch das eigene Unbewußte. Nur wer seine Abhängigkeiten kennt, hat aber die Chance, wenigstens einen Teil seiner Ziele zu erreichen."

Mit diesen Worten leitete ich die letzten Seiten meines ersten Buches über Scheidungskinder ein[3]. Dieser 2. Band soll

- den *Eltern* helfen, einige weitere *Abhängigkeiten* zu erkennen, vor allem aber - in größerem Ausmaß, als mir das im 1. Band möglich war - sie auf ihre *Gestaltungsmöglichkeiten* hinzuweisen;

3 Figdor, H. (1991): Kinder aus geschiedenen Ehen. Zwischen Trauma und Hoffnung. Mainz (Matthias Grünewald-Verlag) [6]1997. (Verweise auf diesen Text bedienen sich im folgenden der Zitation „Bd. 1".)

- den *professionellen Helfern* die Orientierung erleichtern, welchen Platz *sie* in diesem „Drama“ einnehmen können bzw. sollten: Mitspieler? Regisseur? Wie oft sind wir jedoch bloß eine Art Beleuchter: heben heraus, was wir gerne sehen wollen, ohne am Geschehen auf der Bühne etwas zu verändern, bemerken das aber gar nicht, weil es sich im Dunkeln abspielt. Aber muß das so sein? Wo liegen die (wirklichen) Abhängigkeiten der Helfer? Wo aber hätten sie durchaus die Möglichkeit, sich in das Geschehen aktiv einzuschalten? Aber auch: Wie können sie das tun?

Anliegen und Hauptthemen des Buches

I.

Beginnen wir bei den Eltern. Im Zentrum des 1. Bandes standen die bewußten und unbewußten psychischen Prozesse, welche durch die Scheidung der Eltern bei den Kindern in Gang gesetzt werden; die Rolle, die dabei nicht nur die Scheidung selbst, sondern auch die besondere Persönlichkeit des Kindes, damit also seine Vorgeschichte, spielt; und schließlich die Bedeutung, die den Milieufaktoren bei der Frage zukommt, wie das Kind die Scheidung erlebt und verarbeitet.

Unter diesen Milieufaktoren kommt natürlich dem Verhalten der Eltern der zentrale Stellenwert zu. Aber auch das Verhalten der Eltern ist durch eine Reihe (oft widersprüchlicher) bewußter und unbewußter Motive bestimmt, die mit der eigenen schwierigen Situation, mit der konfliktbehafteten Beziehung zum geschiedenen Partner und mit dem Kind selbst zusammenhängen, mit dessen Erleben und Verhalten Eltern auf vielfache Weise emotional verstrickt sind. Daher habe ich mich auch mit der (bewußten und unbewußten) *„Innenwelt“ der Eltern* ausführlich beschäftigt, bildet sie doch den *bestimmenden Faktor der „Außenwelt“ des Kindes.*

In diesem Zusammenhang habe ich ein Thema jedoch erst ganz zum Schluß und nur sehr flüchtig erwähnt: *neue Partnerschaften der Eltern,* die sogenannte *Stieffamilie.* Dem Problem der Stieffamilie soll hier ein gebührender Platz eingeräumt werden; nicht nur, weil es sich um ein

Ereignis handelt, das auf den Großteil der Scheidungskinder zukommt[4], sondern auch und vor allem, weil neue Partnerschaften der Eltern eine ganz hervorragende Rolle bei der Bewältigung des Scheidungstraumas spielen können. Allerdings unter den beiden Voraussetzungen, daß das Kind den neuen Partner der Mutter bzw. des Vaters annehmen kann und daß diese Partnerschaft nicht wieder in die Brüche geht.

Tatsächlich jedoch gestalten sich die Beziehungen zwischen den neuen Partnern der Eltern und den Kindern oft überaus kompliziert. Und diese Komplikationen beeinträchtigen nicht nur das Wohlbefinden und die psychischen Entwicklungschancen der Kinder *in* der Stieffamilie, sie haben auch einen nicht zu unterschätzenden Anteil an den Gründen, warum diese Partnerschaften wieder auseinandergehen oder gar nicht erst richtig beginnen. Die Konfrontation mit neuen Partnern der Eltern bildet gewissermaßen den nächsten Akt des „Dramas" Scheidung, sie ist ein Teil des Lebensschicksals von Scheidungskindern. Und zwar nicht nur, weil es vor allem Kinder geschiedener Eltern sind, die davon betroffen werden, sondern vor allem deshalb, weil die Gefühle und Phantasien, welche durch das Erscheinen neuer Partner ausgelöst werden, aufs engste mit den Gefühlen und Phantasien verbunden sind, die das Kind seinerzeit im Zuge der Scheidung entwickelte. Daher beschränken sich die Komplikationen auch keineswegs auf den neuen Partner, sondern umfassen auch die Beziehung des Kindes zu seinen Eltern und zu sich selbst.

Aber wie die Scheidung, so stellt auch die Gründung einer Stieffamilie nicht nur die Kinder vor große Probleme. Und oft genug sind es auch hier die Probleme der Erwachsenen, die wesentlich zu den Schwierigkeiten der Kinder beitragen.

II.

Neue Partner bzw. die Stieffamilie bilden den vorletzten Akt des „Dramas" Scheidung, der letzte Akt ist das Erwachsenwerden: Wie sehen die *Langzeitfolgen* der Scheidung aus?

Ich habe zwar im 1. Band anhand einiger Fallbeispiele einen Überblick über Langzeitfolgen gegeben, möchte über diese Darstellung aber in zwei

4 Nach derzeitigen Statistiken leben zwar nur etwa die Hälfte der Kinder geschiedener Eltern in Stieffamilien. Die psychischen Probleme im Umgang mit neuen Partnern der Eltern betreffen jedoch weit mehr Kinder: Kinder in „unverheirateten" Stieffamilien; Kinder, die sich mit „vorübergehenden" Partnern der Mutter auseinandersetzen müssen; und schließlich die Kinder, deren Väter eine neue Partnerin finden.

Punkten hinausgehen: Zum einen versuche ich, die relevanten Persönlichkeitseigenschaften ehemaliger Scheidungskinder - über Einzelschicksale hinaus - (so gut es geht) theoretisch zu verallgemeinern. Vor allem aber wende ich mich der Frage zu: Muß das wirklich so sein?

Ich habe zwar darauf hingewiesen, daß es sich bei den beschriebenen „Langzeitfolgen" nur um Tendenzen handeln kann, daß das Ausmaß, in welchem die Scheidung das (spätere) Lebensglück beeinträchtigt, unterschiedlich sein kann. Aber ich habe kaum einen Zweifel daran gelassen, daß die *Hoffnung,* die sich - im Hinblick auf die Kinder - mit einer Scheidung verbinden läßt, in allererster Linie auf die Alternative der Konfliktfamilie zu beziehen ist; daß jedoch selbst der (für die Entwicklung der Kinder) noch so gute Umgang mit der Scheidung *im Vergleich zur intakten Kernfamilie* nicht mehr *als eine Schadensbegrenzung* sein kann.

Ist eine solche Verallgemeinerung aber legitim - zumal wir unter den gegebenen gesellschaftlichen Verhältnissen kaum Gelegenheit haben, solche „optimalen" Scheidungsschicksale zu studieren? Ich glaube, hier wäre mehr an theoretischer Vorsicht angebracht. Denn erstens ist *Trennung* ein Schicksal, das Kinder ja nicht nur ereilt, wenn sich ihre Eltern scheiden lassen. Trennung bestimmt den Gang der Entwicklung jedes Menschen: Trennung vom Mutterleib; von der Mutterbrust; von zu Hause, wenn die Kinder in den Kindergarten, in die Schule gehen müssen; Trennung von Freunden bei Wohnort- oder Schulwechsel; von den Eltern in der Adoleszenz u.a.m. Und alle diese Trennungen haben zwei Seiten: Sie sind schmerzvoll - und hinterlassen natürlich auch Narben; zugleich aber schaffen sie neue Freiräume, ermöglichen einen Zuwachs an Autonomie, ja, sind in dieser Hinsicht geradezu eine Bedingung von Entwicklung. Könnte also nicht auch die Scheidung - bei allem Schmerz und all den Narben, die unvermeidlich sind - unter günstigen Umständen *auch positive Folgen zeitigen?*

Man könnte einwenden, daß dem Kind im Zuge seiner „normalen" Trennungserfahrungen[5] zumindest die primären Liebesobjekte nie ganz verloren gehen. Das aber muß ja auch bei einer Scheidung nicht unbedingt passieren, denn zu den „günstigen Umständen" gehört zweifellos, daß das Kind

5 *Normal* sind diese Trennungserfahrungen natürlich immer nur in Beziehung zu ganz bestimmten gesellschaftlichen Verhältnissen. So wird etwa kaum je darauf hingewiesen, daß - vom Standpunkt einer gesunden und glücklichen Entwicklung von Kindern aus gesehen - gesellschaftliche Verhältnisse, die Kinder zwingen, *vor* Erreichen des dritten Lebensjahres den *ganzen Tag* in Kindergärten zu verbringen, in welchen

auch zum weggeschiedenen Elternteil eine intensive Beziehung aufrechterhalten kann.

Zweitens fing ich an, mir die Frage zu stellen, was ich in meinen *Psychotherapien* mit Patienten, deren Eltern sich scheiden ließen, als sie noch Kinder waren, eigentlich tue bzw. erreiche. Der Erfolg einer (psychoanalytischen) Psychotherapie mißt sich doch daran, daß es dem Patienten schließlich gut geht und er für das Leben besser gerüstet ist als zuvor. Was ich aber sicher nie erreiche, weil das gar nicht möglich wäre: seine Scheidungserfahrungen *ungeschehen* zu machen. Also heißt das doch, daß jene Erfahrungen in seiner jetzigen Persönlichkeit nach wie vor repräsentiert sind, sich jedoch nicht mehr glücksmindernd auswirken. Ist das nun eine Möglichkeit, die ausschließlich über eine Psychotherapie zu realisieren ist, oder wäre es denkbar, daß auch günstige Scheidungs- und Nachscheidungsbedingungen *mehr als bloße Schadensbegrenzung erhoffen lassen?*

III.

Sollten sich solche weiter gesteckten Hoffnungen als gerechtfertigt herausstellen, wiese das den *professionellen Helfern* nicht nur eine überaus bedeutsame Rolle, sondern auch eine weit größere Verantwortung zu. Und damit sind wir beim dritten Hauptthema des Buches: Welcher Hilfe bedürfen die Kinder bzw. ihre Familien? Und wie müßte diese Hilfe aussehen? Als *Mitspieler* im „Drama" kommen wir offenbar nicht in Betracht, und vor der Rolle des *Beleuchters* müssen wir uns hüten. Auch als *Regisseure* müssten wir versagen, denn erstens steht es uns nicht zu, den „Spielern" zu sagen, was sie zu tun haben, zweitens würden sie sich dagegen wehren und drittens blieben wir auch hinter unseren Ansprüchen zurück, denn es geht ja nicht um die Ausgestaltung schon bestehender Rollen, sondern darum, den Verlauf des „Dramas" zu beeinflussen.

Am ehesten scheint mir in unserem literarischen Gleichnis zu dem, worum es professionellen Helfern gehen müßte, die Funktion des *Dramaturgen* zu passen. Er kennt die verschiedenen Stücke, ihre Handlungsabläufe und Schlüsse. Aber er kennt auch die Schauspieler und

bis zu dreißig Kinder von nur *einer* Erzieherin betreut werden, *als unerträglich* bezeichnet werden müssen - selbst wenn viele Kinder aus dem Desaster unserer „pädagogischen" Institutionen auch (aber keineswegs nur) Gewinn zu ziehen vermögen. Aber Verantwortungslosigkeit wird weit eher Einzelindividuen wie z. B. Eltern , die sich scheiden lassen, vorgeworfen als einem ganzen gesellschaftlichen System, und besonders gerne üben sich gerade jene Institutionen in derlei Vorwürfen und Schuldzuweisungen ...

ihre Möglichkeiten und Wünsche. Er ist zwar nur ein Berater, aber ein Berater, der durch seine Tätigkeit den Spielplan mitbestimmt.

Mit dieser Rollenzuweisung ist freilich nur wenig erreicht. Die Frage, die mich in den letzten Jahren wissenschaftlich am meisten beschäftigte, lautet: Wie kann es gelingen, Eltern dazu zu bringen, sich anders zu verhalten als sie sich verhalten, wenn es stimmt, daß sie dies nur zu einem geringen Teil aus bewußten und rationalen Überlegungen und Motiven heraus tun? Das Ergebnis meiner praktischen und theoretischen Bemühungen, auf diese Frage Antworten zu finden, stelle ich hier in Form des Konzepts der *psychoanalytisch-pädagogischen Beratung von Scheidungseltern* vor[6]. Darüber hinaus widme ich mich praxisrelevanten Problemen des *Settings* und der *Indikationsstellung*, wobei es mir besonders um die Frage „*Elternarbeit oder Kinderpsychotherapie?*" geht. Schließlich will ich noch auf einige wichtige methodische und technische Schwierigkeiten der *therapeutischen Arbeit mit Scheidungskindern* eingehen und Möglichkeiten ihrer Lösung aufzeigen.

IV.

Arbeitet man mit Scheidungsfamilien, kommt man zwangsläufig mit einem Bereich in Berührung, der - theoretisch wie praktisch - nur scheinbar jenseits pädagogischer oder psychotherapeutischer Bemühungen angesiedelt ist: die Aktivitäten von Familienrichtern und Rechtsanwälten sowie die gesetzlichen Rahmenbedingungen, unter denen sie ihre Tätigkeiten entfalten. Spätestens zu dem Zeitpunkt, als man mich mit meinem ersten Gerichtsgutachten betraute, wurde mir klar, wie eng das persönliche Erleben und Handeln der Betroffenen mit diesen institutionellen Rahmenbedingungen verknüpft ist. Denn Gesetze, juristische und gutachterliche Verfahren greifen mitunter ganz direkt in die Vorstellungen, Motive und die Gefühlswelt von Kindern und Eltern ein; und das sehr oft nicht in der Weise, wie wir es im Hinblick auf eine Optimierung der Entwicklungschancen der betreffenden Kinder wünschen würden. Da zur Zeit in mehreren europäischen Ländern, darunter auch in Österreich und Deutschland, zum Teil recht heftige Diskussionen um Reformen im Bereich des Familien- und Scheidungsrechts geführt werden,

6 In der Zwischenzeit wurde dieses Konzept zu einem allgemeinen Konzept *Psychoanalytisch-pädagogischer Erziehungsberatung* ausgebaut, nach dem seit sechs Jahren in Wien diplomierte Pädagogen und Psychologen in dreijährigen Lehrgängen zu *Psychoanalytisch-pädagogischen Erziehungsberatern* ausgebildet werden (vgl. Figdor 1995).

habe ich mich entschlossen, ein paar Gedanken, die aus psychoanalytisch-pädagogischer Sicht zu dieser Problematik vorzubringen sind, in diesem Buch zusammenzustellen, und zwar insbesondere zu den Methoden der Eruierung des sogenannten *Kindeswohls*, dem Modell der *gemeinsamen Sorge als Regelfall* und schließlich zu der Frage nach den *Grenzen und Chancen staatlicher Gewalt* - z.B. bei der Verhinderung von Umgangs- bzw. Besuchsrechten oder hinsichtlich der Verordnung von Beratung.

Zur Methode der Untersuchung

Wie gesagt, geht es in dieser Untersuchung nicht um äußere Verhaltensweisen und Interaktionsmuster - oder richtiger: Es geht uns nur insoweit darum, als sie für das betreffende Individuum *Bedeutung* haben bzw. annehmen. Es geht uns also um die innerpsychischen und hier ganz besonders um die unbewußten Prozesse, die - gerade weil sie unbewußt sind - das Handeln determinieren. Ein solcher Anspruch erheischt freilich eine Erklärung darüber, mit welchen *Methoden* eine solche Untersuchung führbar sei. Daß Verhaltensbeobachtungen, statistisch auswertbare Interviews oder Fragebögen nicht in Betracht kommen, bedarf keiner Erläuterung. Wir können die Mitglieder der Familie, die wir untersuchen wollen, auch nicht alle jahrelang auf die Couch bitten, womit anscheinend auch die klassische psychoanalytische Methode, Unbewußtes erkennbar zu machen, wegfällt[7].

Nun ist es aber so, daß das besondere Augenmerk, das wir den inneren psychischen Prozessen schenken, bereits die Art und Weise bestimmt, mit der wir in der Alltagspraxis der Beratung - jenseits jedes speziellen Forschungsinteresses - mit einem Fall umgehen. Aus meiner Supervisionstätigkeit weiß ich, daß das Denken sehr vieler Berater, wenn sie einem Klienten gegenübersitzen, beständig um die Frage kreist: „Was soll ich *tun?*" „Was soll ich jetzt *sagen?*" „Wie könnte eine *Lösung* dieses Problems aussehen?" usw. Dem möchte ich entgegenhalten, daß es in jedem Fall, in jeder Stunde immer und immer wieder zunächst um eine andere Frage gehen muß: „Was ist hier eigentlich los?" „Wo liegt das Problem und wie ist es geartet?" Und: „Habe

7 Vgl. dazu auch die Einleitung von Bd. 1, 19ff.

ich wirklich schon das Wesentliche verstanden?" Das bedeutet: Das Problem, innerpsychische Prozesse zu erkennen, stellt sich nicht nur im Hinblick auf ein bestimmtes Forschungsprojekt, sondern in jedem einzelnen Fall. Diese inneren Vorgänge zu verstehen, ist die Voraussetzung dafür, überhaupt helfen zu können. Mit anderen Worten: Jeder Beratungsfall ist ein Forschungsprojekt im kleinen.

Die Methoden, derer wir uns dabei bedienen können, sind unterschiedlich:

- Die *Identifizierung mit dem Klienten.* Sie läßt uns ahnen und spüren, was im Klienten vorgeht; unter Umständen auch Regungen, von denen er nichts weiß, die wir jedoch fühlen können, weil wir nicht in denselben inneren Konflikten verstrickt sind wie er und sie daher auch nicht verdrängen müssen. Dies ist wohl die wichtigste Methode psychoanalytischen Verstehens, die prinzipiell auch dem *Berater* zur Verfügung steht, weil sie nicht an das psychoanalytisch-*therapeutische* Setting gebunden ist.
- Bei Kindern: *projektive Testverfahren*[8] sowie strukturierte und teilstrukturierte *Interviewverfahren.*
- Oft bringen aber auch ganz einfache *Gespräche* wichtige Aufschlüsse über das zwar bewußte, aber geheimgehaltene Erleben des Kindes, weil die Kinder dem zugewandten und doch neutralen Berater Dinge anvertrauen, von denen die nächsten Bezugspersonen keine Ahnung haben.
- Schließlich ist das wichtigste Instrument der psychoanalytisch-pädagogischen Eltern*beratung* auch ein Instrument, um innere und unbewußte Vorgänge ans Licht zu bringen: die *psychoanalytisch-pädagogische Aufklärung.* (Da sie uns im 4. Kapitel ausführlich beschäftigen wird, will ich es an dieser Stelle bei dem bloßen Hinweis bewenden lassen.)

Somit trug jeder einzelne Fall, mit dem ich mich befaßte, zu den Erkenntnissen bei, die ich in diesem Buch niedergelegt habe. Darüber hinaus habe ich sehr viel von den *Kindern* gelernt, die bei mir in *Psychotherapie* waren. Schließlich kam doch auch noch die *„klassische" Psychoanalyse* zum Zug, da ich in den letzten Jahren mehrere Patienten behandelte, deren Eltern sich einst scheiden ließen, aber auch solche, die selbst geschieden waren oder sich mit diesem Gedanken trugen.

---

8 „Projektive Tests" sind psychologische Tests, die es ermöglichen, daß in den Antworten, Spielen oder Zeichnungen des Untersuchten Aspekte seines Innenlebens (wie auf einer Projektionsleinwand) sichtbar werden. Da die Erkenntnisse aus einem einzelnen projektiven Test oft zu wenig eindeutig sind, untersucht man mit mehreren Tests, einer sogenannten „Testbatterie".

Die gewählten Untersuchungsmethoden sind also an Einzelfällen orientiert und qualitativer Art. Daher eignen sich die so gewonnen Erkenntnisse auch kaum für statistische Quantifizierungen. Das kommt jedoch dem Untersuchungsgegenstand entgegen: Ist doch keine Scheidung wie die andere. Scheidung ist kein *Ereignis*, sondern etwas, was Menschen *vollbringen*, und zwar ganz konkrete Menschen in einer ganz konkreten Art und Weise. So wie sie unter ganz besonderen Bedingungen geheiratet haben, gehen sie auch auf ganz individuelle Weise auseinander, und es gibt keine zwei Menschen, die ihre Getrenntheit, auch ihre getrennte Elternschaft, gleich leben würden. Und es gibt keine zwei Kinder, für die die Trennung ihrer Eltern dieselbe Bedeutung hätte. Freilich stellt sich die Frage, ob sich dann zu diesem Thema überhaupt *Aussagen allgemeiner Natur* machen lassen? Doch, in einer gewissen Weise schon: Es lassen sich nämlich die verschiedenen *Möglichkeiten* darstellen, wie Scheidung von den Betroffenen erlebt oder gehandhabt werden *kann*. Natürlich ist es mir nicht möglich, alle erdenklichen Varianten zu berücksichtigen. Ich mußte eine Auswahl treffen und werde jene Möglichkeiten darstellen, die meiner Erfahrung nach relativ häufig und mit großer Wahrscheinlichkeit vorkommen.

Schmerz, der nicht spricht,
erstickt das volle Herz
und macht es brechen
(Shakespeare, Macbeth)

1. Kapitel
Das Trauma Scheidung

1.1
Wie Kinder und Eltern die Scheidung erleben[9]

Vor mir sitzt ein junges Paar. Der Mann hatte sich vor etwa einem halben Jahr unsterblich in eine andere Frau verliebt, was seine Lebensgefährtin wie ein Blitz aus heiterem Himmel traf. Nach Wochen voller Streit und Tränen haben sie sich über die Scheidung geeinigt. Die vierjährige Tochter *Clara,* gerade abgöttisch in ihren Papa verliebt, wird bei der Mutter bleiben. Diese möchte aber ihrer Tochter die Möglichkeit geben, mit ihrem Vater weiterhin einen intensiven Kontakt zu pflegen. Auch wollen Vater und Mutter künftighin für die wichtigsten Lebens- und Erziehungsangelegenheiten gemeinsam die elterliche Verantwortung tragen. Damit sie aber alles nur ja richtig machen, wollen sie sich von mir beraten bzw. beratend begleiten lassen. Als ich dieses sympathische Paar frage, was sie denn unter „alles nur ja richtig machen" verstünden, antwortet mir der Vater, wie aus der Pistole geschossen: „Daß es der Clara nichts oder jedenfalls nicht allzuviel ausmacht!"

9 Dieser Abschnitt ist eine Zusammenfassung wichtiger Erkenntnisse, die ich im ersten Band ausführlich dargelegt habe. Diese Wiederholung in Kurzform dient meiner Absicht, zwei Anliegen zu verbinden: Zum einen möchte ich mit dem vorliegenden Text den ersten Band - im Sinne einer *Fortsetzung* - weiterschreiben; zum anderen soll dies ein *„selbständiges" Buch* sein, also auch für jene lesbar und nachvollziehbar, die den ersten Band nicht kennen.

Die Zeit der Trennung

Diese Hoffnung, es möge den Kindern nicht allzuviel ausmachen, ist bei vielen Eltern, die sich zur Trennung entschlossen haben, vorhanden. Es ist auch eine sehr verständliche Hoffnung, weil es wohl keine Scheidung gibt, die nicht auch schwere Schuldgefühle bei liebenden Eltern auslösen würde. So gut verständlich diese Hoffnung auch ist, haben wir es hier aber bereits mit einer ersten Weichenstellung zu tun, welche die Chance der Kinder, die Scheidung ihrer Eltern gut zu bewältigen, bedeutend verringert. Mit der Hoffnung nämlich, sich zwar zu trennen, damit jedoch den Kindern keinen Schmerz anzutun, öffnen die Eltern die Türen sperrangelweit für Mechanismen der Verleugnung, des Wegschiebens und Verdrängens. Sie merken dann oft gar nicht, wie die Kinder unter der Trennung leiden. Sie nehmen die kleinen Zeichen nicht wahr, die die Kinder über ihr Unglück oder über ihre Angst senden. Und die Kinder kommen den Eltern darin entgegen, denn sie befinden sich in einer ähnlichen Situation und wollen sich unter Umständen mit der Schwere dieser Irritation ihrer Lebensumstände gar nicht konfrontieren, weshalb sie ihre Probleme ebenfalls von sich wegschieben.

Es ist dies ein sehr häufiges Phänomen. Wir wissen zwar aus der Literatur, daß die Scheidung zu jenen Anlässen im Leben eines Kindes gehört, die am häufigsten zu Symptomen führen (wobei wir die gesamte Palette typischer kindlicher Symptome finden), ob es sich nun um Einnässen handelt, um Schulschwierigkeiten, Aggressionen, depressive Verstimmungen, Rückzug, Regressionen, psychosomatische Erkrankungen, u.a.m. Aber ich konnte feststellen, daß der Anteil jener Kinder, die zunächst *scheinbar überhaupt keine Reaktionen zeigen,* erstaunlich groß ist. Das schaut z.B. so aus, daß eine Mutter ihre beiden Kinder zu sich ruft und sagt: „Papa und Mama lassen sich scheiden." Dann kommt von den Kindern vielleicht noch die Frage: „Wieso denn?" „Ja, wir verstehen uns nicht mehr so gut. Wir können nicht miteinander reden. Wir streiten viel miteinander." Daraufhin fragt die Tochter: „Muß ich dann in einen anderen Kindergarten gehen?" „Nein!" „Na dann ist ja alles in Ordnung", findet sie und verschwindet. Und der Bub: „Muß ich noch zuhören oder kann ich schon spielen gehen?", und schon ist er weg. Der Mutter fällt ein Stein vom Herzen: „Gott sei Dank, es war nicht so schlimm!"

Oft bleibt es dabei, und sowohl Mütter als auch Kinder nehmen nicht wahr, was in Wirklichkeit die Trennung für sie alle bedeutet. Nur manchmal wird diese seltsame Übereinstimmung zwischen den unbewußten Erwartungen von Eltern und Kindern sichtbar. Zum Beispiel in der eben geschilderten Familie. Drei Tage später nämlich, als die Mutter nicht zu Hause und der Vater gerade dabei ist, seinen Kasten auszuräumen und seine Koffer zu packen, kommen die Kinder und fragen: „Papa, was machst du denn da?“ „Na, ich packe meine Sachen. Ihr wißt doch, ich ziehe aus.“ Daraufhin fangen beide Kinder samt dem Vater (die Scheidung war von der Mutter initiiert worden) bitterlich zu weinen an, eben jene Kinder, die nur zwei Tage zuvor die Erklärung der Mutter ruhig und scheinbar vernünftig hingenommen hatten. Was ist da geschehen? Nun, im Gegensatz zur Mutter wäre es für diesen Vater eine große Kränkung gewesen, wenn die Kinder auf sein Weggehen (er wollte ja bleiben) gleichgültig oder gar erleichtert reagiert hätten. Die Kinder haben Antennen für solche Erwartungen der Eltern und versuchen, ihnen zu entsprechen. So machen sie sich gewissermaßen zum „Therapeuten“ der Mutter (oder gegebenenfalls des Vaters), indem sie ihren Schmerz nicht zeigen, was ihnen um so leichter fällt, als sie ihn ja selbst nicht wahrnehmen wollen. Sie können ihn erst zeigen und spüren, wenn ihnen dafür - in diesem Fall vom Vater (und zwar durchaus unbewußt) - der „Raum“ dafür gegeben wird. Der *offenbarte* Schmerz ist jedoch der einzige Schmerz, der auch bewältigt werden kann. Bleibt er hingegen unterdrückt, wird er weggeschoben. Dann kann er auch nicht verarbeitet werden und hinterläßt schließlich eine unübersehbare Narbe in der Seele des Kindes.

Daß aber die Trennung der Eltern überaus schmerzvoll ist, müssen wir für *alle Kinder*, die zu beiden Eltern Liebesbeziehungen aufbauen konnten, als gegeben annehmen, selbst wenn diese Beziehungen überaus konfliktbehaftet gewesen sein mögen. Denn die Konfrontation mit der Trennung der Eltern bzw. dem Weggang des einen Elternteils ruft bei den Kindern spontan eine ganze Reihe von Ängsten, Gefühlen und Gedanken hervor. Um die wichtigsten zu nennen:

Da ist einmal die *Angst*, daß sie den Papa überhaupt nie mehr werden sehen können[10]. Also die Angst, den mindestens zweitgeliebtesten Menschen für immer zu verlieren. Das Ausmaß dieser Angst hängt nicht nur mit der realen Gefahr, daß das Kind seinen Vater nicht mehr sehen wird, zusammen: Alle

10 Ich werde im folgenden der sprachlichen Einfachheit wegen den weggeschiedenen Elternteil als „Vater“ und den sorgetragenden als „Mutter“ bezeichnen, was ja mit den statistischen Verhältnissen gut übereinstimmt.

Trennungen stehen - wie wir aus den Erfahrungen der Psychoanalyse wissen - nicht nur für sich allein, sondern haben eine innere Vernetzung mit der Vergangenheit des betreffenden Menschen. Und so ist jede Trennung, die wir erleben, in irgendeiner Form mit früheren Trennungserlebnissen oder Erlebnissen, die Trennungsängste hervorriefen, verknüpft, die dann im Zuge eines solchen neuen Trennungserlebnisses aktiviert werden.

Eine andere Angst kommt sehr häufig dazu, speziell bei kleinen Kindern: Häufig begründen Mütter und Väter ihre Trennung mit Sätzen wie: „Wir haben uns nicht mehr lieb, wir streiten viel miteinander" usw. Da kann es sein, daß eine Illusion zerstört wird, die einigermaßen glückliche Kinder bis dahin aufrechterhalten konnten: nämlich der Glaube an die Ewigkeit der Liebe. Plötzlich erleben sie, daß Liebe auch zu Ende gehen kann. „Wenn aber Liebe zu Ende gehen kann (hier die zwischen Mutter und Vater), wer weiß, ob die Liebe der Mama oder des Papas zu mir nicht ebenfalls eines Tages zu Ende geht. Auch wir streiten ja oft..." Das heißt, die Kinder beginnen im Zuge der Trennung ihrer Eltern zu befürchten, eines Tages vielleicht ganz allein zurückzubleiben.

Es gibt noch andere traumatische Effekte in diesem Zusammenhang. Man kann die Scheidung bei vielen Kindern auch mit einem teilweisen *Identitätsverlust* gleichsetzen: „*Und dann hab ich gar nicht mehr gewußt, wer ich eigentlich noch bin!*" Man könnte es kaum treffender ausdrücken, als dieser Elfjährige kurz vor Abschluß seiner knapp zweijährigen Psychotherapie. Warum Trennungen nicht „bloß" Enttäuschung, Trauer und Ängste hervorrufen, sondern auch als eine Art Selbstverlust erlebt werden, hängt damit zusammen, daß jede Liebesbeziehung uns selbst verändert, weil wir ein Stück des geliebten Menschen „in uns hereinnehmen", uns mit ihm identifizieren. Ein Stück meines gesamten Selbstgefühls erwerbe ich aus dem Miteinanderleben mit einem Menschen, der mich mag, der für mich da ist, mit dem ich mich vergleichen und den ich bewundern kann. Sein Wegfall nimmt mir also nicht nur einen Partner, sondern nimmt mir ein Stück meiner selbst. Wir alle haben wohl schon Trennungen erlebt: Ist es nicht so, als würde uns in diesem Augenblick ein Stück aus unserem Herzen, aus unserem Leib gerissen, als hätten wir auch ein Stück unserer selbst verloren?

Die Auswirkung der Trennung auf Kinder ist noch dramatischer, weil bei ihnen der größte Teil der Persönlichkeitsentwicklung auf Identifizierungen mit wahrgenommenen Aspekten der Eltern beruht. Die Trennung läßt somit das Kind nicht nur (mehr oder weniger) einsam, sondern buchstäblich halbiert zurück, wobei es möglicherweise gerade die „männlichen" Anteile seines Selbst (Gefühle der Stärke, der Unabhängigkeit etc.) verliert. Es gibt Entwicklungsperioden, in welchen der Vater zum eigenen Identitätsgefühl unbedingt dazugehört.

Die Scheidung der Eltern löst bei den Kindern noch weitere Gefühle aus. Dazu gehören die *Aggressionen,* die entstehen, weil sich die Kinder verlassen, verraten und in ihren Wünschen nicht respektiert fühlen. Oder die Aggressionen stellen sich als Gegenreaktion gegen die vielen Ängste ein. Zum Teil richten die Kinder ihre Wut und ihren Haß gegen einen Elternteil, dem sie die Schuld an der Scheidung zuweisen, manchmal auch gegen beide oder abwechselnd einmal gegen die Mutter und ein andermal gegen den Vater.

Besonders wichtig ist die Tatsache, daß ein großer Teil der Kinder *sich selbst die Schuld an der Scheidung gibt,* was auch von anderen Autoren beobachtet wird (z.B. Wallerstein/Kelly 1980). Die Schätzungen belaufen sich auf etwa 50%. Je kleiner die Kinder sind, desto häufiger fühlen sie sich schuldig. Nach meiner Erfahrung liegt dieser Prozentsatz noch weit höher. Zumindest ein Stück Schuld geben sich fast alle Kinder. Das hängt zum Teil mit dem Entwicklungsstadium der Kinder zusammen. Kinder sind in einer egozentrischen Erlebnisweise befangen, d.h. sie fühlen sich als Mittelpunkt der Welt und können sich im Grunde genommen gar nicht vorstellen, daß irgend etwas wirklich ohne ihr Zutun geschieht. Das hat auch etwas mit dem magischen Charakter des kindlichen Denkens zu tun[11]. Aber wir müssen gar nicht so weit ausholen. In vielen Familienkonflikten treten Kinder als Vermittler auf, versuchen, die Eltern wieder zu versöhnen, und wenn das nicht klappt, dann ist es für das Kind ja wirklich ein Scheitern seiner Bemühungen. Schließlich kommt dazu, daß Eltern ihre Konflikte immer wieder auch an Fragen der Erziehung und des richtigen Umgangs mit den Kindern aufhängen. Sehen die Kinder aber, daß die Eltern ihretwegen streiten, nehmen sie natürlich an, *sie* wären der Grund für das Zerwürfnis der Eltern. Es ist also gar nicht so überraschend, daß wir bei den meisten Scheidungskindern mit schweren Schuldgefühlen rechnen müssen. Schuldgefühle gehören aber zu jenen seelischen Regungen, die wir besonders schlecht aushalten und daher auch gerne

11 Zum magischen Charakter des kindlichen Denkens vgl. die eindrucksvollen Darstellungen von Fraiberg 1959 und Zulliger (u.a. 1952) und natürlich die differenzierten Forschungen von Piaget (z.B. 1950).

„abwehren“[12]; sei es, daß wir depressiv und melancholisch werden, sei es, daß wir die Schuldgefühle wegschieben und zum Beispiel in Vorwürfe umwandeln[13]. Ein Teil der *aggressiven* Symptomatik, die wir im Zuge von Scheidungen an den Kindern erleben, hat also nicht nur mit Enttäuschung und Wut und mit den Ängsten der Kinder zu tun, sondern leitet sich auch von ihren Schuldgefühlen her.

Nun sind solche Belastungen für ein Kind nicht grundsätzlich unbewältigbar. Eine Scheidung ist eine Krise, die verschiedenste Affekte und Gefühle hervorruft. Ein gesundes, einigermaßen normales Kind *muß* auf eine solche Krise reagieren. Alle Hoffnungen, das Kind möge nicht reagieren, gehen eigentlich in eine ganz falsche Richtung. Denn nur jenen Kindern wird dieser Einschnitt im Leben gar nichts ausmachen, deren frühe Beziehungen zu den engsten Personen, zu den Eltern, bereits schwer gestört waren, sodaß die Unterbrechung oder Veränderung dieser Beziehungen eher eine Entlastung als eine Belastung darstellt. Ich wiederhole also: Jedes einigermaßen psychisch gesunde und normale Kind *muß* auf die Scheidung reagieren, selbst wenn sich nach außen hin keine Reaktion erkennen läßt. Wenn sich Eltern dessen bewußt sind und sich darauf einstellen, dann ist wahrscheinlich schon viel gewonnen.

Die Nach-Scheidungs-Krise

Wie können nun Eltern ihren Kindern in dieser Zeit helfen?

Die geschilderten Gefühle können sich - wie schon erwähnt - in mannigfaltigen sichtbaren Symptomen zeigen. Die Eltern, vor allem der beim Kind verbleibende Elternteil, also die „Mutter“, müßten zu dieser Zeit unerhört viel *Geduld* und *Toleranz* gegenüber diesen Symptomen aufbringen (die in Wirklichkeit ja gar keine „neurotischen“ Symptome sind, sondern reaktive Anpassungen an veränderte Umweltsituationen, sogenannte *Erlebnisreaktionen*[14]; Symptome also, die - wenn diese Anpassung geglückt ist, wenn die Ängste bewältigt sind - von selbst wieder vergehen).

12 Unter „Abwehr“ verstehen wir in der Psychoanalyse das Phänomen, daß ein Verhalten, ein Gefühl, Einstellungen oder Phantasien entwickelt werden, um ein anderes Gefühl, andere Gedanken oder Bedürfnisse vom Bewußtsein fernzuhalten.

13 Eine andere Art, Schuldgefühle abzuwehren, haben wir weiter oben bei *Eltern* kennengelernt: die Abwehr elterlicher Schuldgefühle durch die Illusion (oder wenigstens die Hoffnung), die Scheidung würde den Kindern nichts ausmachen.

14 Der Begriff Erlebnisreaktion stammt von W. Spiel (z.B. 1967). Vgl. dazu auch Band 1, 128ff.

Es müßte sehr viel Spielraum da sein für die Kinder, um *regredieren* zu können, sodaß sie jenes Vertrauen wiedergewinnen können, das sie durch die Erschütterung ihrer Welt verloren haben. Zu diesen notwendigen Regressionserscheinungen gehören z.B. Anhänglichkeit; das Bestreben, die Mutter zu kontrollieren; Verlust an Selbständigkeit; Angst vor dem Alleinbleiben; Weinerlichkeit und Trotz; aber auch Einnässen, Wutanfälle u.a.m. Die Eltern müßten also sehr viel von ihren gewohnten Erwartungen, die sie an ihre Kinder richten, zurücknehmen. Natürlich heißt das nicht, alles zuzulassen und gar keine Grenzen mehr zu setzen. Aber das „Nein" sollte ohne Vorwurf erfolgen. Die Eltern müßten sich vor Augen halten, daß ihr z.B. sechsjähriger Sohn im Augenblick wie ein Dreijähriger „funktioniert" *und gar nicht anders kann!* Das wird den Ärger der Mutter mildern und (darauffolgende oder abendliche) Versöhnungen erleichtern. Vielleicht könnte man sagen, daß Eltern in dieser kritischen Zeit zwar nach wie vor (wenn möglich etwas weitere) Grenzen setzen müssen, aber auf „Erziehung" weitgehend verzichten sollten. Das gilt im übrigen nicht nur für die Eltern, sondern ganz besonders auch für Kindergärtnerinnen und Lehrer.

Es müßten viele *Gespräche* stattfinden, tagtäglich, stündlich, über immer dasselbe: „Warum seid ihr nicht mehr zusammen?" und „Erklär' mir das nochmals" usw. Mit viel Geduld und Liebe müßte man den Kindern immer wieder *versichern,* daß man sie noch lieb hat und immer lieb haben wird, und daß sie den Papa immer weiter werden sehen können (sofern das zutrifft oder zu erwarten ist), daß sie selbst keinerlei Schuld an der Scheidung trifft usw. Dabei geht es nicht nur um die Antwort auf *ausgesprochene* Fragen. Viele Kinder fragen nicht von sich aus. Die Eltern müßten ihrerseits diese Gespräche forcieren, und zwar immer dann, wenn die Gefühlslage des Kindes einen Bezug zum Scheidungserlebnis verrät[15].

Wer aber schafft jenes Übermaß an „Mütterlichkeit" in einer Zeit, wo man selbst emotional in den größten Schwierigkeiten und Konflikten steckt? Das heißt, es ist in dieser Zeit von den Eltern (vor allem von den Müttern) eine Haltung gefordert, die sie - in den meisten Fällen - aufgrund ihrer eigenen psychischen, aber auch sozialen und ökonomischen Situation gar nicht einnehmen können. Wir wissen doch, daß es relativ leicht fällt, uns in die Probleme eines anderen Menschen einzufühlen, wenn es uns selbst gut geht,

15 Vgl. dazu Kap. 2.3.

nicht aber dann, wenn wir eigene Probleme haben, die uns über den Kopf wachsen. Mütter erleben nach der Scheidung oft einen beträchtlichen ökonomischen Abstieg, häufig kommt es zu einem Abbruch ihrer sozialen Beziehungen und Kommunikationsmöglichkeiten. Die ganze gescheiterte Liebe und Beziehung ist in keiner Weise aufgearbeitet. Die Spannungen mit dem Ex-Ehemann oder der Ex-Ehefrau sind immer noch vorhanden. Räumliche Veränderungen schaffen zusätzliche Belastungen. Mütter müssen manchmal eine Arbeit annehmen oder ihre Halbtagsarbeit erweitern, wodurch sie statt mehr Zeit für ihre Kinder aufzubringen - wie eben von mir gefordert -, sich um sie sogar noch weniger als zuvor kümmern können. Mitunter ergeben sich ganz neue Abhängigkeiten: So ziehen zum Beispiel manche Mütter zurück zu ihren eigenen Eltern, was dann häufig für die Kinder bedeutet, daß die Mutter zur großen Schwester wird und die Großeltern die eigentliche Elternstelle einnehmen.

Berücksichtigt man das alles, so läßt sich sagen: Was eine *geschiedene Mutter*, die durchschnittlich unter ihrer Trennung leidet, in dieser Zeit wirklich brauchen würde, wäre ein völlig komplikationsloses Kind, das möglichst selbständig ist, möglichst wenig an Einfühlung, Verständnis und Geduld braucht, bis die Mutter wieder so weit ist, daß sie ihm das alles geben kann. Auf der anderen Seite würde *das Kind* zur selben Zeit eine Mutter benötigen, die so selbstlos, einfühlsam, geduldig und verwöhnend ist, wie sie es bisher noch nie sein mußte. Dieses Paradoxon ist meiner Erfahrung nach hauptverantwortlich dafür, daß in dieser kritischen Zeit jene Möglichkeiten versäumt werden, die es den Kindern möglich machen würden, die anfänglichen dramatischen Gefühle, Gedanken und Phantasien, die die Konfrontation mit der Trennung der Eltern mit sich bringen, wirklich aufzuarbeiten. Ja, noch mehr: In Wirklichkeit zeigen durchschnittliche Mütter in einer solchen Situation - speziell dann, wenn sie alleingelassen sind, wenn ihr Kommunikationsnetz reißt, wenn sie keine Freundinnen oder Freunde, keine Familie oder professionelle Hilfe haben, wo sie ihre Probleme abladen können - weniger Mütterlichkeit als üblich. Das heißt, subjektiv hat das Kind nicht nur seinen Vater (oder zumindest einen Teil desselben) verloren, sondern auch ein Stück seiner „Mutter“: ein Stück der verwöhnenden, empathischen Mutter, also jener Aspekte des mütterlichen „Bildes“, die für die Gefühle der Geborgenheit und des Geliebtseins von Bedeutung sind. Dieses Bild kann sie zur Zeit nicht oder nur unzureichend vermitteln, weil sie selber unter zu großen Problemen leidet. (Natürlich ist das eine Situation, die nicht auf die Scheidung beschränkt ist. Immer wieder gibt es im Leben Schicksalsschläge, die uns die Fähigkeit nehmen, jene Elterlichkeit aufzubringen, zu der wir üblicherweise in der Lage sind; und wir sollten nie vergessen, daß Schwierigkeiten von Kindern unter Umständen damit zusammenhängen können, daß *wir* Schwierigkeiten in ganz bestimmten Lebensphasen haben.)

Diese Nach-Scheidungs-Wochen und -Monate sind also die eigentlich kritische Zeit, jene Zeit, in welcher viel aufgefangen werden könnte, tatsächlich jedoch die Angst und die Schwierigkeiten der Kinder noch zunehmen. Die Auswirkungen dieser Nach-Scheidungs-Krise sind bedeutsam. Und zwar nicht nur deshalb, weil sie das Leben in dieser Zeit so schwierig machen, sondern vor allem im Hinblick auf die mittel- und langfristigen Folgen der Scheidung. Wenn nämlich auf diese Weise die Konflikte - und damit auch die Ängste des Kindes - allzusehr anwachsen, kann es zu dem kommen, was wir mit einem psychoanalytischen Terminus als einen ganzen oder teilweisen *Zusammenbruch der Abwehr*, oder richtiger: des Abwehr*systems*, bezeichnen[16]. Unter Abwehrsystem verstehen wir, einfach gesagt, jenes psychische Gleichgewicht, das wir uns unbewußt im Laufe unseres Lebens aufbauen, um

16 Nach psychoanalytischer Auffassung ist das Seelenleben des Menschen wesentlich dadurch gekennzeichnet, daß wichtige Bedürfnisse, Strebungen und Gefühle immer wieder mit entgegengesetzten Bedürfnissen, Strebungen und Gefühlen in einen (inneren) Konflikt geraten (z.B. Autonomiebestrebungen mit Anlehnungsbedürfnissen; Liebesregungen mit aggressiven Regungen; aggressive Impulse mit verinnerlichten moralischen Haltungen; der Kampf um Bedürfnisbefriedigung mit dem Wunsch, den geliebten Bezugspersonen - den „Objekten" - zu gefallen, um sich ihre Liebe zu sichern; Vertrauen in die Liebesobjekte mit der Angst vor ihnen - etwa vor Vergeltung für verbotene Handlungen oder Gedanken - usw.). Kann das Individuum diese Konflikte im Alltag nicht unterbringen, - etwa über die entsprechende Toleranz der Objekte oder durch die Zuhilfenahme symbolischer Lösungsmöglichkeiten (Denken, Kunst, Phantasie, Spiel) -, verursachen die Konflikte peinliche Gefühle und Affekte, wie vor allem Scham und Angst: Angst vor Vergeltung, aber auch Angst vor den eigenen Strebungen. Werden die Scham- und Angstgefühle unerträglich, bleibt dem Individuum nichts anderes übrig, als einen Teil des unerträglich gewordenen Konflikts aus dem Bewußtsein zu *verdrängen*. Aber auch im Unbewußten behalten die einander bekämpfenden Bedürfnisse, Affekte und Gefühle ihre Kraft, drohen immer wieder ins Bewußtsein durchzubrechen, weshalb sie - auch das geschieht unbewußt - durch die sogenannten *Abwehrmechanismen* einer „Bearbeitung" unterzogen werden, die zu dem führt, was wir neurotische Symptome nennen: Aus Haß wird dann etwa übermäßige Liebe oder Angst um das betreffende Objekt (Overprotectiveness), aus Schmutzlust wird das Bedürfnis nach peinlicher Sauberkeit und Ordnung (Zwangssymptome), aggressive Bedürfnisse werden gegen die eigene Person gerichtet (Depression) oder auf andere Objekte verschoben (Phobien), Affekte in körperliche Reaktionen umgewandelt (Konversionshysterie) u.a.m.
Besonders das noch unreife und abhängige Ich von Kindern ist durch innerpsychische Konflikte überfordert, weshalb der größte Teil unserer Verdrängungen in der frühen Kindheit stattfindet. Sie bilden den lebenslangen Untergrund für neurotische Reaktionen. Um ein gewisses Ausmaß an Abwehr kommt kein Mensch herum, wir könnten sonst gar nicht miteinander leben oder zielstrebig handeln. Ob aus den Abwehrprozessen *neurotisches Leid* erwächst, hängt von der Intensität der die Konflikte begleitenden Ängste und von der Art der Abwehrmechanismen ab. Je größer die Ängste und je unreifer die Persönlichkeit desto größer ist die Wahrscheinlichkeit leidvoller neurotischer Bildungen.

innerpsychische Konflikte einigermaßen bewältigen zu können. Wenn dieses Gleichgewicht erschüttert ist, wenn diese unbewußten Lösungsstrategien zusammenbrechen, dann kommen die alten Konflikte - also auch solche aus der Zeit *vor der Scheidung* - in ihrer ursprünglichen Stärke wieder hervor und verursachen Panik und Angst, Affekte, mit denen das Kind nicht fertig werden kann. Anders ausgedrückt kann man sagen, daß es zu einem plötzlichen und unkontrollierbaren Rückfall eines großen Teils der Gesamtpersönlichkeit in frühere Stadien der Entwicklung kommt. Dieses abrupte Aufbrechen alter innerpsychischer Konflikte und der mit ihnen verbundenen unerträglichen Affekte (die seinerzeit zur Verdrängung führten) läßt die ohnedies bereits enorme Verunsicherung und Angst der Kinder noch einmal um ein beträchtliches Ausmaß anwachsen.

Was bedeutet das nun? Um nicht völlig von seinen Ängsten überschwemmt zu werden, wird das *Ich* des Kindes[17] versuchen, diesem unerträglichen Zustand so schnell wie möglich ein Ende zu bereiten. Und es tut dies, indem es einen - mehr oder weniger großen - Teil der durch die Scheidung hervorgerufenen *und* der durch den Zusammenbruch der Abwehr aktivierten (alten) Gefühle, Gedanken und Phantasien *erneut abwehrt.* Das heißt, diese Gefühle, Gedanken und Phantasien werden verdrängt und kommen (früher oder später) in veränderter Form - als neurotische Symptome - wieder zum Vorschein. Das Bedeutsame daran ist, daß sich diese *neuen Symptome* nicht sofort zeigen müssen, daß sie übersehen werden oder sich sogar in Verhaltensweisen äußern können, die den Bezugspersonen als *positive* Veränderungen erscheinen: Solche Kinder werden zum Beispiel ruhiger, strengen sich in der Schule mehr an; manche Mütter sind froh darüber, daß die Kinder endlich keine Sehnsucht mehr nach dem Vater haben, daß sie sich den Forderungen der Umwelt wieder anpassen u.a.m. Das hat zur Folge, daß die Veränderungen im kindlichen Verhalten nach dem *posttraumatischen Abwehrschub* von vielen Eltern, leider auch von so manchen Fachleuten, als ein Zeichen dafür mißverstanden werden, daß das Kind die Scheidung jetzt endlich gut

17 Als „Ich" bezeichnet Freud jene psychische Instanz, der neben der Realitätsprüfung auch die schwierige Aufgabe zufällt, zwischen den eigenen Triebbedürfnissen („Es"), den selbstgesetzten und/oder verinnerlichten Werten und Normen („Über-Ich"), den eigenen (bewußten) Interessen und den Ansprüchen der Außenwelt (bei Kindern besonders der Eltern) zu vermitteln. Diese Vermittlung geschieht zum großen Teil unbewußt. Auch die *Abwehr* bzw. die *Abwehrmechanismen* (s.o., Anm. 12 und 16) gehören zu den Techniken, dernen sich das Ich bei seinem schwierigen Unterfangen bedient.

überwunden hätte. Tatsächlich ist es jedoch so, daß das Kind bis dahin zwar *reagierte*, aber - bezogen auf seine psychische Struktur - noch dasselbe Kind war wie vor der Scheidung; daß hingegen die so erfreut begrüßte „Besserung" den Punkt markiert, an dem die (im engeren Sinn) neurotischen Folgen der traumatischen Ereignisse erst beginnen[18].

Zusammenfassend läßt sich sagen, daß wir es nach der Scheidung mit dreierlei Arten von „Symptomen" zu tun haben können, die sich in ihrem pathogenen Stellenwert deutlich unterscheiden, oder anders ausgedrückt, die im Hinblick auf mögliche Langzeitfolgen unterschiedlich bedenklich sind:

Erstens: Die unmittelbaren spontanen Reaktionen auf die Konfrontation mit der Tatsache, daß Mama und Papa auseinandergehen[19]. Das sind keine neurotischen Symptome im psychoanalytischen Sinn, sondern adaptive Reaktionen, sogenannte *Erlebnisreaktionen*, die auch wieder vorbeigehen können, wenn die damit verbundenen Befürchtungen sich allmählich angesichts der Realität mildern oder korrigiert werden.

Dann gibt es eine zweite, schon ernstere Ebene von Symptomen. Sie treten auf, wenn diese mit den Erlebnisreaktionen verbundenen Ängste und Phantasien nicht bearbeitet werden können und es im Zusammenhang mit anderen Faktoren, z.B. dem Streß der Mutter, zu einem Zusammenbruch der Abwehr kommt. Dann handelt es sich nicht mehr nur um Reaktionen, sondern um eine massive *Regression* bzw. *Destrukturierung* der psychischen Organisation.

Wenn an dieser Stelle der Destrukturierung den Kindern (bzw. den Eltern) keine massive Hilfe geleistet wird, kommt es zu neurotischen Prozessen im klassischen Sinn: Die im Zuge der Regression auf frühere Konflikte aufbrechenden (frühinfantilen) Ängste werden alsbald so quälend, daß die neuen (scheidungsspezifischen) *und* die alten (aufgebrochenen) psychischen Konflikte von neuem verdrängt, projiziert, somatisiert (und was es noch alles an unbewußten Konfliktlösungsstrategien gibt) werden müssen. Es kommt also zu *posttraumatischen Abwehrprozessen*, die insofern „unspezifisch" sind, als sie in jede bekannte neurotische Entwicklung münden können.

18 Vgl. dazu den Abschnitt 1.4 über die langfristigen Scheidungsfolgen.

19 Diese Konfrontation ist als der eigentliche, psychologisch relevante Scheidungszeitpunkt definierbar (vgl. Bd. 1, S. 27ff).

Festzuhalten ist, daß diese posttraumatischen, nun wirklich *neurotischen* Symptome nicht unbedingt als pathologische Bildungen *auffallen* müssen[20].

Darüber hinaus gibt es noch eine vierte Variante: Neurotisch bereits vorbelastete Kinder reagieren auf die Scheidung oft nicht mit mehr oder weniger auffälligen und typischen Erlebnisreaktionen, sondern „bloß" mit einer (manchmal nur leichten) Verstärkung ihrer bereits vor der Scheidung bestehenden Symptomatik, was darauf hindeutet, daß bei diesen Kindern die Scheidung eine Verstärkung ihrer bereits bestehenden spezifischen neurotischen Störung hervorruft[21].

Die Bedeutung der Zeit vor der Scheidung

Der Zusammenhang zwischen „Scheidungsreaktionen" und früheren innerpsychischen Konflikten bzw. deren Abwehr macht uns darauf aufmerksam, daß Kinder nicht erst mit der Scheidung psychischen Belastungen ausgesetzt sind. Die Reaktionen auf die Scheidung hängen eben nicht nur zusammen mit der Tatsache der Trennung, sie hängen nicht nur zusammen mit den Umständen der Trennung, sie hängen nicht nur zusammen mit den Umständen der unmittelbaren Nach-Scheidungs-Phase (wie sehr die Eltern in dieser Zeit in der Lage sind, dem Kind Hilfestellung zu geben), sondern das Ausmaß der Scheidungsproblematik hängt auch mit der Entwicklung vor der Scheidung zusammen.

Besonders deutlich wird dieser Umstand an einem Phänomen, dem wir im Zuge unseres Forschungsprojektes begegneten und das wir zunächst nicht verstehen konnten. Wir haben bei jungen Scheidungskindern, d.h. bei Scheidungskindern im Alter von fünf bis sechs Jahren, in der diagnostischen Untersuchung fast ausnahmslos schwere Störungen der frühesten Mutter-Kind-Beziehung gefunden, die auf das erste und zweite Lebensjahr zurückgehen. Wir haben uns gefragt, wie das möglich sein kann. Dieses Phänomen trat mit einer Regelmäßigkeit auf, die nicht mehr zufällig sein konnte. Als wir uns dann mit diesen Fällen weiter beschäftigten, stellten wir fest, daß ein großer Prozentsatz von Scheidungen auf Konflikte zwischen den Partnern

20 In seltenen Fällen habe ich beobachtet, daß sich der Zusammenbruch der Abwehr (mit anschließender neuerlicher Abwehr und Symptombildung) nicht erst als Ergebnis der belastenden Monate nach der Scheidung einstellte, sondern sofort, als unmittelbare traumatische Reaktion auf die Trennung der Eltern erfolgte (vgl. Bd. 1, 39ff).

21 Vgl. Bd. 1, 136ff.

zurückgeht, die bereits zum Zeitpunkt der Geburt ihres Kindes begonnen haben. Die Geburt des Kindes erwies sich als Ausgangspunkt ehelicher Konflikte, die binnen einer Frist von drei, vier, manchmal fünf Jahren zur Trennung der Ehepartner führten. Die Gründe, warum das so ist, sind sehr vielfältig und subjektiv verschieden[22]. Häufig begegnete uns z.B. eine unbewußte Eifersucht von Vätern auf ihre gerade geborenen Kinder, eine Eifersucht, wie sie sonst Kinder erleben, wenn sie jüngere Geschwister bekommen, wenn also plötzlich ein anderer ihre zentrale Stelle, den Platz auf dem „Thron", einnimmt. Nur handelt es sich hier nicht um ein jüngeres Geschwisterl, das die Zuwendung der Mutter gefährdet, sondern das eigene Kind gefährdet die Zuwendung der Ehefrau. Ein weiteres Problem bildet die bekannte Tatsache, daß viele Frauen in der Zeit vor und nach der Geburt weniger Bedürfnis haben, mit ihren Männern zu schlafen. Viele Männer fühlen sich dadurch in ihrer Männlichkeit bedroht. Außerdem fühlen sie ihre dominante Stellung in der Familie untergraben, weil sie Platz machen müssen für die „Expertin Mutter". Sie fühlen sich ausgeschlossen und schließen sich selbst aus, wodurch dann die Mütter sich wiederum von ihren Männern zu wenig geschätzt fühlen. Es kann auch sein, daß das Kind nun zum zentralen Lebenspartner der Mutter und der Mann langfristig wirklich in die zweite Reihe gedrängt wird und so als Mann nicht mehr interessiert u.a.m. Man spricht immer davon, daß Kinder die Erfüllung einer Ehe sind. Aber wie sehr Kinder auch eine Gefährdung der Ehe darstellen können, wir kaum bedacht. Diese Probleme zwischen Mutter und Vater bleiben aber natürlich nicht ohne Auswirkung auf das Baby. In all den genannten Fällen müssen wir annehmen, daß die emotionellen Probleme der Eltern, die später zur Scheidung führen sollten, sich in einer pathologischen oder pathogenen Verzerrung der frühen Mutter-Kind-Beziehung ausgewirkt haben.[23]

Diese Erkenntnisse sind wichtig, weil das Scheidungstrauma umso größer sein wird, je größer und massiver die innerpsychischen Konflikte des Kindes schon vor der Scheidung waren.

Solche innerpsychischen Konflikte müssen sich keineswegs in äußeren Konflikten, das heißt in Spannungen zwischen dem Kind und seiner Umwelt

22 Vgl. Bd. 1, S. 76ff.

23 Diesem Lebensabschnitt müßte also weit mehr Aufmerksamkeit geschenkt werden, wenn man sich über Möglichkeiten prophylaktischer Elternberatung Gedanken macht (vgl. dazu auch Abschnitt 1.5.).

äußern[24]. Es gibt ein ganz wichtiges Phänomen, das dazu führen kann, daß solche innerpsychischen Konflikte des Kindes nicht nur die familiäre Harmonie nicht gefährden, sondern die seelische Belastung der Kinder so weit verringert, daß diese Konflikte erst mit der Scheidung der Eltern sichtbar werden: Es ist das ein Phänomen, das wir die *Triangulierungsfunktion des Vaters* nennen. Mit Triangulierungsfunktion meinen wir, daß jedem Beziehungdreieck für alle Beteiligten eine große Entlastungsfunktion zukommt. Wenn ich mich als Kind mit der Mama streite, und die Mama ist böse auf mich, und ich bin wütend auf die Mama - in einer solchen Situation wünsche ich sie mir vielleicht überhaupt weg und will eine ganz andere Mama haben -, so kann ich mir diese Phantasien wenigstens teilweise erlauben: Ich denk mir dann einfach, ich habe den Papa viel lieber. Ich gehe zum Papa ins andere Zimmer. Oder ich weiß, am Abend kommt der Papa. Ich kann auch schmollen oder trotzen. Vielleicht rufe ich den Papa an... Er muß gar nicht unbedingt da sein, wichtig ist vor allem, daß ich mir vorstellen kann, ich hab hier einen anderen, zu dem ich garantiert und jederzeit gehen und ausweichen kann. Wenn ich beim Papa bin und mich mit diesem zusammengetan habe - entweder in Gedanken oder in Wirklichkeit - ist natürlich meine Wut auf die Mama schon längst wieder vorbei. Auch die Mama ist nicht mehr böse auf mich. Im Grunde genommen ist schon wieder alles in Ordnung, und wir kehren zu unseren normalen Beziehungen zurück. Diese Selbstverständlichkeit des Ausweichens im Beziehungsdreieck ist empfindlichst gestört, wenn dieser dritte Partner plötzlich nicht mehr zur Verfügung steht. Denn dann sind zwei Menschen auf Gedeih und Verderb mit ihrer ganzen Liebe, aber auch mit ihrer ganzen Enttäuschung und Wut - und es gibt ja, wie bekannt ist, keine Liebesbeziehung ohne Enttäuschung und Wut -, also mit der ganzen „Ambivalenz" ihrer Beziehung aufeinander angewiesen. Daher macht aber auch jeder Konflikt entsetzlich angst, weil man nicht ausweichen kann, weil man nur diesen einen Partner hat.

In Dreiecksfamilien bleiben daher viele Beziehungskonflikte zwischen Kind und Mutter oder Kind und Vater vor der Scheidung „latent", sie kom-

24 So muß z.B. ein schön angepaßtes Kind, das immer brav ist, mit seiner Umwelt nie Schwierigkeiten hat, keineswegs ein ganz besonders glückliches oder ganz besonders konfliktfreies Kind sein. Das zeigt sich etwa bei jenen Neurosen oder Persönlichkeitsstörungen, die in der Pubertät oder Adoleszenz zum Ausbruch kommen: Ich weiß aus meiner therapeutischen Praxis, daß 80% dieser Jugendlichen ihr Leben lang Lieblinge aller Großmütter, Mütter, Väter, Kindergartentanten, Lehrer gewesen sind, weil sie immer die allerliebsten, kooperativsten, selbständigsten und höflichsten Kinder waren. (Was natürlich nicht heißen soll, daß alle unauffälligen und „lieben" Kinder schon eine Neurose in sich tragen. Freilich gehört ein gewisses Maß an „Schlimmsein" oder zumindest „Schlimmsein-Wollen" zu einem psychisch gesunden Kind wohl dazu!)

men gar nicht zum Ausdruck oder Ausbruch, weil die Kinder innerhalb des familiären Dreiecks ausweichen können. Zieht der Vater jedoch aus, steht ihnen diese Möglichkeit plötzlich nicht mehr offen. Das ist ganz allgemein ein Problem der Einelternfamilie. (Ich werde dann darauf später noch zurückkommen.)

Diese Triangulierungsfunktion ist aber nicht unbedingt erst dann gestört, wenn der Vater nicht mehr zu Hause lebt. Jenes Ausweichen-Können setzt auch voraus, daß - für das Kind sichtbar - zwischen Mutter und Vater eine Liebesbeziehung besteht, zumindest eine Beziehung, die nicht primär durch Aggression oder gar Haß gekennzeichnet ist. Denn sonst bedeutet die Wendung des Kindes von einem zum anderen Elternteil nicht mehr ein einfaches und entlastendes Ausweichen, sondern ein „Wechseln des Lagers". Die Kinder geraten dann in Loyalitätskonflikte, die denen von Scheidungskindern - und die uns noch mehrmals beschäftigen werden - ganz ähnlich sind. Dies ist ein wichtiger Hinweis darauf, daß nicht erst die Trennung einer Ehe, sondern auch die Konflikte zwischen (noch) zusammenlebenden Eltern für die psychische Entwicklung der Kinder eine große Belastung darstellen[25].

1.2 Zum Problem der elterlichen Kooperation nach der Scheidung

Es gibt in der gesamten psychologischen Literatur über die Scheidung keine einzige Arbeit, die nicht nachdrücklich darauf hinwiese, daß der Fortbestand der *Beziehung zum Vater* nach der Scheidung von existentieller Wichtigkeit wäre. Ich glaube, ich brauche hier nicht weiter auszuführen, warum das so ist; es erklärt sich aus dem, was ich schon darlegte: aus den Ängsten, den geliebten Vater zu verlieren; aus seiner Triangulierungsfunktion; aus dem Anteil des Vaters am Gefühl der eigenen Identität usw. Es ist mir bewußt, daß diese Forderung - so selbstverständlich sie klingen mag - in sehr vielen Fällen die am schwersten zu erfüllende ist. Denn dem Vorhaben, dem Kind auch wei-

25 Eine Reihe von Auswirkungen aggressiver Konflikte zwischen (zusammenlebenden) Eltern auf die seelische Entwicklung habe ich im 1. Band (S. 94ff) ausführlicher beschrieben.

terhin eine unbelastete Beziehung zu beiden Eltern zu ermöglichen, steht nicht nur oft einer der geschiedenen Partner, sondern mitunter auch die Gefühle des Kindes entgegen. Nicht umsonst haben 70% der Kinder drei Jahre nach der Scheidung ihrer Eltern keinen regelmäßigen Kontakt mehr zu ihrem Vater.

Soll das Kind die Trennung seiner Eltern gut bewältigen können, geht es freilich nicht nur um die formale Aufrechterhaltung der Beziehung zum Vater. Die Beziehungen zu beiden Eltern müßten möglichst *unbelastet* sein. Das Kind braucht nicht nur die Sicherheit, weiterhin von Papa und Mama geliebt zu werden, es muß auch das Gefühl haben, selbst beide Eltern weiterhin lieben *zu dürfen*. Wenn die beiden Eltern sich nicht miteinander verstehen, kommt es hingegen in den meisten Fällen zu schweren Loyalitätskonflikten bei den Kindern. (Davon wird weiter unten noch ausführlicher die Rede sein.)

Auch dies ist einer Gründe, warum ich vorschlug, im Hinblick auf die psychischen Auswirkungen die „Scheidung" nicht als ein Ereignis aufzufassen, sondern als einen Prozeß. Ein Prozeß, der - wie schon ausgeführt - lange vor der Trennung der Eltern anfängt, ja nicht selten bis zum Lebensbeginn zurückgeht, der darüber hinaus aber auch weder durch die Trennung noch durch die sogenannte Nach-Scheidungs-Krise beendet ist. Und zwar nicht nur, weil sich die Familienverhältnisse verändert haben, sondern vor allem, weil die Konflikte zwischen den Eltern mit der Trennung so oft kein Ende finden, und im Zuge dieser fortgesetzten Spannungen viele Kinder die Beziehung zu ihrem Vater völlig einbüßen.

Einige häufige Gründe für das Scheitern der Kooperation geschiedener Eltern

Für die Schwierigkeiten, das Leben nach der Scheidung für die Kinder förderlich zu gestalten, sind nicht nur die *Fortsetzung* der bisherigen Konflikte zwischen den Eltern, sondern auch die Ängste der Eltern *vor der Zukunft*, vor allem vor der Zukunft ihrer Beziehung zu den Kindern verantwortlich. Sehr viele Mütter, die ihre Kinder dem Vater zu den Besuchszeiten verweigern, schlecht von ihm reden u.a.m., sind nicht einfach gewissen- und verantwortungslos, sondern sie sind Mütter, die unerhörte Angst haben, die Liebe ihrer Kinder an den Vater zu verlieren: etwa weil der Vater die Kinder verwöhnt, weil der Abwesende häufig derjenige ist, der idealisiert wird. Angst haben aber auch die Väter: Sie bangen um die Liebe der Kinder, die sie nur mehr selten sehen, und sie verwöhnen sie nicht zuletzt gerade aus diesem Grund oder suchen Koalitionen mit dem Kind gegen die Mutter.

Die Angst vieler Mütter, ihre Kinder bzw. die Liebe ihrer Kinder an den Vater zu verlieren, ist ein häufiges Motiv für den Wunsch, der Vater möge aus dem Leben des Kindes verschwinden. Die Realisierung dieses Wunsches kann vielerlei Gesichter haben. Das reicht von geschickt eingestreuten Bemerkungen, die dem Kind den Vater entfremden sollen, über mehr oder weniger subtile Bindungsstrategien (z.B.: „Der Papa war sehr böse zu dir und mir, jetzt müssen wir zusammenhalten!" oder: „Der Papa möchte dich mir wegnehmen!") bis hin zur expliziten Verweigerung der Besuchskontakte.

Es gibt noch einen anderen Grund, der viele Mütter veranlaßt, Besuche zu unterbinden und manchmal dafür sogar die Unterstützung von Richtern und Psychologen zu suchen (die sie oft genug leider auch erhalten): Viele Kinder werden durch die Besuche beim Vater ganz offensichtlich aus der Ruhe gebracht. Sei es, daß sie schon vorher nervös sind oder gar nicht zu ihm wollen; sei es, daß sie nach den Besuchen wie ausgewechselt erscheinen: aggressiv, unbändig, in der Schule unkonzentriert oder körperliche Beschwerden wie Bauch- oder Kopfschmerzen zeigen. Mütter geben zu Protokoll, daß es mitunter eine ganze Woche dauert, bis das Kind wieder „normal" ist, und dann kommt schon wieder das nächste Wochenende, an dem es zum Vater muß. Allerdings werden auch viele Väter ähnliches berichten können: daß die Kinder Sonntag abends nicht mehr zurückwollen, und zwar auch jene, die sich ursprünglich gegen den Besuch beim Vater gewehrt haben mögen. Wenn man aufgrund einer solchen Konstellation nun meint, eine Einschränkung oder gar Einstellung des Besuchsrechts wäre das, was dem Kind am ehesten helfen würde, so fußt diese Vorstellung auf zwei gravierenden Mißverständnissen. Das eine betrifft die Erklärung des Phänomens: Der Vater, bzw. dessen schlechter Einfluß, trage die Schuld an den Reaktionen der Kinder. Tatsächlich jedoch handelt es sich beim überwiegenden Teil dieser Fälle um typische *Scheidungsreaktionen* im erwähnten erlebnisreaktiven Sinn, die durchaus als normal gelten können und umso wahrscheinlicher eintreten, je jünger das Kind ist. Das zweite Mißverständnis besteht in der Annahme, daß das, was Kinder im Augenblick beunruhigt, auch für ihre langfristige psychische Entwicklung nachteilig sein müsse.

Ich will das an einem Beispiel aus einem anderen Bereich erläutern: Es ist heute schon in den meisten europäischen Ländern Gepflogenheit, daß kranke Kinder im Kinderspital von ihren Eltern jeden Tag besucht werden können. Das war vor einigen Jahren noch gar nicht selbstverständlich. Da konnte man die Kinder einmal in der Woche eine Stunde lang sehen oder gar nur einmal in vierzehn Tagen. Diejenigen, die dieses alte Regime am Leben erhielten, waren vor allem die Krankenschwestern, und zwar mit einem durchaus zutreffenden Argument: Jedesmal, wenn die Eltern nach den Besuchen wieder weggingen, gab es Schreierei, gab es Heulerei. Die Kinder waren unruhig und schwer zu bändigen. Kamen die Eltern hingegen nur einmal in der Woche zu Besuch, dann hatte man am ersten Tag danach vielleicht noch kleine Schwierigkeiten, aber die Kinder fanden sich mit dem Alleinsein schließlich ab. Dann waren sie leichter lenkbar, alles schien in Ordnung und für die Kinder wie für das Personal viel einfacher zu sein.

Die *Beobachtung* stimmt. Nur, was bei dieser Darstellung fehlt, ist der Umstand, daß diesem äußeren Verhalten ein *innerer Prozeß* entspricht. Die Tatsache, eine Woche lang von den Eltern nicht besucht zu werden, führt allmählich zu Resignation, zu einer tiefen Enttäuschung und Erschütterung des Grundvertrauens in der Beziehung des Kindes zu seinen Eltern. Sehr viele Eltern wissen auch, daß ihre Kinder nach solchen langen Trennungen ihnen ganz anders begegneten als vorher: mit Zurückweisung, mit Distanz, manchmal auch mit Wut, oder zumindest mit einer Art von Freude, deren Tränen die erlittene Verzweiflung verrieten.

Auf die Scheidung angewandt, geht es also um die Frage, ob jene größere Ruhe, die uns die Einstellung der Besuche beim Vater vielleicht beschert, wirklich das ist, was *langfristig* für die Kinder gut ist. Ich vertrete hier eine radikal andere Position. Ich glaube, daß es für ein Kind ganz schwierig ist, aus der Erfahrung einer Dreierbeziehung plötzlich in die Erfahrung von zwei getrennten Zweierbeziehungen zu wechseln. Nämlich in die Erfahrung, daß ich die Beziehung mit dem einen Elternteil immer nur haben kann, wenn ich gerade auf den anderen verzichte, mich von dem anderen trenne. Dazu kommen noch die Ängste, Papa oder Mama zu verlieren: Wenn ich ein kleines Kind bin, dann weiß ich ja nie, was passiert, wenn ich weggehe, um den Papa zu besuchen. Wer weiß, ob die Mama übermorgen noch da ist, ob ihr inzwischen nichts passiert ist, und sei es, daß ihr etwas passieren könnte, weil ich aggressive Phantasien gegen sie habe. Oder was mit dem Papa in vierzehn

Tagen sein wird, wenn ich ihn jetzt verlasse, um zur Mama zurückzugehen. Außerdem wird die ganze Trennungsproblematik der Scheidung, wie ich sie am Anfang skizziert habe, durch die Besuche immer wieder reaktiviert. Aber wenn ich diese schmerzlichen Erfahrungen *nicht* vermeide und verhindere, sondern versuche, mit den Kindern darüber zu reden, und wenn sie auch die Erfahrung machen können, daß ihre Befürchtungen in der Realität *nicht* eintreten - weil nämlich der Papa in vierzehn Tagen immer noch da ist, auch die Mama immer noch da ist, wenn ich zurückkomme -, dann können die Kinder aus dieser Krise, die sie durch ihre Irritation manifestieren, auch gestärkt und mit neuer Zuversicht herauskommen. Deshalb bin ich dafür, Besuche nie oder nur in den allerschwersten Fällen wegen solcher Irritationen einzustellen oder zu reduzieren. Die Einstellung/Reduktion des Besuchsrechts verhindert nämlich nicht nur, daß sich die Kinder allmählich auf die neue Beziehungskonstellation angstfrei einlassen können, sondern führt auch zu einem ganz ähnlichen Ergebnis wie bei den hospitalisierten Kindern: Sie lehnen aufgrund von Enttäuschung und Resignation den Vater immer mehr ab. Das heißt, daß eine *spätere Wiederaufnahme* der Vater-Kind-Beziehung oft nicht mehr möglich ist - ganz abgesehen davon, daß dann nicht nur auf seiten des Kindes ein Stück seiner Liebe und seines Vertrauens zerbrochen ist, sondern auch beim Vater inzwischen eine gewisse Entfremdung in der Beziehung zu seinem Kind stattgefunden hat.

Werden die Kontakte zwischen Vater und Kind einmal unterbrochen, so wird also sehr oft ein irreversibler Prozeß in Gang gesetzt, an dessen Ende der völlige Beziehungsbruch steht. (Unbewußt mögen so manche Mütter dieses Resultat auch vor Augen haben, wenn sie - zur Beruhigung des Kindes - für eine vorläufige Unterbrechung plädieren. Oder auch Väter, die - warum auch immer - ihre Kinder nicht sehen wollen und sich „nur vorläufig“ nicht blicken lassen. Aber auf diese versteckten und/oder unbewußten Motive der Eltern kommen wir später noch ausführlich zurück.)

Die Unterbrechung des Kontakts zum Vater kann aber auch *vom Kind* ausgehen. Kaum je handelt es sich dabei um die Folge einer direkten Beeinflussung durch die Mutter, sondern um das Ergebnis unbewußter Konfliktverarbeitung: Sei es, daß das Kind die Schuld an der Scheidung dem Vater gibt und die erlittene Kränkung über das Verlassenwerden mit Wut beantwortet; sei es, daß Schuldgefühle das Kind fürchten lassen, der Vater könnte sich rächen. In den meisten Fällen hat jedoch auch dieses Phänomen seinen Grund in den Loyalitätskonflikten des Kindes. Diese können nämlich mitunter so unerträglich werden, daß das Kind die inneren Bilder, die es von seinen Eltern hat, „aufspaltet": Es macht - natürlich unbewußt - den Vater zum Alleinschuldigen und Bösen und die Mutter zur Unschuldigen, Guten. Das Kind verzichtet also gewissermaßen auf den einen Elternteil, um mit dem anderen in Harmonie und Identifizierung leben zu können[26].

Nun gibt es freilich auch *Väter*, die sich *von sich* aus nicht mehr um ihre Kinder kümmern. Und zwar nicht wenige: 40% der geschiedenen Väter brechen früher oder später die Beziehung zu ihren Kindern ab[27].

Es mag schon sein, daß es Menschen gibt, die man als verantwortungslos bezeichnen muß. Die Mehrzahl jener Väter ist es nicht. Zumindest habe ich die Erfahrung gemacht, daß sehr viele Väter, die den Ex-Frauen böse, verantwortungslos und an ihren Kindern desinteressiert erscheinen, Männer sind, denen es in Wirklichkeit schlecht geht. Bei einem großen Teil der Fälle, in denen sich Väter nicht mehr um ihre Kinder kümmern, hängt das damit zusammen, daß diese Väter es nicht schaffen, ihrer Ex-Frau unter die Augen zu treten; daß es ihnen schrecklich ist, in die eheliche Wohnung zu kommen; daß sie die Konfrontation mit ablehnenden Haltungen der Kinder nicht aushalten; Angst vor Ablehnung haben u.a.m. Es sind solche bedrückenden Situationen und Erlebnisse, vor denen viele Väter davonlaufen. Natürlich ist eine solche Art der „Problemlösung" eher infantiler Natur. Aber es ist wichtig festzuhalten, daß auch die sich nicht kümmernden Väter zumeist Männer sind, die aufgrund ihrer Ängste und Probleme so handeln, genau wie die „bösen" Mütter, die ihre Kinder den Vätern nicht „herausgeben"[28].

Viele Auseinandersetzungen zwischen geschiedenen Eltern gründen auf einer besonderen Form (unbewußter) „Spaltung". Sehr viele Menschen sind überhaupt nur in der Lage, sich von ihrem Ehegatten zu trennen, wenn sie ihn zu einem bösen Krampus oder zu einer bösen Hexe machen: Jede Liebesbeziehung ist eine ambivalente Sache. Wenn eine Ehe scheitert - das kennen alle, die schon Trennungserfahrungen gemacht haben - gibt es Zeiten, in denen man zwar weiß, in dieser Partnerschaft nicht mehr glücklich werden zu können, weil sie nicht das ist, was ich mir einst erträumt und erhofft habe. Trotzdem gelingt es mir noch nicht, mich vom Partner zu tren-

---

26 Vgl. dazu Bd. 1, S. 186ff.
27 Balloff 1992.
28 Vgl. dazu Bd. 1, Kap. 9.7. - 9.9.

nen. Eine Partnerschaft ist eben ein sehr kompliziertes Gebilde, und eine eventuelle Enttäuschung heißt noch keineswegs, daß der Partner alle seine bedeutsamen Funktionen für mich verloren hätte. Außerdem macht das Ende jeder Beziehung mehr oder weniger Angst. Oft schaffe ich daher diesen Schritt, endgültig Nein zu sagen, nur, wenn ich mich - natürlich unbewußt - des gleichen Abwehrmechanismus bediene, von dem schon vorher bei den Kindern die Rede war: der „Spaltung“. Ich spalte mein Selbst-bild und das Bild, das ich von meinem Partner habe, in ein radikal gutes und ein ebenso radikal böses Bild auf: Dann sehe ich mich als den Unschuldigen, der bestenfalls Opfer ist und sich redlich um die Ehe bemüht hat, während vom Ehepartner nichts als Bosheit, Verantwortungslosigkeit, Gefühlskälte, Egoismus usw. übrigbleibt. Von einem *solchen* Menschen mich zu trennen, fällt freilich um vieles leichter.

Für unsere optimistische Hoffnung, die geschiedenen Partner mögen nach der Scheidung kooperationswillige Eltern bleiben, sind derartige unbewußte Problemlösungen allerdings eine Katastrophe. Denn wie sollte ich es als verantwortungsvolle und liebende Mutter zulassen können, mein Kind in die Obhut eines Menschen zu geben, von dessen Unzuverlässigkeit, ja Bösartigkeit ich überzeugt bin? Wie sollte ich als liebender Vater nicht gegen den Einfluß der Mutter kämpfen, wenn ich davon überzeugt bin, daß diese Frau meinem Kind nur schaden kann?

Wenn das Kind den Kontakt zum Vater völlig verliert

Wir sehen also, daß die von den meisten Fachleuten an die Eltern gerichtete Aufforderung, trotz Trennung ihrer Partnerschaft *als Eltern* auch weiterhin zu kooperieren, in der Praxis überaus schwer zu erfüllen ist. Damit ist aber eine der wichtigsten Voraussetzungen dafür, daß Kinder über die Scheidung der Eltern ohne langfristig wirksame Traumatisierungen hinwegkommen können, bei der Mehrzahl der Scheidungskinder nicht gegeben!

Was passiert, wenn das Kind den Kontakt zu seinem Vater tatsächlich ganz verliert? Erinnern wir uns noch einmal an die heftigen Erlebnisreaktionen des Kindes angesichts der Information, daß der Vater nicht mehr mit ihm und der Mutter zusammen leben wird. Sie leiten sich erstens aus dem (eben stattgefundenen oder bevorstehenden) *realen* Verlust des Vaters her. Dieser ist aber nur ein partieller Verlust, denn die Trennung der Eltern besagt per se noch nicht, daß das Kind seinen Vater überhaupt nicht mehr sehen wird. Natürlich ist auch dieser partielle Verlust, also der Verlust des ständig verfügbaren bzw. hier wohnenden Vaters, schlimm genug, aber der Schmerz der meisten Scheidungskinder geht weit darüber hinaus. Was nämlich hinzukommt, ist *die Angst,* der Vater könnte *ganz* verlorengehen. Und eine der Chancen, daß das Kind sein verlorenes seelisches Gleichgewicht wiederfindet, ohne zu neurotisierenden Abwehrprozessen Zuflucht nehmen zu müssen, besteht ja darin, daß diese Befürchtung nicht eintritt. Wird nun aber die Beziehung zum Vater tatsächlich unterbrochen, wie sollte das Kind das Gefühl: „Der Papa hat mich doch lieb!" wiedergewinnen? Wie sollte es seine Schuldgefühle verlieren, wenn es nicht die Erfahrung machen kann, daß ihm der Papa nichts vorwirft, ihm nicht böse ist? Ja, sein Wegbleiben bestätigt die Schuldgefühle geradezu! Wie sollte sich die narzißtische Wunde wieder schließen, die der Verlust des primären Identifizierungsobjekts der Buben und des primären Liebesobjekts der Mädchen gerissen hat? Man könnte auch sagen, die unmittelbaren Scheidungsreaktionen sind ein *Vorgriff auf das Trauma*, den Vater zu verlieren, ein Trauma, das einigen Scheidungskindern erspart bleibt, denen erstens der Vater erhalten bleibt und zweitens - das sind noch weniger -, die diesen beruhigenden Umstand wahrnehmen können, bevor sie die unerträglichen Gefühle und Ängste ganz oder teilweise verdrängen mußten[29]. Bleibt hingegen der Vater schließlich tatsächlich weg, wird das zunächst nur Befürchtete oder Phantasierte Wirklichkeit.

Die psychologische Bedeutung, die der tatsächliche Verlust des Vaters für das Kind hat, geht freilich weit über die sensible Nach-Scheidungs-Phase hinaus. Die Buben haben nicht nur einen Teil ihrer Identität verloren, sie müssen auch in Zukunft ohne ein verfügbares Identifizierungsobjekt auskommen. Ähnlich geht es den Mädchen, die nicht nur mit der Trennung vom ödipalen Liebesobjekt fertigwerden, sondern auch künftig auf die Liebe eines männlichen Erwachsenen verzichten müssen. Und der Umstand, daß der Vater überhaupt nicht mehr als Triangulierungsobjekt zur Verfügung steht - nicht einmal an den Wochenenden, per Telefon oder wenigstens in der Vorstellung -, führt zwangsläufig zu einer höheren Konfliktbelastung der Beziehung zur Mutter, wie auch immer sich diese nach außen hin zeigen mag

29 Hat nämlich die „posttraumatische" Verdrängung bzw. Abwehr erst einmal stattgefunden, ist das *psychische* Trauma vollzogen, auch wenn der Vater dem Kind *real* erhalten bleiben sollte. Denn was einmal verdrängt ist, vermag sich nicht mehr an der Realität zu korrigieren.

- in aggressiven Auseinandersetzungen, depressiven Verstimmungszuständen, Schulproblemen, körperlichen Symptomen u.a.m.

Nicht weniger schlimm ist es für die Kinder, wenn der Kontakt mit dem Vater nach der Scheidung über einen längeren Zeitraum hinweg erhalten bleibt und erst nach ein, zwei oder mehr Jahren abbricht. Denn dadurch kommt es zum Wiederaufbrechen der Gefühle und Nöte aus der Scheidungs- und Nach-Scheidungszeit. Aber nicht nur das. Auch hier „erfüllt" sich das vorerst nur befürchtete Trauma. Wenn das aber Kindern geschieht, die, nicht zuletzt *aufgrund* der fortgesetzten Beziehung zum Vater, einigermaßen gut mit dem Scheidungserlebnis fertiggeworden waren, denen also im Zuge der Nach-Scheidungs-Krise keine allzu große zusätzliche Neurotisierung widerfuhr, bedeutet der neuerliche Verlust des wiederhergestellten psychischen Gleichgewichts, das Aufbrechen der Scheidungswunden, daß das Kind noch einmal von vorne beginnen muß. Nun aber unter weit ungünstigeren Voraussetzungen, die denen der Kinder gleichen, die ihren Vater gleich nach der Scheidung verloren. Zweitens - und das macht den späteren Verlust des Vaters besonders schlimm - müssen diese Kinder erfahren, daß die Eltern ihr seinerzeitiges Versprechen gebrochen haben, daß sie vorschnell darauf vertrauten, daß sie den Vater nicht verlieren würden, daß der schwierige Kampf, sich mit den neuen Lebensverhältnissen angstfrei abzufinden, vergeblich war. Nichts hat etwas genützt und auf niemanden ist Verlaß! Die Kinder verlieren so ein weiteres Stück ihres Selbstwertgefühls und ihres Vertrauens in die Liebesobjekte. Wie schon anläßlich des Scheidungserlebens festgestellt, gibt es auch in dieser Situation viele Kinder, deren *äußeres Verhalten* von der Dramatik des innerpsychischen Geschehens kaum etwas verrät, ja der Anteil der „still" reagierenden Kinder ist beim späteren Verlust des Vaters noch weit größer als jener der Kinder, die bei der Scheidung kaum äußere Reaktionen zeigten. Zum einen sind sie in der Abwehr unerträglicher Gefühle bereits „geübter". Was aber vor allem eine Rolle spielt: Die Reaktionen des Kindes nach der Scheidung, insbesondere die aggressiv gefärbten, zeugen noch von einer Bereitschaft des Kindes, das Erlittene wie das Befürchtete nicht so einfach hinzunehmen, sondern dagegen zu kämpfen. Was also von vielen Müttern als Gleichgültigkeit gegenüber dem endgültigen Kontaktabbruch mit dem Vater interpretiert wird, ist eine Mischung aus perfektionierter Verdrängung und Resignation. Die bedenklichen Auswirkungen auf die spätere psychische Entwicklung lassen sich ermessen.

Bei alledem spielt es eine untergeordnete Rolle, aus welchem Grund der Beziehungsabbruch *tatsächlich* erfolgte. Wenn Gründe bedeutsam sind, dann nur jene, *die das Kind annimmt*. Und diese müssen mit der Einschätzung der Eltern durchaus nicht übereinstimmen: Die Mutter mag den Kontakt des Kindes zum Vater be- oder verhindert haben, während das Kind - beeinflußt oder unbe-einflußt - den Eindruck hat, der Vater kümmere sich von sich aus nicht mehr um die Beziehung; der Vater mag sich nicht mehr rühren, während das Kind der Mutter die Schuld gibt, ihn vertrieben zu haben; das Kind mag - aus Schuldgefühlen heraus oder als unbewußte Lösung seiner Loyalitätskonflikte - den Vater von sich aus ablehnen, während es sich seinen Schritt bewußt damit erklärt, daß der Vater ein schlechter Mensch sei, von ihm ohnedies nichts mehr wissen will usf. Doch auch diese subjektiven Gründe haben höchstens einen Einfluß auf die inhaltliche Ausgestaltung der langfristigen traumatischen Spuren; an der Tatsache, *daß* der (verzögerte) Verlust des Vaters ein Trauma darstellt, ändern sie nichts. Es gibt vielleicht eine Ausnahme: Wenn die Beziehung des Kindes zum Vater von der Mutter explizit untersagt wird, das Kind jedoch weiß, daß der Vater diese Beziehung wünscht, und das Kind seinerseits es schafft, seinen Wunsch, den Vater zu sehen, auch gegen den Druck der Mutter bewußt am Leben zu erhalten. Das mindert zwar nicht den Trennungsschmerz, aber das Kind kann die Gewißheit behalten, einen Vater zu haben, der es liebt und es nicht vergessen hat. Aber Mutter und Kind zahlen dafür einen hohen Preis: eine hohe Konfliktbelastung, möglicherweise sogar teilweise Zerstörung der gegenseitigen Liebesbeziehung. Statt des traumatischen Totalverlustes des Vaters erleben diese Kinder einen ebenso traumatischen Verlust der „inneren" Mutter, also der Mutter, von der sie sich geliebt fühlen und die sie lieben können. Sie leben mit dem Elternteil zusammen, mit dem sie keine Liebesbeziehung (mehr) verbindet und sie können den Elternteil, den sie (immer noch) lieben, nicht haben.

Loyalitätskonflikte bei aufrechterhaltener Beziehung zum Vater

Wie wirken sich nun jene sehr häufigen Konstellationen der „Scheidungsfamilie" aus, in welchen die fortgesetzte Beziehung des Kindes zu beiden Eltern zwar nicht so unbelastet verläuft, wie wir es uns für die Entwicklung der Kinder wünschen würden, der äußere Kontakt des Kindes zum Vater in Form von Besuchstagen jedoch trotz aller fortgesetzter und neuer Spannungen zwischen den Eltern bestehen bleibt?

Wenn die Spannungen der Eltern nach der Scheidung anhalten, so sind auch die daraus erwachsenden Loyalitätskonflikte eine große Erschwernis für das Kind, die Nach-Scheidungs-Krise ohne allzu große Neurotisierung hinter sich zu bringen. Betrachten wir dazu die Möglichkeiten, die ein Kind hat, mit dieser Situation fertigzuwerden (wenn es nicht die nächstliegende „Lösung“ ergreift: sich mit der Mutter zu identifizieren und den Vater abzulehnen). Die Schwierigkeit ist, daß es nicht genügt, die Gefühle der Kränkung, der Trauer, der Wut, die empfundenen Ängste sowie die alten, aufgebrochenen Konflikte ganz oder teilweise zu verdrängen. Das Problem besteht nicht nur in dem, was schon passiert ist, also der Scheidung, sondern das Kind muß sich *für jetzt und für die Zukunft* wappnen. Es muß eine Möglichkeit finden, wie es den offen und direkt geäußerten oder mitunter ganz subtil vermittelten Bündniserwartungen der Eltern, ihren Versuchen, das Kind auf die jeweils eigene Seite zu ziehen, begegnen kann. (Dabei spielt es natürlich überhaupt keine Rolle, ob das die Eltern *bewußt* intendieren: *Jede* größere Auseinandersetzung mit anderen ist von der Hoffnung oder zumindest dem Wunsch begleitet, daß die wichtigsten und geliebtesten Menschen die eigene Partei ergreifen. Und das sind bei geschiedenen Eltern eben in erster Linie die Kinder.) Es ist ganz schlimm, zwei Menschen lieb zu haben und gleichzeitig zu merken, daß ich das eigentlich nicht dürfte und sollte, weil ich spüre, daß die Mama erwartet, daß ich den Papa ebensowenig liebhabe, wie sie es inzwischen tut (und umgekehrt). Ich komme mir dann leicht als Verräter an der Mama oder dem Papa vor. Das ist nicht nur ein Problem des „Über-Ichs“[30], ich muß gewärtig sein, daß ich für meinen Verrat bestraft werde: durch Vergeltung, durch Beziehungsabbruch oder dadurch, daß ich den Verratenen zutiefst verletze. Aber noch mehr: Für ein kleines Kind haben alle Wertungen der Eltern ein ganz besonders großes Gewicht. Wenn ich dann spüre, ein Stück meiner Gefühle sollte nicht sein, dann bedeutet das, daß *mit mir* etwas nicht in Ordnung ist. Die Loyalitätskonflikte vergrößern somit die *Schuldgefühle* des Kindes, seine *Ängste* vor Liebesverlust und Vergeltung. Zusätzlich belasten sie sein *Selbstwertgefühl*, das durch Schuldgefühle, Ängste und das Erlebnis, verlassen worden zu sein, ohnedies schon schwer beeinträchtigt ist.

30 Zwischen den 4. und 7. Lebensjahr verinnerlicht das Kind Norm- und Werthaltungen, die es an seinen Eltern wahrnimmt. Die sich auf diese Weise bildende psychische Instanz nannte Freud das „Über-Ich“. Was früher an Geboten, Verboten und Werturteilen von den äußeren Objekten (v.a. den Eltern) den Triebbedürfnissen des Kindes entgegengehalten wurde, spielt sich nun als innerpsychischer Konflikt ab. Ein triebeinschränkendes Über-Ich ist für das soziale Zusammenleben unerläßlich. Ein lückenhaftes Über-Ich kann zu asozialen Verhaltensweisen führen, ein zu strenges, triebfeindliches Über-Ich jedoch die innerpsychischen Konflikte (s.o. Anm. 16, S. 25) so zuspitzen, daß es zur Ausbildung von Symptomen kommt, unter denen das Individuum später sehr leidet.

Von den verschiedenen Möglichkeiten, die Kindern offenstehen, diesen inneren Konflikt abzuwehren, sind mir die folgenden drei am häufigsten begegnet: Die erste ist eine sanfte Version der Ablehnung des Vaters, nämlich seine Abwertung. Die Abwertung kann sich sowohl auf die Person des Vaters beziehen oder auch auf die Bedeutung, die er für das Kind hat. Dieser Weg ist dann gut gangbar, wenn sich das Kind sicher sein kann, daß die Beziehung von seiten des Vaters nicht gefährdet ist. Es kann dann mit der Mutter kooperieren und läßt den Vater gewissermaßen „über sich ergehen".

Die zweite Möglichkeit ist eine Art egozentrischer Wendung zum Selbst, ein mehr oder weniger starker libidinöser Abzug von den Liebesobjekten: Was diese denken und fühlen, wird dem Kind zunehmend egal. Eine häufige Variante dieser „Delibidinisierung" besteht darin, daß an die Stelle der Liebe ein egoistisches „Sichnehmen" tritt: Wenn ich durch meine Liebe nicht bekommen kann, was ich brauche, oder es mir so schwer gemacht wird zu lieben, wie ich lieben möchte, dann nehme ich mir wenigstens das, was sich aus dieser Situation maximal herausholen läßt. Gerade materielle Bedürfnisse gewinnen dann immer mehr an Bedeutung, und häufig beginnen die Kinder, die Eltern zum eigenen Vorteil gegeneinander auszuspielen. Das kann zu einer unbewußten Koalition zwischen den Kinderwünschen und den Neigungen und Phantasien der weiterhin streitenden Eltern führen, indem sich diese darin überbieten, was sie den Kindern - meist an materiellen - Erfüllungen gewähren.

Die dritte Möglichkeit besteht in einer Abwertung der eigenen Person. Man könnte diese Selbstabwertung etwa so ausdrücken: „Ich weiß, ich sollte (im Sinne der Mama) den Papa nicht so liebhaben. Aber ich kann nicht anders. Ich schaffe es aber auch nicht, den Erwartungen des Papas gerecht zu werden, ganz zu ihm zu halten. Ich weiß, daß ich damit der Mama *und* dem Papa wehtue. Aber ich kann nicht anders, ich liebe beide und kann auf keinen verzichten. Und ich weiß auch, daß das schlecht ist und ich schwach bin". Auf diese Weise wird die Liebe des Kindes in seinen eigenen Augen zu einer Art *Krankheit,* für die es sich schämt, der es jedoch unterliegt.

1.3 Neue Partnerschaften der Eltern

Zu den wichtigsten und einschneidendsten Erlebnissen, die Scheidungskindern im Laufe der Jahre nach der Trennung der Eltern widerfahren können, gehört das Erscheinen neuer Partner der Eltern. Sieht man vom Verlust eines Elternteils durch Tod ab, ist die Gründung einer oder zweier Stieffamilien etwas, das ausschließlich auf Kinder zukommt, deren Eltern getrennt sind; weil außerdem die Gefühle und Phantasien, die dabei aufbrechen, aufs engste mit dem zurückliegenden Scheidungserleben zusammenhängen, ist das Thema *Stieffamilie* geradezu ein Teil des Schicksals von Scheidungskindern. Wir wollen es daher auch etwas näher beleuchten.

Kann der Stiefvater den leiblichen Vater ersetzen?

Hält man sich vor Augen, welche Bedeutung der Vater als Liebes-, Identifizierungs- und Triangulierungsobjekt für das Kind hat, läßt sich abschätzen, daß eine neue Partnerschaft der Mutter für das Scheidungskind eine große Chance darstellt. Und zwar nicht nur für jene Kinder, welche die Beziehung zu ihrem Vater ganz verloren haben. Denn so positiv die Fortsetzung der Beziehung zum Vater nach der Scheidung für die psychische Entwicklung des Kindes auch zu beurteilen ist, darf man nicht die Augen davor verschließen, daß dem Kind *im Alltag* der Vater dennoch abgeht. Wie aber steht es mit der Bedeutung des leiblichen Vaters, wenn die Mutter einen neuen Partner findet, der die Kinder liebhat und seinerseits auch die Liebe der Kinder zu gewinnen vermag?

Es gibt viele Mütter, die zur Annahme neigen, daß der leibliche Vater seine Funktion verliert, wenn das Kind einen Stiefvater hat, der es mag und der auch vom Kind akzeptiert wird. Besonders häufig begegnen wir dieser Ansicht bei Müttern, deren Beziehung zum Ex-Partner sich sehr schwierig gestaltete. Denn nun endlich könnte der Wunsch, noch einmal ganz von vorn zu beginnen und einen Schlußstrich unter die enttäuschende Vergangenheit zu ziehen, in Erfüllung gehen. Und nicht nur die Mutter, auch die Kinder würden ja etwas gewinnen: einen „Vater“, der ständig anwesend ist und sich auch wirklich um sie kümmern kann, mehr vielleicht, als dies der leibliche Vater je getan hat.

Natürlich hat diese Argumentation etwas für sich. Der Fehler besteht jedoch darin, daß sie die *väterlichen Funktionen ganz von der Person des Vaters trennt.* Weder Liebes- noch Identifizierungsobjekte sind einfach austauschbar. Wären sie das, gäbe es auch im erwachsenen Liebesleben keinen Liebeskummer mehr: Irgendein Ersatz würde sich allemal finden lassen. So gesehen muß das Ansinnen einer Mutter: „Du hast ja jetzt den Hans, also brauchst du den Papa nicht mehr!" absurd erscheinen. Da es sich bei dieser Erwartung jedoch um ein sehr häufiges Phänomen handelt und wir annehmen dürfen, daß es sich dabei nicht um lauter Mütter handelt, die keine Ahnung davon haben, was Lieben heißt, drängt sich der Verdacht auf, daß hier wohl der Wunsch, den Ex-Partner endlich aus dem eigenen Leben zu verbannen, der Vater des Gedankens ist. Wo ich die Gelegenheit hatte, mit solchen Müttern in einer vertrauensvollen Beziehung über längere Zeit hinweg zu arbeiten, hat sich diese Vermutung auch fast stets bestätigt.

Freilich muß man vielen dieser Mütter zugutehalten, daß es oft die Kinder selbst sind, welche die Mutter zu einer solchen Sichtweise verführen, indem sie ihre Väter ablehnen oder abwerten. Wir haben aber gesehen, daß es sich dabei in den meisten Fällen um das Ergebnis einer unbewußten Abwehr unerträglicher Loyalitätskonflikte handelt. Was also nottäte, wäre, diesem Kind die Möglichkeit zu eröffnen, seinen Vater *wieder lieben zu können,* statt ihm den Vater ganz zu nehmen. (Es ist dies einer der zahlreichen Fälle, in welchen persönliche Bedürfnisse der Eltern in „pädagogische" Forderungen umformuliert werden - eine Form der „Rationalisierung"[31], die geradezu als klassischer elterlicher Abwehrmechanismus gelten kann. Wer je mit zerstrittenen Eltern Paarberatung machte, wird bestätigen können, daß der Großteil der gegenseitigen Anwürfe mit dem „Wohl des Kindes" argumentiert wird. Mit den methodischen Konsequenzen dieses Umstandes für die Beratung werden wir uns später noch eingehend befassen[32].)

Daß der Stiefvater die väterlichen Funktionen nicht so einfach übernehmen kann, weil die Gefühle und Identifizierungen des Kindes noch am leiblichen Vater hängen, ist jedoch nicht der einzige Grund, warum die Fortsetzung der Beziehung des Kindes zum leiblichen Vater von großer Bedeutung

31 Auch die „Rationalisierung" ist ein *Abwehrmechanismus:* Ich erkläre mein Handeln, meine Gefühle, Gedanken etc. mit Gründen, die nicht die primär motivierenden sind, zu denen ich aber leichter stehen kann als zu den wirklichen Beweggründen. Rationalisierungen sind so etwas wie unbewußte Ausreden eines Menschen vor sich selbst.

32 Vgl. v.a. das 4. Kapitel.

ist. Als wichtigster dieser Gründe ist wohl zu nennen: Was immer der Stiefvater dem Kind auch Gutes bringen mag, es ändert nichts an der Tatsache, daß der Abbruch des Kontaktes zum leiblichen Vater bedeutet, daß das Kind seinen Vater nach der partiellen Trennung durch die Scheidung *nun endgültig verliert*. Welche Auswirkungen ein solcher Verlust haben kann, habe ich im voranstehenden Abschnitt ausführlich dargestellt. Insbesondere müssen wir erwarten, daß dadurch die Nöte und Ängste des (inzwischen mehr oder weniger gut bearbeiteten) Scheidungstraumas wieder aufbrechen, bzw. die möglicherweise bloß potentiell traumatischen Anteile des Scheidungserlebnisses sich nun „erfüllen".

Der Vater spielt aber auch eine wichtige Rolle in der *günstigen Entwicklung der Beziehung zwischen dem Kind und dem Stiefvater*. Es kommt zwar vor, daß Kinder - vor allem Buben im frühen Latenzalter[33] - ihre Mütter drängen, sich doch endlich wieder einen Mann zuzulegen, der dann - erscheint er tatsächlich auf der Bildfläche - mit begeisterter Zuneigung überhäuft wird. In der Mehrzahl der Fälle stehen die Kinder jedoch dem fremden Eindringling abwartend, skeptisch bis ablehnend gegenüber. In dieser Situation wird die Mutter zum Gegner bzw. Verräter: Sie hat ihn hergebracht. Sie liebt *ihn* („...mehr als mich?"). Wo also soll das Kind sein Herz ausschütten, wo findet das Kind jemanden, den es als Verbündeten erleben kann, weil es sich seiner Liebe sicher sein kann? Wenn wir im Zusammenhang mit Konflikten in der Mutter-Kind-Beziehung von der wichtigen Triangulierungsfunktion auch des geschiedenen Vaters sprachen, so ist diese kaum je bedeutsamer als gerade in dieser Situation. Indem das Kind beim Vater emotionelle Zuflucht findet, kann es die Ereignisse zu Hause leichter geschehen lassen: „Sollen die machen, was sie wollen. Ich hab den Papa, und wenn es sein muß, gehe ich eben zu ihm...!" Das ändert zwar noch nichts an der Unerwünschtheit des neuen Mannes der Mutter; er ist aber nicht mehr der existentiell bedrohliche Feind, den man auf Biegen und Brechen bekämpfen muß. Durch diese Konfliktentlastung entsteht ein Raum, in dem das Kind zulassen kann, neue Erfahrungen zu machen: etwa daß der „Hans" gar nicht so blöd ist wie erwartet; daß es Spaß macht, mit ihm Spiele zu spielen, für die sich die Mama (oder sogar der Papa) nie hergaben; welch schönes Gefühl es ist, Dinge zu dritt unter-

33 Als Latenzphase bezeichnet die Psychoanalyse die Zeit nach dem 7. Lebensjahr bis zur Pubertät. In dieser Phase hat sich die Abwehr der frühkindlichen Konflikte stabilisiert und das Über-Ich des Kindes ausgebildet.

nehmen zu können, sich links und rechts einzuhängen und wieder eine „Familie" zu sein; wie gut es tut, wieder einmal einen starken Mann an und auf seiner Seite zu haben, der einen auch bei der Mutter unterstützt, die dann protestierend, aber lächelnd nachgibt, ohne daß es zu einem Krach kommt - ganz so wie einst, als der Papa auch gegen ein Ge- oder Verbot der Mutter für das Kind Partei ergriff u.a.m. Allein dadurch, daß er *existiert*, vermag der Vater in dieser Zeit zu einer Art Therapeuten zu werden, der dem Kind den schwierigen Übergang in (neuerlich) ganz andere Lebensverhältnisse erleichtert.

Doch die Bedeutung des Vaters bleibt auch über diese schwierige Übergangsphase hinaus bestehen, selbst dann, wenn sich zwischen Kind und Stiefvater eine liebevolle Beziehung hergestellt haben sollte. Zum einen spielt die Kontinuität der Beziehung zum Vater eine nicht zu überschätzende Rolle hinsichtlich des *Vertrauens des Kindes in die Verläßlichkeit von Liebes- und Freundschaftsbeziehungen,* und zwar sowohl was die Verläßlichkeit der Partner als auch die eigene Verläßlichkeit betrifft. Der Vater war die erste männliche Liebesbeziehung des Kindes. Was er einmal für das Kind war, kann von niemandem wiederholt werden. Und da ist es für die Gefühlsentwicklung des Kindes, für die Entwicklung seiner bewußten und unbewußten Vorstellungen darüber, was eine Liebesbeziehung ist, von unerhörter Bedeutung, daß diese Liebe nicht verraten wird - nicht vom Vater, aber auch nicht von ihm selbst. Zum anderen gibt es zwei Ereignisse im weiteren Leben des Scheidungskindes, in welchen dem leiblichen Vater für die günstige seelische Entwicklung des Kindes eine ganz zentrale, entscheidende Funktion zukommt: die *Geburt eines Halbgeschwisters* und die *Pubertät* bzw. frühe Adoleszenz. In beiden Situationen, in welchen die inneren und äußeren Konflikte mit Mutter und Stiefvater verstärkt aufflammen müssen, begegnet uns der leibliche Vater ebenso verstärkt als wichtiges Triangulierungsobjekt wieder, wie schon beim Auftauchen des Stiefvaters. Auch in diesen Lebenskrisen vermag er eine Art Therapeutenfunktion zu erfüllen. Denn die Geschwisterrivalität - und damit alle in diesem Zusammenhang ausgelösten Nöte und Ängste des älteren Kindes - ist üblicherweise bei der Geburt eines Halbgeschwisters noch um einiges größer als bei der Geburt eines Geschwisters innerhalb der „normalen" Mutter-Vater-Kind-Familie. Wenn ein Kind das Glück hat, daß seine Eltern einigermaßen verständnisvoll mit ihm fühlen können, kommt es nach der Geburt des kleinen Rivalen üblicherweise zu einer wichtigen neuen

Beziehungskonstellation: Der unvermeidbare Verlust an Zeit und Zuwendung durch die Mutter wird dann vom Vater wettgemacht, der sich nun verstärkt dem älteren Kind zuwendet. Und das ist mehr als bloß ein Ersatz: Die Beziehung zum Vater aktiviert die progressiven, nach Autonomie strebenden Kräfte des Kindes, das daraufhin in geringerem Maß die Notwendigkeit fühlt, bei der Mutter mit dem *Baby* zu konkurrieren, „weil ich, so groß und stark, wie ich schon bin, das ja gar nicht nötig habe!" Somit kann das Geschwister, latenter Rivale - und als Rivale auch derjenige, welcher den Sieg davontragen wird -, sogar zum Motor einer bedeutsamen Selbstwertsteigerung des älteren Kindes werden.

Gelingt diese trianguläre Koalition nicht, bleibt das Ältere also in der Konkurrenz um die Mutter gefangen (wo es notwendigerweise verliert, weil das Jüngere das „perfektere" Baby ist) wird der Effekt auf das Selbstwertgefühl genau gegenteilig sein. Das aber ist in Stieffamilien meistens der Fall, und zwar aus einem ganz einfachen Grund: Das Halbgeschwister ist das *erste Kind dieser neuen Partnerschaft,* oft sogar das erste Kind des Stiefvaters überhaupt. Dadurch erhält es auch - besonders - für den Stiefvater eine so große emotionelle Bedeutung, daß dieser zur Koalition mit dem älteren Kind, das ja doch „nur" sein Stiefkind ist, gar nicht in der Lage ist.

Daß in der Pubertät die familiären Konflikte zunehmen, muß nicht eigens erläutert werden. Doch auch hier kommt in Stieffamilien oft ein verschärfendes Moment hinzu: Einer von vielen Gründen, warum in dieser Zeit die Spannungen zwischen Eltern und Kindern so groß sind, warum es Eltern so schwer fällt, die Eigenheiten der Jugendlichen zu akzeptieren und zu respektieren, liegt darin, daß sie für die Eltern in der Art, wie sie sich geben, kleiden, reden, denken, Charaktereigenschaften repräsentieren, die den Eltern schlicht unsympathisch sind. Daß sich Eltern in dieser Lage nicht enttäuscht oder beleidigt völlig von ihren Kindern abwenden, hängt mit jenem Maß bedingungsloser Liebe zusammen, die die meisten Eltern für ihre Kinder niemals verlieren. Über diese bedingungslose Liebe verfügen Stiefväter aus ganz natürlichen Gründen zumeist nicht. Der Stiefvater hat das Kind in einem bestimmten Alter, mit bestimmten Eigenschaften, kennen- und liebengelernt, so wie es *damals* war. Hat der Pubertierende jedoch einige der damals für den Stiefvater liebenswerten Eigenschaften verloren, ist er für diesen auch nicht mehr das Kind, das er einst liebte. Das führt dazu, daß sich Stiefväter im Durchschnitt gegenüber den Jugendlichen um einiges verständnisloser, intoleranter, autoritärer und abweisender verhalten als leibliche Väter. Dazu kommt noch, daß sich beim Stiefvater zur Mutter, die durch seine Unfreundlichkeit oft in eine Beschützerrolle des Kindes gedrängt wird, eifersüchtige Spannungen aufbauen. Das heißt, Stiefvater und Jugendlicher konkurrieren um die Mutter. Und nun gerät diese in einen schweren Loyalitätskonflikt zwischen ihrem Kind und ihrem Mann. Die Folge sind ernsthafte Krisen der Partnerschaft, wodurch der Anpassungsdruck, der auf dem Kind lastet, noch größer wird.

Aber die Hilfe, die der leibliche Vater dem Kind in diesen schwierigen Zeiten leisten kann, besteht nicht nur darin, als entlastendes und Sicherheit gebendes trianguläres Objekt zur Verfügung zu stehen. Was eine ebenso große Rolle spielt, ist, daß er dem Kind etwas garantiert, das man wohl am besten mit dem Eriksonschen Begriff des *Identitätsgefühls*[34] beschreibt: Ein Gefühl, das sowohl beinhaltet, wer ich bin, wohin ich gehöre als auch, woher ich komme. Alle drei Aspekte drücken sich in einem ganz bestimmten Satz aus, über den ein Scheidungskind in seinem Inneren verfügt oder nicht. Dieser Satz lautet: „Auch ich habe einen *richtigen* Vater, ich kenne ihn, und er ist stolz darauf, mich als Sohn/als Tochter zu haben!" Mit dieser Gewißheit lassen sich beide Krisen - die Geburt des Halbgeschwisters und die Pubertät - um vieles leichter überleben.

Die Ablehnung des Stiefvaters durch das Kind

Wir sehen also, das Leben in der Stieffamilie birgt einige Schwierigkeiten in sich, selbst dann, wenn das Kind und der Stiefvater recht schnell eine gute und liebevolle Beziehung zueinander aufbauen können. Genau das ist aber oft genug nicht der Fall. Und, was mir besonders wichtig ist zu betonen: Anfängliche Skepsis, Abneigung oder Ablehnung des neuen Partners der Mutter durch das Kind sind ein ganz normales und in keiner Weise beunruhigendes Phänomen. Eigentlich müßte man sich doch eher verwundern, wenn sich ein Kind einem völlig fremden Menschen an den Hals würfe, noch dazu einem Mann, der für die Mutter eine riesige Bedeutung gewonnen hat, unter dem sie vielleicht aufblüht, ohne daß das Kind sich als Quelle dieses Glücks begreifen kann, der also mit der Mutter seine ganz Welt verändert! Wäre das nicht unter Umständen ein Hinweis darauf, daß die gegenwärtigen

34 Erikson 1959.

Lebensverhältnisse für das Kind so unbefriedigend sind, daß jede Veränderung nur eine Verbesserung sein kann? Wir müssen also damit rechnen, daß die „Adoption" des neuen Partners durch das Kind nicht ohne Reibereien abgeht. Dazu ist weiter nichts zu sagen als: Zwei einander fremde Menschen brauchen einfach *Zeit,* um sich aneinander zu gewöhnen, einander zu entdecken, um schließlich auch Freundschaft schließen zu können.

Ich möchte mich vielmehr den Fällen zuwenden, in welchen das Kind sich auch gegen jene allmähliche Annäherung wehrt, die Skepsis und Abneigung *bestehen bleibt* oder sogar *zunimmt.* Ein Grund dafür kann sein, daß die Mutter und/oder ihr Partner zu ungeduldig sind und dem Kind nicht die Zeit lassen, die es braucht, um eine neue Beziehung zu knüpfen. Das muß gar nicht so plump geschehen (obwohl auch das immer wieder vorkommt) wie: „Das ist Hans, mein Freund. Er zieht hier ein und ist dein neuer Papa. Du sollst auch Papa zu ihm sagen!" Es genügt schon, wenn die abwehrende Haltung des Kindes von Mutter und Partner mit Kränkung, Ärger und Vorwürfen beantwortet wird. Es genügt schon, wenn der Partner zu früh versucht, nicht nur väterlicher Freund zu sein, sondern auch väterliche Autorität zu üben, indem er sich einmischt, Gebote und Verbote setzt, tadelt, rügt und straft. Das kommt für das Kind oft zu früh, zu rasch, zu einem Zeitpunkt, zu welchem das Kind den Mann der Mutter noch nicht als väterliches Objekt akzeptiert hat und sich daher gegen dessen Versuche, Autorität durchzusetzen, auflehnt. Denn Autorität kann ein Kind nur von Menschen *akzeptieren,* die es liebt oder die eine von ihm respektierte Position einnehmen (wie z.B. Lehrer, Erzieher usw). Wenn dies nicht der Fall ist, *beugen* sich Kinder höchstens einer Autorität, und das heißt, daß sie aus Angst folgsam sind. Wenn also das Kind den neuen Partner der Mutter (noch) nicht liebt, ihm auch den Platz des Vaters nicht zugesteht, kann es höchstens Angst sein, wenn es ihm dennoch folgt - Angst vor der Macht und Stärke des fremden Mannes, Angst auch vor Liebesentzug durch die Mutter, vielleicht auch Angst *um* die Mutter, falls das Kind den Eindruck gewinnt, sie müßte seine Unfolgsamkeit ausbaden. So mag Disziplin eingeführt werden können, Liebe hingegen wird auf diese Weise kaum entstehen können.

In den meisten Fällen ist aber die *Eifersucht* des Kindes auf den neuen Partner der Mutter das Hauptmotiv seiner Ablehnung. In dieser Eifersucht verschmelzen unbewußt gleich zwei schwere Krisensituationen des kindlichen Lebens, die in dieser Situation aktiviert werden und daher besonders heftige

Gefühle hervorbringen: die erlebte oder befürchtete Geburt eines neuen Geschwisters und der ödipale Konflikt: Der neue Partner ist Geschwister und ödipaler Konkurrent in einem[35]. Und zwar ein noch viel schwerer zu verkraftendes Geschwister. Denn ein wirkliches neues Geschwister ist - im Erleben des älteren Kindes - „nur“ deshalb bedrohlich, weil es von der Mutter mehr geliebt wird. Dafür darf sich das Ältere größer, stärker und gescheiter vorkommen und findet im Vater einen starken Koalitionspartner. *Dieses* „Geschwister“ (der Stiefvater) nimmt ihm ebenfalls ein großes Stück der Mutter, darüber hinaus aber ist es ein richtiger Mann und dem Kind in allem überlegen. (Wir sehen, wie wichtig hier der „koalierende“ leibliche Vater ist bzw. wäre.) Aber auch die Aktivierung des ödipalen Konflikts vollzieht sich unter erschwerten Bedingungen. Denn das Kind wußte, daß es vom Konkurrenten bei der Mutter, vom Vater, dennoch geliebt wurde. Das erhöhte zwar die Gewissensqualen, milderte aber die Bedrohung. Die meisten Kinder konnten sich damals trotz aller Trauer, Wut und Angst wohl doch die Sicherheit bewahren, daß sie der Vater nicht vernichten würde, sie die Mutter nicht ganz verlieren würden. Es war ein Kampf um *Präferenz*. Nun aber, beim neuen Partner der Mutter, geht es für viele Kinder um Sein oder Nichtsein: „*Dieser* Konkurrent ist durch keine Liebe zu mir gebunden, er will die Mutter für sich haben und mich loswerden!“ Aber auch die Aggression des Kindes ist nicht durch Liebesgefühle gehemmt, weshalb sie sich auch weitgehend ungebremst entfalten kann. Indes dürfte klar geworden sein, daß es sich bei der Ablehnung des neuen Partners der Mutter um eine Aggression handelt, die in hohem Ausmaß von *Angst* getragen ist.

Wie schon in der „negativen“ ödipalen Konstellation (s. Anm. 35) hat der Eifersuchtskonflikt rund um den neuen Partner der Mutter häufig auch eine umgekehrte Seite. Für viele Kinder ist dieser nun in ihr Leben tretende Mann *auch* attraktiv. Und bei gar nicht so wenigen Kindern ist diese Attraktivität zunächst sogar stärker als das Bedrohliche. Sie nehmen ihn auf und umwerben ihn und zumeist auch mit Erfolg, da er - sofern seine Absichten bezüglich der Mutter ernst sind - die Kinder ja für sich gewinnen möchte. Da nun kann es passieren, daß sich die Eifersucht zunächst auf *die Mutter* richtet, also die

35 Das gilt grundsätzlich für Buben *und* Mädchen. Der „*klassische*“ ödipale Konflikt mit dem gleichgeschlechtlichen Elternteil (vgl. die Zusammenfassung im 1. Band, S. 110ff), der sogenannte „positive“ ödipale Konflikt, ist stets ergänzt durch einen - zumeist allerdings schwächeren - „negativen“ ödipalen Konflikt: Der Bub ist *auch* auf die Mutter und das Mädchen *auch* auf den Vater eifersüchtig. Aufgrund der üblichen Dominanz des positiven Ödipuskonfliktes dürfen wir aber annehmen, daß die von daher stammenden Eifersuchtsgfühle des Buben noch größer sind als die des Mädchens.

Mutter als Konkurrentin auftritt. Spüren die Kinder aber, daß nicht sie es sind, die den Mann in erster Linie interessieren, kann der anfängliche Sympathievorschuß leicht verspielt werden, ja binnen kurzer Zeit wird der neue Partner vom umworbenen zum enttäuschenden Objekt. Die daraus resultierende Ablehnung ist eine andere, sie ist primär in einer narzißtischen Kränkung begründet, die durch die unbewußte Aktivierung von früheren narzißtischen Wunden - zum Beispiel solchen, die sich das Kind seinerseits im Verlauf der Scheidung zugezogen hatte - noch verstärkt wird. Hat der Partner der Mutter das Kind aber einmal enttäuscht, ist es nur mehr ein kleiner Schritt, bis er vom Kind sogar als Bedrohung erlebt wird. Und dann kehrt sich die Eifersucht wieder um: Das Kind beginnt, um die Mutter zu kämpfen.

Die Schwierigkeiten des Kindes mit dem (künftigen) Stiefvater entstammen jedoch nicht nur aus der Beziehungskonstellation zwischen sich, der Mutter und ihrem neuen Partner. So wichtig für das Kind die Kontinuität seiner Beziehung zum leiblichen Vater auch in dieser schweren Zeit ist, kann dem Kind aus dieser Beziehung, aus seiner (ungebrochenen) Liebe zum leiblichen Vater auch ein großes Problem erwachsen. Nämlich dann, wenn es in einen Loyalitätskonflikt zwischen Vater und Stiefvater gerät, wenn es den neuen Partner der Mutter zwar mag und genießt, gleichzeitig jedoch das Gefühl hat, daß das ein Verrat am Papa wäre. Wie schon anläßlich der Loyalitätskonflikte des Kindes zwischen Mutter und Vater nach der Scheidung erwähnt, drängt auch der Loyalitätskonflikt zwischen Vater und Stiefvater auf eine Entscheidung: Sie kann auch gegen *den Vater* ausfallen. Wenn sich hingegen nach der Scheidung eine einigermaßen gute Beziehung zwischen Vater und Kind hergestellt haben sollte, wird die Entscheidung mit größerer Wahrscheinlichkeit gegen den Stiefvater ausfallen. Sie lehnen ihn also in erster Linie deshalb ab, um den Vater nicht zu verlieren.

Eine besondere Variante dieses Loyalitätskonfliktes ist dann gegeben, wenn das Kind nach wie vor die *bewußte Hoffnung* hegt, *der Vater könnte doch wieder in die Familie zurückkehren.* Dann muß das Kind an drei Fronten gleichzeitig kämpfen: bei Mutter und Stiefvater gegen deren Liebesbeziehung, mit dem Ziel, den Eindringling wieder loszuwerden; beim Vater, indem es alles versucht, ihm zu gefallen und ihm seine Treue zu versichern, eventuell auch, ihn zum Eingreifen zu bewegen; und schließlich bei sich selbst, indem es alle positiven Gefühle, die sich möglicherweise gegenüber dem neuen Mann der Mutter einstellen könnten, sogleich im Keim zu ersticken trachtet.

Angst, die Mutter oder den Vater zu verlieren, ist das häufigste Motiv, warum Kinder den neuen Partner der Mutter ablehnen. Und das meiste, was in diesem Zusammenhang ausgeführt wurde, gilt - mit entsprechend veränderten Vorzeichen und zum Teil in gemilderter Form - auch für das Erscheinen einer neuen Partnerin des Vaters[36]. Die Ablehnung der neuen Partner der Eltern kann aber auch in schierem *Haß* begründet sein. Nämlich dann, wenn das Kind dem Partner bzw. der neuen Partnerschaft die Schuld an der Trennung der Eltern anlastet. Dieser Haß ist häufig auch deshalb so groß, weil sich die neuen Partner hervorragend dafür eignen, sowohl die Wut, die die Kinder auf ihre Eltern haben, auf sich zu ziehen, als auch die Schuldgefühle der Kinder selbst. Diese Verschiebung[37] hat den Vorteil, daß sie das Kind unmittelbar entlastet: „Nicht die Mama bzw. der Papa haben mir etwas angetan und auch ich selbst hab nichts falsch gemacht, sondern der (die) Fremde hat alles zerstört!“ Ein Fremder aber läßt sich viel leichter - weil unambivalent - bekämpfen oder bestrafen als die geliebten Eltern oder sich selbst. Wie schwer sich aber unter solchen Umständen eine gute Beziehung des Kindes zu diesem neuen Partner entwickeln läßt, ist unschwer abzuschätzen. Es handelt sich hierbei übrigens um eine sehr häufige Variante kindlichen Erlebens. Sie kommt nämlich keineswegs nur dann vor, wenn der neue Partner tatsächlich der Grund der elterlichen Trennung ist, ja mitunter liegen sogar Monate, manchmal Jahre zwischen der Trennung und der Begegnung zwischen Mutter (Vater) und neuem Partner: Unbewußt kann dieser für das Kind dennoch der Schuldige an der Scheidung sein bzw. werden[38].

Ein letztes Problem gilt es zu erwähnen, mit dem sich viele Kinder, deren Eltern neue Partner finden, herumschlagen: die Sexualität der Eltern. Natürlich haben auch Eltern, die zusammenleben, eine sexuelle Beziehung, diese tritt aber aus mehreren Gründen weit weniger in Erscheinung als die zwischen Mutter (Vater) und neuem Partner: Erstens haben Eltern im Laufe der Zeit Möglichkeiten gefunden, ihre Sexualität unauffällig in den familiären Tages- bzw. Nachtablauf zu integrieren. Das Sexualleben geschiedener Eltern mit ihren neuen Partnern erfordert hingegen einigen Aufwand. Die Mutter verbringt die Nacht außer Haus, der Freund übernachtet bei Mutter und Kind oder das Kind wird wegge-

---

36 Soweit die neue Partnerschaft des Vaters besondere Aspekte aufweist, komme ich noch darauf zurück (S. 63 ff).

37 Vgl. etwa die diesbezügliche (zunächst unbewußte) Phantasie von *Sascha* (S. 250).

38 Auch dazu vgl. *Saschas* Phantasie.

schickt. Das Kind bemerkt, daß da mit der Mutter etwas los ist, was vorher nicht war. Und es ist etwas, wovon es ausgeschlossen ist, wobei es dieses Ausgeschlossensein viel deutlicher erlebt als die Verbannung aus dem Schlafzimmer zusammenlebender Eltern. Zweitens beschäftigen sich Scheidungskinder weit intensiver mit der Art der Beziehung, die zwischen Mutter (Vater) und dem neuen Freund (der neuen Freundin) besteht. Die Beziehung zwischen Mutter und Vater gab dem Kind weniger Rätsel auf: Sie sind seine *Eltern,* das heißt, die Kinder definieren die gegenseitige Beziehung der Eltern wesentlich über die eigene Person, über sich als Kind. Diese neuen Beziehungen aber existieren unabhängig von ihm. Indem es sich mit dieser Frage beschäftigt, beschäftigt es sich aber - wissend, ahnend oder unwissend - mit dem Rätsel der Liebe zwischen Frau und Mann. Drittens besteht zwischen der Liebe eines Paares, das schon längere Zeit zusammenlebt und der Verliebtheit einer ganz jungen Beziehung ein merkbarer Unterschied der Intensität, sowohl was das gegenseitige Begehren betrifft als auch den affektiven Stellenwert, den das Zusammensein mit dem neuen Partner hat. Und diese Intensität spürt das Kind, es merkt, daß hier Mächte im Spiel sind, die es nicht wirklich verstehen kann, wo es auch nicht konkurrieren kann und durch welche sich die Mutter (der Vater) von einer Seite zeigt, die dem Kind nicht vertraut ist.

Aufgaben und Probleme der Erwachsenen

Bühler und Kächele (1978) fanden heraus, daß Probleme im Zuge der Wiederverheiratung geschiedener Eltern der zweithäufigste Anlaß sind, warum Kinder in kinderpsychiatrischen Institutionen vorgestellt werden. Wenngleich solche Statistiken mit Vorsicht zu behandeln sind[39], können wir nun doch gut nachvollziehen, daß neue Partner der Eltern für die Kinder eine Veränderung der Lebensumstände mit sich bringen, die nicht leicht zu verkraften ist. Genauso unbezweifelbar steht jedoch fest, daß sich den Kindern eine bedeutsame Entwicklungschance (wieder)eröffnet, wenn es ihnen gelingt, diese Krise zu bewältigen.

Die Chance, daß ihnen das gelingt, ist durchaus gegeben. Um sie auch nützen zu können, benötigen die Kinder allerdings - wie schon nach der Scheidung - die Unterstützung der Erwachsenen:

39 Zur kritischen Beurteilung dieser Befunde vgl. Bd. 1, 15f.

- Zunächst müssen diese bereit sein, *die Schwierigkeiten des Kindes zu respektieren.* Das bedeutet, dem Kind Zeit zu lassen, gegenüber den Kämpfen des Kindes um Selbstbehauptung tolerant zu sein und die entsprechenden Verhaltensweisen nicht persönlich auf sich zu beziehen.
- Die neuen Partner dürfen die *Zuneigung der Kinder* nicht als eine Art Anhängsel der Liebe der Mutter *von vornherein erwarten* (bzw. erhoffen), sondern müssen bereit sein, sich aktiv um diese Beziehung zu bemühen. Sie haben die Mutter (den Vater) des Kindes erfolgreich erobert; sie müssen sich nun genauso bemühen, die Zuneigung des Kindes zu erobern.
- Die Mutter und der neue Partner müssen sich damit abfinden, daß es keine Zukunft ohne Vergangenheit gibt, daß Geschichte nicht auslöschbar ist: *das Kind hat einen Vater,* braucht ihn und wird ihn auch in Zukunft brauchen. (Das gilt natürlich auch für den Vater und seine neue Partnerin im Hinblick auf die Mutter.)
- Ähnliches gilt für den anderen Elternteil: Der Vater (die Mutter) muß akzeptieren können, *daß es in Zukunft einen dritten, „fremden" Menschen gibt,* der im Leben des eigenen Kindes eine große Rolle spielen wird. Dann kann er dem Kind in dieser schwierigen Lebenssituation zusätzliche Loyalitätskonflikte ersparen und ihm auch darüber hinaus hilfreich bleiben.
- Am wichtigsten aber scheint mir zu sein, daß sich das neue Paar *der gegenseitigen Gefühle und der Absicht, zusammen leben zu wollen, sicher ist* und sich darin auch nicht von der Reaktion der Kinder erschüttern läßt. Denn nur wenn das Kind den neuen Zustand *als gegeben,* als *unabänderlich* sieht, kann es auch seine Kräfte darauf konzentrieren, mit dieser neuen Gegebenheit fertigzuwerden. Andernfalls werden jene Kinder, die den neuen Partner als Bedrohung empfinden, bewußt oder unbewußt darum kämpfen, die alten Verhältnisse wieder herzustellen.

Die Praxis sieht freilich meist anders aus. Denn die Bildung einer neuen Partnerschaft nach der Scheidung stellt nicht nur für die Kinder, sondern ebenso für die beteiligten Erwachsenen eine überaus schwierige Lebensituation dar. In den späten Achzigerjahren sind eine ganze Reihe von Erfahrungsberichten persönlich betroffener Mütter und Väter[40] sowie einige theoretische Überblicksarbeiten[41] publiziert worden. Ich möchte im folgenden auf jene Probleme von

40 U.a. Fiala 1989, Fritsch/Sanders 1987, Gambla et al. 1989, Häsing 1989, Reischies/Rednitzki 1987, Scheib 1987.

41 Z.B. Giesecke 1987, Scheib 1987 und v.a. Visher/Visher 1987.

Müttern, Vätern und neuen Partner hinweisen, die mir in der Beratungspraxis besonders häufig begegnen und die Fähigkeit der Erwachsenen, den Kindern in ihren Schwierigkeiten mit den neuen Partnerschaften der Eltern hilfreich beizustehen, herabsetzen oder ganz verschütten.

Probleme der Mütter

Wie oft sind sich geschiedene Mütter alles andere als sicher, ob sie den neuen Mann wirklich lieben, ob sie mit ihm tatsächlich ein ganzes Leben verbringen wollten. Und diese Frage ist zumeist aufs engste mit der anderen Frage verbunden: Liebt *er* mich wirklich. Diesen beiden folgt die dritte, aus bitterer Erfahrung geborene Frage: Wird es zwischen uns klappen, oder geht auch diese Beziehung in Brüche? Darf ich dieses Risiko meinen Kindern und mir zumuten?

Aus Erfahrung soll man angeblich klug werden; aus bitterer Erfahrung wird man aber zumeist ängstlich. Und an diesem Punkt der Unsicherheit ist es eine große Verführung, die Entscheidung an die Kinder zu delegieren: „Wenn es zwischen ihm und den Kindern klappt, so will ich es wagen...!“ Dann tut es die Mutter gewissermaßen nicht nur um ihrer selbst willen, sondern auch für die Kinder; außerdem, so argumentieren viele Mütter, ist eine funktionierende Beziehung zwischen dem neuen Partner und den Kindern ja eine Voraussetzung dafür, daß ein Zusammenleben überhaupt möglich ist; wenn sich der Mann liebevoll um die Kinder bemüht, ist ihm auch eher zu glauben, daß er es ernst meint; schließlich neigen geschiedene Mütter tatsächlich dazu, selbst ihre Liebe davon abhängig zu machen, ob der fragliche Mann „mit den Kindern kann“ - mitunter habe ich den Eindruck, daß ein Mann, der sich um die Kinder einer geschiedenen Frau kümmert und sich im Umgang mit ihnen einfühlsam und geschickt zeigt, sich nicht mehr besonders anstrengen muß, auch die Liebe der Mutter als Frau zu gewinnen. Es ist, als ob der Umgang mit den Kindern zu einem erotischen Attribut des Mannes wird.

Hat die Mutter diese Delegation getroffen, ist die erste Weiche für die Entwicklung großer Schwierigkeiten schon gestellt. Da - wie ich zu zeigen versuchte - die Wahrscheinlichkeit, daß sich die Kinder vom neuen Partner der Mutter sogleich gewinnen lassen, geringer ist als jene, daß sie ihm reserviert bis ablehnend begegnen, gelangen sie in eine Richter-Rolle, in der sie zwar völlig überfordert sind, die sie aber nichtsdestoweniger auszuüben bestrebt sind. Folgt nun die Mutter dem „Spruch“ der Kinder, muß sie damit rechnen, mit jedem neuen Freund dasselbe zu erleben. Sie hat dann die Wahl, für immer allein zu bleiben - um dafür über kurz oder lang ihre Kinder (und sei es unbewußt) zu hassen; oder sie ändert ihre Strategie und setzt sich beim zweiten oder dritten Kandidaten über den Willen der Kinder hinweg. Macht aufzugeben ist aber viel schwieriger als Macht von vornherein nicht zu haben: Macht*verlust* macht (zusätzlich) angst: Die Kinder fragen sich nämlich, was sich denn *verändert* hat und sie werden mit großer Wahrscheinlichkeit den Verlust mütterlicher Liebe vermuten.

Um der Gefahr zu entgehen, daß die Kinder den neuen Partner als Stiefvater ablehnen, greifen manche Mütter zu einem Trick: Sie präsentieren ihn in einer „ungefährlichen" Rolle: als Babysitter oder aber als harmlosen „Bekannten". Solche Tricks sind aber ganz schlicht Lügen, die sich nach kurzer Zeit rächen. Die Kinder nehmen es dem Mann, der sich als Spielgefährte in ihr Herz geschlichen hat, fast immer übel, wenn sie merken, daß es ihm in erster Linie um die Mutter geht; und sie nehmen es der Mutter übel, daß sie sie mit den Attributen „Babysitter" oder „Bekannter" hinters Licht führte. Und: „Was soll man den beiden dann in der Zukunft noch glauben...?" Solche Manöver gehen nur gut, wenn sie gar nicht notwendig gewesen wären: wenn also die Bereitschaft der Kinder, einen neuen Mann der Mutter zu akzeptieren, schon von vornherein gegeben war.

Die Delegation der Entscheidung darüber, ob eine neue Partnerschaft Zukunft hat, an die Kinder als auch die zuletzt erwähnten „Tricks" sind im Grunde nur Sonderformen eines allgemeinen Phänomens, dem ich bei geschiedenen bzw. alleinerziehenden Müttern, die eine neue Beziehung beginnen, sehr oft begegne, nämlich einer bemerkenswerten *Regression* in der Beziehung zu den eigenen Kindern, indem sich die Macht- und Abhängigkeitsverhältnisse zwischen Mutter und Kind geradezu umkehren: Keine „Heirat" ohne Zustimmung der Kinder; verharmlosende Lügen aus Angst davor, die Kinder könnten „böse" werden... Aber es beginnt schon früher: etwa mit Schuldgefühlen gegenüber den Kindern anläßlich der ersten Rendezvous. Da müssen Freundinnen, Arbeitskollegen, Sportvereine u.a.m. als Ausreden herhalten, wie sie eher für Pubertierende oder Ehepartner auf Seitensprüngen charakteristisch sind. *Richter* (1989) vermutet, daß solche Regressionen Gründe haben, die häufig weit tiefer liegen, als die bloße realistische Sorge, wie die Kinder eine Liebesbeziehung der Mutter aufnehmen könnten. Er vermutet bei den Müttern eine Aktivierung alter verdrängter sexueller Schuldgefühle, die unbewußt von den eigenen Eltern auf die Kinder übertragen werden. Das heißt, sie empfinden solche Beziehungen (oder auch die damit zusammenhängende Lust) als etwas, das im Grunde genommen verboten ist.

Kommen wir zu den Problemen, die sich innerhalb der neuen (Stief-) Familienkonstellationen ergeben. Sie sind geprägt durch Loyalitätskonflikte und Eifersuchtsgefühle. Jede Spannung und Auseinandersetzung zwischen Kindern und dem neuen Partner löst bei der Mutter einen Strudel von Gefühlen aus:

- Loyalität gegenüber dem eigenen Kind, mit dessen Ängsten sie sich gut identifizieren kann, was sie aber notwendigerweise in eine Konfliktposition mit dem Partner bringt.
- Angst, auf diese Weise den Partner verlieren zu können, Wut auf die Kinder, deren Ablehnung Liebes- und Lebenshoffnungen der Mutter gefährdet.
- Wut aber auch gegen den Partner, der es nicht besser versteht, die Zuneigung der Kinder zu gewinnen und der damit oft auch ein Stück Attraktivität verliert, was nicht ohne Auswirkungen auf die sexuelle Beziehung bleibt.
- Schuldgefühle sind die regelmäßige Folge solcher Loyalitätskonflikte: Schuldgefühle gegenüber den Kindern und/oder dem Partner.
- Schuldgefühle ziehen Gefühle des Versagens nach sich, und beide bilden eine machtvolle Grundlage für Aggressionen, durch welche diese unerträglichen Schuld- und Versagensgefühle - zumindest für den Augenblick - abgewehrt werden können.
- Schließlich ist nicht einmal sicher, daß es der Mutter gut geht, wenn sich Kinder und neuer Partner verstehen und zusammenhalten. Denn oft genug geht dieses Einverständnis einher mit Spannungen zwischen Kindern und der Mutter, sodaß sich diese ausgeschlossen bzw. vom Partner zu wenig unterstützt vorkommt. Dann kann es leicht passieren, daß sich die Mutter wünscht, der Partner würde weniger freundschaftlich und kumpelhaft mit den Kindern umgehen, während ihr, der Mutter, alle unangenehmen Erziehungsaufgaben, Zurechtweisungen etc. übrigbleiben. Aus der eigenen Überlastung heraus erwartet sie, daß er sich öfter auch ihr gegenüber loyal zeigt, sich um mehr Autorität gegenüber den Kindern bemüht, mit anderen Worten, väterliche Funktionen übernimmt. Und das geschieht möglicherweise zu einer Zeit, in welcher es für die Bereitschaft und Fähigkeit der Kinder, diese Autorität zu akzeptieren, noch zu früh ist.

- Außerdem kann es so mancher Mutter schwerfallen hinzunehmen, wieviel an Bedeutung sie innerhalb kurzer Zeit (scheinbar!) an den neuen Partner verliert. Und es kann ihr schwerfallen, durch die Begeisterung der Kinder für den neuen Partner damit konfrontiert zu werden, daß sie als Mutter, als Frau, den Kindern nicht alles bieten konnte, was diese vielleicht benötigten.

Probleme der neuen Partner

Einige der psychischen Probleme, mit denen neue Partner geschiedener, alleinerziehender Mütter zu kämpfen haben, sind aufs engste mit den Gefühlen und Erwartungen der Mütter verzahnt, ihnen zum Teil ganz ähnlich, zum Teil geradezu komplementär:

- Auch die neuen Partner sind sich oft der eigenen Liebe, aber auch der Liebe der Frau nicht sicher. Auch sie haben Bedenken, ob die Beziehung dauerhaft sein kann und schrecken gerade im Hinblick auf die Kinder davor zurück, ein Engagement zu wagen, das dann möglicherweise scheitert.
- Viele Männer haben ihrerseits das Gefühl, die Aufnahme durch die Kinder sei so etwas wie eine Bewährung ihrer männlichen Attraktivität, eine Art Potenzbeweis. Dabei meinen die einen, diesen Beweis dann zu erbringen, wenn sie die Zuneigung der Kinder zu gewinnen vermögen; die anderen dadurch, daß sie sich gegenüber den Kindern durchsetzen können. Unterliegt die Beziehung zu den Kindern einer solchen „Sexualisierung", geht sie zumeist schief: Sei es, daß der Mann seine Position als verantwortungsvoller Erwachsener verliert und in eine Kind-Rolle regrediert, in welcher er, getrieben und ängstlich, um Anerkennung und Liebe buhlt; sei es, daß er seine Angst in aggressive Machtansprüche umwandelt.
- Den sexuellen Schuldgefühlen der Mütter korrespondiert - bei allem Bemühen um die Kinder - der ambivalente Wunsch nach einer von Kindern ungestörten Liebesbeziehung. Auch der Mann gerät zwangsläufig in die regressive Situation, eine „Beziehung hinter dem Rücken von jemandem" (eben den Kindern) zu unterhalten. Das erhöht die Ambivalenz in den Gefühlen zu den Kindern, was die Anbahnung bzw. Entwicklung einer liebevollen Beziehung zu ihnen zusätzlich erschwert.
- Auch (potentielle) Stiefväter leiden unter Loyalitätskonflikten. Auf welche Seite sollen sie sich schlagen, wenn es zwischen Mutter und Kindern zu Konflikten kommt? Stellen sie sich vor die Mutter, verschlimmern sie nur die Beziehungsprobleme mit den Kindern; nehmen sie - um das zu verhin-

dern - jedoch die Kinder in Schutz, frustrieren sie möglicherweise die oben schon erwähnten Loyalitäts- und Entlastungsbedürfnisse der Mutter. Dabei ist es keineswegs sicher, daß die Kinder die angebotene Unterstützung annehmen und honorieren.

Darüber hinaus gibt es weitere typische Probleme, mit denen die neuen Partner fertigwerden müssen:

- Der Umstand, daß das Zusammenleben mit der geliebten Frau zwangsweise bedeutet, ganz unvermittelt auch „Vater" von einem oder gar mehreren Kindern werden zu sollen, macht angst: „Bin ich innerlich dazu überhaupt bereit?" „Kann ich das überhaupt schaffen?"
- Die zu erwartende Ablehnung durch die Kinder erfordert mitunter ein Ausmaß an Toleranz, an Fähigkeit, Zurückweisung und Kränkung zu ertragen, das kaum ein Mann aufbringt, ohne seinerseits die Zuneigung zu den Kindern bzw. das Engagement, diese Beziehung zu entwickeln, zu verlieren. Besonders dann, wenn die Beziehungsanbahnung zu den Kindern im erwähnten Sinn hoch sexualisiert ist, wird eine Zurückweisung als unerträgliche Kränkung, ja geradezu als Kastration erlebt.
- Schließlich spielen Eifersuchtsgefühle bei den neuen Partnern eine enorme Rolle, und zwar weniger auf die Mutter-Kind-Beziehung als auf die nachhaltig intensive Beziehung der Kinder zum leiblichen Vater.
- Und es gibt bei den meisten Männern eine weitere Eifersucht, die freilich zumeist verdrängt wird: Die Eifersucht auf die frühere Beziehung der Frau zu dem leiblichen Vater der Kinder. Hat die die Kinder betreffende Eifersucht noch einen starken realen Kern, handelt es sich bei dieser um eine im weitesten Sinn neurotische - wenngleich allgemein verbreitete - Übertragungsreaktion[42]. Das Beziehungs-Dreieck Mutter - neuer Partner (Stiefvater) - leiblicher Vater eignet sich nämlich besonders gut zur unbewußten Reaktivierung ödipaler Konflikte. In dieser Konstellation erlebt sich der neue Partner als „Sohn", der den Vater bei der Mutter ausgestochen hat und nun dessen Vergeltung fürchtet. (Wir werden noch darauf zurückkommen, daß diese unbewußte Phantasie von vielen der betroffenen leiblichen

42 Als „Übertragung" bezeichnet die Psychoanalyse jenen unbewußten Prozeß, durch welchen aktuelle Beziehungen durch zurückliegende Beziehungserfahrungen angereichert werden. Insbesondere neigen alle Menschen dazu, Wünsche, Gefühle, Phantasien, die in der Kindheit den Eltern oder Geschwistern gegolten hatten, in späteren Jahren auf andere Menschen zu übertragen, wodurch es geschehen kann, daß gewisse Beziehungsmodi aus der Kindheit mitunter ein Leben lang mit den verschiedenen Beziehungspartnern unbewußt wiederholt werden.

Väter durchaus geteilt wird, wodurch sie wieder einen quasi-realistischen Aspekt erhält.) An dieser ödipalen Eifersucht ändert sich auch nichts, wenn die Mutter über ihren Ex-Mann ausschließlich abfällig spricht oder darüber klagt, wie sehr sie unter ihm zu leiden hatte. Denn umso unverständlicher muß es dem jetzigen Partner erscheinen, daß seine Frau „diesen Mann" einst lieben konnte; daß sie unter ihm litt, macht ihn unter Umständen in der Phantasie umso stärker und bedrohlicher, womit sich bei vielen (potentiellen) Stiefvätern auch die (meist ebenfalls unbewußte) Vorstellung einer beeindruckenden Potenz verbindet, der die Mutter einst erlegen war. Solche Vorstellungen können leicht dazu führen, auf die Mutter wütend zu werden und sie abzuwerten, oder sie können die Angst nach sich ziehen, mit dieser Potenz möglicherweise nicht konkurrieren zu können.

Alle diese Probleme von geschiedenen Müttern und ihren neuen Partnern können die erfolgreiche Etablierung der neuen (Stief-)Familie gefährden. Sei es durch große Konfliktbelastungen der Mutter-Kind-Beziehung und/oder der Stiefvater-Kind-Beziehung. In beiden Fällen werden sich die Ängste und Nöte der Kinder verstärken und damit auch der Widerstand gegen die neue Familienkonstellation, wodurch sie unter Umständen um die große Entwicklungschance kommen, die jene neue Familie prinzipiell beinhaltet. Oder die Gefährdung besteht darin, daß die neue Beziehung im Zusammenhang mit den Schwierigkeiten, welche die Kinder haben bzw. machen, wieder auseinandergeht.

Es gibt noch eine Variante. Seit Menschengedenken haben soziale Gemeinschaften Bedrohungen von außen genutzt, um interne Konflikte ruhen zu lassen, oder man hat sich Feinde geschaffen, um die internen Konflikte verleugnen zu können. Die ganze Spannung und Aggression wird dann nach außen, auf den (angeblichen) Bedroher gerichtet. Wer aber eignet sich bei Spannungen, welche die Existenz der Stieffamilie gefährden, für diese Rolle besser als der leibliche Vater. Die Definition des leiblichen Vaters als existentiell gefährlicher Aggressor, den man loswerden *muß*, ist geradezu ein psychodynamischer Geniestreich: Auf diese Weise wird der Stiefvater den ödipalen Rivalen als auch den Rivalen bei den Kindern los; indem sie dem Vater die Kinder nimmt, vermag die Mutter ihre Rachegelüste gegen den Mann, von dem sie vielleicht große Kränkung erfahren mußte, befriedigen; sie kann sich endlich die Sehnsucht erfüllen, die Vergangenheit hinter sich zu lassen und ein neues Leben zu beginnen; im gemeinsamen Kampf finden die neuen Partner wieder zusammen und vermögen ihre Liebe zu erneuern. Diese Motive sind nicht außergewöhnlich und „menschlich, allzu menschlich“. Nun aber dürfen sie auch befriedigt werden, weil die Befriedigung sich mit Über-Ich-konformen Ansprüchen rationalisieren läßt: Die Definition *des Vaters als Aggressor* beruhigt erstens die Schuldgefühle gegenüber den Kindern: „Wir tun das nur, weil die Unruhe, die der leibliche Vater stiftet, die Kinder irritiert, verunsichert und entwurzelt und ihnen die Chance raubt, die Erfahrung eines glücklichen Familienlebens zu machen. Der Ausschluß des Vaters geschieht also nur zum Wohl der Kinder!“ Zweitens können mit dieser Definition die Schuldgefühle gegenüber dem Vater selbst - die bewußten bzw. bewußtseinsnahen Schuldgefühle der Mutter, dem Mann, den sie einst liebte, die Kinder zu nehmen - beruhigt werden; und schließlich noch die ödipalen, zum größeren Teil unbewußten Schuldgefühle des neuen Partners, dem Vater nach der Frau nun auch die Kinder geraubt zu haben...

Probleme des leiblichen Vaters

Würden sich die Väter gegenüber ihren früheren Frauen bzw. deren neuen Lebensplänen loyal verhalten, indem sie sich zwar den Nöten der Kinder zur Verfügung stellen, aber ihnen auch helfen, den neuen Partner der Mutter zu akzeptieren, statt sie in ihrer Ablehnung zu bestärken; würden sie versuchen, den Kinder die Motive der Mutter verstehbar zu machen und ihnen so Angst zu nehmen, statt in ihre Vorwürfe mit einzustimmen oder die Mutter gar noch zusätzlich abzuwerten oder zu verurteilen; würden die Väter die finanziellen Arrangements (zumindest vorläufig) unangetastet lassen; oder würden sie sich kooperativ zeigen, wenn durch die neuen Lebensverhältnisse der Mutter Wünsche an sie herangetragen werden, gewissen Veränderungen in den Besuchs- und Urlaubsarrangements zuzustimmen; u.a.m. - kurz, verhielten sich die Väter in diesem Sinne loyal, so würden sich die Mütter - und mit ihnen deren neue Partner - freilich schwertun, die Version vom Vater als Aggressor aufrecht zu erhalten. Doch die psychische Situation, in welche viele Väter geraten, wenn die Mutter ihrer Kinder eine neue Partnerschaft beginnt, macht es ihnen schwer bis unmöglich, eine derartig loyale Haltung einzunehmen.

Das größte Problem bereitet Vätern die Angst, die eigenen Kinder zu verlieren; sei es die Angst, die Liebe der Kinder an den neuen Mann der Mutter zu verlieren; die Angst, den (noch verbliebenen, ohnedies geringen) Einfluß auf ihre Entwicklung zur Gänze einzubüßen; oder gar die Angst, aus dem Leben der Kinder völlig ausgeschlossen zu werden.

Mit diesen Ängsten ist zwangsläufig Eifersucht auf den neuen Partner verbunden. Diese, im Hinblick auf die bewußten Ängste des Vater realistische Eifersucht aktiviert jedoch zumeist - wie auch bei dem neuen Partner - unbewußte ödipale Konkurrenz- und Eifersuchtsgefühle, die sich zu jenen des neuen Partners nicht komplementär verhalten, sondern jenen gleichen: Auch der Vater erlebt den anderen Mann als den Stärkeren und Mächtigen und sich selbst als „kastrierten", ausgeschlossenen Buben. Das erklärt, warum so viele geschiedene Männer nicht nur wegen der Kinder, sondern auch wegen ihrer früheren Frau auf den neuen Partner eifersüchtig werden, selbst dann, wenn sie selbst es waren, die einst die Scheidung wollten, ja sogar dann, wenn sie inzwischen eine neue Partnerin gefunden haben.

Auf diese Weise gerät der Vater gegenüber der Mutter und ihrem neuen Partner in eine Gefühlssituation, die jener der Kinder, die um ihre Position bei der Mutter kämpfen, ganz ähnlich ist. Und Vater und Kinder haben Angst, durch diese neue Verbindung einander zu verlieren. Diese Ähnlichkeit der (unbewußten) Gefühlslage macht sie zu prädestinierten Bündnispartnern. Und je stärker die Angst und die Eifersucht ist, umso weniger bleibt es bei einem „stillen" Bündnis, in welchem sich beide lediglich ihrer gegenseitigen Treue versichern, sondern es kommt zum Kampf: Die Kinder führen diesen Kampf - offen oder versteckt, aktiv oder passiv - innerhalb der neuen Familie, und die Väter von außen: mit Einmischungen, Forderungen, finanziellen Restriktionen, übler Nachrede gegen die Mutter und/oder ihren Partner bis hin zu gerichtlichen Eingaben, die im Kampf um das Sorgerecht gipfeln können. Auf diese Weise gewinnt die Version vom bedrohlichen Vater, die unbewußt dem Zusammenhalt der neuen Partnerschaft der Mutter und der Abwehr von Schuldgefühlen dienen soll, einen mehr oder weniger großen Grad an Realität, welche die Wahrscheinlichkeit, daß die Mutter und ihr neuer Partner sich diese latente Version zueigen machen und tatsächlich gegen die Beziehung des Vaters zu seinen Kindern kämpfen, wesentlich erhöht.

Der Kampf der Väter geschieht jedoch aus einer Position objektiver Machtlosigkeit heraus: Die Kinder, zumeist die einzigen Verbündeten, sind real und emotional von der Mutter abhängig; der Kontakt zu den Kindern vermag ungeachtet gerichtlich beschlossener und bestätigter Besuchs- und Umgangsrechte de facto nur über die Bereitschaft der sorgeberechtigten Mütter zu funktionieren[43]. Diese Abhängigkeit der Väter ist ein Faustpfand in der Hand der Mütter gegen alle möglichen Aktivitäten, die Väter unternehmen könnten oder möchten. Und auch vor Gericht sind deren Chancen, in finanziellen oder Sorgerechts-Belangen Recht zu erhalten, gering. Macht- und Hilflosigkeit jedoch bringt Menschen - und ich denke, Männer ganz besonders - in eine unerträgliche, narzißtisch überaus demütigende Lage. In dieser Demütigung sehe ich einerseits den Hauptgrund für die, Außenstehenden oft unerklärliche, Aggressivität von Vätern angesichts neuer Partnerschaften ihrer früheren Frauen. Andererseits resultiert aus dieser Demütigung auch eines der stärksten Motive, sich selbst aktiv aus der Beziehung zu den eigenen Kindern zurückzuziehen.

Anmerkungen zur „bösen Stiefmutter"

Die meisten der auf den vergangenen Seiten beschriebenen Probleme, denen sich Kinder und ihre Bezugspersonen angesichts einer neuen Partnerschaft der Mutter ausgesetzt sehen, stellen sich auch ein, wenn *der Vater* eine neue Partnerin findet. Entsprechend dem Umstand, daß das Kind den Vater nur hin und wieder sieht und nicht ständig mit seiner neuen Partnerin zusammenleben muß, mögen manche der Nöte und Konflikte weniger quälend sein. Mitunter kann der äußere Eindruck aber auch täuschen: Meiner Erfahrung nach ist zwar der Anteil der Kinder, die die neue Partnerin des Vaters offen aggressiv ablehnen, geringer als jener, welche eine solche offene Ablehnung dem neuen Partner der Mutter gegenüber zeigen. Das muß jedoch keineswegs heißen, daß alle diese Kinder die Partnerin des Vaters tatsächlich akzeptieren, begrüßen, mögen. So suchte mich zum Beispiel eines Tages die zehnjährige *Babsi* in meiner Praxis auf. „Ich hab ein Problem mit meinem Vater“, begann sie, „und ich weiß nicht, was ich tun

43 Auf die rechtlichen Aspekte dieser ungleichen Machtverteilung - insbesondere was die Frage des *gemeinsamen Sorgerechts* betrifft - komme ich im 5. Kapitel ausführlicher zu sprechen.

soll.“ Babsi kannte mich von früher. Kurze Zeit nach der Scheidung ihrer Eltern vor etwa drei Jahren wollte sie ihren Vater nicht mehr sehen, eine Folge ihrer Loyalitätskonflikte, und es gelang mir in einigen Gesprächen mit der Mutter, dem Vater und Babsi, diese Krise bewältigen zu helfen. Seitdem sieht sie ihren Vater, den sie sehr liebt, jedes zweite Wochenende. Aus dieser Zeit stammt auch Babsis Vertrauen zu mir, das sie veranlaßte, von sich aus die Mutter um die Vermittlung dieses Termins zu bitten. Vor eineinhalb Jahren heiratete der Vater zum zweiten Mal, und zwischen dessen neuer Frau Andrea und Babsi schien sich eine sehr gute Beziehung entwickelt zu haben. Nun sitzt sie mir gegenüber und klagt: „Ich halte die Wochenenden bei Papa nicht mehr aus; ich halte *sie* nicht aus. Am liebsten würde ich an den Besuchswochenenden gar nicht mehr hinfahren!“ Immer wäre Andrea anwesend, erklärt mir Babsi, nie hätte sie den Papa auch einmal für sich allein; Andrea führe sich auf, als wäre sie ihre Mutter, sie spiele dauernd Familie und mische sich sofort ein, wenn sich Babsi einmal mit dem Vater unterhält; und überhaupt geschehe an den Wochenenden immer nur alles nach Andreas' Vorstellungen. Dann frage ich Babsi, wie sie sich denn Andrea gegenüber verhalte und erfahre, daß Babsi sich bemüht, nett und freundlich zu sein und sie sogar mit „Mama“ anredet. Als ich mich wundere, erklärt mir Babsi ihr Verhalten: „Das mach ich wegen Papa, er hat mich gebeten, nett zu ihr zu sein und er tät nicht wollen, daß ich was gegen sie sage.“ Und dann erfahre ich noch: „Er wär' sehr traurig und beleidigt und mag mich dann vielleicht gar nicht mehr sehen!“

Ich habe schon mehrmals die Erfahrung gemacht, daß Kinder gegenüber der neuen Partnerin des Vaters eine enorme Anpassungsleistung vollbringen - aus Angst, die Liebe des Vaters zu verlieren. Und zwar auch Kinder, die zu Hause, keinerlei Probleme haben, ihre Aggressionen gegenüber der Mutter oder auch dem Stiefvater offen zu zeigen. Das hängt damit zusammen, daß sie sich der Beziehung zur Mutter - bei aller Ambivalenz - offenbar weit sicherer sind als jener zum (geschiedenen) Vater. Anpassung aber bedeutet, daß sich an den Verhältnissen, mit denen man sich abfindet, nichts verändert. Hätte Babsi nicht die Gelegenheit gehabt, sich Unterstützung zu holen, wären die Besuchswochenenden möglicherweise noch jahrelang frustrierend verlaufen, damit aber auch ihre Beziehung zum Vater. Und das Gefühl, ihm weit weniger wert zu sein als die Bedürfnisse und gute Laune seiner Frau, hätte sich wohl verfestigt[44].

Ist Andrea eine „böse Stiefmutter"? „Natürlich nicht!" ist man geneigt, sogleich zu antworten: Es geht Babsi ja nicht darum, daß Andrea eine zuwenig gute Mutter ist. Sie fällt Babsi lediglich auf die Nerven, weil sie gern mehr Zeit mit ihrem Vater hätte. Schließlich *hat* Babsi ja eine *richtige* Mutter, und - anders als der Vater - lebt diese nicht irgendwo und steht nur selten zur Verfügung, sondern ist *zu Hause* und stets für Babsi da. Es verwundert daher nicht, daß es normalerweise die neuen Partnerinnen geschiedener Väter gar nicht gerne haben, mit jenem Titel bezeichnet zu werden, der uns über den Erzählungs- und Märchenschatz der verschiedensten Kulturen als Inbegriff der lieblosen und böswilligen Frau überliefert ist.

Diese Negativzeichnung der Stiefmütter hat zweifellos auch einen sozialhistorischen Hintergrund[45]. Spätestens seit *Bruno Bettelheim* (1975) haben wir aber gelernt, die Figuren und dramatischen Muster der Volksmärchen in erster Linie als Symbolisierungen von typischen Aspekten der psychischen Innenwelt zu verstehen. In diesem Sinne finden in den Figuren der Stiefmutter, der Hexe, der bösen Fee oder Königin die gefährlichen und frustrierenden Teile des Mutterbildes ihren Ausdruck, und die Angst wie der Haß des Kindes ein geeignetes Objekt. Im Gegensatz zur Hexe, die eher die bedrohlichen, verschlingenden Anteile des Mutterbildes der ersten zwei, drei Lebensjahre repräsentiert, erlaubt die Einführung der Figur der Stiefmutter vor allem die Symbolisierung ödipaler Konflikte: Die „gute Mutter" stirbt, ehe sie zur ödipalen Rivalin wird; als tote Mutter behält sie die uneingeschränkte Liebe des Kindes, ja manchmal greift sie sogar noch aus dem Jenseits helfend ein, um ihrem geliebten Kind zu helfen (z.B. in *Aschenbrödel*); die Rolle der Konkurrentin des kleinen Mädchens beim Vater wird von der Stiefmutter übernommen, die, gerade weil sie so böse ist, auch gehaßt und bekämpft werden kann; aber auch für die Buben ist diese Aufspaltung entlastend, da die Mutter nicht nur Objekt ödipaler Sehnsüchte, sondern auch die

44 Babsi ist es übrigens gelungen, ihr Problem zufriedenstellend zu lösen. In zwei Sitzungen haben wir eine Strategie entworfen, bei welcher Gelegenheit und mit welchen Worten sie ihrem Vater ihre Wünsche so vermitteln könne, daß weder er noch Andrea beleidigt sein würden. (Kinder haben mitunter ein größeres Geschick darin, sich beraten zu lassen, wie sie mit ihren Eltern sinnvollerweise umgehen können als Eltern, wie sie mit ihren Kindern umgehen sollen.)

45 Nicht daß Stiefmütter in vergangenen Zeit besonders schlechte Menschen gewesen wären. „Andererseits konnte die wirtschaftliche Not schon dazu führen, Stiefkinder zu verwünschen. Nach Liebe und Zuneigung wurde nicht gefragt. Wenn Brot und Wein kanpp waren, wurden die Kinder nur als zusätzliche Esser gesehen und zur Arbeit angehalten, um ihren Unterhalt zu verdienen. Gab es genug für alle, ging es auch den Stiefkindern besser. Es sei denn, sie schmälerten das Erbe der leiblichen Kinder" (Reischies/Rudnitzki 1987, 20).

Verräterin ist, die - als Frau - dem Vater den Vorzug gibt; schließlich erscheint auch der Vater in seiner mangelnden Loyalität der eigenen Tochter bzw. in seiner bestrafenden Bosheit dem Sohn gegenüber entschuldigt, weil es dazu meistens nur durch die Hinterlist oder die Zauberkräfte der Stiefmutter kam. Ist diese dann am Ende besiegt bzw. getötet, ist aber auch die Gefahr der inzestuösen Liebe oder der Rivalität zum Vater überwunden: Denn dann sind die Helden, die die Geschichte des Märchens als Kinder begannen, zu jungen Erwachsenen geworden und werden vom strahlenden Prinzen (statt vom Vater) heimgeführt bzw. freien die schöne Königstochter (statt in der Sehnsucht zur verstorbenen Mutter vergehen zu müssen).

In dieser Betrachtungsweise geht die Interpretation der symbolischen Bedeutung der Märchenfiguren *vom Standpunkt des Kindes aus.* Indem wir uns mit den Kindern identifizieren (die sich ihrerseits mit den Helden der Märchen identifizieren), finden wir einen interpretativen Zugang zu den möglichen unbewußten Bedeutungen der verschiedenen Figuren und können von daher auch verstehen, warum Kinder die Märchen so lieben und - nach Bettelheim - brauchen. Umso interessanter ist der Denkansatz von Ina Fritsch[46]. Als Frau eines Mannes, der regelmäßig von seiner sieben- bis achtjährigen Tochter Angelika aus erster Ehe besucht wird, versucht sie, die enormen Beziehungskonflikte, die sich zwischen ihr und Angelika - und in der Folge auch mit ihrem Mann - zu entwickeln beginnen, zu analysieren. Im Zuge dieser Analyse stößt sie auf ihre eigenen egoistischen und aggressiven Gefühle dem Kind gegenüber und unternimmt schließlich den Versuch, *sich mit der Stiefmutter und Hexe* (aus Hänsel und Gretel) *zu identifizieren* - mit „Erfolg"; das heißt, sie entdeckt die „böse Stiefmutter" in sich selbst:

- indem sie mit Angelika um die Aufmerksamkeit und Liebe des Vater konkurriert;
- indem sie sich dabei ertappt, von Zeit zu Zeit den Wunsch zu verspüren, das (schwierige) Kind endlich loszuwerden;
- indem sie sich eingesteht, daß sie diesen Wunsch vor allem deshalb nicht an den Vater heranträgt, weil dieser nie zustimmen würde, „die Kinder in den Wald zu schicken". Und selbst wenn er bereit wäre, den Kontakt zu seiner Tochter zu verringern oder gar abzubrechen, würde er schrecklich darunter leiden (wie der Vater von *Hänsel und Gretel)* und sie vielleicht ewig dafür hassen.

46 Fritsch/Sanders 1987.

Und wie ist es mit der Hexe, die die Kinder ja nicht bloß weghaben, sondern töten, ja aufessen will?

> „Ich phantasiere, warum wohl eine Hexe auf Kinderbraten scharf ist ... und mir fällt ein, es könnte aus der unstillbaren Sehnsucht einer unfruchtbaren Frau nach Kindersegen herrühren. Wollte sie die nicht stattgehabte Schwangerschaft auf diese Weise nachholen? Heißt dann also töten: das Stiefkind töten, um es als eigenes Kind wiederzugebären? Heißt es, die Kinder des Mannes wegschaffen, um sie als gemeinsame Kinder wiederzubeleben? War das nicht meine ursprüngliche Sehnsucht? Angelika wie mein eigenes Kind zu empfinden? War das nicht Matthias' Sehnsucht, wir beide könnten Angelika als ein gemeinsames Kind empfinden? Es war Sehnsucht und Hoffnung von uns beiden. Aber während Matthias fortfuhr zu hoffen, merkten Angelika und ich, Angelika früher, ich später, wie unmöglich diese Hoffnung und diese Wunschträume waren“ (Fritsch/Sanders 1987, 115).

Um ein Mißverständnis zu vermeiden: Es geht hier nicht um eine neue Interpretation von *Hänsel und Gretel.* Fritsch benützt das Märchen als Methode der Selbsterfahrung. Was sie dabei entdeckt, kann nichts anderes sein, als ihre eigenen ganz persönlichen ambivalenten Gefühle und Wünsche. Dennoch entdeckt sie dabei Gefühle und Wünsche, die eine gewisse Allgemeingültigkeit beanspruchen dürfen, zumindest jedoch recht häufig vorkommen:

- die Schwierigkeit, Kinder zu lieben, die nicht die meinen sind;
- die Schwierigkeit, Kinder nicht (auch) zu hassen, die - anders als in der Stiefvater-Mutter-Beziehung - nicht von Anfang an ein zentraler Teil des Partners waren und sich nun störend zwischen mich und meinen Mann schieben;
- der Wunsch, mit dem Mann ein gemeinsames (und „gutes“) Kind zu haben und die daraus resultierende Illusion, das Kind zum eigenen Kind und mich zur Mutter zu machen;
- die Wut und der Haß auf das Kind, der entsteht, wenn es sich diesem (illusionären) Vorhaben entgegenstellt.

So gesehen haben neue Partnerinnen sehr oft tatsächlich etwas von der „klassischen“ Stiefmutter an sich, und zwar in zweifacher Hinsicht: *In den Augen der Kinder* sind sie latent bedrohliche, von außen eindringende Konkurrentinnen beim Vater; oder aber auch - vor allem für die Buben - attraktive Frauen, die mich höchstens um des Vaters willen lieben. Und was die *eigenen Gefühle* dieser Frauen betrifft, sind diese oft in hohem Maße ambivalent, bis hin zu dem (meist jedoch) unbewußten Wunsch, die Kinder endlich loszuwerden[47].

1.4 Langzeitfolgen der Scheidung

Herr P. ist seit zwei Jahren wegen schwerer depressiver Verstimmungen in Analyse. Herr P. ist ein ehemaliges Scheidungskind. Aber kann man auch hinreichend begründet behaupten, Herrn P.'s Depressionen seien *eine Folge der Scheidung seiner Eltern?*

Herr P.'s Eltern ließen sich scheiden, als er sieben Jahre alt war. Er erinnert sich, schon als ganz kleines Kind eine sehr enge Beziehung zu seiner Mutter gehabt zu haben, mit der er auch bis zu seinem elften Lebensjahr das Bett teilte. Seinen Vater hatte er stets sehr verehrt und bewundert, bekam ihn aber selten zu Gesicht, weil er - so sagte man ihm - aus beruflichen Gründen oft wochenlang nicht zu Hause war. War er dann endlich für ein paar Tage wieder da, kam es stets zu heftigen Auseinandersetzungen zwischen den Eltern. Herr P. konnte nicht verstehen, worum es ging, die Eltern schickten ihn immer aus dem Zimmer und schlossen die Tür. Aber er hörte den Vater schreien und sieht heute noch sein zornrotes Gesicht vor sich, wenn er aus dem Zimmer kam, die Wohnung verließ und die Türe hinter sich zuschlug; und Mutters rote und verschwollene Augen. Und er weiß, daß er sich in diesen Augenblicken ganz klein und elend fühlte und schreckliche Angst hatte.

Dann kam die Scheidung, und Herr P. sah seinen Vater nur mehr zweimal im Jahr, zu seinem Geburtstag und in den Weihnachtsferien, wenn Herr P. ein paar Tage bei den väterlichen Großeltern verbrachte. Als Herr P. zehn Jahre alt war, zog der Vater ins Ausland, aus den zwei Besuchen wurden zwei knappe Briefe, und Herr P. sah seinen

47 Es gibt eine dritte Entsprechung zwischen der Märchen-Stiefmutter und der realen neuen Partnerin des Vaters: Die Verwandlung der Stiefmutter in die böse Hexe oder Zauberin kommt dem Bild, das sich viele *Mütter* von den neuen Partnerinnen des Vaters machen, sehr nahe: die neue Frau des Vaters als *Verführerin der Kinder,* mit dem Ziel, sie der eigenen Mutter wegzunehmen. Auf diese sehr häufige Befürchtung vieler Mütter komme ich später noch zurück (4. Kap.).

Vater erst sieben Jahre später wieder. Als er elf Jahre alt war, heiratete die Mutter zum zweitenmal und bekam kurze Zeit darauf ein Baby. Von seinem Stiefvater redet Herr P. stets nur als vom „Mann meiner Mutter". An guten Tagen gingen sie einander aus dem Weg, an schlechten kam es zu wüsten Schreiduellen, die Herr P. damit beendete, daß er von zu Hause weglief, und sich oft stundenlang umhertrieb. In dieser Zeit sackten seine Schulleistungen auf den Nullpunkt ab. Bis er sich eines Tages entschloß, seine Mutter zu bitten, die Schule wechseln und in ein Internat gehen zu dürfen. Das geschah auch. Herr P. konzentierte sich aufs Lernen und schaffte die Matura ohne größere Probleme. Aber er wurde ein Einzelgänger, mißmutig und versponnen.

Nach der Matura ging Herr P. auf die Universität, wo „die schönsten Jahre meines Lebens", wie er sagt, begannen. Er war wegen seiner Kooperationsbereitschaft beliebt, fand Freunde und verliebte sich. Die Beziehung ging jedoch in Brüche, als er an seiner Diplomarbeit saß. Das „große Loch" tat sich dann ein paar Wochen nach der Diplomprüfung auf, als die erste Euphorie verflogen war. Herr P. ist heute dreißig Jahre alt. Seit fünf Jahren habe ihm nichts mehr Spaß gemacht, sagt er. Zukunftspläne habe er keine, und seit Monaten koste es ihn die größte Anstrengung, sich morgens überhaupt aufzuraffen, das Bett zu verlassen, um seiner Arbeit nachzugehen.

Welche dieser ganzen Reihe von zweifellos frustrierenden und belastenden Erfahrungen ist nun für Herrn P.'s heutigen Seelenzustand verantwortlich zu machen? Der zu wenig verfügbare Vater der frühen Kindheit? Die beängstigenden Auseinandersetzungen der Eltern? Die Trennung der Eltern? Das Verschwinden des Vaters aus seinem Leben? Die schlechte Beziehung zum Stiefvater und das Gefühl, zur neuen Familie nicht dazuzugehören? Oder die Vereinsamung im Internat? Wäre vielleicht noch alles gut gegangen, wenn ihn die Freundin nicht sitzengelassen hätte?

Natürlich ist keine dieser Erfahrungen allein für Herrn P.'s Depression verantwortlich zu machen, aber jede hat wohl einen wichtigen Anteil. Ja, vielleicht fing die Geschichte noch viel früher, schon bei Herrn P.'s Geburt an? Vielleicht hatte die Beziehung seiner Eltern schon damals einen wesentlichen Sprung erhalten (s.o. S. 28 f); vielleicht ging es der Mutter schon in den ersten Lebensmonaten so schlecht, daß sie in ihren mütterlichen Funktionen dem Baby gegenüber zeitweise versagte?

Das komplexe Ineinandergreifen so vieler, für die psychische Entwicklung relevanter Faktoren bewog mich, die *Scheidung* nicht als ein Ereignis, sondern als *Lebensschicksal* zu bezeichnen[48]. Ein Lebensschicksal, das lediglich dadurch als ein besonderes bestimmbar ist, daß es irgendwann zwischen Geburt und Erwachsenwerden zur Trennung der Eltern kam. Ist es dann aber überhaupt noch sinnvoll, von einem *besonderen* Lebensschicksal zu sprechen? Hebt nicht die individuelle Prägung der Sozialisationsbedingungen vor und nach der Scheidung den verbindenden Faktor „*Trennung der Eltern*" in seiner Bedeutsamkeit für die Gesamtentwicklung der Persönlichkeit des Kindes auf, zumal - wie schon betont - selbst Trennung nicht gleich Trennung ist?

Ich glaube doch, daß eine solche Verallgemeinerung wissenschaftlich gerechtfertigt ist, und zwar aus drei Gründen: *Erstens* bedeutet *jede Trennung der Eltern,* wie auch immer sie sich im Einzelfall abspielen mag, einen gravierenden *Bruch in der Kontinuität der äußeren Lebensverhältnisse* des Kindes, dem im Erleben des Kindes stets ein *partieller Verlust des Vaters* (oder seltener: der Mutter) entspricht - auch wenn das Ausmaß dieses Verlustes individuell sehr verschieden sein kann. *Zweitens* geht der Trennung *meistens* eine mehr oder weniger lange *Krise der Beziehung* zwischen Vater und Mutter voraus, die das Kind spürt und die daher auch seine psychische Entwicklung beeinflußt. Und *drittens* präjudizieren unsere historischen Lebensverhältnisse sowie die durchschnittlichen psychischen Reaktionsbereitschaften von Eltern *typische Merkmale der (äußeren und inneren) Sozialisationsbedingungen, die auf das Kind nach der Scheidung zukommen:* die Nach-Scheidungs-Krise, Loyalitätskonflikte, Triangulierungsdefizite, Fehlen des männlichen Liebes- und Identifizierungsobjektes im Alltag, die Konflikte im Zusammenhang mit den neuen Partnern der Eltern u.a.m.

Auf der anderen Seite dürfen wir angesichts der Komplexität und individuell so unterschiedlichen Ausprägungen der Entwicklungsfaktoren wohl nicht damit rechnen, als Langzeitfolgen „der Scheidung" ganz typische Symptombilder oder Charakterausprägungen zu finden. Die genannten Gemeinsamkeiten der verschiedenen individuellen „Scheidungsschicksale" erlauben jedoch, aus den Erkenntnissen, die wir durch das psychoanalytische Studium typischer Varianten individueller Fälle gewonnen haben[49], erstens Aussagen darüber abzuleiten, *welche langfristig wirksamen psychischen Aktivitäten und Entwicklungssegmente* durch die verschiedenen Komponenten

48 Vgl. Bd. 1, S. 206 f.

49 Vgl. die Anmerkungen zur Untersuchungsmethodik S. 14 ff

des „Scheidungsschicksals" betroffen sind; und zweitens, *in welcher Richtung* jenes Gemeinsame individueller Scheidungsschicksale die Entwicklung der betroffenen psychischen Bereiche beeinflußt.

Auf diese Art gewonnene „Einsichten" über die Langzeitfolgen der Scheidung beruhen also auf *prognostischen Überlegungen.* Da aufgrund der Komplexität der psychologisch relevanten Entwicklungsfaktoren Prognosen jedoch ein hoher Grad an Unsicherheit anhaftet, wäre es wünschenswert, die *prognostizierten* Langzeitfolgen mit *tatsächlichen* Langzeitfolgen vergleichen bzw. in Beziehung setzen zu können.

So groß inzwischen die Zahl empirischer Untersuchungen über unmittelbare Scheidungssymptome ist[50], gibt es meines Wissens nach nur eine einzige Studie, in welcher psychische Probleme von (jungen) Erwachsenen empirisch hinreichend begründet auf die Erfahrungen zurückführbar sind, die jene Erwachsenen in ihrer Kindheit rund um die Scheidung ihrer Eltern machten: Es handelt sich um die, sich über einen Zeitraum von fünfzehn Jahren erstreckende Langzeitstudie von Judith Wallerstein (Wallerstein/Blakeslee 1989). Aber es gibt eine weitere empirische Quelle, welche es ermöglicht, Einsichten in die Langzeitfolgen der Scheidung zu gewinnen; eine Quelle, die interessanterweise von jenen, die den Zugang zu ihr haben, bislang so gut wie nicht genützt wurde. Ich habe sie mit dem Fallbeispiel von *Herrn P.* schon angedeutet: die *Psychoanalyse jener Patienten, deren Eltern sich einst scheiden ließen.* Da es in der psychoanalytischen Therapie ja nicht in erster Linie um Symptombeseitigung geht, sondern um die Rekonstruktion des unbewußten Sinnes scheinbarer Irrationalität, also der Bedeutung und Geschichte von Symptomen und Persönlichkeitszügen, konnte ich im Laufe der Jahre von meinen Patienten, die einmal Scheidungskinder waren, unerhört viel lernen. Und zwar nicht nur über die Langzeitfolgen und ihre Entwicklung, sondern auch über typische Weisen des Scheidungserlebens und seiner Verarbeitung.

Die folgende Zusammenstellung von „Langzeitfolgen" der Scheidung - man müßte aus den genannten Gründen exakter von *Tendenzen* sprechen - ist das Ergebnis einer Zusammenschau aus allen drei genannten Quellen: den Entwicklungsprognosen (aus dem genauen psychoanalytisch-pädagogischen Studium einzelner Fälle); den Erkenntnissen Judith Wallersteins; und jenen

50 Vgl. auch Bd. 1, S. 13ff, sowie die Überblicksarbeiten von Fthenakis et al. 1982, 1996 und Emery 1988

Persönlichkeitseigenschaften meiner Analyse-Patienten, die sich (aufgrund der Erkenntnisse im Zuge des psychoanalytischen Prozesses) wesentlich auf Scheidungserfahrungen zurückführen lassen[51].

Unspezifische Scheidungsfolgen

Die Psychoanalyse hat uns gelehrt, daß neurotische Symptome, an denen Menschen leiden (Ängste, Depressionen, Selbstwertprobleme, Zwangsvorstellungen oder -handlungen, körperliche Beschwerden psychischen Ursprungs, Probleme in Partnerschaften, sexuelle Störungen u.a.m.), in unbewußten, innerpsychischen Konflikten wurzeln, deren Entwicklung bis in die frühe und früheste Kindheit zurückreichen. Das heißt freilich nicht, daß diese Menschen an den betreffenden Symptomen auch schon seit ihrer Kindheit leiden. Dieses nur scheinbare Paradoxon findet seine Erklärung in dem Umstand, daß (neurotischen) Abwehrprozessen in der Kindheit eine mitunter sehr wichtige *Anpassungsfunktion* zukommt: Die Verdrängung innerpsychischer Konflikte, mit denen das Kind nicht anders umzugehen weiß, erspart ihm die, den Konflikt begleitenden, unerträglichen Affekte (wie Scham, Schuldgefühle, Demütigungen, vor allem aber existentielle Ängste), indem der Konflikt durch Symptome bzw. Persönlichkeitseigenschaften ersetzt („abgewehrt") wird, die dem Kind ein Optimum an Befriedigung (der am Konflikt beteiligten Strebungen) bei einem Minimum an Angst erlauben. Welche dieser „Kompromißbildungen" diese Funktion erfüllt, hängt aber nicht zuletzt von den gegebenen Lebensbedingungen ab. Und diese werden wesentlich durch die Persönlichkeit und die Haltungen der Eltern, bestimmt. Jede einschneidende *Veränderung* der Lebensumstände stellt somit diese Anpassungsfunktion der zur Zeit regierenden Abwehrmechanismen in Frage, z.B. die Pubertät, Eintritt ins Berufsleben, (neue) sexuelle Beziehungen, existentielle Krisen, Verlust eines Partners, Krankheiten, die Geburt eines Kindes, Emigration, Menopause etc. Treten nämlich trotz Abwehr durch solche Veränderungen massive Beunruhigungen auf, verliert sie ihre Funktion - nämlich Angst zu vermeiden - und kann dadurch vollends zusammenbrechen. Dadurch aber bricht auch der - möglicherweise über Jahre abgewehrte - innerpsychische Konflikt (und mit ihm die abgewehrten Affekte) wieder auf. Die neuerliche Abwehr dieser aufgebrochenen früheren Konflikte wird sich nun anderer

51 Vgl. auch die mit Fallbeispielen illustrierte Darstellung in Bd. 1, 206ff.

Abwehrmechanismen bedienen und zu anderen Symptomen führen, nämlich solchen, die den neuen Lebensumständen angepaßt sind. Diese neue Symptomatik kann nun „pathologischer" sein als die frühere: und zwar dann, wenn das Ausmaß der abzuwehrenden Affekte, vor allem der beteiligten Ängste, im Zuge der Reaktivierung alter Konflikte zugenommen hat. Ist das der Fall, *wird das neue Abwehrsystem brüchiger sein als das alte,* und das bedeutet, daß die Wahrscheinlichkeit erhöht ist, daß der betreffende Mensch auf eine spätere, neuerliche Irritation der inneren und äußeren Lebensumstände *wieder* mit einem Zusammenbruch, einer darauffolgenden Verschärfung der Abwehr und einer neuen Symptomatik reagiert. Je massiver jedoch die abgewehrten Konflikte sind, desto umfassender wird die Symptomatik sein, das heißt: Immer größere Lebensbereiche werden in immer größerem Ausmaß von irrationalen (weil unbewußt determinierten) Erlebens- und Verhaltensweisen betroffen, zu ungunsten der Bereiche autonomer, vernünftiger Lebensgestaltung. Und das bedeutet, daß auch der *Leidensdruck* angesichts der eigenen Symptomatik immer größer wird.

Der Leser wird sich erinnern, daß wir einem solchen Prozeß des Zusammenbrechens des Abwehrsystems, verbunden mit einer radikalen Zunahme der beteiligten Ängste, schon begegnet sind: in der Beschreibung der destrukturierenden Effekte der *Nach-Scheidungs-Krise* (s.o., S. 25 ff). Der folgende posttraumatische Abwehrschub hinterläßt das Kind in einem neurotischen Gleichgewicht, das „pathologischer" ist als jenes vor der Traumatisierung, und zwar ungeachtet des Grades der äußerlichen Auffälligkeit der posttraumatischen Symptomatik.

Für die Frage der Langzeitfolgen der Scheidung bedeutet das, *daß die Nach-Scheidungs-Krise die Wahrscheinlichkeit künftigen neurotischen Leids (angesichts veränderter Lebensumstände oder Lebenskrisen) erhöht.* Diese Erhöhung der neurotischen Disposition habe ich *unspezifisch* genannt, weil dabei nichts über die *Art* der Symptomatik ausgesagt ist. Natürlich erhöht sich die neurotische Disposition auch nach der Nach-Scheidungs-Krise mit jeder weiteren Irritation, die zu einer Reaktivierung früherer innerpsychischer Konflikte führt; vor allem durch massive Loyalitätskonflikte, den endgültigen Verlust des Vaters und durch die existentiellen Beunruhigungen, die neue Partnerschaften der Eltern immer wieder mit sich bringen.

Probleme im Umgang mit Aggressionen

Im Unterschied zu den unspezifischen handelt es sich bei den *spezifischen Langzeitfolgen* um *bestimmte Persönlichkeitsmerkmale*, deren Ausprägung sich auf die dem „Scheidungsschicksal“ gemeinsamen Erfahrungen und Entwicklungsbedingungen zurückführen lassen, bzw. - prognostisch gesehen - sich mit größerer Wahrscheinlichkeit ausbilden werden als bei Kindern, die diese Erfahrungen nicht machten. Im Unterschied zur vorliegenden empirischen Literatur werde ich diese Persönlichkeitsmerkmale nicht auf der Ebene *konkreter Symptome* oder *Eigenschaften* beschreiben, sondern auf der (gewissermaßen „darunterliegenden“) Ebene *psychischer Leistungsanforderungen*. Denn in welchen konkreten Symptomen, Charakterzügen oder Verhaltensweisen Schwierigkeiten in der Bewältigung bestimmter psychischer Leistungsanforderungen ihren Ausdruck finden, ist von vielen Faktoren abhängig und gerade auch von solchen, die mit dem Scheidungsschicksal nicht unmittelbar zu tun haben.

Nehmen wir zum Beispiel die erste der sogenannten spezifischen Langzeitfolgen: Probleme im Umgang mit Aggressionen[52]. Ob ein Mensch, der mit seinen aggressiven Gefühlen, Phantasien und Strebungen nicht zurechtkommt und sie daher abwehren muß, die Aggression gegen die eigene Person wendet und depressiv wird; ob er sie verdrängt und subtil als Mißgunst und Bosheit agiert; oder von Zeit zu Zeit in Form von Wutanfällen abreagiert; ob er sie projiziert[53] und im Gefolge dessen - etwa gegenüber Liebesobjekten - paranoide Ängste (z.B. Eifersucht, Mißtrauen) entwickelt usw., läßt sich weder verläßlich voraussagen, noch war es mir möglich, diesbezüglich statistisch bedeutsame Gesetzmäßigkeiten zu erkennen: Zu komplex ist das Gefüge von individuellen, sozialen und situativen Faktoren, die für die konkrete Symptombildung zu einem bestimmten Zeitpunkt verantwortlich sind. *Daß* ehemalige Scheidungskinder tendenziell größere Probleme im Umgang mit Aggressionen haben, läßt sich hingegen immer wieder feststellen.

Dieser Umstand ist in keiner Weise verwunderlich: Einerseits ist das

52 Ich habe darauf hingewiesen (Bd. 1, 211), daß die *Probleme im Umgang mit Aggressionen* genaugenommen eine Mittelstellung zwischen unspezifischen und spezifischen Scheidungsfolgen einnehmen - eine für praktische Belange jedoch vernachlässigbare Differenzierung.

53 Auch die *Projektion* ist ein Abwehrmechanismus. Dabei werden unerwünschte Anteile der eigenen Person einer anderen Person zugeschrieben. Besonders realitätsverzerrend wirkt sich die Projektion aggressiver Strebungen aus, denn dadurch erscheint nun der andere als aggressiv, damit aber als Bedrohung.

Aggressionpotential von Scheidungskindern aufgrund der kränkenden und enttäuschenden Erfahrungen allgemein deutlich erhöht. Andererseits ist der gesamte Bereich Aggression bei Scheidungskindern aus mehreren Gründen mit mehr Angst behaftet als bei Kindern von Eltern, deren Partnerschaft funktioniert: Aufgrund der eingeschränkten bis fehlenden Triangulierungsmöglichkeiten ist die Angst, die Liebe der Mutter (von der das Kind ja völlig abhängig ist) zu verlieren, riesengroß; auch fürchten die Kinder, den verbliebenen Kontakt zum Vater aufs Spiel zu setzen; schließlich dürfen wir nicht vergessen, daß Kinder von Eltern, die sich lieben, immer wieder die Erfahrung machen können, daß aggressive Auseinandersetzungen stets nur den „zweiten Akt" des „Dramas" bilden, dem ein dritter, die Versöhnung, folgt, während die Versöhnung in der Konfliktfamilie immer häufiger ausbleibt, und die Auseinandersetzungen zwischen Eltern schließlich zur Trennung führen. Mit anderen Worten: Aggression steuert auf Trennung, auf Objektverlust hin! Machen Aggressionen dem Kind große Angst, ohne sich seiner aggressiven Regungen jedoch erwehren zu können, bleibt ihm nur die Verdrängung bzw. die Abwehr durch Symptombildung.

Die daraus resultierende Beeinträchtigung geht weit über das eventuelle Leiden am Symptom hinaus. Menschen, die einen großen Teil ihrer Aggressionen verdrängen, haben mitunter auch große Hemmungen, Ärger zu zeigen, für ihre Meinung oder ihr Anliegen einzustehen, für ihre Interessen zu kämpfen u.a.m., sie büßen also unter Umständen auch wichtige Faktoren *sozialer Kompetenz* ein.

Selbstwertprobleme

Derartige Folgen der Aggressionsverdrängung, also die (unerklärliche, weil unbewußte) Hemmung bzw. Angst sich durchzusetzen, schmälert zwangsläufig auch die Selbstsicherheit eines Menschen. Selbstwertprobleme sind darüber hinaus ein ständiger Bestandteil schon der unmittelbaren Scheidungsreaktionen und der belastenden Loyalitätskonflikte, denen das Kind vor und erst recht nach der Scheidung ausgesetzt ist. Die Selbstwertprobleme ehemaliger Scheidungskinder müssen sich freilich nicht unbedingt in einem andauernden „geringen Selbstbewußtsein" äußern. Charakteristischer ist das Phänomen, welches man am besten wohl als *erhöhte Brüchigkeit des Selbstwertgefühls* bezeichnen kann: Es gibt

Menschen, die von einem Mißerfolg in den anderen tappen und immer noch davon überzeugt sind, sie seien die Größten; und es gibt talentierte und überaus erfolgreiche Menschen, die sich schon dann für völlig unfähig halten, wenn ihnen eine Leistung einmal nicht optimal, sondern nur durchschnittlich gut gelingt. Ehemalige Scheidungskinder neigen eher dem letzteren Pol zu. Anders ausgedrückt: Es geht um die Abhängigkeit des aktuellen Selbstwertgefühls von äußeren Bestätigungen. Und ehemalige Scheidungskinder gehören weit eher zu der Gruppe, die von äußeren Bestätigungen sehr abhängig sind.

Probleme mit der Geschlechtsidentität

Im Grunde genommen sind die Probleme ehemaliger Scheidungskinder mit ihrer Geschlechtsidentität nur ein besonderer Aspekt der Selbstwertproblematik. Stellen wir uns vor, was es für ein kleines Mädchen bedeuten muß, wenn die große Liebe der frühen Lebensjahre sich dadurch auszeichnet, daß der allererste Mann, der als Liebespartner auftrat, es verlassen hat. Scheidung ist ja, wie früher schon erwähnt, nicht bloß schicksalhafter Verlust des einen Elternteils, sondern immer auch ein Verlassenwerden. Aus seiner egozentrischen Weltsicht ist es vielen Kindern ganz unbegreiflich, daß sich der Vater von ihnen trennt - auch wenn er sich mit der Mutter nicht mehr versteht: „Ist denn nicht unsere gegenseitige Liebe wichtiger als die Streitereien mit der Mutter? Daß er geht, kann deshalb doch nur heißen, daß er *mich* nicht oder nicht genug liebt!“

Das heißt, jede Trennung ist auch immer ein Verrat an der Liebe zwischen dem Kind und dem weggehenden Elternteil, daher mit großen narzißtischen Kränkungen verbunden. Dies ist gar nicht schwer nachvollziehbar. Wer von uns schon einmal von einem geliebten Menschen verlassen worden ist, weiß, daß das immer mit Überlegungen von der Art einhergeht: War ich vielleicht nicht gut genug, schön genug, klug genug usw.? Habe ich seine oder ihre Erwartungen nicht erfüllt? Jedes Verlassenwerden nimmt uns auch ein Stück unseres Selbstwertgefühls.

Doch es handelt sich nicht nur darum, daß ich *als Kind* von einem Eltern*teil* verlassen und zu wenig geliebt wurde, sondern auch darum, daß ich *als Mädchen* vom *Vater* verlassen und zu wenig geliebt wurde. Das heißt, daß das kleine Mädchen zumindest einen Teil seiner „Schuld“ auch in seinem

Geschlecht sucht oder darin, als Mädchen versagt zu haben.

Ebenso läßt sich unschwer verstehen, daß es für den kleinen *Buben* nicht gleichgültig sein kann, wenn jener Mensch, der ihm seine sexuelle Rollenidentität vermittelt, der sein großes Vorbild darstellt, plötzlich weg ist. Aber noch mehr als das: „Der *Vater* legt keinen Wert darauf, weiterhin mit mir, *seinem Sohn,* zusammenzuleben!" Vom Vater verlassen zu werden, heißt für den Buben auch immer wieder, daß der Vater auf ihn *als Sohn* nicht hinreichend stolz war, sodaß der kleine Bub zumindest einen Teil seiner „Schuld" darin sieht, als Bub versagt zu haben oder möglicherweise auch darin, ein Bub statt ein Mädchen zu sein.

Die Trennung, ganz besonders aber das folgende Zusammenleben allein mit der Mutter prägt auch tief verinnerlichte Bilder vom jeweils anderen Geschlecht. Lebt die Mutter für lange Zeit ohne einen neuen Partner, der auch für das Mädchen Bedeutung gewinnt, drohen *Männer* zu einer Art *exotischer Wesen* zu werden, die als solche Gegenstand widersprüchlicher Gefühlsregungen werden: Diese reichen von Bewunderung bis Angst, von Neid bis Verachtung. Die Verunsicherung des kleinen *Mädchens* darüber, was es sich unter „Männern" vorstellen soll, wird dabei umso größer sein, je konfliktbehafteter die bewußten und unbewußten Einstellungen der Mutter Männern gegenüber sind. Das trifft besonders dann zu, wenn das Mädchen mit seiner Mutter stark identifiziert ist. Denn dann befindet es sich in der fatalen Situation, vom Fremden, das der Mann repräsentiert, angezogen zu sein, sich gleichzeitig jedoch an der Mutter orientieren zu müssen bzw. zu wollen, die Männer in ihrem Leben nicht benötigt oder will.

Der kleine *Bub* wiederum lebt mit einer Frau zusammen, die zwar Geliebte, aber gleichzeitig Familienoberhaupt ist, die also das Sagen hat und die Stärkere ist. Der Bub wächst somit unter Sozialisationsbedingungen heran, in welchen er stets die Frau als die Starke, Beherrschende und sich - den „Mann" - als den kleinen Beherrschten erlebt. Wie aber wirken sich negative Einstellungen der Mutter gegenüber Männern auf den kleinen Buben aus - wobei es keine Rolle spielt, ob die Mutter Männer wirklich ablehnt, oder der Bub nur diesen Eindruck hat, weil es in ihrem Leben keinen Mann gibt? Nun, im Grunde bleiben ihm nur zwei Möglichkeiten: Wenn ihm die Liebe der Mutter über alles geht, bleibt ihm kaum etwas anderes übrig, als sich von „den Männern" zu unterscheiden. Diese Buben sind dann mit ihren Müttern doppelt identifiziert: erstens mit deren Ablehnung von Männlichkeit, wodurch sie für sich eine alternative Identität suchen müssen;

zweitens bietet sich für diesen alternativen Weg kaum etwas anderes an als die Identifizierung mit der Mutter, also der Frau. Die andere Möglichkeit besteht darin, sich dieser Identifizierung mit der Mutter zu entziehen, was jedoch überaus schwierig ist, wenn man schwach und von ihr allein abhängig ist. Das gelingt nur, wenn sich der Bub gegen die Mutter, ihre Haltungen und Forderungen in Opposition begibt. Die Opposition gegen die Mutter schützt den Buben vor weiblicher Identifizierung, muß aber teuer erkauft werden: Immer häufiger kommt es zu aggressiven Auseinandersetzungen des Sohnes mit der Mutter, also gerade mit jenem Menschen, den der Bub (wohl immer noch) am meisten liebt! Und das noch dazu bei den enormen Schwierigkeiten, die Scheidungskinder im Umgang mit ihren Aggressionen haben[54].

Umgekehrt finden viele *Mädchen*, die mit ihren Müttern alleine leben, einen Ausweg aus ihrem Dilemma und eine Möglichkeit, ihre Kränkung über den Verlust des Vaters zu verkraften, indem sie sich *mit dem Vater gegen die Mutter* identifizieren, wodurch auch Tochter-Mutter-Beziehungen eine unerhört aggressive Entwicklung nehmen können, und beide andauernd zwischen innigster Vertrautheit und wütenden Auseinandersetzungen pendeln. Anders als bei den Buben, die in ihrer Abgrenzung gegenüber der Mutter einem eigenen Drang, sich in ihrer sexuellen Identität zu finden, folgen, vollzieht sich meiner Erfahrung nach die männliche Identifizierung von Mädchen aber selten ohne ein entsprechendes (unbewußtes) Beziehungsangebot durch die Mutter. (Natürlich gibt es solche Beziehungsangebote von Müttern auch ihren Söhnen gegenüber, sie scheinen mir jedoch in geringerem Ausmaß eine Voraussetzung für aggressive Sohn-Mutter-Beziehungen zu sein.)

Wie sich die beschriebenen Probleme und psychischen Konflikte, welche die Kinder mitunter viele Jahre begleiten, im Erwachsenenalter manifestieren, läßt sich schwer voraussagen, da die Lösungen, welche die Kinder für sich fin-

---

54 Dieser Mechanismus der sexuellen Identitätsfindung spielt im übrigen nicht nur in der Beziehung zwischen Söhnen und alleinlebenden Müttern eine Rolle, sondern bietet auch eine Erklärung dafür, warum Buben in Kindergärten, Schulen, Heimen etc. weit häufiger aggressive „Verhaltensauffälligkeiten“ zeigen als Mädchen: sind doch heutzutage Kinder von der Wiege bis zum Schulantritt fast ausschließlich mit weiblichen Bezugs- und Autoritätspersonen konfrontiert. Im Bereich der institutionellen Pädagogik ist die „Mutter-Kind-Familie“ schon längst gesellschaftlicher Regelfall. Der Einfluß dieses Umstandes auf die Entwicklung der Geschlechtsidentität und die Geschlechterrollen sollte nicht unterschätzt werden. Darüber hinaus wäre es interessant zu untersuchen, inwieweit auch andere Langzeitfolgen *der Scheidung* tendenziell durch weibliche Dominanz in den außerfamiliären Institutionen, in denen Kinder aufwachsen, gefördert werden, und zwar auch bei Kindern, welche eine Scheidung ihrer Eltern nicht erleben mußten.
(Zur theoretischen Problematik des heute so verbreiteten Begriffs der „Verhaltensauffälligkeit“ bzw. „Verhaltensstörung“ vgl. Datler 1987a.)

den, im Zuge der sozialen und seelischen Umwälzungen der Pubertät und Adoleszenz nicht beibehalten werden müssen. Die psychoanalytische Erfahrung mit Erwachsenen zeigt uns aber eindrucksvoll, daß erstens Frauen und Männer, deren Eltern sich scheiden ließen und die lange Zeit mit der Mutter allein aufwuchsen, zu *extremen Ausformungen ihrer Geschlechtsidentität* neigen: Entweder geben sich die Frauen besonders weiblich und verführerisch oder sie erscheinen vom Aussehen und ihren Wesen her ausgesprochen männlich; entweder bewundern sie Männer bei gleichzeitiger Abwertung des eigenen Geschlechts oder gerade umgekehrt; entweder sie sind sehr beziehungsabhängig oder zeigen eine ausgeprägte Scheu bis Ablehnung, sich an einen Mann zu binden; entweder sie unterwerfen sich dem Mann weitgehend oder sie streben nachdrücklich nach Dominanz über den Partner. Zwischen diesen Dimensionen sind alle Kombinationen möglich. Das heißt, eine „männliche" Frau *muß* keineswegs in einer Beziehung die Dominante sein oder nach Unabhängigkeit streben; eine sehr weibliche Frau, für die es eine wichtige Rolle spielt, Männer zu verführen, kann gleichzeitig die Männer abwerten und dennoch die Bereitschaft in sich tragen, sich zu unterwerfen usw. Eine ganz wichtige Erkenntnis läßt sich jedoch aus den Psychoanalysen solcher Frauen ziehen: Welche der genannten Extrempositionen eine Frau auch immer manifest einnehmen mag, die polar entgegengesetzte Position spielt *unbewußt* eine ebenso große Rolle. Das heißt, extrem dominante Frauen zum Beispiel haben stets auch eine große unbewußte Sehnsucht nach Unterwerfung; Frauen, welche das männliche zugunsten des weiblichen Geschlechts abwerten, bewundern unbewußt Männer und verachten die Frauen usw.

Das nämliche Phänomen findet sich bei den Männern: feminine versus extrem maskuline Männer; Abwertung versus Verherrlichung des weiblichen Geschlechts; Wunsch nach fester Bindung versus Sicherung der Unabhängigkeit; Unterwerfungsbereitschaft versus Despotismus. Auch bei den Männern kombinieren sich die jeweiligen Positionen beliebig, auch bei den Männern ist die polar entgegengesetzte Position unbewußt hoch besetzt.

Das bedeutet, daß die geschlechtsspezifischen Selbstbilder von Männern und Frauen, die einmal Scheidungskinder waren, tendenziell hoch ambivalent sind, ebenso wie die Bilder vom anderen Geschlecht.

Probleme in Partnerschaften

Es leuchtet wohl ein, daß sich im Gefolge dieser hohen Ambivalenzen große Partnerschaftsprobleme ergeben können. Die extremen Positionen erhöhen die Wahrscheinlichkeit, daß es früher oder später zu massiven Konflikten mit dem Partner kommt; und die hohe unbewußte Besetzung der jeweils entgegengesetzten Position bringt es fast zwangsläufig mit sich, daß in jeder Partnerschaft - selbst wenn sie äußerlich (noch) konfliktfrei erscheinen mag - wichtige Bedürfnisse auf der Strecke bleiben, wodurch künftige Unzufriedenheit also bereits angelegt ist.

Die potentiellen Partnerschaftsprobleme beschränken sich aber nicht auf den unmittelbar sexuellen Bereich. Auch die Selbstwert- und Aggressionsprobleme wirken sich auf Partnerschaften aus. Das Angewiesensein auf *Selbstbestätigung von außen* spielt natürlich auch (oder gerade) in der Beziehung zu Menschen, die man liebt, eine große Rolle. Wenn das Bedürfnis, durch den Partner bestätigt zu werden, sehr stark ausgeprägt ist, kann das den Partner unter Umständen überfordern, nicht zuletzt dadurch, daß dessen eigene „normale" narzißtische Bedürfnisse auf der Strecke bleiben. Narzißtische Kränkungen auf der einen oder anderen Seite führen aber nicht nur zu Unzufriedenheit, sondern machen aggressiv, wodurch sich ein fataler Kreislauf eröffnet: Werden die gegenseitigen Aggressionen unterdrückt - was auf Dauer ohnedies selten gelingt - entfernt das die Partner innerlich voneinander. Führen sie hingegen zu offenen Konflikten, stellen sich beim ehemaligen Scheidungskind die alten Schuldgefühle und Ängste wieder ein. Aber nicht nur das: Jeder Streit hinterläßt eine neuerliche narzißtische Wunde, oder aber der „Sieg" über den Partner wird zu einer Quelle der Selbstbestätigung...

In ihrer Langzeitstudie machte Wallerstein[55] die interessante Feststellung, daß Adoleszente, die in ihrer Kindheit die Scheidung ihrer Eltern erlebten, den Wert einer dauerhaften Partnerschaft für sich deutlich höher ansetzen als ihre Altersgenossen ohne Scheidungserfahrung, daß sie jedoch im Hinblick auf das *Gelingen* einer Partnerschaft weit pessimistischer sind. Dieser Befund weist uns darauf hin, daß die Identifizierungsprozesse mit den Eltern nicht nur einen wesentlichen Anteil an unserem Selbstgefühl haben, also daran, wie und als was wir uns selbst sehen. Die Erfahrungen, die wir mit unseren Eltern machen, sind maßgeblich auch für das *innere Modell*

55 Wallerstein/Blakeslee 1989.

verantwortlich, das wir uns über die *Beziehung zwischen Mann und Frau* gebildet haben. Wie auch immer dieses Modell im einzelnen aussehen mag, die abschließende Kennzeichnung „Letzten Endes geht es nicht gut, sie müssen sich trennen!" ist tief in den Erfahrungsschatz ehemaliger Scheidungskinder eingebrannt. Immer wieder habe ich in Psychoanalysen feststellen können, wie untrennbar in die Sehnsucht nach einer dauerhaften und intensiven Liebesbeziehung der Gedanke „Aber sie wird nicht halten" eingeschrieben ist. Und zwar nicht nur im Sinne einer Befürchtung, sondern geradezu als eine *sichere Erwartung,* was aber nicht weniger bedeutet, als daß diese jungen Menschen auf eine Wiederholung ihres Kindheitstraumas eingestellt sind. Und indem sie diese Wiederholung erwarten, suchen sie sich dagegen zu schützen: Die eine Möglichkeit, sich zu schützen, besteht darin, sich erst gar nicht auf eine intensive Beziehung einzulassen, sich mit oberflächlichen Verhältnissen zu begnügen, deren Beendigung dann auch nicht allzu schwierig ist. Der auf diese Weise „garantierten" Vermeidung schmerzlicher Trennung wird somit die Erfüllung vielleicht des größten Wunsches, den diese Menschen an das Leben haben, geopfert. Die andere Möglichkeit des Selbstschutzes besteht darin, der Gefahr, von dem geliebten Partner („wieder") verlassen zu werden, dadurch zu begegnen, daß ich derjenige bin, der verläßt. Von der Scheidung ihrer Eltern traumatisierte Erwachsene sind - bewußt oder unbewußt - ständig „auf der Hut". Die Neigung, „zu gehen, bevor es zu spät ist", hat aber zur Folge, bei Beziehungskrisen - und Krisen gibt es in jeder Liebesbeziehung - sehr schnell die Segel zu streichen. Statt sich zu sagen: „Das werden wir schon schaffen!", sehen sie in der Krise die schmerzhafte Bestätigung ihrer pessimistischen Erwartungen und erleben eine - möglicherweise gar nicht so ernste - Erschütterung der Harmonie schon als Ende der Beziehung - und gehen...

Es ist nicht nur dieser generelle „apriorische" Pessimismus über die Chancen heterosexueller Beziehungen, der zur Erwartung, vom Partner verlassen zu werden, führt. Eine große Rolle spielt auch der Umstand, daß Liebespartner ganz allgemein die geeignetsten Objekte für Übertragungsprozesse darstellen[56]. Und wie sollte *die* zentrale Erfahrung mit dem Vater: „Er hat mich verlassen und verraten" nicht auf die späteren Liebespartner übertragen werden, ganz besonders natürlich von Frauen. Ein häufiges Übertragungsmuster von Männern besteht darin, in der eigenen Frau (alles natürlich

56 Zur „Übertragung" s. S. 60, Anm. 42.

unbewußt) die einst beherrschende Mutter zu erblicken[57].

Diese und andere Übertragungsmuster wirken sich nicht nur innerhalb schon bestehender Beziehungen störend aus, sondern determinieren mitunter sogar schon die Partnerwahl. Obwohl die *bewußte Vorstellung* vom idealen Partner bei Männern wie Frauen möglicherweise geradezu die Negation des Wesens der Mutter bzw. des Vaters darstellen mag, „passiert es" dann ausgerechnet bei jenen, die dem Idealbild gar nicht entsprechen. Und zumeist ist es die erotische Anziehung, die sich um bewußte Idealbilder nicht „kümmert" und sich ausgerechnet dort einstellt, wo sie nicht „sollte". „Genau einen Mann, wie er ist, habe ich mir immer gewünscht. Aber ich liebe ihn nicht!" Wie oft habe ich diese oder ähnliche Sätze von Frauen über gutmütige, unaggressive, rücksichtsvolle, gefühlvolle Männer gehört bzw. von Männern über Frauen, die den Mann schätzen, bewundern, verwöhnen, ihm rechtgeben usw. Und wie oft schon den anderen Satz: „Es ist (war) furchtbar mit ihm/ihr und hat auch keinen Sinn mehr. Aber ich komme nicht von ihm/ihr los!"

In Partnerschaften werden nicht nur Objektbeziehungsmuster aus der Kindheit übertragen, sondern auch *Identifizierungen. Für Buben* bedeutet der (partielle) Verlust des Vaters, wie früher dargelegt, den Verlust des wichtigsten Identifizierungsobjekts: Das freilich muß nicht bedeuten, daß sich der kleine Bub nun nur mehr mit der Mutter identifizieren kann. *Die Identifizierung mit dem Vater* kann aufrecht bleiben, ja - als Ersatz für die reale Beziehung - sogar stärker werden. Aber die Identifizierung mit dem abwesenden Vater bezieht sich auf Eigenschaften, die in immer geringerem Ausmaß der Erfahrung und in immer größerem Ausmaß der bloßen Vorstellung entspringen, aus der heraus es zu *positiven* oder *negativen Idealisierungen* kommt. Beide Formen sind Wegbereiter von Unglück: Sei es, daß sich solche Männer ihren vermeintlichen Unwert unbewußt stets selbst beweisen, sei es, daß sie lebenslang vergeblich einem unerreichbaren Ideal nachstreben. Welche belastenden, ja zerstörerischen Auswirkungen das auf Beziehungen und Liebesleben haben kann, läßt sich leicht ausmalen. Oder es kommt zur Identifizierung mit dem

57 Derartige Übertragungsneigungen müssen sich gar nicht auf Mann-Frau-Beziehungen beschränken. Ich hatte einen Patienten, den der geringste Konflikt mit seinen Vorgesetzten so traf, daß er das Gefühl hatte, unmöglich in dieser Firma weiter bleiben zu können. In einem Zeitraum von sieben Jahren hatte dieser Mann seinen Arbeitsplatz viermal gewechselt. In der Analyse stellte sich seine zwingende Tendenz heraus, den jeweiligen Vorgesetzten zum „guten Vater" zu machen, von dem er schließlich enttäuscht wurde. Und er „löste" das Problem auf die oben beschrieben Art: durch aktives Sich-Trennen.

Vater, wie ihn das Kind *erinnert:* als den Mann, welcher den Ansprüchen der Mutter nicht genügte und von ihr weggeschickt wurde, oder aber als Aggressor, als derjenige, der Frau und Kind im Stich ließ.

Mädchen scheinen es diesbezüglich leichter zu haben, weil ihnen ihr primäres Identifizierungsobjekt erhalten bleibt. Nicht nur das: Insofern die Mutter durch die Scheidung einen objektiven Machtzuwachs erhält, kann das Mädchen auch von dieser Stärke profitieren und auf diese Weise vielleicht sogar ein Stück der Kränkung, die es durch das Verlassen-Werden durch den Vater erlitt, kompensieren. Doch besteht dieser relative Vorteil des Mädchens oft genug nur auf den ersten Blick. Hat man Gelegenheit, die inneren Beziehungsmuster von Frauen zu analysieren, stoßen wir nämlich nicht selten auf Identifizierungsprozesse, die jenen letztgenannten der Buben/Männer analog sind: die Identifizierung mit der „Vor-Scheidungs-Mutter". Und das heißt: die Identifizierung mit der starken und aggressiven Mutter, der es der Vater nie recht machen konnte, oder auch die Identifizierung mit der Mutter, die sich dem Vater unterwarf, sich ausbeuten ließ und dennoch nie genügte. Indem diese Frauen nun ihrerseits an ihren Männern kein gutes Haar lassen bzw. sich ihren Männern unterwerfen, wiederholen sie unbewußt die Beziehung ihrer Eltern. So schmerzhaft das bewußt erlebt werden mag, *unbewußt* machen sie auf diese Weise den unter so großen Schmerzen verlorenen Vater im jetzigen Partner wieder lebendig bzw. gegenwärtig.

Manchmal sind für das hohe Aggressionspotential, das Männer und Frauen in ihren Beziehungen zum Liebespartner zeigen, sowie für das Ausmaß an Aggression, das sie zu ertragen bereit sind, nicht ausschließlich Identifizierungs- und Übertragungsprozesse oder die Abwehr von Schuldgefühlen und narzißtischen Kränkungen verantwortlich, sondern ein Phänomen, auf das ebenfalls *Wallerstein* hingewiesen hat: Bei Menschen, die in ihrer Kindheit ein hohes Ausmaß an Gewalt und Leiden in der Beziehung zwischen Vater und Mutter erleben mußten, kommt es mitunter zu einer verhängnisvollen inneren Assoziation von libidinösen und aggressiven Triebstrebungen. Haß, Quälen und Leiden werden in der inneren Vorstellungswelt zu untrennbaren Attributen von Liebe! Das heißt, daß ich den Menschen, den ich liebe, notwendigerweise auch verachten, quälen und hassen muß. Das heißt aber unter Umständen auch, daß ich mich nur dann geliebt fühle, wenn mich der andere verachtet, quält und haßt. Bei diesen Menschen verschwimmen die Konnotationen von Lust und Unlust, von „gut“ und „böse“. Es ist das eine Pathologie, die große Ähnlichkeit mit jener von Menschen hat, die in ihrer Kindheit massive Gewalt oder sexuellen Mißbrauch *am eigenen Leib* erfahren mußten[58]. Es ist vielleicht nicht unwichtig, darauf hinzuweisen, daß diese zweifellos sehr schwere Störung der Trieborganisation nur sekundär eine *Scheidungsfolge* darstellt. Sofern ehemalige Scheidungskinder davon betroffen sind, sind sie es deshalb, weil sie *vor der Scheidung* Zeugen jener gewaltsamen Auseinandersetzungen zwischen den Eltern waren. Im Grunde ist die Gefahr, daß es zu einer derartigen Verschmelzung von Liebe mit Haß und Leid kommt, eher ein pädagogisches *Argument für die Scheidung:* Schützt doch die Trennung der Eltern die Kinder vor einem Leben, das jahrelang von Gewalt und psychischem Elend geprägt wäre.

Es ist statistisch gesichert, daß die Scheidungsrate von Männern und Frauen, deren Eltern sich einst ebenfalls scheiden ließen, signifikant höher ist als bei jenen, deren Eltern sich nicht trennten. Warum das so ist, sollte nun eigentlich nicht mehr verwundern.

Probleme in der Adoleszenz

Ebenso ist die *Altersabhängigkeit* der Scheidungsrate ein statistisch gesicherter Tatbestand: Je jünger die Partner zum Zeitpunkt der Eheschließung (bzw. des Beginns der Partnerschaft) sind, desto größer ist die Wahrscheinlichkeit, daß die Beziehung nicht hält. Dieses Phänomen läßt sich leicht mit der Unerfahrenheit und den überhöhten, zum Teil noch illusionären Erwartungen der Jugend erklären.

Warum aber heiraten heutzutage junge Männer und Frauen schon im Alter von sechzehn, siebzehn, achtzehn Jahren, in einer Zeit, in welcher sich in den Industriestaaten das Heiratsalter immer mehr noch oben verschiebt, in welcher es kein gesellschaftliches Tabu mehr darstellt, kurzfristige und unverbindliche Beziehungen einzugehen bzw. auch alleine zu leben, um sich - ohne große familiäre Belastungen - der Ausbildung, Karriere oder schlicht den Lebensfreuden, die dem jungen Erwachsenen offenstehen, widmen zu können?

Meiner Erfahrung nach finden sich unter diesen Burschen und Mädchen in Adoleszenzalter sehr viele, die ihre augenblickliche Lebenssituation als höchst unbefriedigend erleben, und zwar eine Lebenssituation, die durch eine

58 Vgl. dazu Fischer 1990.

unverhältnismäßig große Abhängigkeit von zu Hause gekennzeichnet ist. Es handelt sich also um junge Männer und Frauen, die den *allmählichen* Ablösungsprozeß von den Eltern nicht geschafft haben. In dieser Situation wird für viele von ihnen die Eheschließung zur einzigen vorstellbaren Möglichkeit, sich abzunabeln und ein eigenständiges Leben zu beginnen.

Weil aber zugleich Vernunftgründe gegen eine voreilige Partnerschaft sprechen, „wählen" viele dieser Burschen und/oder Mädchen den Weg einer *zwangsläufigen Familiengründung* aufgrund einer (scheinbar) unerwünschten Schwangerschaft. Die Formulierung „wählen" ist deshalb zulässig, da in unseren relativ aufgeklärten Zeiten mit der Möglichkeit der Verhütung und des Schwangerschaftsabbruchs sogenannte „unerwünschte Kinder" in der Mehrzahl der Fälle nicht einfach „passieren", sondern das Produkt von Fehlleistungen (im Freud'schen Sinn) sind. Das heißt, die scheinbare Unachtsamkeit des einen oder auch beider Partner ist das Ergebnis eines unbewußten (manchmal jedoch auch durchaus bewußten) Kindes*wunsches*. Ist nämlich das Kind einmal da, kann auch meine Mutter oder mein Vater nichts mehr dagegen einwenden, daß ich ausziehe und mein eigenes Leben beginne.

Genau diese Schwierigkeit von Adoleszenten, sich von den Eltern zu lösen, bildet jedoch eine der häufigsten mittelfristigen Folgen der Scheidung, sodaß wir annehmen dürfen, daß sich unter diesen besonders jungen Paaren überproportional viele ehemalige Scheidungskinder befinden[59].

Natürlich gehört die Loslösung vom Elternhaus zu einer der größten Entwicklungsschwierigkeiten *aller* Kinder: Autonomiebestrebungen treten in Konflikt mit regressiven Sehnsüchten nach Sicherheit und Geborgenheit, und die Auseinandersetzungen um Werte, Normen und Lebensformen - ein mächtiger Motor der Autonomiebestrebungen - machen dem Jugendlichen auch Angst und Schuldgefühle. Sich von den Eltern zu lösen, erfordert also ein hohes Maß an Vertrauen in die Kontinuität von Beziehungen trotz Konflikten, trotz allmählichen Selbstständigwerdens. Ein Vertrauen, das sich mit dem Satz kennzeichnen läßt: „Auch wenn es zwischen mir und den Eltern Krach gibt, auch wenn ich sage, daß ich euch nicht mehr benötige, auch wenn ich euch kränke, weil ich mich unabhängig mache, weiß ich doch, daß ihr mir erhalten bleibt und für mich da seid, wenn ich euch doch brauchen werde

59 Ich muß es bei einer *Annahme* bewenden lassen, da mir keine diesbezügliche Statistik zur Verfügung steht.

(und ich werde euch voraussichtlich noch brauchen)!"

Die Bewältigung des Loslösungs-Konfliktes in der Adoleszenz erfordert mithin jene innere Stärke bzw. jenes Vertrauen, das Scheidungskinder gerade nicht oder nur in geringerem Ausmaß haben:

- Ihnen fehlt die Erfahrung der gesicherten Kontinuität von Liebesbeziehungen.
- Die Angst vor Liebes- und Beziehungsverlust ist bei ihnen besonders groß.
- Ihr zumeist erhöhtes Aggressionspotential läßt die Auseinandersetzungen mit dem Zuhause besonders bedrohlich erscheinen.
- Die Trennung bzw. Distanzierung von den Eltern wird unbewußt auch als Wiederholung der Scheidung erlebt, nur daß der Jugendliche nun sich selbst als der Weggehende, als Täter erlebt und die Mutter - wie einst vielleicht beim Vater - als Opfer, was zu enormen Schuldgefühlen führen kann, besonders dann, wenn die Mutter alleinstehend ist.

In dieser Situation, in welcher die Loslösung aus der infantilen Objektbeziehung trotz großen Wunsches nach Autonomie nicht gelingt, bleiben dem Jugendlichen drei Möglichkeiten: (wie beschrieben) auf eine andere, neue Liebesbeziehung zu warten, die mir die durch die Ablösung bedrohte innere Sicherheit erhält und mein Weggehen entschuldigt; oder bei der Mutter „picken zu bleiben"; oder aber mich gewissermaßen gewaltsam loszureißen, indem ich einen totalen Bruch provoziere. Diese letzte Variante hat große Ähnlichkeit mit jenen Spaltungsprozessen, die dafür verantwortlich sind, daß ein Mann und eine Frau, die einander einst liebten, zum Zeitpunkt der Trennung im jeweils anderen ihren größten Feind erblicken. Mit dem gewaltsamen Losreißen zerschneidet der Jugendliche jedoch auch einen großen Teil jener inneren Beziehungsbande, die ein Mensch - und ein Jugendlicher erst recht - braucht, um emotionell überleben zu können. Dieser Beziehungsnotstand macht verführbar. Und diese Verführbarkeit bedeutet heutzutage auch eine große Gefahr. Der Jugendliche kann Glück haben, Menschen zu treffen, die ihm hilfreich sein können. Er kann aber auch das Pech haben, die Zuwendung und Anerkennung, auf die er nicht verzichten kann, in dissozialen, delinquenten Kreisen, in der Drogenszene, in Sekten zu suchen und - kurzfristig - auch zu finden. Wenn dann die Desillusionierung folgt, ist es jedoch möglicherweise zu spät.

Die Erschwernisse der Adoleszenz sind als mittelfristige Scheidungsfolgen zu betrachten. Ihre Auswirkungen jedoch können das ganze Leben präjudizieren.

1.5 Gesellschaftliche Rahmenbedingungen für das „Trauma Scheidung"

Nimmt man zu den beschriebenen psychischen Langzeitfolgen noch die Erkenntnisse neuerer soziologischer Forschungen hinzu, wonach Kinder geschiedener bzw. alleinerziehender Eltern im Hinblick auf Schul- und Berufskarrieren gegenüber Kindern aus Zwei-Eltern-Familien deutlich benachteiligt sind[60]; und bedenkt man, daß heute *jedes vierte Kind* im Laufe seiner Kindheit mit der Scheidung oder Trennung seiner Eltern konfrontiert wird, erscheint die Scheidung von Eltern als eines der größten pädagogischen Probleme der Gegenwart. Ist das der Preis für die individuelle Entfaltungsmöglichkeit des heutigen Menschen - wozu ja auch die Befreiung aus unbefriedigend gewordenen Partnerschaften gehört? Und ist es nicht vielleicht ein zu hoher Preis, weil es die Kinder sind, die ihn zahlen müssen?

Wie aber vertragen sich diese psychologischen und soziologischen Erkenntnisse mit der eingangs gemachten Feststellung, daß keine Scheidung wie die andere sei oder mit meinem Leitthema „Zwischen Trauma und *Hoffnung*", daß also der Scheidung nicht nur Entwicklungsgefahren, sondern auch -chancen innewohnen. Die Gemeinsamkeiten, die der Scheidung - bei aller individueller Besonderheit - innewohnen, scheinen doch die Entwicklungschancen der Kinder nachhaltig zu beschränken. Läuft das nicht darauf hinaus, daß auch relativ günstige Scheidungsverläufe die nachteiligen Folgen nur in Grenzen halten, ja daß auch unser ganzes professionelles Bemühen letztlich nur *Schadensbegrenzung* erreichen kann?

Wie man es auch dreht und wendet, das einzig wirklich Gemeinsame aller Scheidungen bzw. Trennungen von Eltern ist der Umstand, daß ab einem bestimmten Zeitpunkt ein Elternteil nicht mehr mit dem anderen Elternteil

60 Vgl. u.a. Napp-Peters 1985.

und den Kindern zusammenwohnt. Darüber hinaus ist die Bandbreite der Sozialisationsbedingungen von „Scheidungskindern" grundsätzlich so groß wie bei Kindern aus sogenannten „intakten" Familien. Das betrifft die *Lebenszeit vor der Scheidung genauso wie die Scheidung / Trennung* selbst oder die Gestaltung der *Lebensverhältnisse nach der Scheidung.* Die Unterschiede beziehen sich auf

- die Art und Entwicklung der Partnerschaft der Eltern bis zur Scheidung;
- die Eltern-Kind-Beziehung in dieser Zeit;
- die psychisch-geistige Ausstattung des Kindes, vor allem seine Fähigkeit mit Krisen umzugehen, was vom Alter und der Persönlichkeit des Kindes abhängt;
- die Art und Weise, wie die Eltern ihre Trennung vollziehen;
- die psychischen und sozialen Ressourcen der Eltern, mit der eigenen Krise umzugehen und den Kindern Unterstützung zu leisten;
- die Entwicklung der Liebesbeziehungen des Kindes zu den Eltern nach der Scheidung;
- die äußeren Rahmenbedingungen, unter denen sich die „familiäre Neuorganisation" vollzieht;
- die Existenz von sonstigen Beziehungen, die das Kind belasten oder unterstützen können (Geschwister, Großeltern, Verwandte, Freunde, Lehrer, Jugendgruppen usw.);
- die mittel- und langfristigen Veränderungen der Lebensbedingungen nach der Scheidung (neue Partner der Eltern, Stief- und Halbgeschwister, Rückzug des Vaters u.a.m.).

Wenn es dennoch legitim ist, von typischen Schicksalen und Folgen „der Scheidung" für „die Kinder", von der Scheidung als einem „Lebensschicksal" (s.o. S. 32) zu reden, so hängt das damit zusammen, daß unter den gegebenen gesellschaftlichen Verhältnissen bestimmte, für die Entwicklung der Kinder ungünstige Varianten dieser prinzipiellen Vielfalt von „Scheidungsschicksalen" besonders häufig auftreten:

- Jahrelang schwelende Konflikte, bevor es zur Scheidung kommt;
- die Unfähigkeit der meisten Menschen, Beziehungen freundschaftlich zu lösen;
- das Zusammenfallen der Scheidung mit der Frage: Wer besitzt bzw. verliert

das Kind?

- die soziale Isolation von Geschiedenen, besonders der sorgeberechtigten Mütter;
- die schwierige ökonomische Situation alleinerziehender Mütter;
- und schließlich der teilweise Verlust elterlichen Verantwortungsgefühls angesichts der persönlichen Schwierigkeiten und der unbewältigbaren Gefühlskrisen.

Es sind dies nun aber Bedingungen, die zu einem nicht geringen Teil von Faktoren mitbestimmt werden, *die nicht individueller, sondern gesellschaftlicher Natur sind.* Sie lassen sich unter drei Überschriften zusammenfassen: Erstens schwere Mängel des Bildungssystems und des Systems von Beratungseinrichtungen, was die „Vorbereitung auf das Leben" betrifft; zweitens die Unterschätzung der Bedeutung des Vaters für die kindliche Entwicklung; und drittens die anhaltende soziale und ökonomische Diskriminierung der Frauen.

Das Bildungs- und Beratungssystem

Was dem Bildungssystem bzw. den Bildungskonzepten vorzuwerfen ist, ist die mangelhafte bis fehlende Vorbereitung und Unterstützung gerade junger Menschen, mit jenen Problemen produktiv umgehen zu können, die Partnerschaft, Liebe, Sexualität und Elternschaft (notwendigerweise) mit sich bringen. Ich denke hier wieder an die vielen sehr jungen Leute, die sich unüberlegt in Partnerschaften stürzen, um die Abhängigkeit von den eigenen Eltern zu entgehen. Ich denke an die Unwissenheit darüber, was es bedeutet, ein Kind großzuziehen - nicht nur was den zeitlichen, ökonomischen und psychischen Aufwand betrifft: Die Geburt eines Kindes, selbst wenn es ein Wunschkind ist, bedeutet auch eine große psychische Belastung für die Partnerschaft selbst. Zur mangelhaften Vorbereitung auf das Leben gehört auch, nicht auf die Möglichkeit, ja Unvermeidlichkeit von Krisen in einer Liebesbeziehung gefaßt zu sein. Stellen sie sich dann ein, wird die Enttäuschung über den anderen riesengroß, zumeist begleitet von Ängsten z.B. vor Liebesverlust, Verlassenwerden oder auch vor Abhängigkeit. Enttäuschung und Ängste aktivieren jedoch zumeist infantile Verhaltens- und Erlebnismuster, sodaß die Krise sehr leicht zu einer regressiven Veränderung der Beziehung führt, die damit zum Tummelplatz negativer Übertragungen wird[61]. Ist es erst einmal so weit, dann ist auch die Bereitschaft bzw.

Fähigkeit, für die Krisenbewältigung professionelle Unterstützung in Anspruch zu nehmen, nicht mehr sehr groß - ganz abgesehen von dem immer noch viel zu geringen Angebot von niederschwelligen Beratungs- bzw. Therapieeinrichtungen. Versäumt wird auf diese Art und Weise nicht nur die Möglichkeit, die auftauchenden Probleme gemeinsam zu lösen und damit die Beziehung zu erhalten bzw. weiterzuentwickeln; versäumt wird vielleicht auch die Gelegenheit, sich noch in Freundschaft zu trennen. Stattdessen werden Beziehungskrisen oft zum Ausgangspunkt jener oben beschriebenen Spaltungsprozesse, welche aus der Trennung einen Krieg machen. All das sind Überlegungen, die ohne weiteres als Kritik an der heutigen Schule und am System sozialer Betreuungseinrichtungen für junge Menschen bzw. junge Eltern gelesen werden dürfen.

Der unterschätzte Vater

Die allgemein verbreitete Unterschätzung der Bedeutung, die dem Vater für die Entwicklung des Kindes zukommt[62], bildet einen weiteren gesellschaftlichen Faktor. Diese Unterschätzung zeigt sich in vielerlei Facetten.

Eine große Rolle spielt etwa die Gleichsetzung von „Erziehung“ mit „mütterlichen Funktionen“. Ich denke hier an die vielen Mütter, die sich vornehmen, „es allein zu schaffen“, selbst dann, wenn sich ein geschiedener Vater anbieten würde, auch weiterhin eine Rolle bei seinem Kind zu spielen. Umgekehrt gibt es nur wenige Väter, die sich diese Aufgabe des Alleinerziehers zutrauen. Ich denke aber auch an die zahlreichen (nicht nur geschiedenen) Väter, die sich von der Pflege und Erziehung der Kinder weitgehend zurückziehen, sodaß die ganze Verantwortung auf den Schultern der Mütter verbleibt. Und natürlich denke ich auch an die Praxis der Familienrichter, die im Scheidungsfall das Sorgerecht fast automatisch den Müttern geben, bzw. Vätern das Sorgerecht nur übertragen wird, wenn gravierende Gründe gegen die Mutter sprechen. Dieser Praxis entspricht freilich auch die öffentliche

---

61 Vom Phänomen der Übertragung im allgemeinen war schon die Rede (S. 60, Anm. 42). Unter *negativer Übertragung* werden in der Psychoanalyse alle jene infantilen Beziehungsmuster zusammengefaßt, in welchen das Objekt als einschränkend, kontrollierend, bevormundend, strafend usw. erscheint und entsprechende Reaktionen beim Subjekt - von Unterwerfung über Trotz bis zum Aufbegehren - auslöst. Hingegen bezeichnet man als *positive Übertragung* jene Beziehungsmodi, in welchen das Objekt als schützend, hilfreich, nährend, wunscherfüllend, akzeptierend etc., erlebt wird und zu denen dementsprechend Reaktionen wie Anlehnung, Vertrauen, Kooperation, Lernbereitschaft usw. gehören.

62 Zur entwicklungspsychologischen Bedeutung des Vaters gibt es inzwischen eine Vielzahl empirischer Untersuchungen. Den besten Überblick bietet Fthenakis 1985; s. auch Kölling 1993.

Meinung. Während ein geschiedener Mann durchaus in den Genuß der Anerkennung kommt, ein guter Vater zu sein, wenn er sich vierzehntägig ein Wochenende lang um seine Kinder kümmert, müssen Frauen, die auf das Sorgerecht verzichten, damit rechnen, als verantwortungslose Mütter betrachtet und verurteilt zu werden.

Die Unterschätzung der Vaterrolle zeigt sich noch in einer anderen Hinsicht: nämlich darin, die Familienverhältnisse eines Kindes nur unter dem Blickwinkel von *Zweierbeziehungen* zu betrachten. Vergleicht man lediglich die Mutter-Kind-Beziehung mit der Vater-Kind-Beziehung, erhält man tatsächlich oft den Eindruck, der Vater spiele im Leben des Kindes (etwa aufgrund seiner selteneren Anwesenheit) nur eine relativ kleine Rolle. Abgesehen davon, daß es weniger um die körperliche Anwesenheit als um den Stellenwert geht, den der Vater *im Kopf des Kindes* innehat, muß darauf hingewiesen werden, daß eine Mutter-Vater-Kind-Familie mehr ist als die Summe von drei Zweierbeziehungen. Die Familie bildet auch ein *System*. Verändert sich dieses System oder fällt auseinander, verändern sich sowohl die Zweierbeziehungen als auch die Bilder, die sich der einzelne von den anderen und von sich selbst macht. Eine Berücksichtigung dieser Tatsache hätte z.B. zur Konsequenz, daß bei Sorgerechtsentscheidungen nicht nur beurteilt würde, welche Beziehung des Kindes (zur Mutter oder zum Vater) in der Vergangenheit wichtiger war, sondern auch, wie sich diese Beziehungen durch die Trennung verändern würden, und welche der (eben veränderten) Beziehungen dann *in Zukunft* für das Kind wichtiger sein könnte. Auch müßte das „Besuchsrecht" bzw. „Umgangsrecht" für das „Kindeswohl" weit höher beurteilt werden. Und natürlich betreffen diese Überlegungen auch die Handhabung des Problems des „Gemeinsamen Sorgerechts".

Eine weitere Facette der Unterschätzung der Vaterrolle ist auch das Phänomen, daß es Kinder heutzutage praktisch nur mit Frauen zu tun bekommen: mit Hebamme, Oma, Babysitterin, Kindergärtnerin, Horterzieherin, Volksschullehrerin. Auch im Gymnasium überwiegen inzwischen die Lehrerinnen, und selbst im - immer noch - männlich dominierten Ärztestand ist die Pädiatrie vorwiegend in weiblicher Hand. Das gilt auch für Heilpädagogen, Kinderpsychologen und Kinderpsychotherapeuten.

Woran liegt nun diese Unterschätzung der Vaterrolle bzw. der Rolle des Mannes beim Kind? Vor allem natürlich an traditionellen Zuschreibungen von Geschlechterrollen: Kinder seien im wesentlichen Frauensache; Kinder benötigten für ihre gesunde Entwicklung vor allem „Mütterlichkeit“; und Frauen könnten Kindern auch eher das geben, was diese brauchen. Es sind dies sehr allgemeine Überzeugungen, und zwar von Frauen *und* Männern und auch jenseits der realen sozio-ökonomischen Diskriminierungen, denen die Frauen noch immer ausgesetzt sind. Die Selbstverständlichkeit, mit der angenommen wird, daß Kindererziehung vor allem Sache der Mütter bzw. Frauen ist, bedeutet nicht nur eine Benachteiligung der Frauen - etwa im Zusammenhang mit der sich dadurch ergebenden Mehrbelastung oder den geringeren beruflichen Chancen -, sondern bedeutet auch, daß Männern/Vätern eine der wunderbarsten Lebenserfahrungen (mehr oder weniger) vorenthalten bleibt: ein Kind, das eigene Kind, aufwachsen zu sehen, wirklich dabeizusein, zu erleben, wie es sich mit meiner Hilfe entwickelt. Es versteht sich von selbst, daß aus einem solchen Miterleben wohl auch eine größere Nähe zu den eigenen Kindern erwächst, eine Nähe, die es vielleicht - im Falle von Konflikten mit der Mutter - Männern auch schwerer machte, auf den fortgesetzten Kontakt mit den Kindern zu verzichten. Wenn die Kinder dann nicht *zur Mutter gehören,* sondern wirklich als etwas erlebt werden, das man *gemeinsam* geschaffen hat, könnte sich das in vielen Fällen auch positiv auf die gegenseitige Beziehung der geschiedenen Eltern auswirken, indem es vielleicht schwieriger wird, im anderen *nur* einen Feind zu erblicken.

Aber auch die Wissenschaft selbst trägt hier einen Teil der Verantwortung:

- Bis heute beziehen sich die Hauptrichtungen der wissenschaftlichen Pädagogik/Erziehungswissenschaft auf zum Teil überkommene anthropologische Prämissen[63]. Das reicht von der Vorstellung vom Menschen als einem (nur) *rationalen Wesen,* wobei empirische Abweichungen lediglich mit Graden der Reife erklärt werden, bis hin zu der gefährlichen Illusion, pädagogische Prozesse ließen sich als Akte der *Verwaltung* (auf der Seite der Pädagogen) *von Reiz-Reaktions-Systemen* (das sind die Kinder) konzipieren. Emotionelle Befindlichkeiten und Widersprüche, die sich den Plänen des Pädagogen entgegenstellen, werden in irgendwelche „vorpädagogischen“ Räume verbannt oder, in der „modernen“ Erziehungswissenschaft, der mangelhaften didaktischen Planung, also dem einzelnen Pädagogen, angelastet, während dieser die Verantwortung zumeist an die Eltern und die diesbezüglich notwendigen Kompetenzen an die

63 Vgl. dazu die pointierte Kritik von Bittner 1985.

Psychotherapie delegiert. Es versteht sich von selbst, daß für eine derartige Pädagogik/Erziehungswissenschaft Phänomene wie „Mutter“ oder „Vater“ keinen Platz haben[64].

- Eine gewisse „Schuld“ trägt allerdings auch die Psychoanalyse[65]. Zwar spielt der Vater in der klassischen psychoanalytischen Theorie[66] eine zentrale Rolle - man denke nur an die ödipale Konfliktsituation als das Schlüsselerlebnis jeder seelischen Entwicklung. Aber das Problem abwesender oder fehlender Väter - obwohl zweifellos ein zentrales Problem von Patienten in vielen konkreten Analysen - hat keinen verallgemeinerten theoretischen Niederschlag gefunden[67].
  Man muß freilich bedenken, daß die Psychoanalyse nicht soziale Verhältnisse konzeptualisiert, sondern ausschließlich deren innerpsychische Repräsentation, also subjektive Geschichte. Dementsprechend gibt es *immer* einen Vater, und sei es, daß er sich durch die Eigenschaft *„nicht da“ zu sein* auszeichnet. Als Defizit erscheint dieser theoretische Umgang mit Realität erst dann, wenn von der Psychoanalyse Aufschlüsse über Fragen erwartet werden, die über die Probleme im Kontext *therapeutischen* Handelns hinausgehen.
- Etwas anders liegen die Verhältnisse bei den neueren psychoanalytischen Theorien über die frühen Objektbeziehungen. Denn hier geht es um die theoretische Konstruktion innerpsychischer Prozesse aus (äußerer) Beobachtung. Und was die Wahl der Beobachtungssituationen betrifft, hat sich die psychoanalytische Forschung lange Zeit auf die Mutter-Kind-Beziehung beschränkt. Dies alles trug dazu bei, daß der Eindruck entstehen konnte, daß die ganz frühen seelischen Entwicklungen, wie etwa Urvertrauen, die Ausbildung persönlicher Autonomie u.a.m. ausschließlich von der Person der Mutter, ihren Fähigkeiten und ihrem Verhalten abhingen. Der Vater würde erst später, höchstens als zweites Liebesobjekt,

---

64 Nicht umsonst nimmt die pädagogische Unsicherheit in der Praxis immer mehr zu (wozu ich auch das sogenannte „Burn-Out-Syndrom“ zähle): Die fragwürdigen anthropologischen Prämissen führen notgedrungen zu Konzepten, die entweder praxisfern sind oder sich in der Praxis nicht einlösen lassen.

65 Vgl. dazu die (teilweise) zutreffende Kritik von Fthenakis 1985.

66 Als *klassische* Psychoanalyse bezeichne ich die wesentlich von Freud entwickelten bzw. inspirierten Teile der psychoanalytischen Theorie, die sich dadurch auszeichnen, daß sie im wesentlichen aus *psychoanalytischer Erfahrung,* d.h. aus den Erfahrungen in der Arbeit mit Psychoanalyse-Patienten hervorgegangen sind - im Gegensatz zu den jüngeren *Objektbeziehungstheorien,* die sich vor allem mit den ersten drei Lebensjahren befassen und im wesentlichen aus der Beobachtung von Kindern bzw. deren Beziehungen hervorgegangen sind. (Zur wissenschaftstheoretischen Bedeutung dieser Unterschiede vgl. Figdor 1989 und 1993).

67 Zu den wenigen Ausnahmen zählen z.B. die Arbeiten von Burgner 1985 und Petri 1991.

bedeutsam[68].

Die Diskriminierung der Frau

Die vielfältigen Diskriminierungen, denen Frauen - und ganz besonders alleinerziehende Mütter - ausgesetzt sind[69], spielen traumatischen Scheidungsverläufen ebenfalls in die Hände. Vor allem in den Monaten nach der Scheidung, in welchen die Kinder so viel an Einfühlung und Geduld ihrer Mütter benötigen würden, verschärfen Kritik und Ablehnung durch die unmittelbare Umgebung und die soziale Isolation so vieler geschiedener Frauen die psychische Anspannung und das Leid, welches die Trennung mit sich brachte. Besonders gravierend aber wirkt sich für viele Frauen die angespannte finanzielle Situation aus, wodurch diese Mütter gezwungen sind, mehr und länger zu arbeiten und somit weitere Zeit und Kraft verlieren, ihren Kindern beizustehen. Ja noch mehr: Die Verlustängste der Kinder erhalten durch die faktische oder auch psychische Abwesenheit der Mutter immer neue Nahrung statt sich allmählich zu beruhigen.

Der gegenüber den Männern zumeist schlechtere ökonomische Status wirkt sich zweifellos auch auf die Schulkarriere vieler Scheidungskinder aus. Das gilt auch für das durchschnittlich niedrigere Bildungsniveau von Frauen, was zur Folge haben kann, daß ihre Motivation, die Kinder schulisch zu fördern, geringer ist, oder daß sie umgekehrt auf die Kinder einen übergroßen Druck ausüben. (Dazu kommt, daß - vor allem bei Buben - der Vater als Identifizierungsobjekt teilweise wegfällt, was große negative Auswirkungen auf die Lernmotivation der Kinder hat.)

Die gesellschaftliche Produktion des Traumas

Stellen wir uns eine Gesellschaft vor, in welcher das *Miteinander-Leben* ein zentraler Bestandteil von *Bildung* ist. Junge Menschen hätten es in dieser Gesellschaft leichter, ihre Bedürfnisse und Ziele zu erkennen, und daher auch zu wis-

68 In den letzten Jahrzehnten hat sich die Psychoanalyse freilich der Bedeutung des Vaters verstärkt zugewandt: Vgl. v.a. Abelin 1971 und 1975 sowie Rotman 1978 und 1981 über die Rolle des Vaters in den ersten drei Lebensjahren. Ich selbst habe versucht, deren Erkenntnisse auf Entwicklungsbedingungen anzuwenden, in welchen der Vater als reales Objekt mehr oder weniger fehlt, sowie auf Konstellationen, in welchen das Beziehungsdreieck Mutter-Vater-Kind durch eine aggressiv-konfliktreiche Beziehung zwischen Vater und Mutter geprägt ist (Bd. 1, 94ff).

69 Vgl. dazu die Vielzahl an empirischen Befunden bei Napp-Peters 1985.

sen, ob bzw. in welchem Ausmaß und in welcher Weise sie sich an einen anderen Menschen binden möchten. Es würde ihnen auch leichter fallen, eventuelle Beziehungspartner einzuschätzen und damit die Chancen, die eine Beziehung in sich birgt. Sie wären auf Probleme und Krisen vorbereitet und würden nicht aus allen Wolken fallen, wenn es mit dem anderen nicht mehr so klappt, wie man es sich erhofft hat. Dann wäre auch noch Bereitschaft und Kraft vorhanden, aktiv an einer Bewältigung der Schwierigkeiten zu arbeiten, man könnte sich aber wahrscheinlich auch leichter trennen, ohne das Gefühl zu haben, ein Versager zu sein bzw. dieses Versagen dem anderen als unverzeihliche Schuld anzuhängen. Spaltungsprozesse, wie ich sie oben beschrieben habe, wären dann nicht mehr notwendig, sodaß freundschaftliche Gefühle sich erhalten könnten, was auch die Kooperation im Hinblick auf gemeinsame Kinder erleichterte. Und wenn man es allein nicht schafft, stünde ein breites Angebot qualifizierter und niederschwelliger Beratungseinrichtungen zur Verfügung, das - wie heute medizinische Einrichtungen - mit Selbstverständlichkeit genutzt würde, und zwar zu einem so frühen Zeitpunkt, daß Hilfe und Unterstützung noch relativ schnell und mit geringem Aufwand greifen könnte.

Stellen wir uns eine Gesellschaft vor, in welcher für den Großteil der Männer eine aktive, gelebte Vaterschaft zu den wichtigsten Dingen gehört, die man sich vom Leben erwartet. „Familie" *hätte* man dann nicht nur, sondern wäre ein Teil der persönlichen Selbstverwirklichung; die Mütter wären entlastet; die größere Gemeinsamkeit von Verantwortung und Freude im Leben mit den Kindern brächte auch zusätzliche emotionale Nähe zwischen Mann und Frau mit sich, während die traditionelle Rollenteilung plus Mehrfachbelastung der Frauen eher zu Entfremdung führt; und daß sich ein solches Zusammenwirken von Vater und Mutter auf die Entwicklung der Kinder positiv auswirken würde, muß nicht betont werden. Und selbst wenn eine solche Beziehung scheitern sollte, wäre dann wohl die Wahrscheinlichkeit geringer, daß die Väter von einem Tag zum anderen ihre Kinder vergessen, bzw. Mütter den Vater ihres Kindes einfach aus ihrem und aus dem Leben ihrer Kinder zu streichen trachten. Schließlich würde ein neues Selbstverständnis der Geschlechter in der Beziehung zu den Kindern wohl auch dazu führen, daß nicht mehr 90% aller Scheidungskinder bei der Mutter leben: Wenn die Beziehungen zwischen Mutter und Kind und Vater und Kind ähnlich intensiv sind; wenn Vätern am Zusammenleben mit ihren Kindern ähnlich viel läge wie den Müttern; und wenn sich Mütter keiner gesellschaftlichen Verurteilung ausgesetzt sähen, wenn sie ihr Kind beim Vater lassen, könnte der zukünftige Lebensmittelpunkt der Kinder viel freier, nach individuellen Gesichtspunkten und in Kooperation zwischen allen Beteiligten vereinbart werden.

Damit sind wir schon beim dritten gesellschaftlichen Faktor. Stellen wir uns eine Gesellschaft vor, in welcher für einen großen Teil der Frauen die Trennung von ihrem Mann nicht mehr gleichbedeutend ist mit sozialem und ökonomischem Abstieg, in welcher Frauen - und eben auch „alleinstehende" Mütter - von der eigenen Qualifikation und vom Stellenangebot her die gleichen Chancen am Arbeitsmarkt hätten wie Männer. Wieviel weniger Demütigungen und Sorgen gäbe es dann! Und wieviel mehr Kraft und Zeit hätten diese Frauen auch, ihren Kindern in einer so schwierigen Lebenssituation, wie es die Scheidung ist, hilfreich beizustehen.

Von der gesellschaftlichen Dimension des Scheidungsproblems, das sich in den traumatischen Auswirkungen auf die Kinder zeigt, wird ja allenthalben gesprochen und geschrieben. Aber es ist weder der immer wieder monierte „Zerfall der Familie" noch das „egoistische Streben nach Selbstverwirklichung" (das in erster Linie den Frauen vorgeworfen wird), die am Elend von Scheidungskindern die Schuld tragen. (Man sollte nicht vergessen, daß die angeblich so heile „komplette" Familie offenbar auch geeignet war, die Menschen für die Propaganda des Faschismus und der beiden grausamsten Kriege der Geschichte empfänglich zu machen[70]. Außerdem lassen sich historische Entwicklungen nicht rückgängig machen.) Eine nähere Betrachtung der Faktoren, die es Eltern und Kindern heute so schwer machen, Partnerschaftskrisen produktiv zu lösen - und das heißt im vorliegenden Zusammenhang vor allem: ohne daß die Kinder für ihre Entwicklung und Lebenschancen Schaden davontragen - zeigt, daß das *gesellschaftliche* Problem in erster Linie *im Fehlen hinreichender sozialpolitischer Vorsorge* besteht, daß die „Schuld" eine Gesellschaft trifft, in deren politischer Werteskala (die ja auch über die Verteilung der finanziellen Ressourcen entscheidet) das Wohlergehen von einzelnen - und ganz besonders der „Minoritäten" Frauen und Kinder -

70 Solche Bemerkungen setzen sich leicht dem Vorwurf des historischen Reduktionismus aus. Tatsächlich sind geschichtliche Phänomene wie Kriege oder der Faschismus sozial, ökonomisch und machtpolitisch bedingt und nicht einfach psychologisch erklärbar. Bei aller Komplexität kann es beim heutigen psychologischen Wissensstand jedoch keinen Zweifel daran geben, daß die *Wirksamkeit* autoritärer Propaganda bestimmte Charakterstrukturen voraussetzt, und daß die Ausbildung solcher Charakterstrukturen - des sogenannten *Autoritären Charakters* (nach Adorno et al. 1950) - durch Sozialisationsverhältnisse, welche die „klassische" kleinbürgerliche Familie Kindern bot, eher begünstigt wird.

nur ganz unten rangiert[71].

In der praktischen Arbeit der professionellen Helfer geht es natürlich um die Veränderung des Erlebens und Verhaltens der konkreten Mütter, Väter und Kinder. Dennoch scheint es mir auch von *praktischer* Bedeutung zu sein, auf die gesellschaftlichen Determinanten dieser Erlebnis- und Verhaltensweisen hinzuweisen und sich ihrer bewußt zu sein. *Erstens* gehören sie zur Lebensrealität unserer Klienten und können daher durchaus auch einen wichtigen Inhalt von Beratungsgesprächen bilden. Ich denke hier zum Beispiel an die Mutter, die sich in den Monaten nach der Scheidung mit Selbstvorwürfen quält, weil sie sich emotionell außerstande sieht, ihrem Kind in Ruhe und Toleranz beizustehen. Welche Entlastung kann es dann sein, wenn man ihr bedeutet, daß sie in ihrer sozialen und ökonomischen Situation gar keine perfekte Mutter sein *kann!* Abgesehen von der positiven Auswirkung auf die Beziehung zum Berater, habe ich immer wieder erlebt, daß sich solche Mütter in einer Art Trotzreaktion sagen: „Und ich schaffe es doch!", während sie noch kurz vorher geneigt waren, an der eigenen Unfähigkeit zu verzweifeln. Aus der psychotherapeutischen Arbeit sind wir gewöhnt, den Patienten immer wieder den eigenen Anteil an ihren Schwierigkeiten vor Augen zu halten. Es ist aber oft genug auch notwendig, ihnen umgekehrt zu zeigen, was *nicht ihre* Sache, *ihr* Versagen oder *ihre* Schuld ist.

Zweitens können wir aus der Bedachtnahme auf gesellschaftliche Faktoren oft wichtige Hinweise gewinnen, wo wir unter Umständen mit unserer Arbeit ansetzen müssen. Etwa dann, wenn die konkreten Schwierigkeiten eines Falles mit den Rollenbildern der Eltern oder unrealistischen Erwartungen an den Partner, an die Kinder oder an sich selbst zusammenhängen[72].

Und *drittens* sollte uns die gesellschaftspolitische Reflexion unseres Arbeitsfeldes daran erinnern, daß wir es den Kindern schuldig sind, über unsere unmittelbare Arbeit hinaus auch im öffentlichen und politischen Raum

---

71 Ob man den Grund dafür eher in der Gewalttätigkeit und Macht des herrschenden Wirtschaftssystems sieht oder eher in der Kurzsichtigkeit der politisch Verantwortlichen, die nicht erkennen können, daß sozialpolitische Maßnahmen (und auch Ausgaben) Investitionen in die Zukunft der Gesellschaft darstellen, die sich langfristig sogar volkswirtschaftlich rechnen, bleibe dem Leser überlassen.

72 Darauf kommen wir im 4. Kapitel dieses Buches wieder zurück: Ein nicht geringer Teil der „Geister", von denen dort die Rede sein wird, leitet sich aus gesellschaftlichen Normvorstellungen her.

ständig um die Verbesserung (oder wenigstens gegen die Verschlechterung) der sozialen Bedingungen ihrer Zukunft zu kämpfen.

2. Kapitel
Die Chance Scheidung

Über mögliche und notwendige Zielsetzungen in der Arbeit mit Scheidungskindern und deren Eltern

2.1
Ist die Scheidung pädagogisch überhaupt zu rechtfertigen?

„Ich oder mein Kind"

Wie jedes menschliche Verhalten, Ereignis oder Schicksal unterliegt auch die Scheidung einer gesellschaftlichen Bewertung. Interessant ist, daß diese Bewertung in hohem Maße widersprüchlich ist. Zum einen gilt die Scheidung heute als Alltagsphänomen. „Ich bin geschieden" provoziert selten Ablehnung oder Befremden. Ja, die Scheidung stellt als Möglichkeit, sich aus mißlungenen Partnerschaften zu befreien, als Mittel der (Wieder-) Gewinnung von Autonomie und Selbstverwirklichung eine weitgehend unbestrittene gesellschaftliche Errungenschaft dar. Auf der anderen Seite finden wir seit einigen Jahren einen ebenso unbestrittenen Konsens darüber, daß die Scheidung für die betroffenen Kinder eine Katastrophe darstellt, ja manchmal, besonders häufig in Pädagogen- und Psychologenkreisen, hat man das Gefühl, daß das Attribut „Scheidungskind" inzwischen fast schon wie eine psychopathologische Kategorie gehandhabt wird. Unverbunden stehen - vom sozialen Umfeld oft in sehr subtiler Form gesendete - Botschaften, wie „Recht hast du!" neben „Hast du gar nicht an die Kinder gedacht?" oder „Laß dich doch scheiden!" neben „Das kannst du doch deinen Kindern nicht antun!"

Häufig „lösen" sich soziale Widersprüche auf, indem sie von den betroffenen Individuen als eigenes Unvermögen auf sich genommen werden. Im Falle der Scheidung nimmt dieses Auf-sich-Nehmen die Form eines Konfliktes zwischen persönlichen Bedürfnissen und elterlicher Verantwortung an, ein Konflikt, der bei einem großen Teil der Mütter und Väter, die sich scheiden lassen (wollen), schwere Schuldgefühle und Gefühle des Versagens mit sich bringt.

Soziale Normkonflikte verdanken sich zumeist der Konkurrenz antagonistischer gesellschaftlicher Mächte oder Ideologien. Das scheint sich auf den ersten Blick beim Problem der Scheidung anders zu verhalten. Denn nicht gesellschaftliche Teilinteressen, die gegen die Scheidung kämpfen, sind es, die die betroffenen Kinder zu Opfern stempeln, sondern in erster Linie *die Wissenschaft* mit ihren zahlreichen psychologischen Untersuchungen über das schwere psychische Leid von Scheidungskindern. Ist es daher nicht unumgänglich, daß sich scheidungswillige Eltern der Entscheidung „Ich oder mein Kind" stellen *müssen*? Und ist nicht jede Scheidung daher notgedrungen eine Entscheidung *gegen das Kind?* Nimmt man dann noch die Befunde über die Langzeitfolgen der Scheidung hinzu, liegt es doch eigentlich nahe, die Frage zu stellen, ob aus *pädagogischer Sicht* für Eltern eine Scheidung *überhaupt verantwortbar ist!*

Stimmt das aber? Lassen sich solche Schlüsse tatsächlich aus den vorliegenden Forschungen ableiten?

Nun, aus den empirisch-psychologischen Untersuchungen, die sich fast ausschließlich mit den *unmittelbaren* Symptomen und Schwierigkeiten von Scheidungskindern beschäftigen, sicher nicht! Denn dieses - unbezweifelbare - Leid läßt, wie schon erwähnt, nicht automatisch die Folgerung zu, daß die Kinder deshalb schon für ihr *künftiges* Leben geschädigt sind. Wohl scheinen jedoch die Befunde über Schulerfolge, Berufskarrieren Scheidungsraten und seelische Langzeitfolgen eine deutliche Sprache gegen die Scheidung zu sprechen. Tatsächlich haben wir es hier jedoch mit einem Musterbeispiel eines methodisch unzulässigen Schlusses aus empirischem Material zu tun. Woraus ergibt sich denn die behauptete Schädlichkeit der Scheidung? Die bei den erwähnten Untersuchungen herausgearbeiteten „Scheidungsfolgen" entstammen durchwegs dem Vergleich zwischen Kindern aus geschiedenen Ehen und Kindern aus „intakten" Familien. Dieser Vergleich spiegelt aber in keiner Weise die Lebenssituation wider, vor welche sich die einzelne Mutter oder der einzelne Vater gestellt sieht: Kaum eine Frau und kaum ein Mann haben sich je die Frage gestellt: „Soll ich mich scheiden lassen oder eine glückliche Ehe führen?"! Die Frage, um die es üblicherweise geht, lautet vielmehr: „Soll ich mich scheiden lassen, oder weiterhin in Streit bzw. in einer spannungsgeladenen Atmosphäre leben?" Möchte man angesichts dieser Entscheidungssituation im Interesse der Kinder für die Aufrechterhaltung von Ehen bzw. Partnerschaften plädieren und sich auf wissenschaftliche Befunde stützen, müßte ein ganz anderer Vergleich vorgenommen werden: nämlich der Vergleich von Kindern aus geschiedenen Ehen mit Kindern, die in einer *Konfliktfamilie* heranwachsen.

Scheidungsfamilie versus Konfliktfamilie

Eine methodisch gesicherte Untersuchung dieser Art ist mir nicht bekannt[73]. Aufgrund *klinischer Erfahrungen* läßt sich jedoch mit ziemlicher Sicherheit erwarten, daß aus einem Vergleich zwischen Kindern aus geschiedenen und Kindern aus konfliktgeladenen Familien *die Scheidungskinder besser aussteigen.* Neben der klinischen Erfahrung spricht ein anderer Umstand für diese Erwartung. Es mag hin und wieder vorkommen, daß eine bislang glückliche Familie von einem Tag auf den anderen gesprengt wird - etwa wenn sich einer der Partner Hals über Kopf verliebt und sich innerhalb kurzer Zeit vom bisherigen Partner trennt. In den meisten Fällen jedoch gehen der Scheidung monatelange, ja oft jahrelange Spannungen und Konflikte voraus. Aus den psychologischen Untersuchungen, welche die Langzeitfolgen der Scheidung auf psychodynamisch relevante Faktoren der Lebensgeschichte zurückzuführen versuchten[74], wissen wir, daß die langfristigen „Scheidungsfolgen" keineswegs nur auf das Trennungserlebnis des Kindes zurückgehen, sondern ebenso auf die konfliktgeladene Atmosphäre vor der Scheidung, welche die Entwicklung des Kindes im hohem Maße zu beeinträchtigen vermag[75].

Es gibt weitere Argumente, die gegen eine moralische Verurteilung der Scheidung im Hinblick auf die Kinder sprechen: Wir wissen heute, daß zu den schwersten Belastungen, denen Scheidungskinder ausgesetzt sind, die Loyalitätskonflikte gehören, in die sie *angesichts fortgesetzter* Konflikte zwischen den Eltern geraten. Mit anderen Worten: Nicht *die Scheidung* stürzt die Kinder in jene auch für die langfristige Entwicklung schädlichen Loyalitätskonflikte,

73 Sollte Lesern eine solche Untersuchung bekannt sein, wäre ich für einen Hinweis dankbar.

74 V.a. Wallerstein/Blakeslee 1980 und Figdor1991.

75 Mit den Anteilen der elterlichen Konflikte *vor* der Trennung hängt es wohl auch zusammen, daß im Vergleich verschiedener Typen von Alleinerzieherfamilien (Napp-Peters 1985 und 1988) die Kinder lediger, alleinerziehender Mütter im Hinblick auf eine Reihe sozialer und psychischer Entwicklungsvariablen besser abschneiden als die Kinder von Müttern, die durch Scheidung Alleinerzieher wurden.

sondern die *nicht hinreichend vollzogene,* also im Grunde *mißglückte Scheidung.* Und dann gibt es noch etwas, auf das ich nicht müde werde hinzuweisen: So wenig man (leider) behaupten kann, daß glückliche Eltern immer gute Eltern sind, läßt sich jedoch durchaus verallgemeinern, daß *unglückliche Eltern selten wirklich gute Eltern sind: Dem Kind zuliebe* auf die Chance zu verzichten, sich aus einer unbefriedigenden Beziehung zu befreien, in einer neuen Beziehung vielleicht doch noch (wieder) glücklich zu werden, heißt, dem Kind das eigene Selbst, das Leben *als Mann* oder *Frau* zu opfern. Das aber ist ein Opfer, dem kaum ein Kind gerecht werden kann. Unbewußt erwarten solche Eltern, einen Teil des hingegebenen Glücks über ihre Kinder wieder zurückzubekommen: indem sie sich so entwickeln, wie die Eltern es sich erträumen - sie sollen gut und brav werden, gescheit sein und Erfolg haben, sie sollen sich loyal und dankbar zeigen u.a.m.. Nicht, daß an diesen Wünschen etwas Außergewöhnliches wäre - wer hat sie nicht? -; das Problem besteht darin, daß Eltern, die das Gefühl haben, sich für ihre Kinder geopfert zu haben, Probleme und Krisen ihrer Kinder, also die mögliche Nichterfüllung ihrer Wünsche, viel schwerer ertragen können, droht doch die *letzte Hoffnung*, die sie ans Leben hatten, in Brüche zu gehen. Jeder größere Konflikt zwischen solchen Eltern und ihren Kindern birgt die Gefahr in sich, für die Eltern die Sinnhaftigkeit des Lebens in Frage zu stellen: „Dafür habe ich auf mein Glück verzichtet?“ und „Was bleibt mir jetzt noch?“. Eine solche Konstellation hat bedeutsame Auswirkungen auf die Eltern-Kind-Beziehung: hohe Erwartungen auf seiten der Eltern; Angst, die Erwartungen könnten sich nicht erfüllen, was aber heißt, daß die Eltern vor den Kindern Angst bekommen; eine geringere (innere) Toleranz gegenüber abweichenden Eigenheiten bzw. Autonomiebestrebungen der Kinder; aus all diesen Gründen eine höhere Wahrscheinlichkeit, daß Unstimmigkeiten zwischen Kindern und Eltern über Gebühr eskalieren. Auf der anderen Seite nötigt der Anpassungsdruck die Kinder zur Unterwerfung oder provoziert verstärktes Aufbegehren, wodurch sich die Konfliktspirale weiterdreht. Doch selbst dann bleibt bei den Kindern tief innen ein Gefühl zurück, versagt zu haben.

Schließlich gibt es noch zwei, im Grunde ganz simple entwicklungspsychologische Argumente gegen den (im Zusammenhang mit der Scheidung so oft behaupteten) polaren Gegensatz zwischen dem Glück der Eltern und dem Glück der Kinder. Das erste betrifft die Fähigkeit von Eltern, sich in ihre Kinder einzufühlen, eine ganz wichtige, ja vielleicht sogar die wichtigste Voraussetzung einer gelingenden Erziehung[76]. Die grundsätzliche Fähigkeit, uns in einen anderen einzufühlen, haben wir alle, aber es gelingt uns nicht immer gleich gut. Sich einzufühlen geht umso leichter, je ausgeglichener, zufriedener ich mich selbst fühle und je größer mein Wohlwollen gegenüber dem anderen ist. Unzufriedenheit oder gar depressive Verstimmungen machen aber die Fähigkeit der Eltern, zu spüren, worum und wie es ihren Kindern geht, genauso zunichte wie aggressive Spannungen. Das zweite Argument rückt eine andere Funktion der Eltern in den Vordergrund: Vater und Mutter sind für die Kinder Modelle für das eigene Werden und Leben, ob sie das nun wollen oder nicht. Indem sich die Kinder mit ihren Eltern identifizieren, machen sie die (bewußten und unbewußten) Bilder, die sie von den Eltern haben, zu inneren Modellen ihres Selbst, wodurch Wert- und Normvorstellungen, Charaktereigenschaften, typische Verhaltensmuster, Denkweisen u.a.m. verinnerlicht werden. Kann es aber für die seelische Entwicklung eines Kindes wirklich gut sein, wenn es sich an unzufriedenen, mit sich und der Welt hadernden Menschen orientieren soll? Ich glaube, wir sind es nicht nur uns selbst, sondern auch (und gerade) unseren Kindern schuldig, dafür zu sorgen, daß sie Eltern haben, die sich im Großen und Ganzen sichtbar und spürbar daran erfreuen, am Leben zu sein.

2.2 Gibt es auch positive Langzeitfolgen der Scheidung?

Scheidungsfamilie versus (funktionierende) Kernfamilie

Angesichts konfliktreicher und unbefriedigender Partnerschaften läßt sich die zu Beginn des Kapitels gestellte Frage, ob sich eine Scheidung denn pädagogisch überhaupt rechtfertigen läßt, eindeutig mit Ja beantworten. Denn sowohl das Andauern der Konflikte zwischen den weiterhin zusammenlebenden Eltern als auch die Selbstaufopferung eines oder beider Elternteile, die allein zum Wohl des Kindes auf eine Trennung verzichten, zeitigen langfristig Folgewirkungen, von denen keineswegs ausgemacht ist, daß sie als weniger schädlich einzuschät-

76 Vgl. dazu Figdor 1995.

zen sind als die Folgewirkungen einer Scheidung. Hält man sich zudem vor Augen, daß Eltern - zumindest grundsätzlich - die Möglichkeit haben, ihren Kindern Entwicklungsbedingungen zur Verfügung zu stellen, die ihnen helfen, mit den Belastungen, welche die Scheidung und deren Folgen mit sich bringt, leichter umzugehen, ist der Beendigung einer als gescheitert erlebten Beziehung *auch aus pädagogischer Perspektive* der Vorzug gegeben.

Eines aber scheint bei all diesen Überlegungen doch festzustehen: *Funktioniert* die Beziehung zwischen Mutter und Vater, muß die traditionelle Kernfamilie als optimaler Rahmen für die psychische Entwicklung eines Kindes angesehen werden. Und zwar selbst dann, wenn die Hilfestellungen, die dem Kind nach einer Scheidung geboten werden als auch die Rahmenbedingungen (etwa die ungestörte fortgesetzte Beziehung zum getrennt lebenden Vater) optimal sind. Diese Ansicht habe ich im ersten Band auch recht deutlich kundgetan (S. 203ff), wenn auch mit einer gewissen theoretischen Zurückhaltung, welche die Endgültigkeit dieses Urteils offenließ. Maßgeblich für diese Einschätzung waren die strukturellen Besonderheiten separierter Objektbeziehungen, welche der geschiedenen Familie und der Alleinerzieher-Familie notwendig eingeschrieben sind und mit denen ich mich dort ausführlich befaßte[77].

Ich möchte dieser Frage nun weiter nachgehen. Sie ist zu bedeutend, um offengelassen zu werden. Denn ob die funktionierende Kernfamilie Kindern die besten Entwicklungschancen eröffnet, ist zwar für jene Mütter und Väter, die vor den Trümmern ihrer einstigen Liebe stehen, nicht mehr relevant, sehr wohl aber für Männer und Frauen in anderen Lebenssituationen, z.B. wenn sie vor der Entscheidung stehen, ein Kind auf die Welt zu bringen:

- Kann ich es meinem (noch nicht geborenen) Kind gegenüber verantworten, es ins Leben zu setzen, wenn ich absehen kann, mit diesem Mann bzw. dieser Frau wahrscheinlich nicht für immer zusammenzubleiben?
- Wenn sich ein Mann und eine Frau lieben und sich ein Kind wünschen: Müßten sie nicht noch zwei, drei Jahre warten, um wenigstens einigermaßen sichergehen zu können, daß es zwischen ihnen auch langfristig klappen wird?
- Darf sich eine kinderlose Frau im kritischen Alter von dreißig, fünfunddreißig Jahren ihren (möglicherweise sehnlichen) Kinderwunsch erfüllen, wenn sie nicht in einer festen, zukunftsträchtigen Beziehung lebt?

77 Bd. 1, 193ff.

Natürlich „darf" sie. Aber müssen sie und die anderen Männer und Frauen die Erfüllung ihres Wunsches nach einem Kind nicht mit dem Gefühl der Schuld bezahlen, wissentlich ihr Kind einem Leben übergeben zu haben, das ihm Entwicklungschancen vorenthält? Tatsächlich bin ich in meiner Beratungspraxis diesen Schuldgefühlen immer wieder begegnet: als quälendes schlechtes Gewissen oder - in abgewehrter Form - als Ideologisierung der eigenen Lebensform.

Es versteht sich von selbst, daß Geschichte nicht ungeschehen gemacht werden kann. Eine Scheidung der Eltern *kann nicht keine Spuren* in der psychischen Entwicklung eines Kindes hinterlassen. Wenn aber die Scheidung - natürlich unter günstigen Voraussetzungen - *auch* positive Folgen zeitigen könnte, Folgen, welche die Langzeitprobleme, die auf die Kinder zukommen, teilweise zu kompensieren oder wenigsten zu relativieren in der Lage wären; wenn ich also sagen könnte: „Meine/unsere Lebenssituation wird dem Kind in dieser und jener Hinsicht zwar Schwierigkeiten bereiten, *dafür aber* hat es auch die Chance...", fiele dieses Gefühl der Schuld weg. Es fiele vielleicht auch das Schuldgefühl weg, das viele Mütter und Väter anläßlich einer unabwendbaren Scheidung heimsucht, durch das Versagen in der Partnerschaft ihrem Kind *jedenfalls* Schaden zugefügt zu haben. Das gilt u. U. auch für die Schuldgefühle von Frauen und Männern, die aus religiösen, ethischen oder emotionellen Gründen es nicht über sich brachten, eine unerwünschte Schwangerschaft zu unterbrechen, obwohl sie wußten, dem Kind keine „richtige" Familie bieten zu können. Es fielen möglicherweise aber auch für manche Eltern Hemmungen weg, eine nicht mehr optimale Partnerschaft „vorzeitig" zu lösen, obwohl sie noch nicht unerträglich geworden ist.

Wir haben es also keineswegs mit einer bloß theoretischen, sondern lebenspraktisch überaus relevanten Frage zu tun. Umso bemerkenswerter ist es, daß es zu dieser Frage meines Wissens keine einzige empirische Untersuchung gibt[78]. Zwar finden sich hier und da Hinweise auf „positive Scheidungs*reaktionen*", wie zum Beispiel, daß manche Kinder, die unter dem Eindruck familiärer Zwiste in ihren Schulleistungen nachließen, nach der Scheidung wieder besser lernen würden; oder daß Scheidungskinder und

78 Allerdings würde der Versuch einer fundierten empirischen Überprüfung „positiver Scheidungsfolgen" auf einen schier unüberwindlichen Berg theoretischer und methodischer Probleme stoßen.

Kinder alleinerziehender Mütter tendenziell selbständiger sind u.a.m.[79] Das aber sind bloß äußere Reaktionen, deren positive Bewertung dem Wertsystem von Schule oder Elternhaus folgt. Die pädagogisch entscheidende Frage, was solche Verhaltensweisen für das *künftige Lebensglück* aussagen, bleibt hingegen unbeantwortet.

Eine aus psychoanalytischer Erfahrung gewonnene Erkenntnis, keineswegs neu, seit Jahrzehnten Bestandteil des psychoanalytischen Wissensschatzes, bewog und ermutigte mich zu dem Versuch, der Frage nach möglichen positiven Scheidungsfolgen *theoretisch* nachzugehen. Und zwar meine ich die Erkenntnis, daß das neurotische Leid, das Menschen dazu bewegt, sich in psychotherapeutische Behandlung zu begeben, zwar auf heftige und daher abgewehrte innerpsychische Konflikte zurückgeht, daß jedoch die abgewehrten innerpsychischen Konflikte sich nicht ausschließlich in diesen, Leid verursachenden Symptomen manifestieren, denn darüber hinaus ergeben sich aus der Konfliktabwehr stets auch psychische Erwerbungen, die für den Betreffenden nicht nur *nicht störend,* sondern oft genug eine *Bereicherung* seiner Persönlichkeit bzw. seines Lebens darstellen.

> *Konrad* wurde geboren, als seine junge Mutter innerlich zur Mutterschaft nicht bereit war. Bevor er noch einen Monat alt war, wurde er zu Verwandten aufs Land gegeben. Von da an begann eine Odyssee, die ihn im Laufe von zwei Jahren durch vier Familien führte, bevor ihn seine Eltern zu sich nahmen. Dieser Mangel an Beziehungskontinuität, der Mangel an Erlebnissen, „gehalten" zu werden, machte aus Konrad ein verträumtes und lebenspraktisch desorientiertes Kind, das mehr in seiner Phantasie als in der Realität lebte. Mit achtzehn Jahren erkrankte er an einer schweren Depression. Zwölf Jahre Psychoanalyse waren notwendig, um die innere Lähmung, die Existenzängste und Hilflosigkeit zu besiegen. Die große Anzahl immer wechselnder Bezugspersonen in frühester Kindheit, in deren Familien er nicht Lebensmittelpunkt, sondern mehr oder weniger lästiger Mitläufer war, zwang ihn jedoch, Überlebensstrategien zu entwickeln. Um zu erreichen, was er wollte, begann Konrad, sensibel dafür zu werden, auf welch verschiedene Weise unterschiedliche Personen „verführt" werden können, indem er ihre Vorlieben und Eitelkeiten zu spüren und ihre Reaktionen zu antizipieren lernte. Diese Fähigkeit hat er inzwischen auch beruflich für sich genützt: Er ist Analytiker geworden. Und ich

79 Vgl. z.B. Gutschmidt 1993.

kenne keinen Kollegen, der sich (in Gesprächen oder Fallbesprechungen) ähnlich schnell und treffsicher in die zentrale Problematik eines Patienten einzufühlen versteht wie er.

Melanie, neun Jahre alt, leidet unter periodischen nächtlichen Weinanfällen. Bitterlich weinend wacht sie nachts auf, weiß überhaupt nicht, warum sie weint, ist weder von Vater noch Mutter tröstbar. Die Anfälle können zwanzig Minuten, manchmal auch mehr als eine Stunde lang dauern. Von diesem Symptom abgesehen, ist Melanie jedoch das prächtigste Kind, das man sich vorstellen kann: stets gut gelaunt, voll Optimismus, ausgezeichnet in ihren Schulleistungen, bei Mitschülern beliebt und der Sonnenschein und Stolz ihrer Eltern. Im Zuge der Therapie offenbart sich, daß dieses stets strahlende Mädchen von massiven Trennungs- und Liebesverlustängsten gepeinigt und von dem Gefühl erdrückt wird, für die Zufriedenheit aller Personen ihrer Umwelt - von den Eltern angefangen bis zu den Freunden - verantwortlich zu sein[80]. Diese Gefühle hatte Melanie jedoch völlig aus ihrem (wachen) Alltag verdrängt. Man könnte sagen, daß sie mit einer rosaroten Brille durchs Leben geht, während sich die angesammelte, aus ihren Ängsten und Schuldgefühlen gespeiste Spannung nachts in den scheinbar so grundlosen Trauer- und Verzweiflungsanfällen entlädt. Und doch muß man auch sehen, welches Ausmaß an sozialem Erfolg, Selbstbestätigung und Zufriedenheit ihr diese Abwehr ermöglicht.

Sowohl *Konrad* als auch *Melanie* konnten aus den psychischen Belastungen, die ihnen das Leben bescherte, auch Vorteile ziehen. Die unstete Beziehungssituation zwang *Konrad, besondere Ich-Leistungen* zu entwickeln, um (psychisch) überleben zu können. Es handelt sich dabei um Erwerbungen, *die unmittelbar im Dienst der Angstbewältigung stehen.* So gut wie alle Ausgestaltungen des kreativen Potentials des Menschen eigenen sich auch zur Angstbewältigung bzw. haben sich - wenigstens zu einem Gutteil - gerade deshalb besonders entwickelt: Was bei *Konrad* die Einfühlung in andere Menschen, leistet bei anderen Kindern die Ausbildung außergewöhnlicher Phantasietätigkeit, handwerklicher und/oder künstlerischer Talente, schauspielerische Fähigkeiten, rhetorisches Vermögen, logisch-mathematisches Denken, körperliche Geschicklichkeit u.a.m. Welche dieser Ich-Leistungen im

80 Die äußeren Gründe für Melanies Ängste sind im vorliegenden Problemzusammenhang sekundär. Sie haben u.a. mit zeitweisen massiven Auseinandersetzungen zwischen den Eltern und einer chronischen Krankheit der Mutter zu tun.

konkreten Fall herangezogen werden, hängt von Anlagen, von Anregungen, Zufällen und von der Art und dem Zeitpunkt der jeweiligen psychischen Anforderungen ab, vor die sich das Kind gestellt sieht. Auch die ganz normale Fähigkeit zur Identifizierung und zur Verinnerlichung sozialer Normen (Über-Ich) dient ja der Angstabwehr, und zwar jener Ängste, welche die ödipale Konfliktsituation hervorbringt. In vielen Fällen jedoch reicht die Provokation besonderer Ich-Leistungen nicht aus, um mit all den Ängsten und Nöten fertigzuwerden, sodaß das Ich darüber hinaus zu (pathogenen) Abwehrmechanismen greifen muß. Oder die Entwicklung besonderer Talente erfolgt so einseitig, daß das Ich vielleicht im Augenblick auf diese Weise mit seinen Ängsten fertig wird, in späteren Lebenssituationen jedoch nicht mehr[81].

Auch ein Teil von Melanies Talenten und Vorlieben stand (oder steht noch) im Dienst der Abwehr. Aber bei ihr sehen wir noch eine andere Art von Vorteilen: Ihre Verdrängung beschert ihr mittelbar und längerfristig eine Reihe sozialer Erfolge, die in dieser Form nicht zu den unbewußten Motiven der Abwehr zählen, sondern gewissermaßen *zufällige* Effekte darstellen. Dieser sekundäre Abwehreffekt[82] kann jedoch ein bedeutsamer und positiver Entwicklungsfaktor werden. Nicht zuletzt dürfte es von diesen sekundären Abwehreffekten abhängen, ob die *besonderen Ich-Leistungen* langfristig das psychische Gleichgewicht sichern können[83].

Ausgehend von diesen Überlegungen läßt sich die Frage nach positiven Langzeitfolgen der Scheidung folgendermaßen präzisieren:

Können die spezifischen, erschwerten psychischen Leistungsanforderungen, vor die sich Scheidungskinder mit erhöhter Wahrscheinlichkeit gestellt sehen, zum einen auch die Ausbildung produktiver, wertvoller Ich-Leistungen provozieren? Und können die spezifischen Formen, mit denen Scheidungskinder ihre inneren Konflikte abzuwehren neigen, mittelbar auch positive und hilfreiche soziale Effekte erzielen?

---

81 In diesen Zusammenhängen liegt auch einer der Gründe für die behauptete und oft erfahrene „Nähe von Genie und Wahnsinn“.

82 Was ich hier mit „sekundärem Abwehreffekt“ bezeichne, deckt sich nicht mit dem (bekannten) Phänomen des „sekundären Krankheitsgewinns“. Die sozialen Erfolge Melanies sind nicht eine Reaktion auf ihre *Weinanfälle,* also ihr Symptom, ihre „Krankheit“, sondern die Folge ihrer, durch Verdrängungen bedingten und ermöglichten Fröhlichkeit, Unbekümmertheit, Hilfsbereitschaft usw. Entschließt man sich allerdings, *alle* Verhaltensweisen als *Symptome* zu bezeichnen - was theoretisch zulässig ist, mir aber als unpraktisch erschiene - erübrigt sich die Unterscheidung von sekundärem Abwehreffekt versus Krankheitsgewinn: Melanies soziale Erfolge wären dann einfach der sekundäre Krankheitsgewinn *anderer, weiterer* „Symptome“.

83 Vgl. die Ausführungen über den Zusammenbruch von Abwehrstrukturen in späteren Lebensabschnitten (S. 72 f).

Den spezifischen Langzeitfolgen innewohnende Chancen

Die besonderen psychischen Leistungsanforderungen *im Umgang mit Aggressionen* bestehen, wie wir oben sahen (S.74ff), in erster Linie in dem Umstand, daß Scheidungskinder im allgemeinen ein erhöhtes Aggressionspotential, gleichzeitig jedoch auch größere Angst vor (eigenen wie fremden) Aggressionen haben. Von welchen Ich-Leistungen dürfen wir nun erwarten, daß sie imstande sind, die verschärfte innere Konfliktsituation zu mildern? Zum einen alle Tätigkeiten, die in der Lage sind, aggressive Strebungen zu *sublimieren* - etwa in Form sportlichen und/oder intellektuellen Konkurrierens; und zum anderen Tätigkeiten, die geeignet sind, *soziale Konfliktsituationen* zu entspannen - wie etwa Gesprächsbereitschaft, den anderen versöhnlich zu stimmen, indem man ihm Freude macht, Rücksichtnahme u.a.m. Das heißt, daß es sich bei besonders gut entwickelten Fähigkeiten, Aggressionen zu sublimieren und/oder soziale Konfliktsituationen zu entspannen, um Kompetenzen handelt, deren Ausbildung durch Scheidungserfahrungen möglicherweise sehr begünstigt wird.

Jede dieser Eigenschaften kann nicht nur unmittelbar der Angstabwehr dienen, sondern darüber hinaus mittel- und langfristig Beliebtheit und soziale Anerkennung bringen.

Die verschärfte *Selbstwertproblematik* der meisten Scheidungskinder besteht vor allem darin, daß sie in vergleichsweise höherem Maße auf äußere Bestätigungen angewiesen sind (s.o. S. 76). Jede Leistung, die Anerkennung und Bewunderung erntet, mäßigt daher die Angst vor Minderwertigkeit. Dementsprechend ist auch *Ehrgeiz* eine Eigenschaft, deren Ausbildung durch Scheidungserfahrungen unter Umständen begünstigt wird. Im ehrgeizigen Verfolgen eines persönlichen Zieles ist die Anerkennung antizipiert und zumindest teilweise der eigenen Kontrolle unterstellt.

Es leuchtet ein, daß Ehrgeiz als verfestigte Persönlichkeitseigenschaft dem Betreffenden langfristig, über die ursprünglichen inneren Konfliktsituationen hinaus, Erfolg bescheren kann; sei es durch Ausdauer, Fleiß, Bildungsanstrengungen oder die Bereitschaft zum Risiko.

Für die Entwicklung der *Geschlechtsidentität* spielen die Liebeserfahrungen mit dem gegengeschlechtlichen und die Identifizierungen mit dem gleichgeschlechtlichen Elternteil eine hervorragende Rolle. Der (wenn auch mitunter nur partielle) Verlust des männlichen Elternteils, die alltägliche Verfügbarkeit nur mehr des weiblichen Elternteils und die hohe Ambivalenz beider Objektbeziehungen des Scheidungskindes bringt diesbezüglich vieles durcheinander. Buben neigen zur Identifizierung mit der (starken) Mutter, mit einem idealisierten Vater oder aber auch mit dem aggressiven gegen die Mutter gerichteten Teil des Vaters. Mädchen wiederum neigen zur Identifizierung mit problematischen Aspekten der Mutter (z.B. Unterwerfung) oder zur Identifizierung mit dem Vater (S. 76ff). Die negativen Erfahrungen des Scheidungskindes mit Mutter und Vater können aber auch die Ausbildung *differenzierter geschlechtsspezifischer Ich-Ideale* nach sich ziehen, in welche „weibliche" *und* „männliche" Anteile Eingang finden. Solche *„selektiven Identifizierungen"* sichern den Kindern auf der einen Seite eine hinreichende Nähe zu beiden Eltern, ermöglichen den Kindern jedoch gleichzeitig ein Stück schützender innerer Distanz. Dadurch wird auch die hohe Ambivalenz der Objektbeziehungen erträglicher, weil sich das Kind die Möglichkeit offenhält, bestimmte (aggressive, kränkende) Aspekte der Eltern abzulehnen, ohne die innere Beziehung zu ihnen zu gefährden.

Langfristig können solche selektiven Identifizierungen zu veränderten verinnerlichten Bildern davon führen, was eine Frau, was einen Mann ausmacht bzw. ausmachen soll; Veränderungen, die vielleicht radikaler sind, als man im Sprung von einer zur nächsten Generation erwarten würde und die - aus emanzipatorischer Perspektive - durchaus positiv bewertet werden können.

Wir haben festgestellt, daß alle diese psychischen Anforderungen bzw. die Art und Weise, wie sie bewältigt werden, sich auf die *Gestaltung der späteren Partnerschaften* auswirken. Das gilt natürlich auch für die besonderen Ich-Leistungen und die unmittelbaren positiven Abwehraffekte. Ich möchte hier nur einen, mir besonders wichtigen Aspekt herausgreifen: die, in Partnerbeziehungen (durch Übertragungsprozesse) aktivierte *Angst vor der Wiederholung des Trennungstraumas,* die viele Männer und Frauen, deren Eltern sich einst scheiden ließen, zur (möglicherweise vorschnellen) Beendigung von Beziehungen veranlaßt. Mögliche Vorteile dieser Wiederholungsängste bestehen nun nicht in der Ausbildung besonderer *zusätzlicher* Ich-Leistungen, sondern darin, daß in der Abwehr selbst eine bedeutsame Ich-Leistung eingeschlossen ist: *die Fähigkeit, sich trennen zu können.* Die Neigung zur aktiven Trennung mag dazu führen, noch vorhandene Chancen einer Beziehung nicht zu nutzen; die *Fähigkeit,* sich trennen zu können, kann aber unter

Umständen auch segensreich sein. Trennungen beinhalten die Möglichkeit von Neuanfängen, wodurch sich neue Lebens- und Entwicklungschancen eröffnen können.

Bedingungen für die Nutzung scheidungsspezifischer Entwicklungschancen

Betrachtet man die spezifischen Langzeitfolgen des Scheidungsschicksals, könnte man sagen, daß Scheidungskinder ihrer Zukunft auf einem Grat entgegengehen: Auf der einen Seite geht es abwärts, drohen sie zu stürzen, auf der anderen Seite liegt ein zwar steiniges Feld, das jedoch neue Wege eröffnet. Lassen sich nun Bedingungen angeben, die einen Einfluß darauf haben, ob Scheidungskinder in ihrem künftigen Leben zum Beispiel

- unter der Unfähigkeit, mit den eigenen und fremden Aggressionen umzugehen, leiden und sozial scheitern; oder ob sie von ihrer Versöhnungsbereitschaft und sozialen Orientierung profitieren?
- ob sie aus der Notwendigkeit heraus, sich zu beweisen, von einem Erfolg zum anderen hetzen, nie zur Ruhe kommen, ohne die Angst vor dem Versagen je zu verlieren; oder ob sie zu Bildung und Leistung ansgepornt werden, deren Erfolge dann auch (zumindest eine Zeitlang) genossen werden können?
- ob sie am Auseinanderklaffen von bewußten Wünschen, Erwartungen und Rollenbildern (vom eigenen und vom anderen Geschlecht) auf der einen und den unbewußten Identifizierungen und Übertragungen auf der anderen Seite zerbrechen; oder ob sie imstande sind, ihre bewußten, von den eigenen Eltern abweichenden Entwürfe über Männer, Frauen und ihre gegenseitige Beziehung auch zu leben?
- ob sie von einer (gescheiterten) Beziehung in die nächste fallen, voll Angst, sich emotionell allzu tief einzulassen; oder ob ihre Fähigkeit, das Abenteuer Liebe zu wagen, erhalten bleibt, dabei jedoch über so viel Flexibilität verfügen, daß sie fähig sind, Gleise ohne Zukunft zu verlassen, um neue Lebenschancen wahrnehmen zu können?

Unschwer ließen sich weitere polare Entwicklungslinien finden.

Vor dem Hintergrund der psychoanalytischen Einsichten in die seelische Dynamik läßt sich die Frage *nach den Bedingungen,* die darüber entscheiden, ob das Leben ehemaliger Scheidungskinder eher von den psychischen Einschränkungen oder von besonderen Ich-Leistungen und positiven Abwehreffekten bestimmt wird, durchaus beantworten. *Daß* Scheidungskinder - unter den gegebenen gesellschaftlichen Voraussetzungen - vor besonderen psychischen Leistungsanforderungen stehen, müssen wir als gegeben nehmen, das *Ausmaß* der Schwierigkeiten kann jedoch erheblich schwanken. Je radikaler sich die inneren Konflikte des Kindes gestalten, je weniger Hilfe die Umwelt dem Kind zukommen läßt, desto größer ist auch die Wahrscheinlichkeit, daß sein Potential an nicht-pathogenen Bewältigungsstrategien - jetzt oder später - nicht ausreicht. Bis zu einem bestimmten Punkt wird das Ich des Kindes *gefordert*, jenseits dieses Punktes ist es *überfordert*.

Die wichtigsten Variablen des Scheidungsschicksals, die in der Lage sind, die spezifischen psychischen Leistungsanforderungen in Grenzen zu halten, sodaß ihre Bewältigung dem Kind möglich ist *und* es darüber hinaus in seiner Persönlichkeitsentwicklung sogar weiterbringen kann, sind nach dem, was wir inzwischen über die Innenwelt des Scheidungskindes gelernt haben, unschwer anzugeben:

- das Fehlen massiver und langjähriger Konflikte zwischen den Eltern *vor der Scheidung;*
- die Entspannung der *Nach-Scheidungs-Krise,* wodurch psychischen Destrukturierungsprozessen und der Notwendigkeit der posttraumatischen Abwehr (der aufgebrochenen und radikalisierten innerpsychischen Konflikte) entgegenarbeitet wird;
- der Fortbestand einer intensiven *Beziehung zum Vater,* in welcher das Kind auch erleben kann, wieviel es dem Vater nach wie vor bedeutet, wodurch der Objektverlust nur ein partieller und der Vater, insbesondere für die Buben, als Identifizierungsobjekt erhalten bleibt;
- häufige (zumindest telefonische oder briefliche) Kontakte mit dem Vater oder anderen nahen - vorzugsweise männlichen - Bezugspersonen, die als *Triangulierungsobjekte* zur Verfügung stehen und das Kind auf diese Weise in seinen Alltagskonflikten mit der Mutter zu entlasten vermögen;
- die Geringhaltung der *Loyalitätskonflikte,* sodaß sich das Kind die innere Freiheit erhalten kann, auch weiterhin beide Eltern lieben zu können;
- eine *neue und gelingende Partnerschaft* (insbesondere der Mutter), die das Kind akzeptieren kann, wodurch es nicht nur ein männliches Liebesobjekt, das alltäglich zur Verfügung steht, wiedergewinnt, sondern auch das Vertrauen in die Möglichkeit des Gelingens heterosexueller Partnerschaften.

Welche Bedingungen auf der Seite der Eltern, Partner und professionellen Helfer diesen inneren Bedingungen beim Kind entsprechen, wird uns in den folgenden Abschnitten und Kapiteln beschäftigen. Wir haben jedoch eine wichtige Einsicht gewonnen, die so manchen geschiedenen oder sich gerade scheidenden Eltern Mut machen könnte, vor allem aber für die professionellen Helfer von großer Relevanz ist: Die Kinder, mit denen wir arbeiten - direkt oder über die Eltern - sind nicht schon a priori *Opfer* (ihrer Eltern oder unglücklicher Lebensumstände), für die wir nichts anderes tun können, als zur *Schadensbegrenzung* beizutragen. Die Aussicht auf die vielfältigen positiven Entwicklungsmöglichkeiten, welche diesen Kindern, für die die Welt im Augenblick aus den Fugen geraten scheint, noch offenstehen, trotz der Scheidung, ja vielleicht gerade durch die Scheidung, müßte sich eigentlich auch positiv auf unsere Freude und unser Engagement in der Arbeit auswirken. Sie erlegt uns freilich auch mehr Verantwortung auf. Denn die vielen Probleme und Schwierigkeiten, unter denen Scheidungskinder in ihrem späteren Leben erfahrungsgemäß so oft leiden, sind nicht das Ergebnis der Scheidung, sondern das Ergebnis der *mißglückten Scheidung*. Daß das Mißglücken der Scheidung unter den gegebenen gesellschaftlichen Verhältnissen allerdings der Regelfall ist, bleibt festzuhalten. Doch geht es in jedem Fall, mit dem wir befaßt werden, darum, diese Regel zu brechen.

2.3 Zielsetzungen im Umgang mit den unmittelbaren Scheidungsreaktionen

Vor mir sitzt Frau T., Mutter einer zwölfjährigen Tochter, Gabriele. Sie erzählt mir, daß ihr Mann vor sechs Wochen während der Weihnachtsferien im beidseitigen Einvernehmen aus der ehelichen Wohnung ausgezogen sei. Seit diesem Tag spiele ihre Tochter verrückt: Sie verweigert alles, was man von ihr will, ist aufsässig, jähzornig, läßt in ihren Schulleistungen nach - was in der Schule bereits auffällt - und entwickelt zunehmend Schlafstörungen. Nachdem mir Frau T. noch ein bißchen mehr von ihrer Geschichte und den näheren Umständen der Trennung erzählt hat, frage ich sie, was sie sich von meiner Hilfe erhofft. Sie sieht mich fast ein wenig erstaunt an und antwortet: „Daß Sie mir sagen, was man *dagegen* tun kann!"

Nun ist das ein recht alltägliches Anliegen. Es war schon oben die Rede davon, daß alle Kinder auf die Trennung ihrer Eltern reagieren: mit Ängsten, Trauer, Wut und Schuldgefühlen. Diese psychischen Reaktionen müssen sich - wie ebenfalls schon erwähnt - nicht unbedingt zeigen. Meistens tun sie das aber, und zwar in Form verschiedenster Symptome. Das reicht von Niedergeschlagenheit über psychosomatische Symptome, wie Einnässen, Schlaf- oder Eßstörungen, bis hin zu gravierenden affektiven Reaktionen, wie Verweigerung oder Wutausbrüche[84]. Also ist es nur verständlich, wenn sich die Eltern von uns Hilfe im Kampf gegen diese Symptome erwarten. Denn erstens aktivieren sie ihre Schuldgefühle - und Schuldgefühle, vor allem wenn es um die eigenen Kinder geht, sind sehr schwer auszuhalten; zweitens belasten diese Symptome den Lebensalltag; und drittens machen sich die Eltern natürlich Sorgen darüber, wo das noch hinführen könnte.

Geht man freilich von der Einsicht aus, daß Kinder auf die Trennung ihrer Eltern psychisch reagieren *müssen*, bedeutet das Anliegen, wir mögen die Symptome der Kinder zum Verschwinden bringen, jedoch entweder, daß wir die seelischen Belastungen der Trennung ungeschehen machen sollen, was natürlich nicht möglich ist, auch wenn die Phantasien und Wünsche der Eltern, die uns konsultieren, oft in diese Richtung gehen; oder aber es bedeutet, daß die Symptome trotz der seelischen Belastungen zum Verschwinden gebracht werden sollen. Das jedoch wäre in höchstem Maße bedenklich, da wir den Kindern damit möglicherweise ihr augenblicklich einziges Mittel, ihren Schmerz auszudrücken, nehmen würden. Diese Gefahr besteht insbesondere dann, wenn die Symptombeseitigung mit den traditionellen Methoden von Erziehung angegangen würde, also mit Verboten und Geboten; mit der Absicherung dieser Grenzen durch Überredung, durch Androhung von Konsequenzen oder Liebesentzug; oder auch durch spontane emotionelle Antworten der Eltern, wie Wut, Gewalt oder auch Gekränkt- und Verletztsein. Alle diese Maßnahmen erzeugen beim Scheidungskind Angst, das ja nicht wie andere Kinder vielleicht nur Grenzen seiner Bedürfnisbefriedigung ausprobiert, sondern zur Zeit *gar nicht anders kann*. Oder richtiger gesagt: Sie verstärken die ohnedies schon beträchtlichen Ängste vor dem Alleingelassen- und Verlassenwerden. Der so entstehende Anpassungsdruck

84 Vgl. Bd. 1, S. 13.

führt nun nicht dazu, daß sich die Kinder *zu verändertem Verhalten entscheiden,* denn zu einer solchen Entscheidungsfreiheit sind sie in ihren Gefühlsnöten gar nicht imstande. Die zur Anpassung drängenden Ängste richten sich vielmehr direkt an die Gefühle, das heißt: „Mein *Traurigsein* ist gefährlich; *meine Wut* auf die Mama ist gefährlich usw." Dies ist aber nichts anderes als der klassische Ausgangspunkt von Verdrängungsprozessen: Das Kind beginnt, seine Gefühle und die mit ihnen verbundenen Phantasien ins Unbewußte zu verbannen, es passiert also das, was wir oben als posttraumatische Abwehr bezeichnet haben. Was wir mit den traditionellen Mitteln der Erziehung also erreichen können, ist vielleicht ein mehr oder minder großes Maß an Symptombesserung, eine äußerliche Beruhigung also, ohne daß das Kind die Gelegenheit gehabt hätte, die belastenden Erlebnisse und Eindrücke zu verarbeiten. Damit aber ist der Grundstein für spätere neurotische Folgeerscheinungen gelegt.

Über die Bedeutung der sichtbaren Scheidungssymptome

Wenn wir aus diesen Gründen auch dem Anliegen der Eltern, sie bei der Symptombekämpfung zu unterstützen, nicht entsprechen können, heißt das freilich nicht, daß wir sie wieder nach Hause schicken, vielleicht noch mit dem tröstlichen Hinweis, daß das alles ganz normal sei und schon wieder werden wird. Denn wenn es auch unvermeidlich ist, daß Kinder auf die Scheidung psychisch reagieren, heißt das noch lange nicht, daß sich alles von selbst glätten wird. Im Gegenteil: Wenn wir die Eltern in dieser Situation alleinlassen, ist die Gefahr umso größer, daß sie den Kampf gegen das Leid der Kinder auf eigene Faust führen. Was können wir aber tun?

Die Symptome nicht zu bekämpfen, muß ja nicht heißen, sie zu ignorieren. Denn die Symptome der Kinder sind nicht nur der sichtbare Ausdruck ihrer normalen psychischen Reaktionen. Sie sind auch die „Sprache", über die das Kind zur Zeit verfügt, seinen seelischen Zustand auszudrücken. Wenn es uns also gelingt, diese Sprache zu verstehen, können wir erfahren, was dieses Kind gerade am meisten bedrückt. Und wenn wir wissen, was es bedrückt, können wir unter Umständen auch Ideen entwickeln, was ihm - gerade jetzt - am meisten helfen könnte. Es ist hilfreich, wenn man die unmittelbaren Reaktionen der Kinder auf die Scheidung - bzw. deren symptomatischen

Ausdruck - *als Fragen* auffaßt. Als höchst drängende, existentielle Fragen, auf die sich das Kind, häufig unbewußt, Antworten erwartet. Diese Antworten sucht es in den Äußerungen und Verhaltensweisen der Eltern. Und diese „Antworten" können es beruhigen oder seine Befürchtungen verstärken. Und genau davon wird es abhängen, ob es die Scheidung der Eltern verarbeiten kann oder ob sie zum Trauma wird, welches das Kind vielleicht sein Leben lang in der einen oder anderen Weise begleitet.

Die „Fragen", die Kinder durch ihre Scheidungsreaktionen stellen, sind sehr zahlreich. So steckt in der *Trauer* der Kinder fast stets die Frage: „Habe ich den Papa ganz und für immer verloren?" Oder auch: „Wird er für mich da sein, wenn ich ihn brauche?" Die Trauer kann sich aber auch auf die eigene Person beziehen: „Warum liebt er mich nicht so, daß er bei mir geblieben ist?" Dazu muß man sich vor Augen führen, daß Kinder (bis in die Vorpubertät hinein), die Scheidung nicht in erster Linie als eine Trennung der Eltern, sondern als eine Trennung zwischen sich und dem Elternteil, der nicht mehr zu Hause wohnt, erleben. Sehr prägnant drückte das eines Tages eine Neunjährige aus: „Ich versteh ja, daß meine Eltern nicht mehr zusammensein wollen, wo sie sich immer nur streiten. Aber warum ist der Papa ausgezogen? Er hätte ja zu mir ins Kinderzimmer ziehen können! Das ist groß genug für uns beide!" Und der neunjährige *Sascha*, dessen Eltern sich schon vor drei Jahren getrennt hatten, gestand mir in einer Therapiestunde: „Weißt du, mein Vater hat immer gesagt, daß er mich auch weiterhin liebhabe. Aber wirklich glauben konnte ich es ihm nie. Denn *ich* würde nie jemanden verlassen, den ich liebhabe." Wenngleich Kinder um das dritte Lebensjahr herum realisieren, daß die Eltern-Kind-Beziehung eine Dreiecksbeziehung ist, daß also auch zwischen den Eltern eine Liebesbeziehung besteht, haben sie doch noch sehr lange die Vorstellung, das Zentralgestirn der Familie zu sein. (Diese Vorstellung haben sie umso eher, je besser es ihnen mit den Eltern gegangen ist.) Und so beschert die Scheidung den Kindern außer der beunruhigenden Erfahrung, daß Liebe auch zu Ende gehen kann, eine weitere Desillusionierung: „Ob, wie oder wo Eltern leben, hängt davon ab, wie gut die Beziehung zwischen ihnen beiden ist. Ich, das Kind, spiele dabei gar keine Rolle. Offenbar sind ihnen ihre gegenseitigen Gefühle viel wichtiger als ihre (angebliche?) Liebe zu mir". Oder, falls zum Beispiel der Vater die Familie einer anderen Frau wegen verläßt: „Was kann ich ihm schon wert sein, wenn er mich(!) wegen einer Frau, die er erst seit kurzem kennt, verläßt, also von mir nichts mehr wissen will?"

Man erkennt, daß diese die Trauer begleitenden und speisenden Fragen in eine andere Gruppe typischer Scheidungsreaktionen übergehen: in die der *Schuldgefühle* und Gefühle des *Versagthabens*. „Bin ich schuld?“, „Was habe ich falsch gemacht?“, „War ich nicht brav genug/gescheit genug/gut genug?“, „Habe ich Papa/Mama enttäuscht?“, „Hätte ich mich mehr anstrengen müssen, sie zu versöhnen?“ usw. Das sind Fragen, die sich die Kinder immer wieder stellen. Oder auch die typische (magische) ödipale Frage der Buben[85]: „Bin ich schuld, weil ich (damals), als ich so in Mama verliebt war, mir im Geheimen gewünscht habe, der Papa möge nicht mehr da sein?“ Und auch: „Wird sich der Papa dafür an mir rächen, indem er von mir nichts mehr wissen will oder mir etwas antut, wenn ich mit ihm alleine bin?“ (Übrigens sind solche Vergeltungsängste neben den Loyalitätskonflikten ein weiterer häufiger Grund, warum Kinder die Besuche beim Vater verweigern.)

Wir können all diese Fragen, mit denen sich die Kinder ihr Hirn zermartern, als Fragen verstehen, die sie uns, den Eltern, stellen. Und zwar als Fragen, in denen - zumindest eine Zeitlang - noch Hoffnung schimmert und die geradezu den Charakter von Aufforderungen haben: „Sag mir, daß es nicht so ist, wie ich befürchte! Sag mir, daß du mich lieb hast, daß du nicht für immer verschwindest! Sag mir, daß es nicht an mir liegt!“ usw.

Schuldgefühle haben eine große Nähe zur *Wut*. Indem ich die Schuld dem anderen gebe, entlaste ich mich vom schlechten Gewissen und von narzißtischen Kränkungen. Ist dieser andere, den ich nun bekämpfe oder ablehne, aber ein Mensch, den ich zugleich liebe, etwa der Vater, zerstöre ich mit meiner Wut möglicherweise die Beziehung zu ihm. Sei es, daß ich meine eigene Liebe verliere (verdränge), sei es, daß er meine Wut nicht „überlebt“, das heißt, seine Liebe von mir abzieht und/oder sich von meiner Wut vertreiben läßt. Also nehme ich die Schuld vielleicht doch lieber auf mich... Und so pendeln Scheidungskinder immer wieder zwischen der Wut auf den einen oder anderen Elternteil und Gefühlen der Schuld und des Versagens hin und her. Daher sind auch die den aggressiven Gefühlen der Kinder eingeschriebenen Fragen jenen sehr ähnlich, die den Schuldgefühlen zugrundeliegen bzw. sie begleiten. Man könnte sie so formulieren: „Stimmt mein Eindruck, daß ich euch im Grunde genommen ganz egal bin?“ „Kann es sein, daß ihr vergessen habt, daß ihr ein Kind habt und mir gegenüber auch Verantwortung?“ Vielleicht mag es auf den

85 Zu den charakteristischen innerpsychischen Konflikten der ödipalen Periode („Ödipuskomplex“) und deren Bedeutung für das Scheidungserlebnis vgl. Bd. 1, 110ff.

ersten Blick befremden, daß aggressiven Gefühlen oder gar den ihnen entspringenden aggressiven Verhaltensweisen der Wunsch zugrundeliegen soll, Liebesbestätigungen zu erhalten. Ich möchte das mit einem Gleichnis erläutern. Es handelt sich um eine Geschichte, die mir ein Freund erzählte.

> Er hatte mit seiner Frau vereinbart, sie würden sich einen ganz besonders schönen Samstag machen, nachdem die beiden aus beruflichen Gründen in letzter Zeit recht wenig voneinander hatten. Um ca. 15 Uhr wollten sie sich nach einer Besprechung seiner Frau treffen, ein Museum besuchen, dann Kaffee trinken, einen schönen Film aussuchen und danach gemütlich Essen gehen. Kurz vor 15 Uhr rief sie an, entschuldigte sich, daß die Besprechung etwas länger als geplant dauern würde. Um 18 Uhr (jetzt waren alle Museen bereits geschlossen) kam der nächste Anruf: Die Besprechung sei zu Ende, der (sehr wichtige!) Kunde hätte jedoch zu einem kleinen Cocktail geladen, und sie könne unmöglich Nein sagen. Bei ihrem nächsten Anruf (inzwischen hatten auch schon alle interessanten Filme begonnen) war aus dem Cocktail ein Abendessen geworden. Als sie schließlich erst gegen Mitternacht nach Hause kam, kochte er vor Zorn und Enttäuschung und ließ eine Flut von Vorwürfen auf seine Frau los: Wie konnte sie so etwas tun? Sie hätten sich so auf diesen Tag gefreut! Offenbar aber war ihr das nicht so wichtig! Verpflichtung hin, Verpflichtung her, auch der Job muß seine Grenzen haben, sie hätte sich sicher mit Bedauern und höflich verabschieden können! Zählt er als Ehemann denn nichts? Wahrscheinlich aber hat es ihr sogar gefallen! Während er zu Hause wartet und wartet, genießt sie es, mit anderen - wahrscheinlich lauter Männern - auszugehen! Usw.

Nun ist ein solcher Ausbruch an sich ganz gut nachzuempfinden. Ein Ausbruch, der in Vorwürfen, die zum Gutteil Fragen sind, besteht. Aber welche Antworten erwartet sich der Freund? Was wäre, wenn seine Frau ihm antwortete: „Ja, mein Lieber, du hast ganz recht. Mir lag nicht besonders viel an unserem Samstag. Und, in der Tat, bedeuten mir der Geschäftspartner und die anderen Männer viel mehr!" Er würde wohl aus allen Wolken fallen. Obwohl er all das seiner Frau vorgeworfen hatte, glaubte er es doch nicht wirklich! Vielmehr hätte er erwartet, daß sie sagt: „Nein, Liebling, so ist es nicht! Die ganze Zeit habe ich an dich gedacht und den Kunden innerlich verdammt. Nur ging es einfach nicht...!" Die wütenden Vorwürfe sollten seine Frau natürlich auch für den verpatzten Nachmittag, für die Enttäuschung strafen. Vor allem aber hatten sie das Ziel, *mit Nein beantwortet zu werden, Entschuldigungen* und *Liebesversicherungen* zu provozieren.

Und wenn es sich mit den Scheidungskindern genauso verhielte? Wenn die Aggression, welche die Eltern zu spüren bekommen, im Grunde nur Fragen wären? Wie „antworten" aber durchschnittliche Eltern? Sagen sie „Nein, wir lieben dich und entschuldigen uns für das, was wir dir antun"? Kaum, ja ganz im Gegenteil: Sie antworten ebenfalls mit Aggression, mit Vorwürfen, Ärger, Wut, Strafen und Entzug an Zuwendung. Sie verhalten sich gerade so, als würden sie sagen: „Ja, du hast recht, du bist bloß ein Ärgernis!"

Verstehen, Beruhigung durch Erfahrung und symbolische Kommunikation

Ich denke, es läßt sich jetzt näher bestimmen, wie es gehen kann, daß das durch die Scheidung schwer erschütterte Gleichgewicht sich wieder herstellt; was es konkret heißt, wenn wir davon reden, daß die Eltern ihren Kindern „Raum" für ihre Gefühle geben müssen, daß sie diese Gefühle, ihre Aggressionen eingeschlossen, „annehmen" müssen, daß es darum geht, ihre „Fragen zu beantworten" usw. Und wir sehen, welche wichtige Aufgabe der pädagogischen Beratung in dieser Situation zukommt:

- Den Eltern helfen, die *„Symptomsprache" der Kinder zu verstehen.* Das heißt, zu verstehen, was im Kind vor sich geht, mit welchen Gefühlen, Problemen, „Fragen" es sich gerade herumquält.
- Den Eltern helfen, auf die Fragen, die das Kind durch seine Gefühle bzw. seine Symptome ausdrückt, jene *„Antworten" zu finden,* die es beruhigen können.
- So wie das Kind seine „Fragen" zumeist nicht verbal äußert, geht es auch bei den „Antworten" der Eltern nicht in erster Linie um sprachliche Erklärungen und Versicherungen. Antworten wie: „Ich hab dich lieb", „Ich werde dich nicht vergessen", „Du hast recht, wenn du wütend bist", „Es war nicht deine Schuld" etc., müssen vom Kind *erlebt* werden. Denn so lange das Kind seine Gefühle primär durch Agieren bzw. durch Symptome ausdrückt, sind verbale Äußerungen der Eltern wie Antworten in einer Fremdsprache und dringen gar nicht oder nur schwer bis zu den Gefühlen vor. Dazu kommt, daß viele Kinder infolge ausweichender, hinhaltender oder falscher Auskünfte im Umfeld der Scheidung viel vom Vertrauen in das, was die Eltern *sagen,* verloren haben.

- Dennoch spielt die *Sprache* oder richtiger: *die Symbolisierung von Gefühlen und inneren Vorgängen* bei der Bewältigung der traumatischen Eindrücke, welche das Scheidungserlebnis bei den Kindern hinterläßt bzw. auslöst, eine wichtige Rolle. (Nicht umsonst steht die Symbolisierung innerer Vorgänge ja auch im Zentrum aller psychotherapeutischen Bemühungen.) Die Symbolisierung - damit ist eben nicht nur die Verbalisierung, sondern auch die Darstellung der inneren Welt durch Spielen, Zeichnen oder Phantasie gemeint - hilft, das Ungreifbare, diffus Bedrohliche und Flüchtige der Gefühle und Affekte zu fixieren, anschaubar zu machen, was es dem Kind möglich macht, damit umzugehen, Lösungen zu suchen, Alternativen auszuprobieren, Gefährliches zurückzunehmen. Symbolisches Handeln hat keine oder jedenfalls viel weitere Grenzen, weil es im Vergleich zum (realen) Agieren keine irreversiblen Konsequenzen zeitigt. Schließlich erleichtert das Kind, das symbolisiert, auch seinen Eltern oder Helfern ein differenzierteres Verständnis und ein differenzierteres Eingehen auf seine Probleme, als dies durch eine Kommunikation über Symptome und Agieren möglich ist.

Verstehen, Beruhigung durch Erfahrung und Befähigung zur (symbolischen) Kommunikation - das sind die Hauptaufgaben, die sich im Zusammenhang mit den unmittelbaren Scheidungsreaktionen und den ihnen entsprechenden Symptomen stellen. Unser Ziel ist also nicht die Beseitigung der Symptome um jeden Preis, sondern die seelische Beruhigung des Kindes. Gelingt diese Beruhigung, werden sich sukzessive auch die Symptome legen. Andernfalls besteht die Gefahr bloß äußerlicher Anpassungen, die nur auf Kosten von Verdrängungsprozessen gelingen, wodurch die (ins Unbewußte verbannten) Eindrücke, Gefühle, Phantasien, Zweifel und Schlußfolgerungen jedem Zugriff von (korrigierenden und entlastenden) Erfahrungen entzogen bleiben und auf diese Weise zu einer neurotischen Hypothek fürs Leben werden können[86]. Unsere Hilfe ist also an der langfristigen psychischen Entwicklung der Kinder orientiert. Wie groß der Unterschied zu einem Konzept ist, das lediglich die Beseitigung von Symptomen im Auge hat, zeigt sich deutlich an jenen schon erwähnten Kindern, die *keine Symptome* zeigen. Meinen wir es nämlich damit ernst, daß es in erster Linie um die langfristige seelische Entwicklung geht, bedeutet das auch, daß wir angesichts von Kindern, denen, wie Eltern

86 Zur Art und Weise, wie infantile Verdrängungen im späteren Leben zu neurotischen Belastungen werden können, vgl. Bd 1, Exkurs S. 129ff.

oft versichern, „die Scheidung gar nichts ausgemacht hat“, besonders alarmiert sein müssen (vgl. S. 18). Dem Dreigespann Verstehen - Beruhigung - Kommunikation ist dann eine vierte Aufgabe voranzustellen: *der Sichtbarmachung der inneren Scheidungsreaktionen.* Man kann sich leicht vorstellen, daß diese Aufgabe sich in der Praxis als besonders schwierig herausstellt: fehlt doch den Eltern solcher Kinder - sofern sie überhaupt eine Beratung aufsuchen - zumeist die Motivation, über die Kinder bzw. deren Probleme zu sprechen[87].

2.4 Zielsetzungen für das Leben in geschiedenen Verhältnissen

Ging es beim Umgang mit den unmittelbaren Scheidungsreaktionen darum zu verhindern, daß in den Wochen und Monaten, die der Scheidung folgen, die psychische Struktur auseinanderfällt, sodaß das seelische Gleichgewicht vom kindlichen Ich nur durch die Verdrängung großer Teile der überschwemmenden Eindrücke Affekte, Gefühle, Gedanken wiederhergestellt werden kann, wollen wir uns in diesem Abschnitt mit den anderen Variablen des Nach-Scheidungs-Schicksals beschäftigen. Was müßte alles geschehen, um die Chance einer *glückenden Scheidung* offenzuhalten? Für die professionelle Arbeit mit Scheidungskindern bzw. ihren Familien erleichtert uns der Blick auf diese Details, der Komplexität psychodynamischer Zusammenhänge gerecht zu werden, indem wir erstens besser erkennen können, wo das Problem der je besonderen Familie liegen könnte und zweitens nicht so leicht der Gefahr erliegen, uns zufriedenzugeben, wenn uns die Erreichung eines Ziels gelungen ist, das tatsächlich jedoch *noch keine hinreichende Bedingung* für die Optimierung der kindlichen Entwicklungschancen darstellt. Ein Beispiel: Wenn wir Eltern helfen konnten, eine einvernehmliche Umgangs- und Besuchsregelung zu finden, ist uns natürlich etwas ganz Wichtiges gelungen.

87 Zu den *Methoden* der Elternarbeit s. Kap. 4. Zur diagnostischen Frage, wie man eine Symptomfreiheit *durch Anpassung* von einer Symptomfreiheit *durch Bewältigung* der Scheidung unterscheiden kann, s. Kap. 3.

Daß das Kind seinen Vater sehen darf, reicht hingegen höchstens aus, um die schlimmsten Entwicklungsfolgen der Scheidung abzuwenden.

Zur Sicherung der Beziehung zum Vater

Unter „Sicherung der Beziehung" meine ich zweierlei: die Sicherung der Möglichkeit, daß das Kind weiterhin einen kontinuierlichen realen *Kontakt mit* seinem Vater hat bzw., falls dieser abgebrochen sein sollte, ihn wieder herzustellen. Und zweitens meine ich damit, daß der Kontakt eine Beziehung gewährleistet, in welcher der Vater - trotz der räumlichen Trennung - dem Kind *weiterhin als Liebes- und Identifizierungsobjekt zur Verfügung steht.*

Die allererste Voraussetzung ist natürlich, daß beide, Mutter wie Vater, bereit sind, diese Beziehung zuzulassen. Da dieses Vorhaben meistens auf massive emotionale Widerstände stößt[88], bedarf es eines mächtigen Anreizes. Diesen finden wir in der Liebe und Verantwortung gegenüber dem Kind. Da diese potentielle Gegenkraft jedoch oft von der „Gegenseite" okkupiert ist, das heißt, die Verhinderung des Kontaktes (durch die Mutter) oder der Abbruch des Kontakts (durch den Vater) mit dem „Wohl des Kindes" rationalisiert wird, gilt es, die Eltern zur *Einsicht in die hervorragende Bedeutung der Vaterbeziehung* zu bringen. Das führt dann immerhin dazu, daß aus der Überzeugung, das Kind brauche keinen Vater, ein Konflikt wird.

Eine starke Waffe der Rationalisierungstendenz, der Vater schade dem Kind, bilden die so häufigen Schwierigkeiten und psychischen Irritationen des Kindes im Zusammenhang mit den Besuchen. Hier ist ganz wichtige psychologische Informationsarbeit zu leisten[89]: über die Angst der Kinder, die Mutter zu verlieren, wenn sie zum Vater gehen; den Vater zu verlieren, wenn sie zur Mutter zurückkehren; über die Loyalitätskonflikte, die das Kind befürchten lassen, die Mama zu verletzten, wenn es sich auf den Papa freut; über die Schwierigkeit kleiner Kinder (etwa bis zum dritten Lebensjahr), mehr als eine Beziehung zur gleichen Zeit libidinös besetzt zu halten, was dazu führt, daß die jeweils dritte Person (also z.B. der Vater, der das Kind abholen kommt) als Fremder, und der Wechsel von der Mutter zum Vater als Objektverlust erlebt wird; über die Schuldgefühle der Kinder, die die Angst nach sich ziehen, vom Vater zurückgewiesen oder bestraft zu werden; aber auch ihre Tendenz, sich

88 Vgl. oben S. 32ff.
89 Vgl. dazu auch Bd. 1, S 158ff.

mit der Mutter zu identifizieren, ihre Wut auf den Vater zu richten und diesen mit der Weigerung, ihn sehen zu wollen, zu bestrafen. Man könnte auch diese Haltungen und Reaktionen der Kinder als „Fragen" auffassen. Die Antwort: „Es ist nicht so, wie du glaubst", kann jedoch beim Kind nur Wirkung erzielen, wenn es auch die (korrigierende) Erfahrung macht, daß seine Befürchtungen nicht zutreffen, daß es auf den Vater bzw. auf die Liebe zu ihm nicht verzichten muß. Ebenso müssen die Eltern, besonders die Mutter, darauf aufmerksam gemacht werden, daß die Irritationen *nach* den Besuchen beim Vater in den allermeisten Fällen nicht daher rühren, daß es dem Kind dort schlecht erginge oder es vom Vater gegen die Mutter aufgehetzt würde, sondern dem Schmerz über die (neuerliche) Trennung vom Vater entspringen. Ein Schmerz, der sich nicht nur auf die Trennung nach diesem einen Wochenende bezieht, sondern auf die Trennung durch die Scheidung der Eltern, die dem Kind mit jedem Besuch ins Bewußtsein zurückgerufen wird. Und wir müssen sie darauf aufmerksam machen, daß diese Konfrontation mit dem schmerzlichen Erlebnis einen wichtigen Teil seiner Verarbeitung ausmacht.

Gerichtliche Regelungen des Besuchs- und Umgangsrechtes sehen zumeist einen *festen Rahmen* vor - üblich ist etwa jedes zweite Wochenende plus Urlaubszeit, eventuell noch ein Tag zwischen den Besuchswochenenden. Solche Regelungen kommen vielen Eltern entgegen, eine nicht geringe Anzahl jedoch zieht eine flexible Gestaltung vor: Immer wieder kommt es vor, daß der Besuch beim Vater gerade am vorgesehenen Wochenende nicht recht ist; daß das Kind zu einer Geburtstagsfeier eingeladen ist; oder dem Vater aus beruflichen Gründen feste Besuchstermine unbequem sind. Auch finden manche Eltern - oft gerade jene, die eine gute Beziehung des Kindes zu beiden Eltern bejahen - daß feste Besuchszeiten unnatürlich seien und daher spontanen Kontakten den Vorzug geben. Der Verzicht auf einen festen Rahmen hat aber erhebliche Nachteile: Die Wahrscheinlichkeit von Interessenskollisionen zwischen den geschiedenen Eltern nimmt zu; dadurch, daß es in großem Ausmaß auch vom Kind abhängt, ob es den Vater sehen will - was aber heißt, heute die Mutter nicht sehen zu wollen -, verschärfen sich seine Loyalitätskonflikte: Welche Entscheidung das Kind auch trifft, Vater oder Mutter bleiben enttäuscht und gekränkt zurück, was Eifersucht fördert und sowohl die Beziehung zum Ex-Partner als auch die zum Kind aggressiv belastet; das Kind kann sich nicht auf die Besuche einstellen - wenn es sich auf den Papa freut, ist er vielleicht verhindert, wenn es etwas anderes vorhat, ist er plötzlich da. Tatsächlich ist es so, daß der feste Besuchsrahmen den Bedingungen vor der Scheidung viel näher kommt: Über die Frage, bei wem das Kind wann ist, bedarf es keiner Diskussion, und vor allem: Das Kind kennt sich aus, es weiß, wann es mit seinem Papa rechnen kann.

Innerhalb des festen Rahmens ist eine *flexible Gestaltung* der Kontakte allerdings wünschenswert. Zwar mag es auch dann vorkommen, daß das Kind enttäuscht ist, wenn z.B. der Vater gerade dann keine Zeit hat, wenn es etwas mit ihm unternehmen möchte. Aber das ist eine Enttäuschung, die im wesentlichen auf den konkreten Anlaß beschränkt bleibt (um die auch Kinder, deren Väter zu Hause leben, nicht herumkommen) und sich nicht sofort auf den Vater als Person oder auf die ganze Beziehung erstreckt. Denn diese ist durch den Rahmen gesichert, wodurch die einzelne Enttäuschung nicht gleich die Angst auslöst, den Vater ganz zu verlieren.

Man könnte gegen feste Rahmenregelungen einwenden, daß diese auch den Handlungsspielraum des Kindes einschränken, etwa dann, wenn das Kind an diesem Wochenende etwas Bestimmtes unternehmen möchte oder eingeladen ist. Nun entscheidet sich gerade an diesem Beispiel, ob der Vater lediglich jemand ist, den man, wie etwa die Großeltern, von Zeit zu Zeit *besucht* oder ob er wirklich ein *Eltern*teil ist. Als jemand, den das Kind nur besucht, tritt er natürlich in Konkurrenz zu anderen Unternehmungen. Als vollwertiger Elternteil wäre der Vater jedoch an diesem Wochenende derjenige, der die Verantwortung trägt und demgemäß zu entscheiden hätte, was das Kind tut und darf: Das Kind wird sich mit seinen Wünschen für dieses Wochenende nicht an die Mutter zu richten haben (die dann den Botschafter beim Vater spielt), sondern an den Vater. Und wenn es darum geht, es irgendwohin zu bringen, wird dies der Vater tun. Wie das Kind und der Vater ihre Zeit, ihre Beziehung gestalten, muß zwischen ihnen ausgehandelt werden. Lediglich bei Jugendlichen ist es unangebracht, einen festen Rahmen *gegen* ihre Wünsche durchsetzen zu wollen. Beim Jugendlichen muß der Gesamtbereich der Beziehung, also einschließlich der räumlichen und zeitlichen Rahmenbedingungen, zwischen Kind und Vater ausgehandelt werden.

Zur Sicherung der Beziehung zum Vater gehören nicht nur die äußeren, organisatorischen Regelungen. Dem Kind muß geholfen werden, *das Gefühl, einen Vater zu haben, auch zwischen den Besuchszeiten aufrechterhalten zu können.* Kleinere Kinder können sich unter „zwei Wochen" nichts vorstellen. Vielleicht fragen sie zu Anfang noch jeden Tag, wann der Papa kommt, alsbald aber werden sie, angesichts so vieler abschlägiger Antworten, den Gedanken an ihn suspendieren. Somit aber wird jeder Abschied zu einer wirklichen Trennung und jeder Besuch zu einer unvorhergesehenen Begegnung mit einem, inzwischen schon ein Stück fremd gewordenen Menschen, was das Loslassen der Mutter erschwert, bei der Mutter den Impuls auslöst, ihr Kind nicht „auszuliefern“ und für den Vater eine schwere Kränkung bedeutet. Das Anlegen von „Papa-Kalendern“ kann es dem kleinen Kind erleichtern, sich zurechtzufinden, wann *Papa-* und wann die *Mama-Tage* sind, es gewinnt ein Gefühl für Zeitintervalle, auch ein Stück Kontrolle über die Zeit, und es erlebt sich im Hinblick auf die Kontakte mit dem Vater weniger den Plänen der Erwachsenen ausgeliefert.

Mit dem Kalender hängt aber auch ein „Stück Vater“ an der Wand, was ihn - wenigstens symbolisch - im Alltag präsent sein läßt. Für dieses symbolische Präsent-Halten haben Mütter viele Möglichkeiten: Photos, von ihm zu reden, oder die Väter in Geschichten, Bilderbüchern, Spielen nicht auszulassen.

Corinna war eineinhalb Jahre alt, als sich ihre Eltern trennten. Der Vater übersiedelte ins Ausland und konnte seine Tochter im Durchschnitt nur alle zwei Monate ein bis zwei Nachmittage sehen. Entwicklungspsychologisch gesehen läge die Annahme nahe, daß diese Intervalle für ein so kleines Kind zu groß und die Zeit des Zusammenseins zu kurz seien, um sein stabiles und gutes inneres Bild vom Vater zu entwickeln bzw. aufrechtzuerhalten. Heute ist *Corinna* knapp fünf Jahre alt, liebt ihren Papa - der sie nach wie vor nicht öfter besuchen kann - heiß, spricht stolz von ihm, freut sich auf die Besuche, fällt ihm um den Hals, wenn er zur Tür hereinkommt und geht ohne jedes Bedenken mit ihm mit, obwohl sie sich sonst sehr schwer von der Mama trennt. Der Grund für dieses Phänomen liegt darin, daß *die Mutter* für diese innige Beziehung *sorgte:* In *Corinnas* Zimmer gab es ein Photo vom Papa und auch den erwähnten „Papa-Kalender“. Darüber hinaus bürgerte sich zwischen *Corinna* und ihrer Mama ein, Namen als Synonyme für Größenverhältnisse und Farben zu verwenden: „Papi“ für *groß,* „Mami“ für *mittel* und „Baby:“ für *klein;* „Papi-Farbe“ für *blau,* „Mami-Farbe“ für *rot,* „Baby-Farbe“ für *rosa,* „Wauwau-Farbe“ für schwarz - entsprechend den Lieblingsfarben der Personen bzw. der Farbe des Familienhundes. Als *Corinna* mit ihren ersten Gemälden begann, wurde sie von der Mutter gefragt, für wen das Bild sei und, wenn nötig, schlug sie ihr vor, auch eines für den Papa zu machen und es ihm beim nächsten Besuch zu schenken. Wenn sie einem Mann begegneten, der einen Bart trug, sagte die Mutter: „Schau, der hat einen Bart wie der Papa!“, usw.

Natürlich setzt das voraus, daß die Mutter die innere Nähe des Kindes zu seinem Vater wirklich wünscht und selbst keine allzu großen Probleme hat, an den Vater auch freundlich zu denken. Ist das der Fall, können Mütter (auch bei sehr kleinen Kindern) viel zum Gefühl, Mutter *und* Vater zu haben, beitragen - selbst bei ungünstigen äußeren Rahmenbedingungen.

Diese symbolische Einbindung des Vaters ist aber auch bei älteren Kindern von Wichtigkeit. Während bei den kleinen Kindern das Bild des Vaters aufgrund ihres kognitiven Entwicklungsstandes verblaßt, wenn seine Abwesenheit zu lange währt, droht dieses Verblassen bei den älteren Kindern als Folge unbewußter Abwehr. Die Abwehr kann verschiedene Aspekte des Vaterbildes betreffen: seine Wichtigkeit für das Kind; das Gefühl des Besitzes, das heißt, aus „*mein* Vater" wird „*der* Vater"; das Gefühl, vom Vater geliebt zu werden, seine Hochschätzung u.a.m. An die Stelle dieser, durch Verdrängung beseitigten Eigenschaften treten dann Phantasien und Projektionen, die aus dem Kind selbst oder aus Identifizierungen mit der Mutter stammen können. Etwa: „Ich brauche ihn nicht", „Er ist eher lästig", „Ich hab mit meiner Mama alles, was ich brauche", „Er liebt alle anderen mehr als mich", „Er ist böse", „Er ist schwach, schlecht" usw. Wir sind auf diese Art der Abwertung des Vater schon einmal gestoßen: als Abwehrreaktion gegen die unerträglichen Loyalitätskonflikte. Dasselbe aber kann auch passieren, wenn die reale Verfügbarkeit des Vaters zu weit hinter den diesbezüglichen Bedürfnissen des Kindes zurückbleibt, und die Beziehung zum geliebten, gebrauchten, geschätzten Vater daher auch Quelle andauernder Enttäuschungen wird. Das symbolische Präsent-Halten, das solche Abwehr erschwert, hält zwar eine Zeitlang auch das Unglück des Kindes bewußt präsent, allmählich jedoch kann es sich auf die neue Situation einstellen; lernt, die Trennung durch Denken - z.B. durch schöne Erinnerungen und erfreuliche Pläne für das nächste Treffen - zu überbrücken; vermag Enttäuschungen und Unsicherheiten symbolisch - durch Reden, Spielen, Lektüre, Zeichnen - zu verarbeiten oder schafft sich die Möglichkeit, von sich aus Kontakt aufzunehmen.

Zur Sicherung der Vater-Kind-Beziehung gehört auch, Vorsorge zu treffen, daß sich *der Vater* nicht eines Tages oder ganz allmählich aus der Beziehung zurückzieht. Die enormen Belastungen, unter welchen geschiedene Mütter, nicht zuletzt aufgrund der schlechten sozialen Stellung der Frau, stehen, führen dazu, daß die Mütter oft als die Leidtragenden der Scheidung, die

Väter jedoch als Gewinner gesehen werden, die Unabhängigkeit gewonnen haben und Verantwortung für Frau und Kinder losgeworden sind. Meiner Erfahrung nach ist das jedoch eine unzulässige Verallgemeinerung. Die psychischen Nöte geschiedener Besuchsväter sind oft enorm. Und es sind - wie schon einmal erwähnt - nicht zuletzt diese Nöte, die dazu führen, alle Brücken zu den Kinder abzubrechen[90].

In diesem Zusammenhang bestehen die wichtigsten Ziele professioneller Hilfe darin

- den Vater in *seinem* Trennungsschmerz und seiner narzißtischen Kränkung - angesichts der Trennung und/oder seiner realen Machtlosigkeit, was seine Kinder betrifft - zu entlasten und zu stützen;
- sich seiner Angst, die Kinder bzw. ihre Liebe zu verlieren, anzunehmen; sei es, ihm die Irrationalität dieser Befürchtungen vor Augen zu halten, sei es - falls die Angst berechtigt erscheint - ihm zu helfen, einen Beitrag zur Entspannung der Beziehung zu seiner Ex-Frau zu leisten und auf diese Weise dieser Gefahr vorzubeugen;
- ihm beim Neuaufbau seiner Beziehung zum Kind zu helfen: Denn die (äußeren) Bedingungen der Vater-Kind-Beziehung nach der Scheidung unterscheiden sich von jenen vor der Scheidung weit mehr, als dies bei der Mutter-Kind-Beziehung der Fall ist. Je mehr Befriedigung und Freude der Vater aus dem Zusammensein mit seinem Kind ziehen kann, desto wichtiger werden ihm diese Treffen sein[91].

Zur Minimierung von Loyalitätskonflikten

Gelingt es den Eltern, die Beziehung zwischen Kind und Vater durch einen festen Rahmen abzusichern und im Alltag für das Kind symbolisch präsent zu halten, haben sie auch einen ganz wesentlichen Beitrag für die Reduzierung der kindlichen Loyalitätskonflikte geleistet. Vermitteln sie doch auf diese Weise dem Kind: „Du darfst beide, Mama und Papa, liebhaben!“

Eine regelmäßige Quelle von Loyalitätskonflikten stammt jedoch gar nicht aus der schwierigen Beziehungskonstellation, die sich nach der Scheidung ergibt, sondern aus der Version, die sich das Kind über die *Gründe der Scheidung* gebildet hat. Es geht um die Frage: Wer ist schuld? Die meisten

90 S. oben S. 36, sowie die ausführlichere Darstellung in Bd. 1, 172ff.
91 Zur Schwierigkeit der Besuchssituation und -gestaltung s. Bd. 1, 178ff.

Kinder sehen sich vor die Tatsache gestellt, daß die Antworten, welche Vater und Mutter auf diese Frage geben, sich nicht nur unterscheiden, sondern diametral entgegengesetzt sind. Das aber stellt das Kind, das beide Eltern liebt, an sie glaubt; die es gelehrt haben, sie als moralische Instanz, also als Repräsentanten von Ehrlichkeit und Wahrheitsleibe anzuerkennen, vor ein schier unlösbares Problem: Einer von beiden *muß* lügen! Nicht selten richtet das Kind sein Urteil nach demjenigen, mit dem es gerade zusammen ist. Was nicht nur dazu führt, daß sich das Kind nicht auskennt, von Zweifeln geplagt wird, sondern auch permanent an Schuldgefühlen gegenüber dem jeweils anderen leidet, den es gerade „verraten" hat. Ringt sich das Kind doch zu einem endgültigen Urteil durch, erhöht sich natürlich die Ambivalenz der Objektbeziehung zum „schuldigen" Elternteil. Siegt hingegen die Liebe, lehnt es also den „Schuldigen" nicht ab, fühlt es sich abermals als Verräter, manchmal verbunden mit der Selbstanklage, so schwach zu sein, den Menschen, der der Mama/dem Papa so viel Böses angetan hat, immer noch zu lieben, ja lieben zu müssen. Schließlich bleibt dem Kind in diesem Dilemma noch die „Möglichkeit", sich selbst die Schuld zu geben oder zu dem Schluß zu kommen, daß beide nicht die Wahrheit sagen, was einen gravierenden Vertrauensentzug bedeutet und - wie bereits ausgeführt (S. 42) - eine Delibidinisierung der primären Objektbeziehungen einleiten kann.

Ein wichtiges Ziel professioneller Hilfe muß es daher sein, die Eltern für eine *gemeinsame Version* über die Gründe der Scheidung zu gewinnen. Besonders günstig ist es natürlich, wenn sich Eltern schon vor der Scheidung entschließen, sich beraten zu lassen, wie sie „es" den Kindern am besten erklären sollen. Aber wann immer wir zur Hilfe gebeten werden, selbst wenn die Scheidung schon jahrelang zurückliegt, müssen wir uns um die Schuldversion des Kindes kümmern. Denn die Frage der Schuld (und die aus ihr resultierenden inneren Konflikte) werden es - und sei es auch nur unbewußt - so lange beschäftigen, so lange die Beziehung zu seinem Vater für das Kind Bedeutung hat.

Alle Maßnahmen, die zum Ziel haben, die Loyalitätskonflikte des Kindes zu verringern, setzen ein Mindestmaß an verbliebenem Vertrauen und Kooperationsbereitschaft zwischen den geschiedenen Eltern voraus. Da dieses aber oft genug nicht gegeben ist, werden wir einen beträchtlichen Teil unserer Bemühungen auf das Ziel richten müssen, die Eltern zu jenem Mindestmaß an Kooperation (wieder) zu befähigen[92].

Zur Aufrechterhaltung entlastender Triangulierungsmöglichkeiten

Die Reihenfolge der in diesen Kapitel formulierten Zielsetzungen professioneller Hilfe für Scheidungskinder ist nicht willkürlich gewählt. Denn all das, was man im Hinblick auf die Sicherung der Beziehung zum Vater, über den äußeren Besuchsrahmen, die symbolische Alltagspräsenz des Vaters und die Minderung der Loyalitätskonflikte versuchen sollte zu unternehmen, erhöht auch die Chance, den Vater als Triangulierungsobjekt zu erhalten. Diese Funktion des Vaters ist im Hinblick auf die grundsätzliche Fähigkeit des Kindes zu triangulierten Objektbeziehungen[93] wichtig; darüber hinaus kann sie die zwangsläufig überaus enge Beziehung des Kindes zur Mutter entlasten, führt doch gerade diese Enge notwendigerweise zu massiven äußeren wie inneren Konflikten.

Es versteht sich von selbst, daß der Vater als Triangulierungsobjekt vom Kind noch besser genutzt werden kann, wenn er im Alltag auch ein Stück *real, also körperlich präsent ist* und am Alltag des Kindes auch Anteil nehmen kann. Bleibt nämlich die Alltagspräsenz weitgehend auf die symbolische Präsenz beschränkt, kann zweierlei eintreten: Das Bild vom Vater - wenn seine positiven Aspekte nicht abgelehnt werden müssen (s.o.) - erhält eine idealisierende Überhöhung, zweitens verliert auch der Vater den realen Bezug zum Kind. Zwar mag die Idealisierung durch das Kind für manche Väter eine Zeitlang ganz schmeichelhaft sein und die Ängste, das Kind zu verlieren, besänftigen. Gestaltet sich die Vater-Kind-Beziehung jedoch zu einer Art Enklave, in welcher nur Zweisamkeit zählt, die „banalen" Dinge des Alltags, wie Schule, Freunde, Interessen, aber auch Regeln „draußen" bleiben, verliert der Vater im Grunde seine Väterlichkeit, wird aus der Kind-Vater-Beziehung eine (vielleicht zu) intime folie à deux. In diesen geschützten Raum (der vor allem den Vater schützt) kann nun aber das Kind auch seine ganz normalen, simplen Sorgen nicht einbringen, weshalb ihm diese Art von Intimität auch nicht weiterhilft. *Tommy,* elf Jahre alt, erzählte mir seufzend, wie er und sein Vater

---

92 Vgl. Kapitel 4 und 5

93 Unter „triangulierten Objektbeziehungen" versteht die Psychoanalyse dreierlei: die Fähigkeit der Kinder, *mehr als eine* affektiv bedeutsame Beziehung aufrechtzuerhalten; die daraus resultierende Fähigkeit, zwischen (mindestens) zwei Beziehungen *hin- und herpendeln* zu können; und drittens die Fähigkeit, zeitweise aus der gegenseitigen Beziehung der beiden Liebesobjekte *ausgeschlossen* zu werden, ohne gleich das Gefühl des Verlustes zu erleben. Erst dadurch eröffnet sich für das Kind die autonome Selbstbeschäftigung als attraktive Alternative zur Zweisamkeit.

Stunden des Besuchswochenendes damit verbringen, Lego-Burgen zu bauen, nachdem sie dieses Spiel vor drei Jahren für sich entdeckt hatten. Nur interessieren die Lego-Burgen Tommy inzwischen nicht mehr, er traut sich aber nicht, das dem Vater, der ihn jedesmal mit neuen Baukastenergänzungen „überrascht", zu sagen. Und ein Vater, der seine ebenfalls elfjährige Tochter nur einmal im Monat sehen darf, klagte mir seine Not, nicht so recht zu wissen, worüber er sich mit ihr unterhalten soll: „Ich habe ja keine Ahnung, was sie eigentlich beschäftigt. Im Grunde ist sie mir ein fremdes Kind geworden, wir tun aber beide so, als wären wir die allerengsten Freunde."

Es versteht sich von selbst, daß der realen Einbeziehung des Vaters in den Alltag des Kindes nach der Trennung der Eltern Grenzen gesetzt sind. Aber einiges mehr, als in den meisten Scheidungsfamilien heute üblich ist, ließe sich - zumindest grundsätzlich - schon machen: Der Vater könnte sein *Interesse* daran, wie es dem Kind geht, was es tut, im Rahmen von Telefongesprächen mit der Mutter kundtun. (Das würden übrigens viele Mütter sogar begrüßen, weil sie selbst sich in ihren Alltagssorgen mit dem Kind ein wenig entlasten könnten. Auf diese Weise wird der Vater auch für die Mutter zu einem Triangulierungsobjekt, was wiederum Spannung aus der Mutter-Kind-Beziehung nehmen kann.) Hin und wieder lassen sich auch zwischen den vereinbarten Terminen *kurzfristige Treffen* arrangieren, und sei es nur, daß der Vater bei der Schule vorbeischaut und das Kind auf dem Heimweg begleitet, hin und wieder einen Kinobesuch einschiebt usw. Günstig wäre freilich, wenn die Besuche beim Vater *nicht ausschließlich an Wochenenden* stattfinden müßten, sodaß der Vater nicht umhin kann, sich hin und wieder *auch* um die Schulsachen, um Fernsehverbot und pünktliches Schlafengehen zu kümmern. Und nur ganz selten geschieht es, daß sich Väter auch anbieten (bzw. von den Müttern ersucht werden), mit dem Kind einen dringenden Einkauf zu erledigen, zum Zahnarzt zu gehen oder am Schulsprechtag mit den Lehrern zu reden. Ich konnte die Erfahrung machen, daß Väter, die sich anfangs ein wenig gegen solche „Pflichten" sträubten, weil sie den Zeitaufwand scheuten, aber auch weil sie Angst hatten, dadurch die Rolle dessen aufzugeben, bei dem das Kind alles darf und nichts Unangenehmes tun muß, schließlich über diese neue Rolle *als Verantwortung tragender Vater* sehr glücklich waren. Denn nur diese Rolle schützt sie vor der Regression gegenüber dem eigenen Kind: aus lauter Sorge vor Liebesverlust ängstlich darum bemüht zu sein, dem Kind nur ja alles recht zu machen. Eine solche Regression ist aber nicht nur für das Kind, das einen Vater und nicht einen unterwürfigen Animateur benötigt, verhängnisvoll, sondern letzten Endes auch für den Vater frustrierend und demütigend[94].

Eine Art Zwischenstellung zwischen symbolischer und realer Alltagspräsenz des Vaters nimmt seine *Erreichbarkeit* ein: Hat das Kind die Möglichkeit, den Vater zu erreichen, wenn es möchte, wenn es ihn braucht? Und vor allem: Ist sich das Kind dieser Möglichkeit auch bewußt, kann es sie nutzen, ohne eine Hemmschwelle überwinden zu müssen? Die Erreichbarkeit kann natürlich auch angeboten werden, indem z.B. der Vater das Kind anruft. Von seiten der Berater wäre aber darauf zu achten, daß diese Anrufe tatsächlich dem Kind zugutekommen und nicht in erster Linie der Bedürfnisbefriedigung des Vaters dienen. Oder genauer gesagt: Wenn der Vater sein natürliches Kontaktbedürfnis durch Anrufe befriedigt und damit sein Interesse auch dem Kind vermittelt, ist nichts dagegen einzuwenden. Problematisch ist lediglich, wenn er auf diese Weise (vor allem) seinen Trennungsschmerz besänftigen will und beim Kind Trost sucht. Zu fragen: „Wie geht es dir? Hast du Lust, nächstes Wochenende das oder das zu machen?“ ist in Ordnung; zu sagen: „Du gehst mir so ab, ich bin ganz traurig, daß wir uns so wenig sehen!“ ist schlecht. Solche Anrufe holen das Kind aus seiner augenblicklichen Beschäftigung, möglicherweise aus seiner augenblicklichen Zufriedenheit heraus, aktivieren seinen Trennungsschmerz, wo es nicht nötig wäre und brmgen es in die Rolle eines Fürsorgers und Therapeuten des Vaters, die sie jedoch faktisch nicht erfüllen können. Ich habe viele Kinder kennengelernt, die ganz massiv unter der (hilflosen) Vorstellung leiden, ihren Vätern ginge es ohne sie sehr schlecht, die Angst um den Vater hatten und daher auch nicht darauf vertrauen können, daß die Verhältnisse so, wie sie gerade sind, auch gutgehen können.

Es versteht sich von selbst, daß die Verfügbarkeit des Vaters sich nicht erzwingen läßt. In dem Maße, in dem diese Verfügbarkeit nicht gegeben ist, erlangen andere Bezugspersonen des Kindes enorme entwicklungspsychologische Bedeutung, so sie in der Lage und bereit sind, Funktionen des ganz oder teilweise fehlenden Vaters zu übernehmen.

Die Initiative, solche Beziehungen zu ermöglichen, wird im allgemeinen von der Mutter ausgehen müssen. Aber wir können ihr vor Augen führen, daß sie damit dem Kind und sich selbst etwas Gutes tut. Freilich kommt es

94 Vgl. dazu Bd. 1, 172ff.

nicht allein darauf an, daß diese Person vom Kind gemocht wird (was natürlich Voraussetzung ist) und jene das Kind mag (ebenfalls eine Voraussetzung). Es sollte erstens eine Person sein, mit der auch die Mutter eine gute Beziehung hat, sodaß das Kind (wieder) Gelegenheit bekommt, Dreierbeziehungen zu erleben. Im Hinblick auf die Fähigkeit zu triangulierten Objektbeziehungen sind solche Bezugspersonen nicht nur als Objekt einer zweiten, nichtmütterlichen Beziehung wichtig, sondern auch dadurch, daß die Mutter auf ein drittes Objekt angewiesen ist, um das Kind zeitweise ausschließen zu können[95]. Wobei sich die Mutter nicht dadurch irritieren lassen darf, wenn das Kind gegen eine solche zeitweise Okkupation *seines* Babysitters, *seiner* Tante/*seines* Onkels durch die Mutter (und umgekehrt) protestiert - was es voraussichtlich tun wird. Zweitens wäre es natürlich wünschenswert, wenn diese Person ein Mann wäre, oder - falls es mehrere solcher „Freunde" des Kindes gibt - sich unter ihnen wenigstens ein Mann befände. Auch Großväter können diese Rolle einnehmen, sofern sie nicht zu alt sind und vom Kind nicht nur als „lieber Opa" sondern eben auch als Mann wahrgenommen werden können.

Schwierig wird die Sache bei jenen Müttern, die sich nach der Scheidung sozial von der Umwelt völlig zurückgezogen haben, sich nicht mehr als Frau, sondern nur mehr als Mutter sehen und das, was das Leben an Glück oder Zufriedenheit noch zu bieten hat, ausschließlich vom Kind erwarten. Für die kindliche Entwicklung ist ein solcher sozialer Rückzug überaus gefährlich, da das Kind mit der Aufgabe, gleichzeitig Kind, Partner und alleinverantwortlich für das seelische Wohlergehen der Mutter zu sein, hoffnungslos überfordert ist. Wenn der Rückzug primär sozialökonomische Ursachen hat, können sozialarbeiterische Interventionen vielleicht Abhilfe schaffen. Wenn die Gründe jedoch psychischer Natur sind, muß getrachtet werden, diesen Müttern - im eigenen und ganz besonders im Entwicklungsinteresse der Kinder - therapeutische Hilfe anzubieten, die wenigstens so weit reicht, daß sie nach den erlittenen und offenbar nicht verkrafteten Enttäuschungen wieder in die Lage kommen, sich der Umwelt gegenüber etwas zu öffnen, neues Vertrauen in andere Menschen und ganz besonders: in Männer zu fassen.

---

95 s.o., S. 128, Anm. 93.

Zur weiteren Entspannung der Mutter-Kind-Beziehung

Unabhängig von den Triangulierungsmöglichkeiten des Kindes gibt es ein weiteres Phänomen, das die Beziehung zwischen geschiedenen Müttern und ihren Kindern belastet und zu massiven Spannungen führen kann. Ich habe es die *Pädagogisierung der Mutter-Kind-Beziehung* genannt[96]. Damit meine ich die Tendenz alleinerziehender Mütter, ihre Beziehung zum Kind weitgehend auf das Erreichen „pädagogischer" Ziele zu reduzieren, eine Tendenz, die übrigens umso stärker ist, je isolierter die Mutter ist und je ausschließlicher sie ihr Leben auf ihr Kind hin ausrichtet. Ganz oben in der Hierarchie dieser pädagogischen Ziele stehen meiner Erfahrung nach *Schulerfolge,* dann folgen gleich auf den Fuß *„soziale Persönlichkeitseigenschaften"*, wie Vernünftigkeit, Rücksicht, Kooperationsbereitschaft u.ä.m. Statt auf die Entwicklung des Kindes mit Neugier zu blicken und sich am Zusammenleben mit dem Kind zu erfreuen, beobachten diese Mütter jede Schularbeit, jede Begegnung ihrer Kinder mit anderen voll Furcht und geraten - weil die Kinder zumeist nicht so sind, wie es diese Mütter gerne hätten - von einer Enttäuschung in die andere und bekommen immer mehr das Gefühl, in ihrer Aufgabe als Mutter versagt zu haben.

Warum das so ist, hat viele Gründe. Die Überschätzung der Wichtigkeit *schulischer Leistungen* kann mit eigenen Kindheitserlebnissen zusammenhängen; häufig auch damit, daß Mütter glauben, der Umwelt beweisen zu müssen, daß sie „es" auch alleine, das heißt: ohne Vater, schaffen; oder damit, daß die Mütter Schuldgefühle - nämlich, dem Kind mit der Scheidung Schaden zugefügt zu haben - abwehren müssen und daher die Vorstellung, das Kind könnte *aufgrund* der Scheidung versagen, unerträglich ist.

Die Wertschätzung *sozialen Verhaltens* von Kindern ist heutzutage überhaupt eher eine Eigenschaft von Müttern als von Vätern. Bei geschiedenen Müttern kommt jedoch noch hinzu, daß sie - bewußt oder unbewußt - danach trachten, daß das Kind „nicht wie sein Vater wird". (Demzufolge aktivieren Buben solche Erziehungshaltungen von Müttern tendenziell stärker als Mädchen.) Das Problem ist, daß im Wertsystem solcher Mütter für die expansiven und aggressiven Bedürfnisse und Impulse der Kinder kein Platz vorgesehen ist. Ja, häufig reicht der Kampf gegen alles, was mit Aggression

96 S. Bd. 1, 168ff.

und Selbstbehauptung zu tun hat, bis in die kindliche Phantasie- und Spielwelt hinein: Da ist die Mutter empört oder gekränkt, wenn sie mit dem Kochlöffel erschossen wird; der „blutige" Kampf von Legomännchen wird moralisch bewertet; Geschichten und Märchen werden von aggressiven Szenen gereinigt; und wenn das Kind bei einem Wettspiel verliert, darf es sich nicht einmal ärgern und soll sich an der Mutter ein Vorbild nehmen, die vielleicht sogar lächelt, wenn sie besiegt wird. (Warum spielt sie dann aber überhaupt, wenn sie nicht gewinnen will?) Wie unerhört aggressiv dieser Kampf gegen (angebliche) Aggression beim Kind ist, kommt diesen Müttern nicht zu Bewußtsein: Wie soll das Kind mit seinen Ambivalenzen, seinen Enttäuschungen, Zorn, Ohnmachtsgefühlen etc. fertig werden, wenn ihm sogar die Möglichkeit des symbolischen, spielerischen Ausdrucks genommen wird? Wie soll es lernen, seinen Ärger über das Verlieren zu beherrschen, wenn es Ärger gar nicht haben darf?

Das Resultat einer solchen „pädagogisierenden Erziehung" ist, daß die Kinder die Erwartungen ihrer Mütter nicht erfüllen (können), wodurch die Spannungen, aber auch auf beiden Seiten das Gefühl zu versagen, zunimmt. Oder aber die Kinder fügen sich. Das jedoch funktioniert aufgrund der Unangemessenheit der mütterlichen Forderungen nur mittels Verdrängung. Dann ist das aggressive, „männliche" Moment zwar aus dem familiären Idyll verbannt, wird jedoch eines späteren Tages rächend zurückkommen - und zwar gerade in seiner unreifen, infantilen Gestalt, weil in der Verdrängung keine Entwicklung stattfinden kann.

Die Mutter über diese Zusammenhänge aufzuklären, gehört zu den ganz wichtigen Zielen der professionellen Hilfe für Scheidungskinder.

Das Gelingen der Stieffamilie

Wie schon früher erwähnt, ist die wichtigste Voraussetzung dafür, daß das Unternehmen Stieffamilie gelingen kann, die Entschiedenheit der Mutter und ihres neuen Partners, diesen Versuch miteinander zu wagen. Und zwar unabhängig davon, ob der neue Mann dem Kind genehm ist oder nicht. Natürlich sagt sich das leichter als es ist. „Ich bin in meinen Freund Gerd sehr verliebt", erzählt mir *Frau S.*, Mutter einer dreijährigen Tochter und eines sechsjährigen Sohnes. „Aber wir sehen uns nur einen Abend in der Woche, wie sollen wir da feststellen, ob wir auch miteinander leben können?! Einen

Abend komme ich erst um 22 Uhr von der Arbeit nach Hause und mehr als zwei Abende pro Woche möchte ich meine Kinder nicht alleinlassen. Daß Gerd zu uns nach Hause kommt, wollen wir beide nicht, weil es offensichtlich ist, daß ihn die Kinder nicht mögen. Was ist aber, wenn ich ihnen sage, Gerd bleibt jetzt bei uns, und wir werden heiraten und wenn sie sich dann auch an ihn gewöhnen und wir müssen dann feststellen, daß es zwischen uns doch nicht klappt? Das kann ich ihnen doch nicht antun, schon wieder einen Mann zu verlieren! Das nächste Mal werden sie mir erst gar nicht mehr glauben..." *Frau K.* versuchte eine andere Lösung, um das Zusammenleben möglich zu machen. Sie brachte ihren Freund *Konrad* nach Hause, stellte ihn ihrem siebenjährigen *Andi* vor und sagte: „Du könntest mit Konrad Eisenbahn spielen, du jammerst ja immerzu, daß ich dazu keine Lust habe!" Und tatsächlich nahm der Bub Konrad sofort in Beschlag und konnte seinen nächsten Besuch kaum erwarten. Das Problem war nur: Andi betrachtete Konrad als *seinen* Freund und die beiden Erwachsenen kamen kaum dazu, ein Wort miteinander zu wechseln. So hatten sie sich das Zusammensein aber doch nicht vorgestellt. Als Konrad dann einzog - ins Zimmer der Mutter - und Andi allmählich klar wurde, daß Konrad die Mutter mehr liebte als ihn, und zudem mitansehen mußte, wie wichtig er für die Mutter war, kippte die Begeisterung über den neuen Freund in bittere Ablehnung um. Am schlimmsten für Frau K. war jedoch, daß jetzt an ihrem Freund eine Seite zum Vorschein kam, mit der sie nie gerechnet hatte: Statt geduldig zu versuchen, Andi wieder zu versöhnen, ließ er ihn links liegen oder beantwortete diesen Trotz mit Zornausbrüchen und Beschimpfungen. Zwei Monate später trennte sich Frau K. von ihrem Freund. „Ich liebte ihn wirklich", erzählt sie, „aber wenn ich mit einem Mann zusammenleben will, genügt Liebe allein nicht. Er muß auch für mein Kind ein väterlicher Freund sein können! Wer kann das schon vorher wissen. Und wenn man draufkommt, ist es vielleicht zu spät..."

Ein unlösbares Dilemma? Nun, es ist mir mit der Zeit aufgefallen, daß nicht nur die Vorgangsweise von Frau S. und von Frau K. sondern auch die vieler anderer Mütter etwas gemeinsam haben. Sie überlegen sich alle möglichen Varianten im Interesse ihrer Kinder, aber eines tun sie nicht, dem Kind nämlich schlicht *die Wahrheit* zu sagen: „Das ist *mein* Freund, ich liebe ihn, er mich auch, wir wollen viel zusammensein, natürlich auch mit dir. Darum wird er oft hier sein. Vielleicht wollen wir auch ganz zusammenbleiben, aber das wissen wir beide noch nicht!" Gut gefällt mir auch Françoise Doltos (1988,

76) Vorschlag: *„Das Wort, das man Kindern gegenüber verwenden sollte, ist 'Verlobter'. Die Mutter kann viele 'Verlobte' haben; was das Kind braucht, ist ein verständliches Wort. Die Mutter sollte dem Kind erklären, daß dieses Wort bedeutet: 'Vielleicht heiraten wir eines Tages, aber das weiß ich noch nicht. Dieser Mann und ich (diese Frau und ich, wenn der Vater von seiner Verlobten spricht), wir lieben uns. Wenn wir ernstlich vorhaben zu heiraten, wirst du ihn kennenlernen.“*[97]

Wie das neue Paar das Problem löst, wann und in welcher Intensität es die Kinder der Mutter (bzw. des Vaters) in ihre Beziehung hereinnimmt, läßt sich nicht vorschreiben. Eines aber ist gewiß: Werden die Kinder angelogen oder wird ihnen die Wahrheit verschwiegen, ist die Eskalation der Probleme programmiert. Gelingt die Lüge, wiegt sich das Kind zwar in Sicherheit, aber in einer Sicherheit mit falschen Voraussetzungen. Wenn es schließlich herausfindet, was es mit dem harmlosen „Freund“ wirklich auf sich hat, oder daß hinter den Kinobesuchen mit der Tante Berta ein Mann steckt, bricht nicht nur die falsche Sicherheit zusammen: Den Umstand, daß ihm die Mutter ihre Beziehung verheimlichte, interpretiert das Kind zutreffend als schlechtes Gewissen. Schlechtes Gewissen hat man aber nur angesichts einer *Schuld.* Damit tritt aber der neue Mann im Erleben des Kindes erst recht in Gegensatz zu seinen eigenen Bedürfnissen. Belügen die Eltern das Kind zwar nicht, erzählen ihm aber nur die halbe Wahrheit, spürt es, daß etwas nicht stimmt. Wo jedoch Erklärungen fehlen, macht sich die Phantasie breit. Und die Phantasien sind zumeist um vieles bedrohlicher als die Realität. Schließlich verliert in allen diesen Fällen die Mutter bzw. der Vater an Glaubwürdigkeit, und zwar - zumindest was Beziehungen betrifft - für immer. Wenn mir der Mensch, an dessen Liebe ich glaube, eine große Veränderung im Leben, die auch mich als Kind, betrifft, ganz offen mitteilt, wird es mir zwar vielleicht nicht passen, vielleicht bin ich auch beunruhigt.

97 „Kinder brauchen altmodische Begriffe und Wörter“, fährtt Dolto fort. „Für ein Kind ist ein 'Verlobter' etwas anderes als ein 'Freund'. In dem Wort 'Verlobter' steckt für das Kind das Versprechen der Heirat. 'Freund' bedeutet für das Kind eher 'Kumpel' und schließt die sexuelle Dimension aus“ (ebd.). Ich möchte allerdings nicht verhehlen, daß Dolto auch einige Empfehlungen gibt, die ich weniger gutheiße. Etwa wenn sie rät, Kindern, die den neuen Partner der Mutter nicht akzeptieren, zu sagen: „Ich heirate weder euch zuliebe noch um euch zu ärgern. Ich heirate, weil ich das brauche. Ich liebe einen Mann und will mein Leben mit ihm verknüpfen.“ Soweit gefällt es mir auch, dann aber fährt sie fort: „Wenn euch das nicht gefällt, dann ist das zwar sehr bedauerlich, aber ihr seid ja nicht gezwungen, mit uns zusammenzuleben.“ Erstens stimmt das zumeist nicht: Die Kinder sind sehr wohl gezwungen, zu bleiben, wo sie sind. Vor allem aber bestätigt die „Erklärung“ der Mutter nur das, was das Kind ohnedies fürchtet: Daß der Mutter an ihm nichts mehr liegt, und daß es von dem neuen Mann verdrängt werden könnte.

Aber dieser Beunruhigung steht immerhin der Eindruck gegenüber, daß die Mutter (der Vater) das, was kommt, nicht nur als nicht gefährlich, sondern als Gewinn sieht, und zwar auch als Gewinn für mich. Diese *Sicherheit der Mutter bzw. des Vaters* vermag auch *meine* Angst zu besänftigen.

Für die professionelle Arbeit mit geschiedenen Eltern ist aber nicht nur wichtig, ihnen zu erklären, daß die einzige Chance in der Wahrheit liegt, es gilt auch, den *Gründen* nachzuspüren, warum sie ihren Kindern nicht erzählen wollen, was wirklich los ist. Denn in diesen Gründen verstecken sich so gut wie immer pädagogisch überaus bedenkliche Haltungen: entweder eine Unterschätzung des Kindes oder mangelnder Respekt, zumeist jedoch Schuldgefühle und Angst. Angst vor dem Kind zeugt jedoch von einer Regression der Mutter bzw. des Vaters, in welcher das Kind zum bedrohlichen Objekt, von dem Sanktionen drohen, wird. Diese Umkehr der Beziehungen ist aber das eigentlich Bedenkliche. Denn macht sich die *Mutter* (der *Vater*) zum Kind, verliert das Kind die Mutter (den Vater)[98]. Und dann bleibt ihm auch gar nichts anderes übrig, als das Heft in die Hand zu nehmen und dafür zu sorgen, daß *nichts* passiert, und daß heißt: gegen die neue Partnerschaft zu kämpfen.

Schon mehrmals war die Rede davon, daß die Bedeutung von Dreierbeziehungen für die Pesönlichkeitsentwicklung des Kindes unter anderem auch darin besteht, daß sich das Kind zeitweise ausgeschlossen findet und erleben kann, daß doch„nichts passiert", daß ihm die geliebten Objekte deshalb nicht verloren gehen. Natürlich müssen sich die neuen Partner bemühen, die Freundschaft des Kindes zu gewinnen und sich ihm daher auch immer wieder besonders widmen; aber in Maßen, und gewiß nicht auf die Art, wie es *Konrad* machte. Von allem Anfang muß klar sein: Der neue Mann (die neue Frau) *ist in erster Linie* hier, weil zwischen Mutter und ihm (zwischen Vater und ihr) eine Liebesbeziehung entstanden ist, eine Liebesbeziehung, die sie auch offen zeigen dürfen. Daß sich das System von zwei Zweierbeziehungen (Kind-Mutter und Mutter-Freund) um eine dritte Zweierbeziehung (Freund-Kind) erweitert und schließlich eine Dreierbeziehung werden kann, dafür haben natürlich in erster Linie die Erwachsenen, die die Verantwortung tragen, zu sorgen; freilich nicht ausschließlich: Darum muß sich auch *das Kind* bemühen. Und das wird es tun, wenn es merkt, daß ihm gar nichts anderes übrigbleibt, wenn es nicht ausgeschlossen bleiben will.

---

98 Vgl. dazu auch die Ausführungen Doltos (1988, 75f).

Daß die Erwachsenen auch gegenüber dem Kind zu ihrer Liebesbeziehung stehen, ist aus einem weiteren Grund wichtig. Diese Liebe ist noch jung und daher verletzlich und braucht Pflege. Wenn daraus eine dauerhafte Partnerschaft werden soll, müssen sich die frisch Verliebten *Räume für ihre Zweisamkeit schaffen,* für eine „gute" Zweisamkeit, das heißt: ohne schlechtes Gewissen. Auch sollten sie, wenn sie schließlich zusammenziehen oder heiraten, keinesfalls auf *Flitterwochen* verzichten - und zwar ohne Kinder.

Eine besondere Schwierigkeit bei der Gründung einer Stieffamilie besteht im *Fehlen vertrauter Rollenbilder.* Vertraute Interaktionsmuster müssen aufgegeben werden, ohne daß man jedoch auf alternative Modelle zurückgreifen könnte: Dem Spielraum der Mutter, sich dem neuen Partner anzupassen, sind durch den gewohnten Beziehungs- und Lebensstil mit ihren Kindern ziemlich enge Grenzen gesetzt; der neue Partner wird in eine Beziehung zu Kindern „hineingeworfen", die keine Zeit hatte sich zu entwickeln, für welche der „plötzliche Vater" auf keinerlei Erfahrungen zurückgreifen kann.

Falls er aus einer früheren Partnerschaft selbst Kinder hat, wird er feststellen müssen, daß seine Vorstellung davon, wie mit Kindern zu leben ist, sich in *dieser* Familie, mit *dieser* Frau und *diesen* Kindern nicht realisieren läßt. Und wie sollen die Kinder wissen, wie sie sich einem Menschen gegenüber verhalten sollen, der ein Fremder ist, mit dem man aber nicht wie mit einem Fremden umgehen kann; der wie der Vater mit der Mutter zu Hause lebt, aber nicht der Vater ist? Das sind keine unlösbaren Probleme, nur werden sie in den seltensten Fällen von den Betroffenen *als Probleme* thematisiert. Das heißt aber, daß professionelle Beratung bei der Klärung dieser Fragen eine große Hilfe sein kann.

Besonderes Augenmerk ist in diesem Zusammenhang auf die Unsicherheit des Kindes zu legen, wie es mit dem neuen Partner der Mutter im Hinblick auf seinen leiblichen Vater umgehen soll. Professionelle Hilfe müßte darauf hinzielen, den Stiefvater zu einer Haltung zu bewegen, in der etwa folgende Botschaft enthalten ist: „Ich würde mir wünschen, für dich ein großer Freund oder auch einmal ein Papa zu sein. Ein *Papa,* nicht *Vater,* denn einen Vater hast du schon und der soll dir auch bleiben!"

Dagegen haben die Kinder weniger Probleme, ihre Beziehung *zur neuen Partnerin des Vaters und die Beziehung zur Mutter* auseinanderzuhalten, da ja dem weit wichtigeren Menschen, der Mutter, ja auch der real zentrale Platz im Leben entspricht. Aber auch der väterlichen Stieffamilie muß mitunter geholfen werden, um zu verhindern, daß sich das Kind vom Vater zurückgestoßen fühlt. Worauf es dabei in erster Linie ankommt, hat uns Fritsch (s.o. S. 66ff) aufmerksam gemacht: Die neue Partnerschaft des Vaters darf sich nicht so auswirken, daß die Vater-Kind-Zweisamkeit an den Besuchswochenenden abrupt und vollständig durch eine Dreisamkeit abgelöst wird, was zwar den Wünschen des Vaters und seiner Partnerin entgegenkommen mag, bestimmt jedoch nicht den Bedürfnissen der Kinder. Natürlich soll das Kind die Freundin oder Frau des Vaters kennenlernen und sie sollen auch Zeit zu dritt verbringen. Aber der im Leben des Scheidungs-kindes ohnedies so rar gewordene Vater muß dafür sorgen, dieses Defizit jedesmal wenigstens ein bißchen aufzufüllen. Und dazu bedarf es auch einiger Stunden, die Vater und Kind in erster Linie *miteinander sind,* während die neue Partnerin im Hintergrund bleibt[99].

Ein großes Problem bei der Gründung einer Stieffamilie bildet der Komplex *Regeln, Grenzen, Autorität,* ein erzieherischer Bereich, der eng mit der erwähnten Rollenunsicherheit zusammenhängt.

Das Wesentliche, auf das wir Eltern hinweisen müssen, wurde früher schon gesagt und begründet: Die neuen Partner der Mutter oder des Vaters sind gut beraten, die Rolle desjenigen, der verbietet, anweist, belehrt und sanktioniert, eine Zeitlang zurückzustellen bzw. das Ausmaß, in welchem er Autorität gegenüber dem Kind ins Spiel bringt, auf die allmähliche Entwicklung der gegenseitigen Beziehung abzustimmen. Der starke Stiefvater, der auch Grenzen setzt, ist für die Entwicklung des Kindes nur dann förderlich, wenn sich beim Kind - bei aller Ambivalenz und Opposition gegen Grenzen - auch ein Bedürfnis herausgebildet hat, dem Stiefvater zu gefallen und mit ihm in gutem Einvernehmen zu sein. Und die Mütter müssen in ihrer Bereitschaft gestärkt werden, die - zumeist nicht angenehme - Rolle der primären Ge- und Verbieterin noch eine Weile allein zu spielen, auch wenn der Wunsch nach „väterlicher Unterstützung" nach einer vielleicht langen Zeit der erzieherischen Alleinverantwortlichkeit sehr groß sein mag.

Was aber tut der Stiefvater bzw. die Stiefmutter, wenn er/sie mit dem Kind allein zusammen ist? Alles erlauben? Und, da das offenkundig nicht geht, hieße das dann nicht, stets ängstlich sich umzuschauen, ob die Mutter/der Vater nur ja in der Nähe ist? Das aber wäre doch eine besonders extreme Regression. Und

99 Wie schwierig muß es erst für so manche Kinder sein, bei denen geradezu das Gegenteil eintritt: wo sich der Vater - zum Teil wohl aus Unsicherheit (s.o. S. 127 und v.a. Bd. 1, 178ff) - an den Besuchswochenenden weitgehend zurückzieht und das Kind seiner neuen Partnerin überläßt...

wie sollte aus einer solchen Beziehung mit einem sich völlig ohnmächtig gebärdenden Erwachsenen jemals eine vaterähnliche Beziehung werden?

In diesem Zusammenhang ist es sinnvoll, ein paar unterschiedliche Arten von Grenzen zu unterscheiden. Da sind einmal die *Alltagsregeln*, Regeln, die etabliert sind und die das Kind normalerweise mehr oder weniger befolgt. Stellt das Kind in Abwesenheit der Mutter solche Regeln in Frage, was zumeist auch den Charakter des Ausprobierens oder - wenn der neue Partner noch stark aggressiv besetzt ist - der Provokation hat, könnte dieser etwa sagen: „Ich hab' dir nichts zu befehlen und will das eigentlich auch nicht. Aber *richtig finde ich das nicht.* Und soviel ich weiß, wäre deine Mama auch nicht einverstanden." Auf diese Weise kann er die (mütterlichen) Regeln repräsentieren, vermeidet aber den Machtkampf mit dem Kind. Überdies sichert er sich eine erwachsene Rolle, indem er das Verhalten des Kindes sehr wohl einer Bewertung unterzieht. Dann aber gibt es *Grenzen, deren Einhaltung unumgänglich ist,* auf denen der Stiefvater, wenn er mit dem Kind allein ist, bestehen *muß,* wo er sich nicht auf die Selbstbesinnung des Kindes verlassen kann: Schulbesuch, Waschen, notwendige Medikamente, Grenzen, die die körperliche Sicherheit garantieren, den Schutz von Wertgegenständen, Schlafengehen usw. Im Hinblick auf solche Grenzen halte ich es für entscheidend, daß die Mutter ihren neuen Partner explizit und vor dem Kind ermächtigt, auf deren Einhaltung zu achten und bei dieser Gelegenheit - sollte sich das als notwendig herausstellen - auch ihrerseits die Sanktionen bei Nichtbefolgen angibt. „Heute vertritt mich der Peter, heute spielt *er* Mama, und wenn er sagt, es ist Zeit zum Schlafengehen, dann tust du das auch. Wenn nicht, gibt es morgen keine Gutenacht-Geschichte!" (oder was auch immer die Mutter an Sanktionen heranzuziehen pflegt). Schließlich gibt es noch eine dritte Art von Grenzen: die *persönlichen Grenzen* des Stiefvaters. Es geht dabei um alle Handlungen des Kindes, die sich gegen wichtige Bedürfnisse des Stiefvaters richten bzw. sein Wohlbefinden gefährden. Ob das nun zu großer Lärm ist, der Widerwille, sich vom Kind an den Haaren reißen zu lassen, Beschimpfungen, aber auch die Aufforderung, etwas zu unternehmen oder Spiele zu spielen, wozu er überhaupt keine Lust hat usf. In diesen Dingen *darf* er auf „Autorität" von Beginn an *nicht* verzichten. Denn hier geht es nicht um Verhaltensmaßregeln, sondern um persönliche Abgrenzung. Dementsprechend dürfte er freilich nicht sagen: „Das tut *man* nicht!" sondern er muß dem Kind mitteilen: „Das *mag ich* nicht!" Nur so kann das Kind diesen neuen, noch fremden Menschen kennenlernen. Und nur so bleibt die Chance offen, daß sich die Beziehung auch auf der Seite des Stiefvaters gut entwickeln kann. Wenn es hingegen soweit kommt, daß er die Viertelstunden zählt, die er noch mit dem Kind zusammensein *muß*, stehen die Sterne für diese Beziehung bereits sehr ungünstig.

Bei allen diesen Bemühungen, der neuen Familie günstige Startbedingungen zu schaffen bzw. schon eingetretene Fehlentwicklungen zu korrigieren, dürfen wir uns nicht der Illusion hingeben, es könnte uns gelingen, jedes Problem für die Kinder zu vermeiden. Dazu ist die Veränderung des gewohnten Lebens zu radikal, dazu ist die innere (auch unbewußte) Nähe dieser Ereignisse zum zurückliegenden Scheidungstrauma zu groß. Die Kinder werden also reagieren und sie werden ganz ähnlich reagieren, wie nach der Scheidung: mit Angst, Trauer, Eifersucht/Wut und auch mit Schuld- und Versagensgefühlen (z.B. darüber, der Mama kein ausreichender Partner gewesen zu sein). Und wenn sie äußerlich keine Verunsicherung zeigen, wird das - ebenfalls wie nach der Scheidung - eher darauf schließen lassen, daß sie diese Gefühle (warum auch immer) nicht zeigen oder vor sich selbst verleugnen. Selbst bei den wenigen Kindern, die sich „auf den neuen Papa schon freuen", ist diese Freude meist ambivalent. Und ebenso wie bei der Scheidung müssen wir auch jetzt den Eltern bzw. ihren Partnern erklären, daß sie mit dieser Verunsicherung und den dieser Verunsicherung folgenden Symptomen rechnen müssen; daß sie aber auch diese neuerlichen Belastung, die sie ihren Kindern zumuten, verantworten können.

Über den Umgang mit den Symptomen und symptomatischen Verhaltensweisen der Kinder, deren Eltern eine neue Partnerschaft eingehen, ist also nichts anderes zu sagen als über den Umgang mit den unmittelbaren Scheidungssymptomen: Sie sind wie Fragen zu betrachten, und die „Antworten", die das Kind benötigt, sind immer wieder die gleichen. Lediglich auf zwei „Antworten" soll abschließend noch einmal besonders hingewiesen werden, weil sie gewissermaßen ins Zentrum der Nöte des Kindes treffen, dessen Mutter (Vater) sich einen neuen Mann (eine neue Frau) nimmt. Erstens: „Ich werde dich stets lieben, weil du mein Kind bist. Und daran ändert sich nicht das geringste, auch wenn ich nun diesen Mann (diese Frau) liebe. Denn ich will und brauche einen Mann (eine Frau), aber du bist mein Kind." Und die Antwort auf die zweite brennende Frage: „Man kann mehr als einen Menschen lieben. Du liebst deine Mutter und deinen Vater. Du kannst auch den neuen Mann der Mutter (die neue Frau des Vaters) gernhaben, ohne aufhören zu müssen, deinen Vater und deine Mutter zu lieben!"

Die „Chance Scheidung" ist also wahrnehmbar, zumindest theoretisch. Die Frage, *was alles geschehen müßte,* um den Kindern zu ermöglichen, die Trennung ihrer Eltern nicht nur ohne allzu belastende Langzeitfolgen zu verwinden, sondern aus ihr sogar Nutzen für die Entwicklung ihrer Persönlichkeit zu ziehen, bildet jedoch nur die Hälfte des Problems. Die andere, möglicherweise schwierigere Hälfte, besteht in der Frage: Wie können wir auf die Eltern (auch auf die Kinder und neuen Partner) Einfluß nehmen? Wie können wir sie befähigen, das, was zu tun wäre, auch wirklich zu tun? Denn eine der wichtigsten Voraussetzungen gelingender professioneller Hilfe besteht in der Einsicht, daß nicht nur das Erleben und Verhalten der Kinder, sondern ebenso das der Erwachsenen durch mächtige Gefühle und persönliche Bedürfnisse motiviert ist, denen mit *kognitiver Belehrung allein* nicht beizukommen ist.

Dieser „anderen Hälfte", also den Problemen der Methodik und Technik professioneller Arbeit mit Scheidungsfamilien, wollen wir uns im folgendem zuwenden.

3. Kapitel
Wo soll Hilfe ansetzen?

Zur Relation von Elternberatung und (therapeutischer) Arbeit mit den Kindern

3.1
Diagnostik und Indikationsstellung am Beispiel eines sechsjährigen Scheidungskindes

Roberts Eltern trennten sich vor ca. einem Jahr, nachdem der Vater seiner Frau gestanden hatte, eine Freundin zu haben. Robert war zu diesem Zeitpunkt 6;6 Jahre alt und besuchte die erste Klasse Volksschule (Grundschule). Zwei Gründe waren es, die die Eltern bewogen, sich an mich zu wenden. Einmal berichtete die Lehrerin, daß sich Robert völlig in sich zurückgezogen habe, keinerlei Kontakt mit anderen Kindern pflege, in der Pause still auf seinem Platz verharre und selbst mit der Lehrerin kaum ein Wort spräche. Zweitens lehne er seit Monaten die Mutter ab, zucke bei jedem Körperkontakt zusammen und spräche immer wieder von seinem Wunsch, zum Vater zu ziehen. Dieser wäre viel lieber, bei ihm müsse er auch nicht in die Schule gehen, obwohl ihm - auch vom Vater selbst - erklärt wurde, daß das nicht der Fall sei. Der um zwei Jahre jüngere Bruder zeige dagegen keinerlei Reaktion auf die Trennung der Eltern.

Wie alle Kinder reagiert Robert auf die Trennung seiner Eltern. Und zwar reagiert er sichtbar. Und die Art, wie er reagiert, verheißt für seine künftige Entwicklung nichts Gutes: weder für die Schulkarriere noch für die Entfaltung seiner sozialen Kontaktfähigkeit und ganz besonders nicht für seine emotionelle Entwicklung. Somit scheint Robert ein typisches „Scheidungsopfer“ zu sein.

Aber schon ein erstes genaueres Hinsehen auf die näheren Umstände läßt uns zögern, Roberts Verhalten einfach unter dem Titel „Scheidungssymptome“ zu verallgemeinern. So stellte sich beim Befragen der Eltern heraus, daß die

Ablehnung der Mutter durch Robert nicht unmittelbar dem Weggehen des Vaters folgte, sondern sich erst ein halbes Jahr später einstellte: Der Vater war drei Monate, nachdem er von zu Hause weg- und zu seiner Freundin gezogen war, wieder nach Hause zurückgekehrt, allerdings nur für zwei Wochen. Heftigen Auseinandersetzungen zwischen den Eltern folgte der neuerliche Auszug des Vaters. Zwei Monate später, kurz vor Weihnachten, trennte er sich abermals von seiner Freundin und stand mit Sack und Pack vor der Tür der ehelichen Wohnung. Diesmal dauerte die „Rückkehr“ nur zehn Tage, dann zog er wieder zur Freundin. Während der Lehrerin Roberts Zurückgezogenheit in der Schule bereits im ersten Schuljahr aufgefallen war, stellte sich das andere „Scheidungssymptom“, die Ablehnung der Mutter, erst jetzt, nach dem nun schon dritten Auszug des Vaters aus der Familie ein. Das legt die Vermutung nahe, daß es sich bei den beiden Symptomen um Reaktionen auf ganz unterschiedliche Ereignisse handelt, wobei die eigentliche Trennung, oder besser, der erstmalige Auszug des Vaters, sogar eine untergeordnete Rolle zu spielen scheint: Für die Beziehungsstörung zur Mutter dürfte eher das halbe Jahr, das dem Auszug folgte, also die Art und Weise, wie die Eltern mit der Krise umgingen, verantwortlich sein. Roberts Rückzugsverhalten in der Schule begann hingegen schon längere Zeit vor dem Weggehen des Vaters und könnte vielleicht mit den Spannungen und Konflikten *vor* der Trennung zusammenhängen. Aus dem Fall des „typischen Scheidungskindes“ wird somit der ganz individuelle Fall einer familiären Krise, in welcher nicht die Trennung der Eltern als solche im Vordergrund steht, sondern die Art und Weise, wie die Eltern diese Trennung bzw. die Krise untereinander und gegenüber den Kindern gestalteten.

Für die Praxis professioneller Hilfestellungen ist diese Einschätzung natürlich von großer Bedeutung. Der Betreuer, der sich für die geschilderten näheren Umstände der Trennung interessiert, wird aller Voraussicht nach den Eltern therapeutisch und/oder beratend helfen, mit ihrer Krise anders umzugehen.

So würde wohl an den meisten Beratungsstellen mit Roberts Fall umgegangen. Der erwähnte Zusammenhang zwischen aktuellen Reaktionen und der Lebensgeschichte vor der Trennung führt uns aber ein Stück weiter. Zwar ist nicht abzustreiten, daß Robert mit seiner Ablehnung der Mutter auf die Unentschlossenheit und die Konflikte der Eltern reagiert, aber es stellt sich erstens die Frage, warum er gerade so und nicht anders reagiert und zweitens, wie diese Reaktion mit der bereits erworbenen psychischen Struktur - etwa mit den Ausgestaltungen der primären Objektbeziehungen bis zum Zeitpunkt der Trennung - zusammenhängt.

Im Laufe der weiteren Gespräche mit den Eltern stellte sich heraus, daß Robert und seine Mutter schon einen „schlechten Start" hatten. Robert ließ sich schon als Säugling kaum beruhigen und „schrie drei Monate durch", was natürlich die Sicherheit, das mütterliche Selbstvertrauen und damit die früheste Beziehung der Mutter zu ihrem Kind schwer belastete. Damit hängt wohl zu einem Gutteil zusammen, daß es Robert schon von den ersten Lebenswochen an schwer erträglich war, wenn sich Situationen auch nur geringfügig veränderten. Mit zunehmender körperlicher Autonomie vermochte er zur Sicherung der für ihn so wichtigen Kontinuität dann schon selbst beizutragen: indem er auf krabbelnde Entdeckungsreisen verzichtete, keine Neugier entwickelte und auf Reize nicht zu- sondern abneigend reagierte. Wie so oft geschieht es dann gerade solchen Kindern, daß die normalen Entwicklungskrisen durch besondere Belastungen verschärft werden:

- Das ganze erste Lebensjahr hindurch war die Mutter praktisch 24 Stunden am Tag mit Robert zusammen. Von einem Tag auf den anderen mußte sie dann ihre ganztägige Berufstätigkeit wieder aufnehmen. Robert kam in die Krippe (Krabbelstube), wurde mittags vom - bis dahin nicht sehr präsenten - Vater abgeholt, mit dem er dann bis zum Einschlafen zusammenblieb.
- Durch drei Monate hindurch entwickelt sich eine sehr enge, eher mütterliche Beziehung zum Vater. Dann aber nahm der Vater eine Stelle als Vertreter an, wodurch er mehrere Tage pro Woche nicht nach Hause kam. Robert mußte den ganzen Tag in der Krippe bleiben und sah seinen Vater nur mehr an den Wochenenden.
- Die Wiederannäherungsphase[100] wird von einer schweren Krise der elterlichen Beziehung, einer neuen Schwangerschaft der Mutter und schließlich von der Geburt des Bruders überschattet.
- An der Wende zum dritten Lebensjahr beginnt der Vater, Hockey zu spielen, trainiert mehrmals pro Woche und fährt am Wochenende im Rahmen der nationalen Meisterschaft durch halb Österreich, sodaß Robert seinen Vater praktisch völlig aus den Augen verliert.

100 Mit „Wiederannäherungsphase" bezeichnet die Psychoanalyse den sensiblen Zeitraum zwischen eineinhalb und drei Jahren, in welchem die Kinder ihre schon erworbene Selbständigkeit teilweise wieder aufgeben und verstärkt die Aufmerksamkeit und Nähe der Mutter suchen, wobei sie zwischen Sich-Entfernen (Autonomiestreben) und Nähe-Suchen (Wiederannäherungswünschen) hin- und herpendeln. Trennungserlebnisse in dieser Phase wirken sich auf die frühe psychische Strukturbildung meist nachteilig aus (vgl. Bd. 1, Exkurs S 79ff).

In jener Zeit wird Robert immer stiller, zeigt in den Bereichen Lokomotorik, Autonomie und Sprache bereits deutliche Entwicklungsrückstände. In der Krippe und nachher im Kindergarten fällt er wegen seiner Zurückgezogenheit und Verweigerung von Körper- und Blickkontakt auf, redet mit niemandem mehr als die nötigsten Worte und spielt, wenn überhaupt, allein. Schon als er vier Jahre alt war, wurde den Eltern von der Erzieherin geraten, Robert wegen seiner „autistischen Züge" untersuchen zu lassen.

Die ausführliche anamnestische Untersuchung konfrontiert uns also mit dem Umstand, daß das erste „Trennungssymptom" (der soziale Rückzug in der Schule) zwar zeitlich mit der familiären Krise vor der Trennung zusammenfällt, aber in Wirklichkeit ein „altes Symptom" aus den präödipalen Trieb- bzw. Objektbeziehungskonflikten darstellt. Ja, genaugenommen trifft das auch auf das Verhalten gegenüber der Mutter zu. Der reaktive Anteil reduziert sich darauf, daß Robert sein typisches Sozialverhaltensmuster gegenüber Personen, die nicht zur Familie gehören, nun auch auf die Mutter richtet. Nach der projektiven Testuntersuchung[101] überrascht uns das auch nicht: Roberts Abwehrmechanismen sind die eines Zwei- bis Dreijährigen: Verneinung/Verleugnung, Projektion und Spaltung. Daher mußte er den Loyalitätskonflikt, in den er natürlich geriet, möglichst bald durch Spaltung in ein gutes (Vater) und ein böses Objekt (Mutter) lösen.

Daß Roberts Entscheidung zugunsten des Vaters ausfiel, hat mehrere Gründe. Erstens dürfte sich ihm die derzeitige Situation so darstellen, daß der zur Rückkehr bereite Vater jedesmal von der Mutter wieder vertrieben wurde. Zweitens ist Robert mit dem (auch vor der Trennung häufig abwesenden) Vater identifiziert. Drittens dürfte die Trennungsbelastung zu einer Reaktivierung der Erlebnisse geführt haben, welche einst die Trennung von der Mutter und die Geburt des Bruders nach sich zogen. Von daher wird nicht nur ein Teil der Aggressionen gegen die Mutter, sondern auch die Flucht vor ihrer Berührung verstehbar: Steht die Berührung doch möglicherweise für die (alte) Intimität mit der Mutter, die ihm aufgrund der schmerzlichen Erfahrungen nun bedrohlich erscheint. (Insofern ist der Vater auch als Objekt wichtig, das Robert vor der zu großen Nähe mit der Mutter schützt.) Schließlich war da noch die Angst, ohne Parteinahme für den Vater, diesen schließlich doch noch ganz zu verlieren.

101 S. o., S. 15 Anm. 8.

Der Gewinn solcher diagnostischen Bemühungen besteht in der (sich daraus ergebenden Möglichkeit einer recht *differenzierten Indikationsstellung:*

1. Natürlich wäre es sehr begrüßenswert, wenn es den Eltern gelänge, Klarheit über ihre gegenwärtige Beziehung zu gewinnen. Aber abgesehen davon, daß es ziemlich ungewiß erscheint, wieviel Zeit eine solche Klärung braucht, können wir das Beratungsziel im Interesse Roberts (und auch seines Bruders) nun viel konkreter formulieren:
   - Man müßte seiner Version der Trennungsumstände eine *gemeinsame Version* der Eltern entgegenstellen, die eine einseitige Schuldzuweisung an die Mutter erschwert.
   - Das erfordert freilich mehr als bloß *ein* Gespräch der Eltern mit Robert. Dazu gehört auch, die indirekten und z.T. unbewußten Botschaften der Eltern - ganz besonders des Vaters - zu erkennen, die Roberts Version von der Schuld der Mutter zu bestätigen scheinen.
   - Bei diesen Beratungszielen geht es um mehr als bloße kognitive Orientierungen des Kindes. Es gilt, das dynamische Moment der Spaltung zu schwächen: den Loyalitätskonflikt Roberts.
2. Es wäre im Zuge der Beratung zu prüfen, ob sich im Alltag den Eltern nicht Gelegenheiten bieten, Robert im *direkten Ausdruck aggressiver Gefühle* zu unterstützen, wodurch ein weiteres Spaltungsmotiv geschwächt würde.
3. Die Ablehnung der Mutter ist, wie die diagnostische Abklärung ergab, keine reine Erlebnisreaktion, sondern eine erlebnisreaktive Verstärkung bzw. Ausweitung einer bereits bestehenden Symptomatik, die mit der aktuellen Trennungssituation nicht unmittelbar zusammenhängt, sondern schon viele Jahre besteht. Daher scheinen, über die Beratung hinaus, in Roberts Fall auch *therapeutische Maßnahmen* angezeigt.
4. Und wir können auch etwas über die *Therapiemethode* sagen:
   - Die Unabhängigkeit der Rückzugstendenz Roberts von der aktuellen Trennungssituation bedeutet, daß die Therapie wohl nicht speziell auf die Trennung hin fokussiert werden dürfte (s.u., S. 153).
   - Ob Trieb- oder Ichfixierungen Phänomene einer Regression aufgrund innerer Konflikte sind oder das Ergebnis einer verzögerten oder defizitären Entwicklung, läßt sich aus dem projektiven Testmaterial oft schwer herauslesen. Die Anamnese hingegen deutet doch darauf hin, daß wir es in erster Linie nicht mit einem „reifen“ neurotischen

Konflikt, sondern einer sehr frühen Störung zu tun haben[102]. Daher wäre vom Therapeuten das Hauptaugenmerk zunächst auch weniger auf abgewehrte ödipale Konfliktkonstellationen zu richten, sondern auf die primitiven Mechanismen der Angstbewältigung. Diese wiederum gälte es in der Folge nicht bloß aufzudecken, also verbal bewußt zu machen, sondern die Therapie müßte Robert einen geschützten Raum zur Verfügung stellen, in welchem er sich mit aktiver Hilfe des Therapeuten traut, neue Wege der Konfliktlösung und Angstbewältigung auszuprobieren.

3.2 Zur Indikationsstellung „Elternberatung" versus „Kinderpsychotherapie"

Robert ist ein Kind, das von den Eltern zwar anläßlich von Verhaltensänderungen vorgestellt wurde, die mit der elterlichen Trennung zusammenhängen, aber Robert ist auch ein Kind, dem - vom psychotherapeutischen Standpunkt her - schon vor bzw. auch ohne Trennung der Eltern hätte geholfen werden müssen. Bei einem großen Teil der Scheidungskinder sind dagegen die spontanen Symptome, die der elterlichen Trennung/Scheidung folgen (ich rede hier nicht von den eventuellen Langzeitfolgen), wie bereits dargestellt, unmittelbare Reaktionen auf den Eindruck, den dieses Ereignis auf die Kinder macht, Reaktionen auf die Phantasien, die sich daran knüpfen, und Ausdruck der Gefühle und Affekte, die in diesem Zusammenhang frei werden. In diesem Sinne sprachen wir mit *W. Spiel* von „Erlebnisreaktionen".

102 Unter „frühen Störungen" werden Beeinträchtigungen der psychischen Strukturbildung in den ersten drei Lebensjahren bezeichnet. Sie hängen mit anhaltend frustrierenden, also defizitären Beziehungsverhältnissen oder traumatischen Erlebnissen (z.B. Trennungen) zusammen, die dazu führen, daß das Kind von seinen Affekten überschwemmt wird, also „sich verliert" und daher die Erfahrungen auch nicht verarbeiten kann. Erst ab dem vierten Lebensjahr - mit der Fähigkeit der sprachlich-gedanklichen Vergegenwärtigung von Welt - treten an die Stelle unmittelbar erschreckender Entbehrungen zunehmend *Ängste* vor *kommenden* Gefahren und *innerpsychische Konflikte.* Während die Abwehr innerpsychischer Konflikte zu (mehr oder weniger normalen) *neurotischen Symptomen* führt oder disponiert, können sich „frühe Störungen" in schweren Beeinträchtigungen der späteren Persönlichkeitsentwicklung auswirken (etwa in der Disposition zu Borderline oder psychotischen Erkrankungen, wie schweren Depressionen oder Schizophrenie).

Erlebnisreaktionen sind, wie wir inzwischen wissen, keine pathologischen Erscheinungen, sondern im Grunde normale und gesunde Antworten auf verrückte Lebensumstände. Solche erlebnisreaktiven Symptome bilden sich demnach auch wieder zurück, wenn die auslösenden Belastungen (das „Trauma") wegfallen.

In solchen Fällen ist es zumeist angezeigt, *von therapeutischen Maßnahmen gegenüber den Kindern abzusehen:*

- Die Einleitung einer Psychotherapie könnte von vielen Kindern so erlebt werden, daß *sie* es sind, mit denen zur Zeit etwas nicht in Ordnung ist. Ich halte es hingegen für sehr wichtig, Kindern in dieser Situation das Gefühl zu lassen bzw. zu geben, daß ihre Trauer, ihre Wut und Angst und ihr daraus resultierendes „Spinnen" verständlich und legitim sind.
- Psychotherapie als Antwort auf erlebnisreaktive Scheidungssymptome könnte auch deshalb eine Fehlentscheidung sein, weil diese Symptome ja nicht nur normale Reaktionen, sondern zugleich Aktionen zur Wiederherstellung des psychischen Gleichgewichts sind: So hilft etwa das Trauern, mit Verlust fertigzuwerden; die regressive Anhänglichkeit vieler Scheidungskinder erlaubt, das erschütterte Vertrauen in die Eltern, von ihnen nicht verlassen zu werden, wiederzugewinnen; die Ängste und die Wut der Kinder stehen auch für die Frage, ob sie denn von den Eltern, die ihnen gerade so viel Schmerz antun, überhaupt noch geliebt werden; oder auch für die Frage: „Bin ich schuld?" oder: „Was bedeutet das für die Zukunft?" Sie sind also Hilferufe, um Erklärungen zu bekommen, um getröstet zu werden usw[103]. Aber wir haben schon darauf hingewiesen, daß man üblicherweise nur dann hilft, wenn man bemerkt, daß jemand Hilfe braucht. Verleugnen und unterdrücken die Kinder jedoch ihren Schmerz und erwarten die Eltern, *die Therapie würde ihnen ihr Gleichgewicht schon wieder zurückbringen,* kann es leicht geschehen, daß sie die Gelegenheit nicht nutzen, den Kindern jene „Antworten" zu geben, nach denen sie mit ihren Symptomen verlangen.
- Hier könnte man einwenden, daß eine psychoanalytisch orientierte Psychotherapie sich ja gar nicht zum Ziel setzen würde, in erster Linie die Symptome zu beseitigen, sondern vielmehr die zugrundeliegenden Probleme zu bearbeiten hätte. Dadurch wäre sie in jedem Fall entlastend und daher günstig. Der Einwand ist zwar richtig, entschärft aber erstens

103 Vgl. oben Kap. 2.3.

> nicht die anderen Bedenken (bezüglich der Verantwortlichkeit der Eltern für die gegenwärtige Situation bzw. deren Verbesserung.) Zweitens wäre zu fragen, ob nicht gerade der psychoanalytische Ansatz, nicht an den Symptomen, sondern an der unbewußten Abwehrstruktur zu arbeiten, bei Kindern (und nicht nur bei Kindern), die in einer akuten, (auch) äußeren Lebenskrise stecken, kontraindiziert sein könnte[104].

Natürlich soll damit nicht behauptet werden, daß jede Art professioneller Hilfe, die sich an die Kinder direkt wendet, abzulehnen sei. Manchmal mag es notwendig sein, *Krisenintervention* zu leisten. Auch stützende, im engeren Sinn pädagogische Programme, insbesondere wenn sie im Rahmen von *Gruppen betroffener Kinder* angeboten werden, können Entlastung und Hilfe leisten: als Ergänzung zur Elternberatung oder in den Fällen, in welchen eine Arbeit mit den Eltern - aus welchen Gründen auch immer - nicht möglich ist. Modelle für solche Scheidungskinder-Gruppen gibt es inzwischen mehrere[105]. So unterschiedlich die methodischen Konzepte dieser Gruppenmodelle auch sein mögen - von hoch bis kaum strukturiert - haben sie gegenüber der Einzeltherapie zwei gemeinsame, entscheidende Vorteile: Der Umstand, mit anderen Kindern zusammen zu sein, die ein ähnliches Schicksal hatten, mindert das Schamgefühl, das viele Kinder angesichts der Scheidung ihrer Eltern haben; und er senkt die Hemmschwelle, sich mit dem erlittenen Schmerz auseinanderzusetzen. Zweitens bietet die Gruppensituation den Kindern eine bessere Möglichkeit, das Ausmaß, in welchem sie sich persönlich einbringen wollen, zu kontrollieren und zu regulieren: Wenn etwa in der Gruppe von „Gefühlen im allgemeinen“ die Rede ist, über „Trennung“, „Einsamkeit“ oder „Trauer“ diskutiert, gezeichnet, eine Geschichte erfunden wird, ohne daß das Kind explizit von sich reden muß, fällt die Angst weg, in der Gruppe einer (möglicherweise) unerträglich erscheinenden Situation ausgeliefert zu werden. Dadurch schwindet Opposition und Widerstand, und das Kind wird fähig, sich gefühlsmäßig auf die Themen, über die gearbeitet wird, einzulassen. Selbst wenn ein Kind nie von sich selbst erzählen sollte, lernt es dennoch mit seinen Gefühlen besser umzugehen: anhand der Erzählungen anderer Kinder oder an Geschichten aus der Literatur oder solchen, welche die Gruppe gemeinsam erfindet.

---

104 Darauf hat schon Freud (1937c, 76f/372) hingewiesen.

105 Vgl. z.B. Pedro-Caroll/Cowen 1985, Kavanagh 1989, Krabbe et al. 1993, Rudeck 1993, Schmitz/Schulte 1993, Ayalon/Flasher 1993. Interessant sind auch die Versuche, Seminare mit Eltern *und* Kindern durchzuführen: Mackscheidt/Wenzlawski 1987.

Es gibt allerdings eine Ausnahme, in welcher nicht gezögert werden darf, *Einzeltherapie* anzubieten: Wenn das Kind sie *von sich aus wünscht*. Es gibt einige Kinder - sie sind meiner Erfahrung nach allerdings in der Minderheit -, die sich geradezu danach sehnen, endlich einen Erwachsenen für sich zu haben, der nicht in die ganzen Auseinandersetzungen zwischen den Eltern, mit den Eltern (vielleicht mischen auch die Großeltern noch fleißig mit) involviert ist, endlich jemanden Erfahrenen zu finden, dem man sein Herz ausschütten kann. Manchmal ergibt sich ein solcher Kontakt ganz unerwartet, etwa im Zuge einer Testuntersuchung. Und dann muß man sich dem Kind auch zur Verfügung stellen, ja selbst in dem Fall, daß man nicht über eine entsprechende Kinderpsychotherapie-Ausbildung verfügt. Hier hat die Bereitschaft des Kindes, eine hilfreiche Beziehung einzugehen, absoluten Vorrang vor fachlicher Kompetenz. (Das Defizit an Kompetenz kann durch Supervision immer noch ein gutes Stück ausgeglichen werden.)

So wichtig diese Arbeit mit Kindern auch sein mag, ändert das jedoch nichts an der Tatsache, daß jene Erfahrungen, die die Phantasien der Kinder realitätsgerecht korrigieren, die ihre Ängste besänftigen, Schuldgefühle nehmen, die sie Vertrauen und Zuversicht wiedergewinnen lassen, nur dort gemacht werden, wo auch die Erschütterung ihren Ausgang genommen hatte: bei den Eltern.

Wenn wir an die zahlreichen Bedingungen denken, die wir im vorangegangenen Kapitel für *ein Glücken der Scheidung* hervorgehoben haben, wird klar, daß die *Indikationsstellung Elternberatung* an keine spezifische Phase gebunden ist. Anders verhält sich das mit der *Indikationsstellung Kinderpsychotherapie.* Während in den Monaten der Nach-Scheidungs-Krise der Arbeit mit Kindern lediglich ein unterstützender Stellenwert zukommt - es sei denn, daß es sich (auch) um „alte", also vor der Scheidung angesiedelte psychische Probleme handelt, wie in *Roberts* Fall -, kann *zu einem späteren Zeitpunkt* die Aufarbeitung der Scheidungserleb-nisse im Rahmen einer psychoanalytischen Therapie für die künftige Entwicklung der Kinder von entscheidender Bedeutung sein, und zwar dann, wenn die Symptomatik des Kindes nicht mehr Ausdruck seiner *erlebnisreaktiven* Erschütterungen durch die Scheidung, sondern das *neurotische* Ergebnis *posttraumatischer Abwehr* ist.

Natürlich stellt sich hier sofort die Frage nach den differentialdiagnostischen Kriterien dieser Unterscheidung. Denn an den *Symptomen* selbst läßt sich die Frage nicht beantworten: Ob wir es nun mit Schlafstörungen, Schulproblemen, Bettnässen, Phobien, Aggressionen oder Depressionen zu tun haben - in allen Fällen kann es sich sowohl um den symptomatischen Ausdruck der (normalen und gesunden) unmittelbaren Scheidungsreaktion handeln als auch um neurotische Symptome i.e.S. Dazu kommt noch die Schwierigkeit, daß die posttraumtische Abwehr, wie schon erwähnt, oft zu einer Beruhigung der erlebnisreaktiven Symptomatik führt, sodaß wir nicht wissen, ob jene Beruhigung, von der uns Eltern berichten, ein Zeichen für ein geglücktes Wiedererlangen des psychischen Gleichgewichts ist oder ob es das bedenkliche Anzeichen einer neurotischen Entwicklung darstellt.

Auch projektive Testuntersuchungen geben auf diese praktisch so wichtige Frage keine verläßliche Antwort. Projektive Tests sind zwar in der Lage, einen guten Einblick in die Bedürfnisse, Konflikte, Gefühle und Phantasien der Kinder zu gewähren. Ob diese psychischen Regungen aber bewußt oder verdrängt sind, wie massiv die Abwehr ist, wie groß in diesem Zusammenhang die Beeinflußbarkeit durch äußere Maßnahmen - etwa von seiten der Eltern - noch ist, das läßt sich mit Hilfe der üblichen Auswertungsverfahren kaum entscheiden[106].

Tatsächlich bereitet jedoch *in der Praxis* die Frage, ob eine auffällige oder auch fehlende Symptomatik eines Scheidungskindes (noch) erlebnisreaktiv oder (schon) neurotisch ist, keine besondere Schwierigkeiten: Sie beantwortet sich mit großer Verläßlichkeit anhand der *Nach-Scheidungs-Geschichte,* die wir uns von den Eltern erzählen lassen. Den ersten Anhaltspunkt liefert uns der *Zeitpunkt:* Fand die Scheidung im letzten halben Jahr statt, dürfen wir annehmen, daß die Symptomatik des Kindes erlebnsireaktiver Natur ist. Liegt die Scheidung hingegen schon eineinhalb Jahre zurück und sind die Beziehungsverhältnisse bereits seit geraumer Zeit stabil, so werden wir an eine neurotische Bildung denken. Den zweiten Anhaltspunkt liefert uns die *Symptomanamnese:*

---

106 Im Rahmen der *Arbeitsgemeinschaft Psychoanalytische Pädagogik Wien* (APP) bemühen wir uns schon seit längerer Zeit um Auswertungsmethoden, die in der Lage sind, Aufschluß auch über die *topischen, ökonomischen und dynamischen* Verhältnisse der psychischen Strebungen (d.h. ob psychische Strebungen *bewußt oer unbewußt* sind, *wie mächtig* sie sind und ob/bzw. in welcher Weise sie innere *Konflikte* provozieren) zu geben. Die Erkenntnisse, die wir inzwischen gewonnen haben, sind aber empirisch noch nicht gesichert genug, um bereits publiziert zu werden. (Die APP widmet sich der Theorie und Praxis Psychoanalytischer Pädagogik und ist auch der Ausbildungs- und Berufsverein der Wiener *Psychoanalytisch-pädagogischen Erziehungsberater.)*

Hat sich seit der Scheidung am Verhalten des Kindes nichts Wesentliches verändert - quantitative Schwankungen ausgenommen -, dürfte sich das Kind nach wie vor im erlebnisreaktiven Strudel der Nach-Scheidungs-Krise befinden. Kam es jedoch zu irgendeinem Zeitpunkt zu einer deutlichen Veränderung - Wechsel der Symptomatik, plötzliches Auftreten eines neuen Symptoms oder Verschwinden eines Nach-Scheidungs-Symptoms - spricht das für eine posttraumtische Abwehr. Den dritten Anhaltspunkt gewinnen wir aus dem *Maß der Unterstützung und Hilfe,* das dem betreffenden Kind von seiner Umwelt geboten wurde. Die Information darüber ist besonders dann wichtig, wenn es darum geht, *Symptomfreiheit* zu beurteilen: Sah das Kind seinen Vater regelmäßig, konnte es mit den Eltern über alles reden, kommen die Eltern auch nach der Scheidung einigermaßen gut miteinander aus und haben sich selbst psychisch stabilisiert, so wird man eine allmählich vollzogene Beruhigung des Kindes als Zeichen geglückter Verarbeitung der Trennung werten dürfen. Fehlt hingegen jeglicher Hinweis auf ein unterstützendes, die Ängste des Kindes milderndes Milieu, so wird die Beruhigung des Kindes aller Voraussicht nach ein neurotisches Phänomen sein. (Hier jedoch kann die projektive Testuntersuchung sehr wohl weiteren Aufschluß bringen.)

Haben wir die Sicherheit gewonnen, daß die gegenwärtigen Probleme des Kindes zu einem nicht geringen Teil neurotischer Art sind, müssen die Eltern für eine Psychotherapie des Kindes gewonnen werden. Es muß allerdings gesagt werden, daß sich Psychotherapie bei *traumatischen Neurosen* zumeist schwieriger gestaltet als bei „normalen" neurotischen Störungen, die sich über längere Zeiträume entwickelt haben. Denn es geht dabei nicht nur um innere Konflikte, Gefühle und Phantasien, sondern diese knüpfen sich an äußere Ereignisse, mit denen sich das Kind nicht konfrontieren will. Das Ergebnis ist ein hohes Maß an innerem Widerstand gegen die therapeutische Arbeit am traumatischen Erlebnis - selbst wenn das Kind gerne in die Therapiestunde kommt. Wenn es dem Therapeuten nicht gelingt, diesen Widerstand aufzulösen und die therapeutische Arbeit auf das (Scheidungs-) Trauma zu fokussieren, wird die Therapie für die langfristige psychische Entwicklung des Kindes nicht das bringen, was wir uns von ihr erhoffen. Schafft es das Kind hingegen, sich diesen Erlebnissen bewußt zu stellen, hat es einen großen Schritt in Richtung *wirklicher Verarbeitung des Scheidungstraumas getan*[107].

---

107 Vgl. die „Geschichte von Sascha und Simon" (S.239 ff).

4. Kapitel
Das Konzept der psychoanalytisch-pädagogischen Beratung von Scheidungseltern

4.1
Probleme der traditionellen Elternarbeit

Sehen wir uns zunächst die Probleme, elterliche Verhaltensweisen und Erziehungshaltungen zu beeinflussen, etwas näher an. Beginnen möchte ich mit einem Phänomen, dem ich in meiner Supervisionstätigkeit immer wieder begegne: Wohl die meisten Psychotherapiemethoden - und erst recht die Psychoanalyse - setzen voraus, daß der Therapeut in der Lage ist, sich mit seinem Patienten zu identifizieren. Handelt es sich hingegen nicht um eine Therapie oder persönliche Lebensberatung, sondern um eine Eltern- bzw. Erziehungsberatung, findet zwar ebenfalls eine Identifizierung des Beraters statt - aber sehr häufig nicht mit dem Klienten, also der Mutter und/oder dem Vater, sondern mit dem abwesenden Dritten, dem Kind. Das führt dazu, daß er sehr bald die von den Eltern erzählte „Geschichte“ mit den Augen des Kindes betrachtet. Das hat den Vorteil, recht schnell zu einer Idee darüber zu kommen, wie sich das Kind fühlen könnte. Allerdings geschieht das um den Preis, daß der Berater die Motive, Probleme, Gefühle und Ängste *der Eltern* nicht spürt. Das Ergebnis einer solchen (unbewußt bleibenden) Beziehungskonstellation ist, daß sich ein Teil der Eltern-Kind-Konflikte nun zwischen Eltern und Berater reinszeniert. Die Folge ist sehr häufig eine Art von Beratung, die ich als *Vermittlung von Über-Ich-Botschaften* bezeichnen möchte. Solche Über-Ich-Botschaften - d.h. Botschaften, die sich an das elterliche Gewissen richten - sind zum Beispiel:

- „Sie dürfen nicht immer nur an sich, sondern Sie müssen an das Kind denken!"
- „Ich verstehe schon, warum die Besuchswochenenden für Sie störend sind, aber: Das Kind braucht seinen Vater!"
- „Tja, vielleicht macht Ihrem Kind die Trennung vom Vater doch mehr aus als Sie dachten?!"
- „Sie können kaum erwarten, daß Ihnen Ihr Kind um den Hals fällt, wenn Sie sich wochenlang nicht rühren!"
- „Haben Sie schon einmal daran gedacht, daß Ihr Kind Sie jetzt ganz besonders braucht?"
- „Sie mögen sich zwar als Partner getrennt haben, als Eltern aber tragen Sie weiter die Verantwortung für Ihr Kind!" usw.

Ich habe den Eindruck, daß diese Art, Eltern zu belehren und ihnen ins „Gewissen" zu reden, eine sehr verbreitete Methode ist. Aber ist sie eine geeignete Methode? Ich bezweifle das. Erstens ist jede Art der Belehrung in Beratungssituationen höchst problematisch. Denn der erhobene („pädagogische") Zeigefinger provoziert sehr häufig massive Widerstände bei den Eltern, zumal - und das ist der zweite Grund - ein großer Teil der Eltern über das, was sie den Kindern eigentlich schuldig wären, ohnedies erstaunlich gut Bescheid weiß. Daß die meisten dieses Wissen nicht in Handeln umsetzen, hat meiner Erfahrung nach seinen Grund nicht in mangelnder Bereitschaft, sondern in dem Umstand, daß die meisten Eltern aufgrund ihrer persönlichen Situation vor, während und nach der Scheidung einfach *nicht in der Lage sind,* ihren Kindern wirksam zu helfen. Zur Erinnerung:

- Vor allem Mütter stehen nach der Scheidung zumeist unter einem enormen ökonomischen und sozialen Druck, was dazu führt, daß sie für jene wichtige „Erste Hilfe", nach welcher die Kinder mit ihren Erlebnisreaktionen rufen, einfach nicht die notwendige Geduld, Ruhe und Empathie aufzubringen vermögen, oder dazu schlicht keine Zeit haben. So kommt es zu jenem schier unlösbaren Widerspruch, daß die Kinder nach der Scheidung Mütter benötigen würden, die so perfekt sind, wie sie es bislang nie sein mußten; und daß zur gleichen Zeit die Mütter Kinder benötigen würden, die so anspruchslos sind, wie sie es bislang nie sein mußten.
- Auch unsere Forderung nach geteilter Erziehungsverantwortung hat einen Haken. Eine solche Kooperation setzt ein Mindestmaß an Vertrauen in den

anderen voraus. Gerade das Vertrauen ist aber bei den meisten Scheidungspaaren bis an die Grundfesten erschüttert. Das liegt häufig daran daß sich die ursprünglich ambivalenten Bilder vom Partner (als Träger positiver und negativer Eigenschaften) im Laufe der Zeit (manchmal aber auch ganz plötzlich) so verändern, daß dem Partner nur mehr negative Eigenschaften zugeschrieben werden, während man sich selbst als weitgehend gut bzw. als Opfer erlebt. Solche „Spaltungsprozesse" resultieren nicht nur aus schmerzvollen Erfahrungen mit dem Partner, sondern sind auch unbewußte Strategien, um sich vom (einst geliebten) Partner lösen zu können: „Von einem solchen Menschen muß ich mich ja trennen und kann es auch!" Solche Spaltungen können aber auch als Reaktion auf das Verlassen-werden entstehen, um die Kränkung zu bewältigen. „Von so einem/einer verlassen zu werden, macht mir nichts aus! Hätte ich früher gewußt..." Wenn es aber einmal so weit gekommen ist, daß ein Elternteil in den Augen des anderen *nur noch* egoistisch, verantwortungslos und bösartig ist, kann dieser es gar nicht verantworten, daß es zwischen dem geliebten Kind und „diesem" Ex-Partner zur Fortsetzung einer intensiven Beziehung kommt. Welche liebende Mutter (Vater) würde sein Kind einem „Teufel" oder einer „Hexe" ausliefern? Das bedeutet aber, daß ein großer Teil der Kämpfe, die Eltern über ihre Kinder austragen, im Bewußtsein der Eltern notwendig sind, um das Kind vor (vermeintlichem) Schaden zu bewahren.

- Zu den sozialen und ökonomischen Belastungen der Scheidungseltern kommen die seelischen hinzu. Für viele Eltern ist die Scheidung unmittelbar traumatisch, da sie alte Trennungs- und Einsamkeitsängste aktiviert. In solchen Situationen benötigt man die fortdauernde unbezweifelbare Liebe wenigstens eines Menschen. Wer anderes käme dafür aber naheliegender in Betracht als das eigene Kind? Damit meine ich, daß Mütter und Väter ihre Kinder sehr oft als primäre Liebespartner benötigen, daß also der sogenannte „Mißbrauch des Kindes als Partnerersatz" mitunter notwendig ist, um überhaupt psychisch überleben zu können. Das hat weitere Konsequenzen: Solche Eltern müssen danach trachten, sich die Liebe des Kindes durch diverse Bindungsstrategien zu sichern. Diese aber richten sich natürlich in erster Linie gegen den als bedrohlich erlebten Ex-Partner: Angst, die Liebe des Kindes zu verlieren, ist ein überaus häufiges Motiv, warum Mütter der Beziehung ihrer Kinder zum Vater entgegenarbeiten, und warum Mütter und Väter sich gegenseitig bei den Kindern (offen oder subtil) anschwärzen. Sehr häufig ist diese Angst auch die ganz unmittelbare Folge der oben beschriebenen Spaltung.

- Eine weitere Konsequenz dieser elterlichen Abhängigkeit von der Liebe des Kindes ist die leichte Verwundbarkeit der Eltern durch aggressives Verhalten der Kinder. Dadurch kann eine der häufigsten und wichtigsten Erlebnisreaktionen von den Eltern nicht angenommen, akzeptiert und mit Zuwendung beantwortet, sondern muß bekämpft werden - denn die Aggression erzeugt bei den Eltern Angst vor Liebesverlust oder sie erinnert an die erlebte Aggression des Ex-Partners. Dieser Kampf wird dann entweder direkt mit dem Kind ausgetragen (wodurch sich die Beziehungskonflikte - und damit auch die Angst der Kinder - verschärfen) oder aber mit dem anderen Elternteil, dem die alleinige Schuld an den Aggressionen des Kindes gegeben wird.
- Bei diesen Schuldzuweisungen spielt ein weiterer Umstand eine oft verhängnisvolle Rolle: die Illusion vieler Eltern, den Kindern würde die Scheidung nicht allzuviel ausmachen. Verhängnisvoll ist das deshalb, weil man nur dann Anstrengungen unternimmt, jemandem zu helfen, wenn man weiß, daß er Hilfe benötigt. Das häufigste Motiv dieser Illusion bilden die Schuldgefühle sich scheidender Eltern - vor allem des Elternteils, der die Scheidung schließlich initiierte - gegenüber den Kindern. Die Vorstellung ist ihnen unerträglich, daß sie dem eigenen Kind großen Schmerz zufügen (bzw. schon zugefügt haben), und so verleugnen sie die entsprechenden Reaktionen der Kinder, indem sie sie nicht als Folge der Scheidung, sondern als „Spinnereien“, als „Ekelhaftigkeit“, „Undankbarkeit“ oder eben als Resultat der Aufhetzung durch den Ex-Partner wahrnehmen. Dementsprechend werden die Reaktionen verurteilt und bekämpft. Häufig kommt es auch zu einer „Koalition der Verleugnung“: Das Kind spürt, daß die Eltern von ihm Gelassenheit erwarten. Wenn dieses Kind dann noch dazu neigt, unangenehme Gefühle von sich wegzuschieben, muß das Leid des Kindes von den Eltern gar nicht mehr übersehen werden: Es bleibt dann in der Tat unsichtbar.
- Dann gibt es da auf Seiten der Eltern eine Gruppe seelischer Regungen, welcher wir viel respektvoller zu begegnen hätten, als dies zumeist geschieht: die aus Kränkung und Enttäuschung entstammende Wut auf den früheren Partner und die mit dieser Wut zusammenhängenden aggressiven Phantasien. Aggressive Impulse haben ebenso Triebcharakter

wie die Sexualität, d.h. es ist ihnen ein unbezwingbares Drängen nach Abfuhr eigen (oder sie müssen abgewehrt, verdrängt werden). Und es kann sein, daß ein Mindestmaß an Vergeltung unerläßlich ist, um sich selbst wieder in den Spiegel schauen zu können. Allein, das Problem besteht darin, daß der geschiedene Partner unangreifbar, weil unabhängig geworden ist. Mit zwei Ausnahmen: Er bleibt verwundbar durch seine Liebe zu den Kindern. Also können die (andauernden) aggressiven Konflikte zwischen den Ex-Partnern in den meisten Fällen nur über die Kinder ausgetragen werden. Die andere erwähnte Ausnahme ist die finanzielle Abhängigkeit der Mutter von den väterlichen Unterhaltszahlungen - das zumeist einzige Machtmittel des Vaters gegenüber der Mutter.

- Gerade für die Befriedigung aggressiver Regungen erweist sich die oben erwähnte Spaltung als „vorteilhaft“. Wenn man dem Partner nur mehr negative Eigenschaften zuschreibt, hilft das, sich trennen zu können oder das Verlassenwerden leichter zu ertragen. Davon leitet sich aber auch die Berechtigung ab, gegen den Partner bzw. gegen dessen Beziehung zum Kind zu kämpfen. Auf diese Weise kann Vergeltung geübt werden, ohne daß man sich die Vergeltungswünsche eingestehen muß: Denn es geschieht „allein zum Wohl des Kindes“.
- Alle diese Regungen wiederholen bzw. verstärken sich, wenn die Eltern eine neue Partnerschaft beginnen. Hinzu kommt ein Netz von Eifersuchtsgefühlen: der Mutter auf den eigenen Partner (falls sich dieser mit dem Kind besonders gut verstehen sollte), vor allem aber auf die neue Partnerin des Vaters; Eifersucht des Vaters auf den neuen Partner der Mutter; ebenso Eifersucht des neuen Partners auf den Vater, aber auch auf die Mutter (falls er sich mit dem Kind nicht verstehen sollte) - von der Eifersucht der Kinder ganz zu schweigen.

Berücksichtigt man in dieser Weise die psychische Situation der Eltern, gelangt man zu der Einsicht, daß ein großer Teil der „pädagogischen Fehler“, die die Eltern während oder nach der Scheidung begehen - „Egoismus“, und „Verantwortungslosigkeit“ eingeschlossen - eine große Ähnlichkeit mit neurotischen Symptomen hat. Ihr Verhalten, ihre Einstellungen, ihre Beurteilung von Personen und Situationen haben die unbewußte Funktion, Bedrohungen fernzuhalten bzw. wichtige Bedürfnisse und Regungen zu erfüllen, ohne daß die Existenz oder die große Bedeutung dieser Bedrohungen, Bedürfnisse und

Regungen offensichtlich werden. Dabei geht es weniger um ein Verbergen vor anderen, sondern darum, sich selbst bestimmte Wünsche, Gefühle und Neigungen nicht zu- bzw. einzugestehen. Mit anderen Worten: Die Eltern handeln, wie sie handeln, *weil sie gar nicht anders können,* weil ihre scheinbaren „pädagogischen Fehlhaltungen" oder „falschen Situationsbeurteilungen" usw. in Wirklichkeit *eine wichtige Abwehrfunktion erfüllen:* Die zwingenden Motive ihres Handelns dürfen nicht bewußt werden, weil sie Angst, Scham, Schuldgefühle hervorrufen würden oder mit dem (gewünschten) Selbstbild nicht in Einklang zu bringen wären. Ist das der Fall, bleibt eine Beratung, die primär auf Einsicht in (pädagogische) Handlungsnotwendigkeiten zielt, sich also an das elterliche Über-Ich wendet, zumeist unwirksam, weil mit dem *Aufgeben* der gegenwärtigen und als pädagogisch ungünstig qualifizierten Haltungen *das seelische Gleichgewicht der Eltern gefährdet würde.*

4.2 Methode und Technik psychoanalytisch-pädagogischer Scheidungsberatung

Das Bewußtmachen der Abwehrfunktion elterlichen Verhaltens

Wenn unsere Beratung wirksam werden soll, bedarf es also einer Methode, die in der Lage ist, die problematischen Haltungen der betreffenden Eltern von jener Bedeutung für das seelische Gleichgewicht zu entlasten, oder anders ausgedrückt: *sie von ihrer Abwehrfunktion zu befreien.* Wenn das gelingt, sind diese Haltungen nicht mehr unverzichtbar, um seelisch überleben zu können. *Dann* aber sind sie auch wieder veränderbar - etwa unter dem Einfluß von Einsicht in das, was die Kinder brauchen.

Frau G. verweigerte ihrem geschiedenen Mann seit einigen Wochen die vierzehntägigen Besuchswochenenden, weil ihr Sohn *Bertram,* 6 Jahre alt, in den diesen Wochenenden folgenden Tagen „völlig durcheinander und aggressiv" sei, und zwar nicht nur zu Hause, sondern auch in der Schule. Sie suchte mich auf, um sich meiner fachlichen Unterstützung gegen die Proteste des Vaters zu versichern. Ich zweifelte nicht an ihrer *Beobachtung* von Bertrams Verhalten, wohl aber war es für mich nicht ausgemacht, daß ihre *Interpretation* (daß ihrem Sohn die Besuche beim Vater nicht guttäten) und die daraus gezogene Schlußfolgerung richtig sei.

Im Laufe der Beratung ergab sich, wie schwer es Frau G. gefallen war, sich von ihrem Mann, der seine Lebensinteressen immer mehr von der Familie abzog, zu trennen. Nach dem letzten Seitensprung „gelang" es ihr, ihn so zu hassen, daß sie sich trennen konnte.

Gleichzeitig vermochte sie mir und sich selbst einzugestehen, welche Schuldgefühle gegenüber Bertram dieser Entschluß auslöste, und wie sie versuchte, diese Schuldgefühle wegzuwischen. Das konnte aber nur klappen, wenn sie nicht das Gefühl haben mußte, daß der Bub unter der Trennung sehr leide. Als es ihr mit meiner Hilfe gelang, sich mit ihren Schuldgefühlen zu konfrontieren, konnte sie auch erkennen und verstehen, daß Bertrams Verhalten eine *Trennungsreaktion* war, und daß ihre Interpretation, es gehe ihm an den Wochenenden beim Vater schlecht, *genau die Funktion hatte, sich nicht eingestehen zu müssen, daß es die Trennung war, unter welcher Bertram litt*. Von dem Moment an, als sie es fertigbrachte, ihre Schuldgefühle zu ertragen, bedurfte sie der Version, die Besuche beim Vater seien schädlich, nicht mehr, um das *Aufkommen* der Schuldgefühle *zu verhindern*. Da nun aber ihre Situationseinschätzung dieser Abwehrfunktion enthoben war, konnte sie beginnen, sich gedanklich „vernünftig", unter Einbeziehung fachlicher Erwägungen, mit ihrer eingeschlagenen Haltung zu beschäftigen, womit der Weg zu einer Veränderung bereitet war.

Zur Unterscheidung von psychoanalytischer Beratung und Therapie

Das Beispiel von Frau G. macht deutlich, was ich mit „Entlastung der Abwehrfunktion" einer bestimmten, pädagogisch problematischen Haltung meine. Ich glaube, es macht aber noch etwas deutlich. Obwohl im Zentrum dieses Vorgehens das *Bewußtwerden* der abgewehrten Strebungen, Gefühle usw. steht (hier in erster Linie der Schuldgefühle, von denen der Trennungswunsch begleitet war), haben wir es doch nicht mit einer psychoanalytischen Therapie zu tun. Denn für einen Psychoanalytiker wäre die

Bewußtmachung der Schuldgefühle, auch des Hasses auf den geschiedenen Partner (als Reaktion auf die erlittenen Kränkungen) und der Angst, Bertram könnte ihr als Vergeltung seine Liebe entziehen, gewissermaßen nur der Einstieg in die weitere Aufdeckungsarbeit. Denn diese Gefühle sind zwar zu einem Teil „normale" Erlebnisreaktionen, zu einem großen Teil aber auch in der unbewußten Persönlichkeit Frau G.'s verankert, also mit den tiefen, bis in die Konflikte der frühen Kindheit reichenden Verdrängungen verbunden. Aus dieser Verbindung schöpfen die Erlebnisreaktionen aber ihre Stärke und imperative Macht, weil sie zur Übertragung von inneren Konflikten einladen, die das existentiell von seinen Eltern abhängige Mädchen einst plagten. An diese unbewußten Anteile der elterlichen Scheidungsreaktionen käme man wohl nur im Rahmen einer analytischen Therapie heran.

Wir rechnen also auch in der psychoanalytisch-pädagogischen Beratung mit dem Bewußtwerden von abgewehrten Inhalten, aber mit einem weit bescheideneren Ziel als in der Psychoanalyse bzw. psychoanalytischen Therapie[108]. Geht es uns dort um die Veränderung der Dynamik und Ökonomie[109] der bis in die Kindheit zurückreichenden zentralen innerpsychischen Konflikte (mit dem Ziel einer erheblichen Persönlichkeitsentwicklung, die nicht zuletzt darin besteht, die allgemeine, latente Neigung zu verringern, die Nöte der Kindheit auf alle möglichen Situationen des erwachsenen Lebens zu übertragen) beschränken wir uns in der psychoanalytisch-pädagogischen Elternberatung

- erstens auf einen *umschriebenen Bereich der Persönlichkeit,* nämlich bestimmte, pädagogisch bedenkliche Haltungen;
- zweitens geht es uns nicht um die Bearbeitung des ganzen Komplexes unbewußter Konflikte, dem diese Haltungen aufsitzen, sondern nur um die *„Abkoppelung" jener Haltungen vom ganzen neurotischen Komplex.*

Die Intention, diese Mutter/dieser Vater möge sich der unbewußten Anteile des Umgangs mit der Trennung bzw. ihrer Folgen bewußt werden, beschränkt

108 Psychoanalytiker unterscheiden zumeist zwischen *Psychoanalyse* i.e. S. („klassische Analyse" oder auch „Standardanalyse") und *psychoanalytischer Psychotherapie,* in welcher die traditionellen Settingbedingungen der Analyse (Couch, hohe Frequenz), aber auch die technische Vorgangsweise den äußeren Bedingungen bzw. der speziellen Pathologie (z.B. bei Borderline- oder psychotischen Erkrankungen) angepaßt werden. Im Hinblick auf den hier beschäftigenden Problemzusammenhang kann ich diese Unterscheidung jedoch vernachlässigen.

109 Mit dem Begriff der „Ökonomie" sind in der psychoanalytischen Theorie die *quantitativen Verhältnisse* der verschiedenen psychischen Kräfte gemeint.

sich also auf die oberste Ebene der Abwehr, gewissermaßen auf die *äußere Hülle der Neurose.*

Dennoch handelt es sich dabei um einen erheblichen Eingriff in das psychodynamische Gleichgewicht, andernfalls könnten die so herbeigeführten Veränderungen bei den betreffenden Eltern nicht wirklich bedeutsam, vor allem jedoch nicht dauerhaft sein. Damit stellt sich die Frage, wie dies zu bewerkstelligen sein soll. Um zu *Frau G.* zurückzukehren: Wie ist es gelungen, daß dieser Mutter die Schuldgefühle gegenüber ihrem Sohn *bewußt wurden?* Wieso konnte sie diese Schuldgefühle plötzlich ertragen, mußte sie sie bislang doch abwehren? Und das alles unter *Setting-Bedingungen,* die von jenen des psychoanalytisch-therapeutischen Vorgehens doch erheblich abweichen:

- Anders als bei unseren Therapie-Patienten können wir bei Eltern, die „bloß" Beratung wünschen, nicht mit der Bereitschaft zur Selbstreflexion bzw. Selbsterfahrung rechnen. Sie wollen nicht etwas leisten, sondern etwas bekommen: Rat und Hilfe.
- Damit müssen wir aber auf das wichtigste Hilfsmittel für das Bewußtwerden von unbewußten seelischen Inhalten verzichten: die Grundregel der freien Assoziation.
- Darüber hinaus vollziehen sich die Bewußtwerdungsprozesse in der psychoanalytischen Therapie zumeist nicht „direkt" an den unbewußten Anteilen der Lebenspraxis, sondern an den unbewußten Anteilen der Beziehung des Patienten zum Analytiker (Übertragung) und hier besonders über die Bearbeitung der (im Zusammenhang der Übertragung auftretenden) Widerstände. Zwar rechnen wir auch in der Beratung mit einer „positiven Übertragung", müssen uns aber vor negativen Übertragungsprozessen und Widerständen hüten, da sie wegen des Fehlens des therapeutischen Arbeitsbündnisses aller Voraussicht nach zum Scheitern oder zum Abbruch der Beratung führen würden[110].
- Ein weiterer Grundpfeiler des psychoanalytisch-therapeutischen Arbeitens ist das Abstinenzprinzip: Statt Wünsche zu erfüllen, gilt es, sie zu analysieren, weil wir die Kraft der Wünsche für die Bereitschaft des Patienten, sich der (mühevollen) analytischen Arbeit zu unterziehen, benötigen. Wie aber sollen wir die Eltern - ohne ihre Therapiebereitschaft - „abstinent" halten, wo sie doch gerade mit der Erwartung zu uns kommen, wir könnten ihnen in ihrer schwierigen Situation, angesichts ihrer augenblicklichen Ohnmacht,

110 Zur „positiven" und „negativen Übertragung" vgl. S. 90, Anm. 61.

helfen, sie stärken und unterstützen. Sind Bewußtwerdungsprozesse bei einer gewährenden Haltung unsererseits dann überhaupt möglich?

- Der Verzicht auf Abwehr ist stets mit Angst erkauft - andernfalls wäre die Abwehr ja nicht nötig gewesen. Um diese Ängste ertragen zu können, bedarf es einer verläßlichen, stabilen (therapeutischen) Beziehung und vor allem viel Zeit. Wie sollen wir also ein solches Vorhaben in wenigen Stunden zuwegebringen?
- Schließlich hat der Psychoanalytiker eine sehr lange und sehr spezielle Ausbildung hinter sich. Heißt das, daß psychoanalytisch-pädagogische Elternberatung nur von Analytikern vorgenommen werden darf? Dann freilich hätte diese Methode angesichts des großen Bedarfs an Beratung wenig praktische Relevanz.

Die technischen Probleme erscheinen jedoch nur solange unüberwindlich, als man den Prozeß des Bewußtwerdens lediglich unter dem topographischen Gesichtspunkt[111] betrachtet und die „ökonomischen Verhältnisse", d.h. die Quantität der Besetzungs- und Gegenbesetzungsenergien außer acht läßt. Oder anders ausgedrückt, wenn man das Ausmaß der Abwehr bzw. die „Tiefe" der Verdrängung nicht mitberücksichtigt. Die Konflikte der psychischen Oberfläche sind nämlich zumeist sehr „schlecht" abgewehrt, was meint, daß die Ohnmachts- und Schuldgefühle, der Haß und die Vergeltungsbedürfnisse, der verletzte Stolz, die Angst vor Alleinsein und Liebesverlust usw., also jene seelischen Regungen, die durch das problematische Verhalten der Eltern unbewußt gehalten werden sollen, so *bewußtseinsnah* sind, daß sie „fast gespürt" werden, daß sie immer wieder zum Bewußtsein drängen. Und gerade weil sie so nachhaltig zum Bewußtsein drängen, müssen sie andauernd in relativ dramatischen Aktionen abgewehrt werden. Wir haben also - anders als in der therapeutischen Analyse, wo es um tief verschüttete Konflikte geht - die ökonomischen Verhältnisse „auf unserer Seite".

„Aufklärung" als technisches Instrument

Aus diesem Grund bedürfen wir auch nicht des komplizierten psychoanalytischen Settings, das entwickelt wurde, um die Macht der Verdrängung zu bre-

111 Unter der psychischen „Topographie" versteht man in der Psychoanalyse die Strukturierung des Psychischen in die drei „Räume" *Bewußtes, Vorbewußtes und Unbewußtes.*

chen. Diese Macht ist in den meisten unbewußt determinierten Handlungen, um die es uns in der Scheidungsberatung geht, eben gar nicht so groß. Ja, wir haben es zumeist gar nicht mit Verdrängungen i.e.S., sondern mit dem Phänomen des „Agierens" zu tun: Konfliktuöse Regungen werden - statt gespürt und gedacht (also „symbolisiert") zu werden - unmittelbar in Handlungen umgesetzt.

Um sie spür- und denkbar, also dauerhaft bewußt zu machen, muß es uns nur gelingen, die mit diesen Regungen verbundene *Angst ein kleines Stück zu reduzieren,* wodurch der Konflikt an der Oberfläche soweit entlastet wird, daß auf die Abwehr durch Agieren verzichtet werden kann. Wie aber soll eine solche Angstminderung gelingen? Ist denn nicht das (psychoanalytisch-*therapeutische)* Vordringen in die zugrundeliegenden infantilen Konflikte die einzige Möglichkeit? Es gibt eine Alternative. Das technische Instrument, diese Reduzierung von Angst zu erreichen, ist nicht in erster Linie die Deutung, erst recht nicht die Deutung von Übertragungsreaktionen oder Widerständen, sondern ein Verfahren, das ich als *psychoanalytisch-pädagogische Aufklärung* bezeichnen möchte.

Ich verwende ganz mit Absicht für das, was ich meine, den Begriff „Aufklärung" und nicht etwa das vielleicht näherliegende Wort „Information". Information meint lediglich einen Zuwachs an Wissen. Aufklärung dagegen vermittelt ein *besonderes Wissen,* ein Wissen, das die Welt anders erscheinen läßt, das den Sprung auf eine neue Bewußtseinsebene bedeutet, Einschränkungen durch tradierte, mythische, beängstigende Vorstellungen niederreißt und endlich ein Gefühl von Freiheit des Selbstgestaltenkönnens (Emanzipation) vermittelt. Es geht also nicht um irgendeinen Wissenszuwachs, sondern um einen wirksamen, Veränderung initiierenden Wissenszuwachs. (In diesem Sinn ist auch die psychoanalytische Therapie als Ganze aufklärend, indem sie Einsicht in die tief verdrängten infantilen Beweggründe ermöglicht.) Welche „Einsicht" aber könnte im Rahmen von Elternberatung eine solche entängstigende Wirkung haben? Worüber könnte Elternberatung „aufklären"?

Nicht zufällig wird der Begriff Aufklärung auch für die Einweihung in die Geheimnisse der Sexualität verwendet. Wissen wir doch - gerade dank der Psychoanalyse - wie beunruhigend, verwirrend und beängstigend die infantilen Sexualtheorien sind bzw. das, was die Kinder von der Sexualität (ihrer Eltern) unwissend mitbekommen. Aber noch mehr: Die sexuelle Aufklärung eröffnet dem Kind das Wesen einer Liebe, die anders ist, als die Liebe zu den Eltern. Sie verspricht eine Liebe jenseits von Abhängigkeit und der Angst vor der Macht der Großen. Besonders beeindruckend kommt diese Polarität von Wissen und Angst bzw. Abhängigkeit in der rituellen Form der sexuellen Aufklärung junger Männer, wie sie noch in vielen Kulturen üblich ist, zum Ausdruck, in der „Initiation". In der Initiation wird der Unterschied festgeschrieben „zwischen den Männern, die das Geheimnis wußten, und den Frauen und Kindern, die es nicht kennen durften" (Erdheim/Hug 1990)[112]. Die hauptsächliche Bedeutung der Initiation besteht nach Erdheim und Hug in der Offenbarung, *„daß es die Geister, die ihnen zuvor solche Angst bereitet hatten, nicht gab, daß sie nur dazu dienten, die Frauen zu ängstigen, um sie besser unter Kontrolle zu halten"* (ebd; Hrvh. H.F.).

Haben wir es vielleicht gar auch in der Elternberatung mit „Geistern" zu tun? Und welcher Art wären die Geister, welche im Rahmen einer Beratung geschiedener bzw. sich scheidender Eltern vertrieben werden müßten?

Ja, es gibt in der Tat solche pädagogischen Geister, die sich in den Köpfen von Eltern - und besonders gern in jenen geschiedener Eltern - festsetzen. Bleiben wir gleich bei jenen Geistern, die Eltern - wie auch Frau G. - so große *Schuldgefühle* machen. Zum Beispiel:

- „Von einer guten Mutter/einem guten Vater wäre zu erwarten, daß sie/er eigene Bedürfnisse - etwa sexuelle, emanzipatorische Bedürfnisse usw. - hinter jene des Kindes zurückstellt. Ich habe das nicht getan."
- „Mit der Trennung füge ich meinem Kind Schmerz zu, nehme ihm das Gefühl von Geborgenheit und schädige es vielleicht für sein ganzes Leben."
- „Mit der Entscheidung zur Trennung verrate ich meinen eigenen Lebensplan."
- „Das Zerbrechen der Ehe - selbst wenn der Partner schuld sein sollte - beweist meine Unfähigkeit, meinem Kind die Sicherheit einer intakten Familie zu erhalten."

Aufs engste mit den Schuldgefühlen verbunden ist *die Unfähigkeit, die Aggression der Kinder zu ertragen.* Diese Unfähigkeit hat ihren Grund häufig in der Regentschaft von Geistern, wie:

- „Durch die Trennung (an der ich direkt oder indirekt schuldig, zumindest mitschuldig bin) habe ich die Liebe meines Kindes verloren."

112 Zit. nach Janata 1992.

- Eine häufige Variante: „Wenn ich nichts gegen die Aggressionen unternehme, wird mein Kind seine ganze Enttäuschung bei mir abladen und sich dem Ex-Partner zuwenden, mich verlassen, sodaß ich völlig allein zurückbleibe."
- „Ich habe mich von meinem Mann/meiner Frau getrennt, weil er/sie mich nicht mehr liebte und seine/ihre Aggressivität unerträglich geworden ist. Jetzt passiert mir *dasselbe* mit dem eigenen Kind. Vor der Aggressivität des Kindes aber gibt es für mich kein Entrinnen."
- „Die Aggressivität des Kindes macht mich so wütend, daß ich Angst vor meinem eigenen Haß dem Kind gegenüber bekomme."

Nicht nur die Wut auf das Kind macht Angst, auch *Wut, Haß und Vergeltungswünsche gegenüber dem Partner* sind schwer einzugestehen:
- „Man darf nicht wütend sein - ich werde wohl Mitschuld tragen."
- Selbst wenn man sich Wut zugesteht: „Wütend sein ist gut und schön. Aber ich darf mich nicht vom Haß beherrschen lassen."
- „Wenn ich meinen Ex-Partner auch hasse, ist es verwerflich, auf Vergeltung zu sinnen."
- „Meine Wut wertet ihn/sie auf und demütigt mich. Das gönne ich ihm/ihr nicht."
- „Es ist für den Erhalt bzw. die Rückgewinnung meines Stolzes von entscheidender Bedeutung, daß ich das Gefühl habe, die ganze Sache macht mir nichts aus."

Zu den häufigsten *Folgeerscheinungen* solcher abgewehrter Gefühle und Phantasien von geschiedenen Müttern gehört die Erschwerung bis Verhinderung der Fortsetzung der Beziehung zwischen Vater und Kind. Neben den schon genannten sprechen in diesem Zusammenhang folgende Geister (Gefühle und Phantasien) eine besondere Rolle:
- „Der (böse) Vater schädigt mein Kind."
- „Der Vater wird seine ganze Liebe gewinnen, für mich bleibt dann nur mehr der Haß des Kindes. Das halte ich erstens nicht aus, zweitens kann ich dem Vater diesen Triumph nicht gönnen."
- „Wenn die Beziehung zum Vater zu intensiv bleibt, wird mich mein Kind (einst) verlassen."
- „Ich habe mich getrennt, um einen Schlußstrich zu ziehen und ein neues Leben

zu beginnen. Ich ertrage es daher nicht, daß der Vater - real und in Gestalt der Liebe meines Kindes - in meinem Leben (für immer) präsent bleibt."

Ebenso häufig geht die Unterbrechung der Vater-Kind-Beziehung vom Vater aus. Spezielle *„Geister" der Besuchsväter* sind:

- „Ich habe überhaupt nichts mehr zu sagen. Wehe, wenn ich mich einmische, was für mein Kind gut oder schlecht ist: Damit riskiere ich eine Krise und in der Folge vielleicht die Behinderung der Kontakte zum Kind. Es ist demütigend, als Vater auf die Rolle eines älteren Bruders reduziert zu werden, der die Anweisungen der Mutter zu befolgen hat."
- „Diese Entmündigung ist nicht nur demütigend für mich. Verliere ich nicht auch das Gesicht vor meinem Kind?"
- „Wenn das Kind von mir Unterstützung bei Problemen mit der Mutter erhofft, bin ich machtlos, ihm zu helfen. Kann ich so überhaupt noch ein Vater sein?"
- „Ich habe nur drei, vier Tage im Monat Zeit, die Beziehung zu meinem Kind zu festigen. Wenn ich ihm während der Besuche nicht genug biete, verliere ich vielleicht seine Liebe."
- „Während das Kind bei mir ist, fragt es immer wieder nach der Mutter, die ihm fehlt. Offenbar bedeute ich ihm nicht (mehr) sehr viel, jedenfalls nicht genug, um sich mit mir richtig wohlzufühlen."

Solche „pädagogischen Geister" sind aber oft nicht nur *Verursacher* von Gefühlen und Vorstellungen, die für die Eltern so unerträglich sind, daß sie vom Bewußtsein ferngehalten werden müssen. Sie können selbst Abwehrfunktion haben, d.h. dazu dienen, einen *anderen* „Geist" unbewußt zu halten. So mag etwa der eben zitierte „Vater-Geist" („Kann ich bei meiner Machtlosigkeit meinem Kind überhaupt noch ein Vater sein?") auch der Abwehr des *Wunsches* dienen, sich von väterlicher Verantwortung zu befreien. Gut läßt sich eine solche Abwehrfunktion auch an einigen Geistern zeigen, die sich gern einnisten, wenn die Eltern eine neue Partnerschaft eingehen, und die die Etablierung der Stieffamilie bzw. die Kontinuität der Beziehung zwischen dem Kind und dem leiblichen Vater gefährden:

- „Die neue Frau meines geschiedenen Mannes tut nur deshalb so schön und lieb, um mir die Kinder wegzunehmen." Diese Vorstellung dient nicht zuletzt der Abwehr der erlittenen Kränkung aber auch des Hasses auf diese Frau, der unter Umständen auf sie projiziert wird[113]. Überdies kann mit diesem Geist auch der Wunsch, das Kind ganz für sich allein zu haben, rationalisiert werden.

- „Die Erziehungs- und Lebensvorstellungen des neuen Mannes meiner geschiedenen Frau gefährden die Entwicklung meines Kindes.“ Solche pädagogischen Vorwürfe decken die narzißtischen Kränkungen, die Eifersucht und die Angst des leiblichen Vaters zu, die Liebe seines Kindes zu verlieren. Darüber hinaus kann auf diese Weise der eventuelle Wunsch, das Kind zurückzubekommen (durch Beantragung des Sorgerechts), rationalisiert werden.
- Stiefväter und Mütter sind überaus anfällig dafür, angesichts der Beziehungsschwierigkeiten mit dem Kind zu der Schlußfolgerung zu gelangen: „Der Kontakt des Kindes mit dem leiblichen Vater bringt unsere (neue) Familie durcheinander und schadet daher dem Kind.“ Mit diesem Geist können eine ganze Reihe unangenehmer Gefühle vom Bewußtsein ferngehalten werden: die Eifersucht auf den Vater/früheren Mann; die Kränkung angesichts der Zurückweisung durch das Kind; bei der Mutter die Rachegelüste gegenüber dem Vater; schließlich bei beiden die Angst, die Liebe des Kindes zum Vater könne die neue Partnerschaft auseinanderbringen.
- Auch die „pädagogische“ Überzeugung des Stiefvaters: „Dieses Kind muß härter angefaßt werden!“ speist sich häufig aus diesen Gefühlen. Sie verdeckt überdies den Gedanken, daß es ganz angenehm wäre, wenn es das Kind nicht gäbe, indem sie eine Rationalisierung für die daraus folgende Wut auf die Existenz des Kindes bietet.
- Schließlich noch der „Stiefmutter-Geist“: „Ich möchte dem Kind meines Mannes eine richtige und besonders gute Mutter sein“, der sich vielleicht aus dem Wunsch herleitet, die frühere Frau auch in diesem Punkt auszustechen; vielleicht auch - wie früher ausgeführt -, um eigene, noch unbefriedigte Kindeswünsche abzuwehren.

Soweit einige Beispiele für Gedanken, Gefühle und innere Konflikte von Eltern, die so unerträglich sein können, daß sie verdrängt, noch häufiger jedoch durch „Agieren“ abgewehrt werden müssen. Ich breche die Auf-

113 Wie schon die Verschiebung oder die Rationalisierung ist auch die „Projektion“ ein Abwehrmechanismus: Dabei werden eigene Gefühle, Gedanken oder Wünsche, die man selbst an sich nicht wahrnehmen möchte, einer anderen Person zugeordnet. Werden Haßgefühle auf eine andere Person projiziert, führt das zwangsläufig dazu, daß diese Person nun als hoch bedrohlich - da mit meinem Haß hassend - erlebt wird. Vgl. auch S. 68, Anm. 47.

zählung an dieser Stelle ab und wende mich der Frage zu, durch welche Art von „Aufklärung" jene „Geister" vertrieben oder wenigstens so weit entmachtet werden können, daß sich die betreffende Mutter/der betreffende Vater mit den eingeschlagenen Handlungsstrategien rational auseinanderzusetzen vermag.

Nehmen wir als Beispiel die Schuldgefühle der Eltern. Stellen wir uns vor, mir wäre im Laufe der ersten zwei, drei Sitzungen klar geworden, daß Schuldgefühle bei dieser Mutter und/oder diesem Vater eine zentrale Rolle spielen und die Probleme des Kindes wesentlich daher rühren, daß die Eltern diese Schuldgefühle immer aufs neue abwehren müssen. In diesem Fall könnte ich vorsichtig beginnen, die Mutter/den Vater etwa darauf hinzuweisen,

- daß der unmittelbare Schmerz des Kindes über die Trennung der Eltern normal, ja ein Zeichen für eine bisher weitgehend *gelungene* psychische Entwicklung ist;
- daß das auch für die daraus resultierenden „Symptome" gilt, die darüber hinaus eine *Hilfe* sind, das seelische Gleichgewicht wiederzufinden;
- daß der aktuelle Schmerz des Kindes keineswegs bedeutet, daß die Trennung für das Kind nicht zu bewältigen ist, ja sie sich unter Umständen langfristig als *Chance* erweisen kann: daß aber umgekeht die Möglichkeit, daß die Trennung für das Kind langfristig die bessere Lösung darstellen mag, nichts daran ändert, daß es jetzt darunter leidet;
- daß es gut ist, Lebenspläne zu haben und sich um ihre Realisierung zu bemühen, etwa den Plan, dem Kind die Sicherheit einer intakten Familie zu bieten, daß man aber auch *sich selbst* und seinem *eigenen* Lebensglück gegenüber verantwortlich ist;
- daß dieses Kümmern um das eigene Wohlergehen und Glück *keineswegs* in einem prinzipiellen Widerspruch zum Wohl des Kindes steht: Zwar sind zufriedene Erwachsene nicht automatisch gute Eltern, aber umgekehrt sind unglückliche Eltern kaum je wirklich „gute", d.h. für das Kind optimal förderliche Mütter und Väter. Denn erstens ist es für die emotionale Entwicklung des Kindes von großer Bedeutung, sich mit Eltern identifizieren zu können, die das Leben bejahen und genießen können. Zweitens bedeutet es für die Kinder eine schwer zu bewältigende Last, wenn die Eltern ihnen zuliebe das eigene Lebensglück opfern. Unbewußt wird von ihnen dann erwartet, dankbar zu sein, Freude zu machen, die Eltern nicht zu enttäuschen. Darüber hinaus erzeugen zu große Opfer notwendig

Aggressionen, die die Kinder früher oder später zu spüren bekommen, und sei es in subtiler Form, etwa als Reizbarkeit, mangelndes Einfühlungsvermögen, als Ungerechtigkeiten u.ä.

- Schließlich rede ich davon, daß es wohl zu den schwierigsten Dingen im Leben gehört, akzeptieren zu können, daß wir mitunter unseren Kindern wehtun, einfach, weil wir müssen - seien es gesellschaftliche Zwänge oder ein ausreichendes Quantum an eigenem Lebensglück. Aber diese Schuld an Frustration und/oder Leid unserer Kinder ist leichter zu ertragen, wenn ich mir klarmache, daß mir im Grunde nichts anderes übrigbleibt und daß meine Handlungen langfristig dem Kind auch zugutekommen können, daß ich also das, was ich tat, auch *als Mutter/als Vater* verantworten kann. Wenn ich aber meine Schuld (am augenblicklichen Weh des Kindes) verantworten kann, muß ich sie nicht verleugnen und abwehren: Ich gewinne die Freiheit, daß mir mein Kind für das, was ich ihm angetan habe, wirklich und ehrlich leid tut. Dieses Bedauern und Mitleid ist aber die Voraussetzung jedes Bemühens um Wiedergutmachung: Erst wenn ich mir meine Schuld eingestehen kann - weil sie *verantwortete Schuld* ist - kann ich mich wirklich darum bemühen, mein Kind zu trösten und ihm zu helfen, mit seiner schwierigen Situation fertigzuwerden.

Inhalte und Wirkung „aufklärender" Interventionen

Besehen wir uns näher, welcher Art die Inhalte solcher „Aufklärungen" sind. Einen Teil bilden *Forschungsergebnisse,* die ich auch vor Fachpublikum darlegen würde, etwa über die Anpassungsfunktion der „Erlebnisreaktionen" oder über den Umstand, daß alle Kinder unter der Scheidung leiden, daß aber langfristig betrachtet die Trennung der Eltern auch eine Entwicklungschance darstellen kann usw.[114]

Vielleicht erzähle ich ihnen auch über das Hospitalismus-Syndrom, wenn ich ihnen klarmachen will, daß Irritationen nach den Besuchswochenenden auch positiv zu sehen sind, während Ziele, wie „Ruhe" und „Ausgeglichenheit" höchst problematisch sein können. Ober ich spreche über die Triangulierungsfunktion des Vaters, die dazu führen kann, daß die

114 So gesehen eignen sich fast alle Erkenntnisse über die Bedeutung der Scheidung für Kinder und Eltern bzw. über die möglichen Folgen der Scheidung für die kindliche Entwicklung, wie ich sie in den vorangegangenen Kapiteln bzw. im ersten Band dargelegt habe, für die „aufklärende Arbeit" mit den Eltern.

fortgesetzte Beziehung des Kindes zum Vater mittelfristig die aggressiven Konflikte zwischen Mutter und Kind eher entlasten als - wie befürchtet - verschärfen wird. Und ich spreche davon, daß die psychischen, sozialen und ökonomischen Belastungen der Scheidung es Eltern fast unmöglich machen, das Richtige zu tun. Von ganz besonderer Bedeutung ist auch die Aufklärung über die prinzipielle Ambivalenz von Liebesbeziehungen: Die Anerkennung des Umstandes, daß Enttäuschungen und Kränkungen notwendiger Bestandteil aller Liebesbeziehungen sind, läßt verstehen, daß Aggressionen Begleiterscheinungen von Liebe sind. Das erleichtert Eltern zum einen, sich die eigene Wut auf das (notwendig schwierige) Kind einzugestehen, ohne darum noch größere Schuldgefühle zu bekommen. Zum anderen hilft es ihnen, die Aggressionen des Kindes leichter zu ertragen, weil sie nicht mehr als untrügliches Zeichen dafür wahrgenommen werden, daß „mein Kind mich nicht mehr liebt". Man kann in diesem Zusammenhang den Eltern auch sagen: „Vertrauen Sie ruhig, daß Ihr Kind Sie liebt und lieben wird!" Das - zusammen mit der Triangulierungsfunktion des Vaters - mildert die Angst, die Liebe des Kindes an den Partner zu verlieren. Und es entlastet die Väter, die sich durch die Vorstellung stressen, der Unterhaltungswert und die Konfliktfreiheit der Besuchswochenenden wäre eine Voraussetzung für das fortgesetzte Bedürfnis des Kindes, einen Vater zu haben.

Es ist aber nicht nur der sachliche Informationsgehalt, der entlastet. Äußerungen wie „Unglückliche Eltern sind selten gute Eltern", „Man ist auch seinem eigenen Wohlergehen gegenüber verantwortlich" oder die Formulierung „Gute Erziehung ist ein Kompromiß zwischen den eigenen und den Interessen der Kinder, der niemanden überfordert", lassen sich zwar prinzipiell auch theoretisch begründen, einfach so hingesagt, wirken sie jedoch eher wie *Anschauungen, Meinungen.* Als solche werden sie glaubhaft, wenn sich die Mutter/der Vater auf der Basis einer positiven Übertragungsbeziehung mit dem Berater identifiziert.

Außer der Vermittlung von Wissen und „Anschauungen" geschieht im Zuge solcher Aufklärung noch etwas. Der Satz etwa: „Es ist für uns schwer zu akzeptieren, daß wir unseren eigenen Kindern wehtun", macht das Problem dieser Mutter/dieses Vaters zu einem allgemein-menschlichen Problem. Man kann auch sagen, daß mit solchen Formulierungen die betreffenden Einstellungen, Gefühle und Wünsche *enttabuisiert* werden. Dafür eignen sich gerade psychoanalytische Grunderkenntnisse sehr gut. Etwa die eben erwähnte Ambivalenz von Liebesbeziehungen oder das Schwanken zwischen progressiven Autonomiebedürfnissen und regressiven Wünschen nach Geborgenheit und Abhängigkeit; die Natürlichkeit und Unbezwingbarkeit von Aggressionen; die Normalität narzißtischer Strebungen (Aufmerksamkeit, Stolz, Selbstachtung...) usw.

Mit unserer fachlichen Kompetenz, unseren „Anschauungen", unserem Wissen über die menschliche Natur und vor allem unserer bejahenden, freundlichen und verständnisvollen Einstellung dieser Natur gegenüber, bieten wir den moralisierenden, scheltenden und ängstigenden „Geistern" die Stirn - jedenfalls so weit, daß die Eltern ihre eigenen Erlebnisreaktionen auf die Trennung und ihre Folgen nicht mehr abzuwehren brauchen.

Schließlich ist auf einen weiteren Aspekt unserer aufklärenden Gespräche hinzuweisen: Ihre Wirksamkeit besteht nicht allein in einem Zuwachs von Erkenntnissen, sondern auch im Abbau von *Illusionen*. Oder anders ausgedrückt: Die „Geister" haben oft auch eine verlockende Gestalt. Dazu gehört etwa die Vorstellung eines reibungslosen Ablaufs der Trennung oder daß man mit der Trennung einen Schlußstrich unter das bisherige Leben ziehen könnte. Die Informationen über das Leid der Kinder, die Aufklärung der Abwehr von Schmerz und Kränkung konfrontiert die Eltern mit der Realität einer schweren persönlichen und familiären Krise. Aber erst wenn die Krise auch wirklich als Krise erkannt wird, kann sie bewältigt werden. Manchen Eltern fällt dieses Akzeptieren der Realität so schwer, daß man um eine aktive Konfrontation nicht herumkommt. Die Geschichte von den 'drei Packerln' eignet sich ganz gut, um zu verhindern, daß eine solche Konfrontation allzu moralisierend wird: Wie gut auch immer es gelingen mag, die Trennung zu bewältigen, an zumindest einem unliebsamen 'Packerl' haben alle drei Beteiligten zu tragen: *das Kind* (die Kinder) an der Entbehrung, die beiden liebsten Menschen nicht mehr unter einem Dach bei sich zu haben; *die Mutter* am Umstand, daß der Vater trotz Trennung in Gestalt der Liebe des Kindes für alle Zukunft einen gewissen Raum im Leben einnehmen wird und somit auch sein Einfluß auf die Entwicklung des Kindes unverhinderbar ist - selbst dann, wenn der Vater den äußeren Kontakt zum Kind einbüßt; und *der Vater* muß sich damit abfinden, daß er dennoch einen Großteil seines Einflusses auf das Kind (und natürlich auf seine frühere Frau) verliert und selbst in den (zumeist) spärlichen Kontakten mit dem Kind von der Bereitschaft der

Mutter, die die reale Macht innehat, abhängig ist. Für die Kinder bedeutet das eine jahrelang (unbewußt mitunter lebenslang) unerfüllte Sehnsucht; für die Mutter die Desillusionierung, sich von der (unglücklichen) Vergangenheit völlig losmachen zu können; und für den Mann eine schwere narzißtische Kränkung. Die Frage, ob es den Kindern gelingt, mit dieser Entbehrung zurechtzukommen, hängt nicht zuletzt davon ab, ob und wie es den Eltern gelingt, ihr 'Packerl' ertragen zu können...

4.3 Die handlungsrelevanten Ergebnisse psychoanalytisch-pädagogischer Beratung

Veränderte Haltungen

Indem wir versuchen, die pädagogisch problematischen Haltungen der Eltern von ihrer Abwehrfunktion zu befreien, sollen sie dem rationalen Diskurs wieder zugänglich werden. Im Grunde ist das in den meisten Fällen jedoch eine fast zu bescheidene Formulierung. Unsere Weise der aufklärenden Gespräche schafft nämlich zumeist nicht nur die Voraussetzung für eine (spätere) Veränderung elterlichen Verhaltens, sondern hat ganz unmittelbar, mitunter nur geringfügig scheinende, Modifikationen der ursprünglichen Haltungen zur Folge, die jedoch von eminenter praktischer Relevanz sein können.
Besonders wichtig erscheinen mir folgende Modifikationen:

a) Die Milderung der Spaltung

Wie oben beschrieben, stehen die Spaltungsvorgänge, durch welche der (Ex–) Partner schließlich zu einer „bösen“ Karikatur seiner selbst wird, im Dienste des Trennungswunsches und/oder der Abwehr der erlittenen Kränkungen; sie helfen Aggressionen zu rationalisieren, erleichtern die Abwehr der Schuldgefühle (durch Projektion auf den Partner); und werden schließlich durch die Ängste, die Liebe des Kindes an den Partner zu verlieren, zusätzlich verstärkt. Wenn „aufgeklärte Eltern“ für die Ambivalenz von Autonomie-

und Abhängigkeitsbedürfnissen Verständnis aufbringen können, wenn die Enttabuisierung narzißtischer Strebungen es ihnen erlaubt, über ihre Kränkungen zu reden, wenn sie sich ihre Aggressionen und Schuldgefühle bewußt machen können, und wenn es schließlich gelingt, ihre Liebesverlustängste zu reduzieren - dann fallen wichtige unbewußte Motive, die jene Spaltungsvorgänge am Leben erhalten, weg. Damit mildert sich aber auch die Spaltung selbst, das heißt: die extreme Ausformung des negativen Bildes vom Partner. Beeindruckend formulierte das eine Mutter mit folgenden Worten: „Ich sage Ihnen ganz ehrlich, ich halte es kaum aus, daß mein Martin seinen Vater so anhimmelt. Am liebsten wäre es mir, dieser würde vom Erdboden verschwinden, und wir hätten nur mehr uns drei. Aber (mit Seufzen), ich verstehe schon, er braucht eben seinen Vater, und es wird mir - und meinem Freund - wohl nichts anderes übrigbleiben, als in diesen sauren Apfel zu beißen. Hoffentlich schaffe ich es - helfen Sie uns dabei?"

Da wußte ich, das Wichtigste ist für dieses Kind, für diese Familie geschafft. Jetzt war der Raum frei für unter Umständen ganz konkrete Rat- und Vorschläge.

b) Die „Packerln" tragen können

Die Rede dieser Mutter zeigt uns auch, daß sie bereit und fähig ist, ihr „Packerl" der Scheidung zu akzeptieren. Ist den Eltern einmal klargeworden, daß sie um dieses „Erbe" der Scheidung nicht herumkommen, werden automatisch die Strategien hinfällig, sich dieses Erbes zu entledigen: z.B. als Mutter zu versuchen, die Vergangenheit mit dem Vater ungeschehen zu machen; als Vater um die Wiedererringung von Macht über Frau und Kind zu kämpfen; und schließlich, als Kind auf die Wiedervereinigung der Eltern zu warten oder zu hoffen.

c) Von der Hoffnung, es würde den Kindern nichts ausmachen, zur Erwartung von Scheidungsreaktionen

Durch diese Haltungsänderung erübrigen sich die Verleugnung der Scheidungsreaktionen und Beschuldigungen des Ex-Partners, für diese Reaktion allein verantwortlich zu sein. Dadurch haben die Erlebnisreaktionen der Kinder eine weit größere Chance, richtig beantwortet zu werden. Darüber hinaus verringern sich auf diese Weise natürlich auch die Spannungen mit dem Ex-Partner.

d) Die Aggressionen der Kinder verstehen, akzeptieren und entschuldigen können

Müssen die Scheidungsreaktionen der Kinder nicht mehr verleugnet werden und verstehen die Eltern die Ambivalenz von Liebesbeziehungen, sodaß Aggressionen nicht mehr mit Liebesverlust gleichgesetzt werden, verringert sich auch die Verwundbarkeit durch Zorn-, Wut- und Haßreaktionen des Kindes. Zugleich hilft das den Eltern, vor ihrer eigenen Wut auf die Kinder nicht allzu sehr zu erschrecken. Wird sie bewußt ausgehalten, kann sie auch kontrolliert werden.

e) Vom Gefühl der Ohnmacht zum Gefühl, herausgefordert zu sein

Wenn es gelungen ist, durch unsere Hinweise und Mitteilungen die Eltern zur Einsicht zu bringen, daß die Scheidung eine Krise für alle Beteiligten ist, ja vielleicht sogar eine der größten Krisen, die sich im Laufe des Lebens einstellen können, kommt es normalerweise zu einer Haltungsänderung gegenüber den eigenen Fähigkeiten. Führte die Verleugnung der Krise dazu, daß die Probleme (mit dem Kind, mit dem ehemaligen oder dem neuen Partner) der Mutter/dem Vater Gefühle der Ohnmacht und Unfähigkeit bescherten, kann es nun sein, daß der/die Betreffende eine Art „Jetzt-erst-recht-Haltung“ entwickelt, d.h. sich herausgefordert fühlt, es trotz aller widrigen Umstände doch zu schaffen, das Richtige zu tun.

f) Verantwortete Schuld

Zum Schluß meiner Darlegungen komme ich auf jene Haltung zu sprechen, die zwar nicht alle (genannten und nicht genannten) Einstellungsmodifikationen umfaßt, aber doch so etwas wie einen Angelpunkt der psychoanalytisch-pädagogischen Beratung darstellt. Ich habe sie „Verantwortete Schuld“ genannt, und ich kann mich an keine Beratung der letzten Jahre erinnern, in der die Haltung bzw. die Fähigkeit zur „Verantworteten Schuld“ nicht eine zentrale Rolle gespielt hätte. Was darunter zu verstehen ist, habe ich oben, im Zuge des aufklärenden Umgangs mit Schuldgefühlen, bereits ausführlich dargelegt. Es geht dabei um

- die Fähigkeit, ertragen zu können, am Schmerz unserer Kinder schuld zu sein,
- was mir aber dadurch möglich (erleichtert) wird, daß ich diese Schuld (pädagogisch) verantworten kann, weil meine entsprechenden Handlungen (die Scheidung) erstens unumgänglich waren und sich zweitens dadurch

dem Kind - bei allem aktuellen Schmerz - neue Entwicklungschancen (wieder)eröffnen.

- Dadurch gewinne ich aber die innere Freiheit, (als Schuldiger) mein Kind zu trösten, ihm zu helfen, also (von mir) verursachtes Leid wieder gutzumachen[115].

Der „Verantworteten Schuld" kommt deshalb der Stellenwert eines Angelpunktes für alle erzielten Veränderungen zu, weil sie im Zusammenhang fast aller Einstellungsveränderungen eine Rolle spielt: Gelingt es nämlich, sich den eigenen Schuldgefühlen bewußt zu stellen, verringert das die Notwendigkeit von aggressiv-paranoiden Spaltungsmechanismen, die den (Ex-)Partner zum (Allein-)schuldigen machen; erspart die Verleugnung der Scheidungsreaktionen, ja der Krise überhaupt; erhöht Sensibilität und Empathie gegenüber den Kindern; führt dazu, daß man die Aggressionen der Kinder eher akzeptieren kann; führt zum Bemühen um Wiedergutmachung und in diesem Zusammenhang zu einer größeren Bereitschaft, die Beziehung des Kindes zum anderen Elternteil (ungestört) zuzulassen; macht irrationale Schuldzuweisungen unnötig, wodurch auch die eigene Beziehung zum Ex-Partner entlastet wird, was als Konsequenz u.a. die Loyalitätskonflikte der Kinder entlastet usw.

Gegenüber den Eltern ist die Erklärung dessen, was ich unter „Verantworteter Schuld" verstehe, nicht allzu schwierig (s.o.S. 170f) und führt in fast allen Fällen zu einer augenblicklichen Entlastung der Mutter/des Vaters. Bereits in der darauffolgenden Stunde hören wir zumeist, daß diese spontane Entlastung begonnen hat, sich auf die gesamte familiäre Situation auszudehnen[116].

---

115 Vgl. auch *Horst Petris* Gedanken zur „Versöhnung" (1991, 359), die - wie mir scheint - eine Nähe zur Haltung der „Verantworteten Schuld" haben.

116 Die *Verantwortete Schuld* ist eine Haltung, deren praktische pädagogische Relevanz weit über die Probleme der Eltern im Umgang mit Scheidung hinausreicht. Es handelt sich m.E. um ein Konzept, das den Kern einer künftigen (neuen) psychoanalytisch-pädagogischen Erziehungslehre bilden könnte - insbesondere was den Umgang der Erzieher mit den Bedürfnissen des Kindes und mit Grenzen anlangt (vgl. auch Figdor 1995, 1998).

Beratung jenseits von Aufklärung

Mit der *psychoanalytisch-pädagogischen Aufklärung* ist die Beratung natürlich noch nicht zu Ende. Was nun jedoch folgt, ist „Routine“: Wie informiere ich die Kinder über die bevorstehende Trennung? Wie arrangieren wir den Auszug? Wie ist die schwierige Situation der „Übergabe“ an den Besuchswochenenden zu gestalten? Wie helfe ich dem Kind beim Ausdrücken der Erlebnisreaktionen (Wut, Trauer, Ängste, Schuldgefühle, Scham, Loyalitätskonflikte, Regression) bzw. wie kann ich hilfreich reagieren? Welches Besuchsarrangement ist günstig? Wie gestalte ich - nun ohne die Anwesenheit des anderen Elternteils - meine „Nach-Scheidungs-Beziehung“ zum Kind? usw. Ferner wird es um Fragen praktischer Lebenshilfe gehen: die Gestaltung des Lebens zwischen der Identität als Mutter/Vater auf der einen und als Frau/Mann auf der anderen Seite; die Organisation zusätzlicher, stützender Hilfe für das Kind; der Umgang mit schulischen Problemen usf.

Jetzt können wir uns unserer Erfahrung und unseres Wissens um das, was für die Entwicklung des Kindes günstig ist, bedienen. Nun dürfen wir hoffen, in den Eltern Verbündete für die Realisierung unserer kindbezogenen Ziele (s.o. Kapitel 2.3 und 2.4) zu finden.

Es handelt sich dabei jedoch um *Inhalte* und nicht um Probleme der *methodischen* Gestaltung der Elternberatung. Denn die Vermittlung diesbezüglicher Vor- und Ratschläge macht nach der erreichten Veränderung der ursprünglichen, durch unbewußte Abwehr gestützten (un)pädagogischen *Haltungen,* keine unüberwindlichen Schwierigkeiten mehr. Ebenso können wir nun mit der *Bereitschaft* der Eltern rechnen, unseren Vor- und Ratschlägen zu folgen.

Man darf freilich nicht unerwähnt lassen, daß es einzelne Fälle gibt, bei welchen sich herausstellt, daß das Aufbrechen der „äußeren Hülle“ der Abwehr nicht ausreicht, um diese Bereitschaft auch in verändertes Handeln umzusetzen. Es sind dies Eltern, deren Handlungsflexibilität trotz „Aufklärung“ an die Grenzen ihrer spezifischen neurotischen Organisation stößt. Eine solche Mutter mag z.B. bereit sein, sich den Wutanfällen ihres Kindes zu stellen, muß jedoch erfahren, daß sie trotz Verstehens und trotz Eingeständnisses ihrer (verantwortbaren) Schuld in solchen Situationen ihrerseits eine so große und unbeherrschbare Wut entwickelt, daß alle vernunftgeleiteten Vorsätze auf der Strecke bleiben. Oder ein Vater mag feststellen, daß ihn - trotz der (wieder)gewonnenen Sicherheit, daß er von seinem Kind geliebt und auch weiterhin gebraucht wird - die Eifersucht auf den Stiefvater weiterhin verzehrt; usw. Hier nun ist allerdings ein Stück psychoanalytisch-*therapeutisches* Arbeiten indiziert. Das muß gar keine elaborierte Therapie sein, oft genügt eine fokussierte therapeutische Intervention von wenigen Stunden. Bei besagter Mutter etwa stellte sich heraus, daß sie Erfahrungen aus ihrer eigenen Kindheit mit einer offenbar recht sadistischen Großmutter, bei welcher sie aufwuchs, unbewußt in die Beziehung zum eigenen Kind übertrug. Sollte der Berater über keine psychoanalytische Ausbildung i.e.S. verfügen, müßte er der Mutter empfehlen, zusätzlich therapeutische Hilfe in Anspruch zu nehmen. Dabei ist es natürlich von großem Vorteil, wenn ein solcher Therapeut mit dem Konzept der psychoanalytisch-pädagogischen Beratung vertraut ist und weiß, worauf es bei diesem Patienten ankommt. Doppelgleisigkeiten, die zur Verwirrung der Mutter/des Vaters führen können, sind dadurch vermeidbar. (Daß sich durch dieses Pendeln vom Berater zum Therapeuten und wieder zurück durch die unvermeidlichen Übertragungsreaktionen dennoch gewisse unbewußte Komplikationen ergeben können, versteht sich von selbst. Auf sie wird der Therapeut zu achten haben. Tut er das, besteht eine gute Chance, daß der Patient dieses „Ausweichen" als hilfreiche [professionelle] Triangulierung und die Relation Berater-Therapeut nicht als Konkurrenzsituation erlebt.)

Doch auch in jenen Fällen hat die psychoanalytisch-pädagogische Beratung sehr viel geleistet, indem die Mutter ihr neurotisches Versagen nicht mehr mit „pädagogischen" Anschauungen, Schuldzuweisungen, Situationseinschätzungen u.a.m. rationalisiert, sondern erkennen kann, daß ihr Versagen Symptomcharakter i.e.S. hat. Das eigene Verhalten und Denken wird *ichdyston*, also als unbegreiflich, fremd erlebt, was die Voraussetzung dafür ist, therapeutische Schritte zu erwägen. Vielleicht können wir dann schon kurze Zeit später mit der inhaltlichen pädagogischen Beratung fortfahren.

4.4
Anmerkungen zum Setting

Grundsätzlich kann die psychoanalytisch-pädagogische Beratung sowohl als *Einzel-* als auch als *Paarberatung* durchgeführt werden. Die Beziehung geschiedener oder sich scheidender Eltern ist aber in sehr vielen Fällen bereits so feindlich geworden, daß die Anwesenheit des anderen die Möglichkeit ausschließt, sich mit der eigenen Abwehr auseinanderzusetzen. Denn zu den inneren Konflikten tritt dann noch die Angst hinzu, dem Ex-Partner mit der Offenbarung von Ängsten, Schwächen, Unsicherheiten, Skrupeln und Widersprüchlichkeiten Angriffspunkte für dessen „böse", d.h. auf den eigenen Vorteil abgestellte, Absichten zu bieten.

Man kann den Berater - über seine Funktion als positives Übertragungsobjekt hinaus - auch als eine Art Übergangsobjekt im Sinne Winnicotts (z.B. 1971) betrachten: Auf der einen Seite ist er eine reale, eigenständige Person, die mir (der Mutter/dem Vater) hilft, mich bzw. meine Ansichten und Gefühle zu überprüfen. Auf der anderen Seite aber ist er auch jemand, der „mir gehört", sodaß ich nichts zu befürchten habe, wenn ich Positionen „hergebe", mich meinen Schwächen, Rachegelüsten, Egoismen usw. stelle. Das aber erfordert eine Exklusivität der Beziehung, die durch die Anwesenheit eines Dritten unter Umständen nicht erreichbar ist. Dies ist um so weniger möglich, je weniger Gemeinsames die Ex-Partner noch verbindet und je weiter die aggressiv-paranoide Spaltung fortgeschritten ist. Dann nämlich kann es leicht passieren, daß der Berater - obwohl ein Stück positiver Übertragungsbeziehung bestehen bleiben mag -, statt Übergangsobjekt zu sein, in eine Schiedsrichterposition gerät. In dieser aber muß er - gemessen an den Zielen der psychoanalytisch-pädagogischen Beratung - scheitern, weil die Parteien nicht Gegner in einem Spiel mit vereinbarten Regeln, sondern Feinde in einem (psychischen) Überlebenskampf sind.

In einem solchen Fall wären die Chancen der Beratung dadurch zu wahren, daß für den Vater und die Mutter je ein eigener Berater zur Verfügung steht.

Gegen eine solche Aufspaltung der Elternberatung in Einzelberatungen könnte eingewendet werden, daß Vater und Mutter ja nicht nur persönliche Probleme mit dem Kind, sondern ganz besonders *miteinander* haben, durch eine solche Aufspaltung der Beratung aber gerade die Beziehungskonflikte zwischen den Eltern außerhalb der beratenden oder therapeutischen Einflußnahme verblieben. Dieser Einwand setzt jedoch *Beziehungs*probleme und *Interaktions*probleme gleich. Geht man davon aus, daß Beziehungen von den betroffenen Subjekten *gestaltet werden,* und diese Gestaltung in hohem Ausmaß von bewußten wie unbewußten Wünschen, Erwartungen, Ängsten und von den inneren Bildern, die sich jeder vom anderen macht, abhängt, dürfen wir erwarten, daß die psychoanalytisch-pädagogische Einzelberatung nicht nur in bezug auf die Haltungen des je beratenen Elternteils wirksam zu sein vermag, sondern unter Umständen auch das Verhalten des abwesenden Partners verändert - selbst dann, wenn dieser sich seinerseits nicht in Beratung befindet. Wenn es mir gelang, einem Vater oder einer Mutter dabei zu helfen, seine/ihre Abwehr aufzugeben, konnte ich wiederholt die Erfahrung machen, daß er/sie das eigene Verhalten allmählich so veränderte, daß auch der Ex-Partner begann, sich anders zu verhalten. Diese initialen Verhaltensänderungen betrafen oft nur subtile Details, die aber offenbar genügten, daß nun auch der andere die Situation allmählich anders zu erleben begann, etwa weniger kränkend oder minder bedrohlich.

Diese überraschende Erfahrung machte z.B. *Herr C.* auf eine, für ihn selbst eindrucksvolle Art. Er war - wie viele Väter - zur Beratung gekommen, weil seine geschiedene Frau die vereinbarten Besuchswochenenden immer öfter ausfallen ließ. Sie hatte zwar stets eine Erklärung bei der Hand, aber Herr C. vermutete dahinter eine Methode, ihn und seine Tochter auseinanderzubringen. „Aus Rache", wie er glaubte, weil er einer anderen Frau wegen von zu Hause ausgezogen war. Herr C. hatte mein Buch gelesen, worin ich ja nachdrücklich auf die Wichtigkeit einer kontinuierlichen Vater-Kind-Beziehung nach der Scheidung hinweise. Herr C. hoffte, seine Ex-Frau zu bewegen, ebenfalls mit mir zu sprechen. Ich könnte dann versuchen, sie „zur Vernunft" zu bringen - wenngleich sich Herr C. nicht so drastisch ausdrückte. Trotz meiner prinzipiellen Bedenken (s.o.) und den Problemen, die ein Settingwechsel allemal mit sich bringt[117], schrieb ich ihr einen Brief. Sie antwortete jedoch nicht und beschied auch die diesbezüglichen Aufforderungen ihres Ex-Mannes abschlägig. Also begannen wir zu zweit zu arbeiten, um nachzuschauen, welche Möglichkeiten *ihm* blieben, das Beste aus der Beziehung zu seiner Tochter zu machen - trotz oder gerade angesichts der Behinderungen durch die Mutter. Die Beratung dauerte ein dreiviertel Jahr

117 Davon wird gleich im Anschluß die Rede sein (S. 183 f.).

(vierzehntägig). Schon nach zwei Monaten kam es kaum mehr zu Absagen der Besuchswochenenden, nach einem halben Jahr begann die Mutter, ihn des öfteren zu fragen, ob er die Tochter nicht auch an den zwischen den Besuchswochenenden liegenden Samstagen nehmen möchte. Und der schließlichen Beendigung der Beratung ging ein Anruf voraus, in welchem die Mutter dem Vater anbot, den vereinbarten vierzehntägigen Sommerurlaub auf drei Wochen auszudehnen.

Was war da geschehen? Die Mutter war weder in Beratung oder Therapie, noch hatte sie einen neuen Freund. Der Grund lag allein in Veränderungen der Art und Weise, wie *Herr C.* mit ihr umging. Eine von vielen Szenen, über die wir sprachen, möge hier als Illustration genügen. Sie spielte sich relativ kurze Zeit nach Beginn der Beratung ab. Herr C. kam in die Stunde, seufzte und stieß hervor: „Es ist zwecklos mit dieser Frau. Sie ist unversöhnlich und rachsüchtig. Da wird sich nie etwas ändern!“ Dann erzählte er: Seine Ex-Frau hatte Geburtstag, er wollte eine versöhnliche Geste setzen, nachdem es in den letzten Tagen wegen der Weihnachtsferien zu heftigen Streitereien gekommen war. (Herr C. wollte mit seiner Tochter außertourlich eine Woche Schifahren gehen, die Mutter lehnte ab.) Er lud sie also zum Abendessen ein, und sie nahm die Einladung an. „Es war ein sehr netter Abend, und wir waren vertraut miteinander, wie schon lange nicht mehr.“ Dann aber, beim Nachtisch, wurde sie „plötzlich hysterisch, brach einen wüsten Streit vom Zaun und verließ das Lokal.“ Auf meine Frage, was denn diesem „Anfall“ vorangegangen sei, berichtete Herr C., daß er „lediglich“ gefragt habe, ob er mit dem Kind nicht doch den Schiurlaub unternehmen könne. Als mir Herr C. das erzählte, war er meilenweit davon entfernt zu spüren, wie sehr das seine ehemalige Frau verletzt haben dürfte: Mußte diese, in ihrem weiblichen Stolz wohl ohnedies schon gekränkte Frau nicht annehmen, daß die Einladung gar nicht ihr gegolten hatte, sondern lediglich eine taktische Inszenierung war, um sie herumzukriegen? Herr C. konnte das erst spüren, als er - nicht nur mir, sondern vor allem sich selbst - eingestand, daß er sie tatsächlich nur zu diesem Zweck eingeladen hatte, ja daß er andernfalls gar nicht auf die Idee gekommen wäre. Es war also *seine Aggression*, nicht die „Hysterie“ der Mutter, welche diesen „so gemütlichen“ Abend platzen ließ. Wir forschten diesen Aggressionen, die vor die Zeit der Besuchsprobleme, bis zur Trennung zurückreichten, etwas nach und fanden, daß jedes Mal, wenn Herr C. auf seine Ex-Frau sehr wütend wurde, dieser Wut Vorwürfe ihrerseits vorausgingen. Diese Vorwürfe liefen immer auf die Frage hinaus, wie er es ihr und dem Kind denn antun konnte, sie zu verlassen. Auf meine (entlastend und „aufklärend" formulierte) Frage begann Herr C. von seinen Schuldgefühlen gegenüber seiner Ex-Frau und seiner Tochter zu reden, und es wurde ihm allmählich klar, daß er sich von diesen Schuldgefühlen um so freier fühlte, je mehr er seine *Ex-Frau* - wofür auch immer - zu einer *Schuldigen* machte. Diese Gespräche, die sich über ein paar Wochen hinzogen, haben die innere Haltung, Erlebnis- und Handlungsbereitschaft von Herrn C. gegenüber seiner Ex-Frau nachhaltig verändert. Er spürte selbst, wie er zugewandter, freundlicher und kooperativer wurde. Ich nehme an, das hat nicht nur *der Frau* gutgetan, sondern auch *der Mutter* Angst genommen, der Vater könnte die Absicht haben, ihr die Tochter zu entfremden. (Dafür, daß sie diese Angst gehabt hatte, gab es einige Hinweise.) In gleichem Maße konnte sie nun aber auch ihrem Ex-Mann entgegenkommen, bzw. war offenbar jetzt erst in der Lage, den Umstand, daß hier ein Vater ist, der sich um seine Tochter kümmern wollte, auch für sich und ihre Freizeit zu nutzen.

Falls die Arbeit mit einem Elternteil bei einem Problem anlangt, dessen Lösung die Anwesenheit des Ex-Partners (oder auch des neuen Partners, der Großeltern usf.) sinnvoll oder sogar notwendig erscheinen läßt, ergibt sich eine weitere Schwierigkeit. Ein solcher *Settingwechsel* ist nämlich mehr als bloß die Hinzuziehung einer weiteren Person: Es bedeutet auch einen Bruch in der Beziehung, die sich bis zu diesem Zeitpunkt zwischen Elternteil und Berater entwickelt hatte, ein Bruch, der möglicherweise gar nicht so leicht zu verkraften ist: „Da habe ich den Berater als einen Menschen kennengelernt, dem ich vertrauen kann, der mit meinem Leid, das mir der Partner zugefügt hatte, aber auch mit meinem Haß mitfühlen konnte - und plötzlich sitzt er da, ist diesem Schwein gegenüber ganz höflich, ebenso einfühlsam wie bei mir, ja gibt ihm mitunter sogar recht..." Aber auch für denjenigen, der dazukommt, ist es häufig eine schwierige Situation: „Stoße ich hier nicht schon auf ein geschlossenes Bündnis? Wollen mich die beiden überrumpeln?" Aus der „Beratung" wird auf diese Weise de facto ein Abwehrkampf, und wenn der Berater Pech hat, verliert er beide Elternteile - früher oder später, real oder emotionell.

Die Erweiterung des Settings von der Einzelberatung zur Paarberatung; oder auch der umgekehrte Weg von der Paar- zur Einzelberatung; die alternierende Beratung des einen und des anderen Elternteils durch denselben

Berater; das fallweise Einbeziehen der Kinder usw. - all diese Veränderungen sind keineswegs bloß formale Arrangements. Vernachlässigt man die psychischen Prozesse, die durch solche äußeren Rahmenbedingungen induziert werden, kann das die Vertrauensbeziehung zwischen Berater und Klient (bzw. deren Entwicklung) stören und erhöht die Gefahr einer unbewußten Verstrickung des Beraters in die Beziehungskonflikte der Eltern: Solche Veränderungen des Settings können mißtrauisch machen; der Berater gerät leicht in eine ausweglose Schiedsrichterfunktion oder wird in die Bindungsstrategien der Eltern gegenüber ihren Kindern einbezogen, was bei ihm zu Loyalitätskonflikten führen kann, die denen der Kinder entsprechen. (So ist etwa das Prinzip der Diskretion bereits verletzt, wenn man den einen Partner mit den Aussagen des anderen konfrontiert oder gar dem gerade anwesenden Partner Beweggründe des abwesenden erklären möchte.)

Natürlich stehe ich nicht auf dem Standpunkt, man dürfte solche Veränderungen des Settings überhaupt nie vornehmen. Aber es handelt sich hier um äußerst heikle Schritte, die wohlüberlegt, vorbereitet und in ihren möglichen Auswirkungen - gegebenenfalls mit den Klienten gemeinsam - kontrolliert werden müssen. Grundsätzlich jedoch folgen wir in der Settinggestaltung dem *„Treueprinzip“:* Wir überlassen es demjenigen Elternteil, der anruft, um einen ersten Termin zu vereinbaren, ob er/sie alleine oder mit Partner kommen will. Sehr häufig erleben wir, daß die Anrufer, wenn man ihnen diese Wahlmöglichkeit mitteilt, wie erleichtert aufatmen und zur Antwort geben: „Dann komme ich einmal allein zu Ihnen!“ Wir gehen dabei von der Hypothese aus, daß der Wunsch, allein zu kommen, Bedeutung hat; und daß diese Bedeutung gerade darin liegt, daß der/die Betreffende spürt, etwas mit sich herumzutragen, worüber man in Anwesenheit des (Ex-) Partners nicht offen reden kann. Und vielleicht verstecken sich gerade dort die „Geister“, um die es in diesem Fall gehen mag. Von „Treueprinzip“ reden wir, weil wir üblicherweise dieses, vom Klienten gewählte Setting *nicht mehr verändern.* Sollte es angebracht sein, den anderen Elternteil in die Beratung mit einzubeziehen, erhält dieser ebenfalls *seinen eigenen Berater;* sollte es angebracht sein, über bestimmte Probleme mit beiden Eltern zu arbeiten, stellt sich ein dritter Berater für *das Paar* zur Verfügung, beide behalten jedoch „ihre“ persönlichen Berater, zu denen sie aus der Paarberatung gewissermaßen „zurückkehren“ können. Das „Treueprinzip“ gilt natürlich auch dann, wenn bereits der Erstkontakt von beiden Eltern wahrgenommen wird.

Dann bleibt der Berater *dem Paar* „treu“, während für Einzelgespräche, die sich im Zuge der Paarberatung als sinnvoll oder notwendig herausstellen mögen, Kollegen betraut werden. Für solche Fälle, in denen es darum geht, die Beratung des Eltern*paares* mit den Chancen der psychoanalytisch-pädagogischen *Einzel*arbeit zu verbinden, hat sich diese Vorgangsweise gut bewährt[118].

In den letzten Jahren werden an einer Reihe von Beratungsstellen auch *Gruppen für Scheidungseltern* angeboten, wobei es sich als günstig herausstellte, wenn in einer Gruppe sowohl Mütter als auch Väter vertreten sind, jedoch keine (getrennten) Eltern*paare*. Die Geborgenheit, welche die Gruppe durch die Tatsache schenkt, daß sich andere in einer ähnlichen Situation befinden wie ich, erleichtert es, auch über jene Gefühle, Phantasien und Wünsche zu reden, die im Alltag abgewehrt werden. Die Anwesenheit auch der „anderen Seite“ wirkt dabei eher förderlich als hemmend. Denn jenseits der Konfliktbeziehung hätten in vielen Fällen sowohl Mütter wie Väter das Bedürfnis, dem früheren Partner mitzuteilen, wie es ihnen *wirklich* geht, *wie* verletzt sie sind, *welche* Sorgen sie sich machen. Nur können sie es nicht, weil sie sich wappnen müssen. Der *fremde Vater*, von dem eine Mutter konkret nichts zu befürchten hat, eignet sich dafür sehr gut, ebenso die fremde Mutter für den Vater. Und weil man die eigene Schwäche, die eigenen Egoismen und das eigene Böse - nachdem man sie sich bewußt gemacht hat - nicht mehr unbedingt im anderen suchen und bekämpfen muß, kann man nicht nur (endlich) reden, sondern auch *zuhören*. Dadurch wird nicht nur die eigene Abwehr aufgebrochen, sondern es kann auch Verständnis für die andere Seite entstehen. Diese, durch das Gruppensetting erleichterten Prozesse sind nichts anderes als das, was der psychoanalytisch-pädagogische Berater im Einzelgespräch mit Hilfe der positiven Übertragung und „Aufklärung“ zu erreichen trachtet. Gruppen sind daher nicht nur für Scheidungs*kinder*, sondern auch für geschiedene Eltern eine überaus günstige Form professioneller Hilfe. Im übrigen eignen sich „aufklärende Interventionen“, wie oben beschrieben, auch für die Gruppenarbeit ausgezeichnet. Da für die Erforschung der je individuellen „Geister“ in der Gruppe weniger Zeit zur Verfügung steht als in der Einzelberatung, wird sich der Gruppenberater öfters des Mittels bedienen, *von sich aus* häufige Gefühle, Gedanken und Wünsche von geschiedenen Eltern anzusprechen, was dazu führt, daß man-

---

118 Selbstredend gilt das Gesagte auch für die Einbeziehung weiterer Betroffener: neuer Partner, der Großeltern etc. und nicht zuletzt natürlich der Kinder.

che Teilnehmer einige dieser „Geister“ sofort als die ihren wiedererkennen, andere hingegen auf die Spur gebracht und ermutigt werden, darüber nachzudenken, wie es sich bei ihnen verhält.

4.5 Zur Relation von Mediation, Familientherapie und psychoanalytisch-pädagogischer Elternberatung

Diese Überlegungen zur Settinggestaltung deuten schon an, worum es in diesem Abschnitt geht: Die psychoanalytisch-pädagogische Elternberatung beansprucht keineswegs, die Lösung aller (nicht-juristischen) Probleme, die sich im Zusammenhang der Scheidung von Eltern ergeben können, für sich zu reklamieren. Von der Notwendigkeit, in besonderen Fällen auch die Kinder in Therapie zu geben, war schon die Rede *(Robert);* ebenso von sozialpädagogischen und therapeutischen Gruppen für Scheidungskinder oder der Sinnhaftigkeit, die psychoanalytisch-pädagogische Beratung bei bestimmten unbewußten Problemkonstellationen durch psychoanalytisch-therapeutische Hilfestellung zu ergänzen. Der wichtigste Bereich, in welchem es oft angebracht erscheint, eine andere als die psychoanalytisch-pädagogische Methode zur Anwendung zu bringen, ist aber wohl die *Arbeit mit dem Paar bzw. der Familie.*

Zur Indikation (systemischer) Familientherapie

Vor kurzem kündigte mir eine Mutter, Frau D., am Telefon an, sie werde mit ihrem geschiedenen Mann kommen. Im Erstkontakt nannten sie eine Reihe von Uneinigkeiten darüber, was für ihren elfjährigen Sohn *Max* gut und wichtig wäre: von Besuchs- und Urlaubsregelungen angefangen bis hin zur Frage, ob der Bub beim Vater eigenes Gewand tragen solle. Ausdrücklich hoben sie die Hoffnung hervor, daß es ihnen mit meiner Hilfe gelingen würde, ihre gegenseitigen emotionellen Schwierigkeiten hintanzustellen und sich ganz auf das Wohlergehen des Sohnes zu konzentrieren. Da genau das *die* Bedingung psychoanalytisch-pädagogischer Beratung von geschiedenen Eltern*paaren* darstellt (s.o. s. S. 179f), erkläre ich mich mit ihrem Beratungsanliegen einverstanden. Bereits die erste Stunde jedoch mündete in einen heftigen Streit, der sich in der zweiten fortsetzen sollte. An Fragen meinerseits, die die persönliche Bedeutung bestimmter „pädagogischer" Vorstellungen ans Licht bringen, die über Wünsche und Ängste von Mutter und/oder Vater Auskunft geben könnten, war überhaupt nicht zu denken. Zwar waren Haß, Kränkung und Angst deutlich spürbar, aber so fest in moralische Vorwürfe gegen den jeweils anderen eingegossen, daß ich mich außerstande sah, diese Schuldprojektionen über die Einladung zur Selbstreflexion aufzulösen. Kaum gab sich einer nur die geringste Blöße, wühlte der andere schon in der vermuteten Wunde. Jeder diesbezügliche Hinweis von mir wurde sofort genützt, um die Überlegenheit zurückzugewinnen oder aber als parteiisch zurückgewiesen. So verwendete ich *meinen* immer stärkeren werdenden Ärger über die beiden, *mein* Gefühl der Ohnmacht und Resignation, mir überhaupt Gehör verschaffen zu können, für eine Deutung, indem ich ihnen meine Vermutung darüber mitteilte, daß es *ihrem Sohn* möglicherweise genauso (wie mir) ginge[119]. Solche Deutungen sind manchmal sehr wirksam. Wie eine kalte Dusche bringen sie die Wütenden wieder zur Besinnung, indem ich ihnen etwas vor Augen halte, was sie nicht sehen konnten oder wollten. Mitunter genügt das, um Gefühle elterlicher Verantwortung, die beide miteinander teilen können, soweit zu stärken, daß das Gespräch über das Kind wieder möglich wird. Nicht aber bei Herrn und Frau D.: „Genau das sage ich dir auch immer!" versetzte die Mutter, „Und wer ist daran schuld?" lautete die Antwort des Vaters, und schon war wieder alles beim alten. Ich unterbrach daraufhin das Gespräch und fragte sie nach ihrer Einschätzung, ob es uns wohl gelingen würde, das vereinbarte Beratungsziel zu verfolgen, was beide in einer Mischung von Wut und Resignation sofort verneinten. Dann machte ich sie mit der Möglichkeit bekannt, über diese Fragen, die ihren Sohn betreffen, in Einzelberatung nachzudenken, was wohl um vieles ergiebiger wäre. „Allerdings", fügte ich hinzu, „wäre das zwar eine unmittelbar entspannende Lösung, die mir aber aus einem bestimmten

119 Solche Deutungen, die sich nicht primär aus dem Identifiziertsein mit dem Patienten herleiten, sondern aus der Wahrnehmung der eigenen emotionalen Reaktionen, werden in der Psychoanalyse „Gegenübertragungsdeutungen" genannt.

Grund auch problematisch erscheint. Es würde nämlich möglicherweise dazu führen, daß Sie Ihren Gesprächskontakt, zu dem Sie beide offenbar prinzipiell bereit waren, aufgeben!" Und dann sagte ich ihnen noch, daß das Scheitern dieses Versuches nicht unbedingt heißen muß, daß *jedes* konstruktive Gespräch unmöglich sei. Vielleicht lag es daran, daß das *Ziel* für den *jetzigen Zeitpunkt* zu weit gesteckt war. Daß sie sich vielleicht durchringen sollten, sich dezidiert mit dem zu beschäftigen, was sie de facto unaufhörlich beschäftigt: die Probleme, die sie miteinander haben. Wenn sie dazu bereit wären, könnte ich ihnen eine Kollegin, die Familientherapeutin ist, empfehlen, die für solche Probleme speziell ausgebildet ist. Darüber hinaus vereinbarte ich aber mit den Eltern, die meinen Vorschlag annahmen, einen weiteren Erziehungsberatungstermin in acht Wochen (bei mir). Denn dem „Treueprinzip" entsprechend, bedeutet die Überweisung nicht, daß ich den Fall abgab. Vielleicht würde nach nur ein paar familientherapeutischen Sitzungen mehr gelingen als zur Zeit. Einen Tag später rief mich die Mutter an und teilte mir mit, daß sie - unabhängig von der Familientherapie - gerne auch persönliche Beratung in Anspruch nehmen möchte, da sie glaube, mit ihrem Sohn auch einige Probleme zu haben, die nicht unmittelbar mit dem Verhalten des Vaters zusammenhingen. Da ich mich aber für eine spätere Paarberatung zur Verfügung halten wollte, vermittelte ich der Mutter eine Kollegin aus dem psychoanalytisch-pädagogischen Beraterteam. So bin ich zur Zeit recht zuversichtlich, daß die gemeinsamen Anstrengungen, sowohl im Hinblick auf die gegenseitige Beziehung dieser Eltern als auch im Hinblick auf ihr Verhalten gegenüber ihrem Kind, günstige Veränderungen möglich machen werden.

Die eigenen Grenzen zu erkennen, wäre aber auch im umgekehrten Fall wichtig: Wendet sich ein geschiedenes Elternpaar an eine (systemisch) arbeitende Familienberatungsstelle und entschließt sich, an den gegenseitigen Beziehungsproblemen zu arbeiten, muß auch dem Familientherapeuten klar sein, daß mit der Entspannung dieser Beziehungskrise noch lange nicht alles vollbracht ist, was das Kind für eine günstige Nach-Scheidungs-Entwicklung benötigt. In einem solchen Fall wäre es angebracht, die Familientherapie durch Erziehungsberatung zu ergänzen. Sollte sich der Therapeut dafür nicht hinreichend kompetent fühlen, oder die Eltern eine Einzelberatung vorziehen, müßte diese Aufgabe an Kollegen delegiert werden.

Mediation

Diese ursprünglich aus den USA kommende Methode einvernehmlicher Konfliktregelung[120] hat in den letzten Jahren unerhört an Bedeutung gewonnen, und wenn von Konflikten im Zusammenhang mit Scheidung die Rede ist, läßt sich immer häufiger der Ruf nach Mediation vernehmen. Wann aber ist Mediation tatsächlich indiziert und wann ist familientherapeutische oder psychoanalytisch-pädagogische Hilfe angebracht?

Genau genommen geht jedoch bereits die Fragestellung am Wesen der Mediation vorbei: Mediation ist *immer indiziert,* wenn es darum geht, *tragfähige Vereinbarungen zwischen den Eltern* zu erzielen. Mediation ist weder eine Alternative zur psychoanalytisch-pädagogischen Elternberatung noch zur Familientherapie, sondern eine Alternative zum kontradiktorischen Verfahren vor Gericht! Wenn die Mediation schon jemanden ersetzt, so weder den Familientherapeuten noch den psychoanalytisch-pädagogische Erziehungsberater, sondern *den Anwalt!*

Daß wir es hier mit einer ganz anderen Art der professionellen Hilfe zu tun haben, die auch andere Ziele verfolgt, kommt in der pointierten Charakterisierung von *M. Hackl* und *E. Kopf* besonders deutlich zum Ausdruck, die den Versuch unternehmen, die Arbeitsweise der psychoanalytisch-pädagogischen Elternberatung mit jener der Mediation zu vergleichen: „Während in der Mediation versucht wird, zu sinnvollen Vereinbarungen, Regelungen zu kommen“, schreiben sie, „verhält es sich in der Elternberatung gerade umgekehrt. In ihr geht es darum, hinter der vordergründigen Sachlichkeit das verborgene emotionale Erleben zu ergründen, es der bewußten Wahrnehmung zugänglich zu machen. Plakativ gesagt, tendiert die Mediation eher von den *Emotionen weg zur Sache,* die (psychoanalytisch-pädagogische) Beratung von der *Sache hin zu den Emotionen*“.[121]

Daß Therapie/Beratung und Mediation keine (konkurrierenden) Alternativen darstellen, weiß jeder, der mit dem theoretischen Konzept der Mediation einigermaßen vertraut ist. In der Praxis jedoch geht die Sicherheit dieses Urteils meiner Erfahrung nach oft verloren. Das mag damit zusammenhängen, daß in Deutschland Mediation seltener an Gerichten angesiedelt ist, sondern in Familienberatungsstellen angeboten wird. Das führt mitunter

120 Vgl. z.B. Proksch 1990a, 1990b, 1993; Krabbe 1991; Mähler/Mähler 1995 und Walker 1995.
121 Hackl/Kopf 1995, 20.

dazu, die Mediation als geeignete Methode für alle möglichen Probleme, die Eltern in eine Beratungsstelle führen können, mißzuverstehen. Damit erweist man jedoch weder den Eltern noch den Kindern noch der Mediation selbst (die ich sehr schätze) einen Dienst. Sie ist nämlich zum Scheitern verurteilt, wenn emotionale Probleme, die der Konfliktregelung entgegenstehen, nicht einer Lösung zugeführt, sondern verleugnet werden. Vielleicht ist die Beliebtheit der Mediation bei vielen professionellen Helfern aber auch ein „Gegenübetragungsphänomen" im weiteren Sinn: Stellt sie doch eine Möglichkeit dar, sich die Konfrontation mit den massiven Affekten der Klienten zu ersparen und kommt sie doch dem, angesichts dieser Affekte leicht aktivierbaren Harmonisierungsbedürfnis des Helfers entgegen. Wirksame Hilfe ist aber nur dann zu erzielen, wenn sich die Methode nach den Problemen der Ratsuchenden und nicht nach den Bedürfnissen des Helfers richtet.

5. Kapitel Institutionelle Rahmenbedingungen der Scheidung

Die Aufgabenstellung der Mediation erinnert uns, daß es außer bewußten und unbewußten Gefühlen, Wünschen und Handlungszielen der betroffenen Kinder und Erwachsenen auch noch „äußere", institutionelle Faktoren gibt, die auf die Bedingungen, unter denen sich das je besondere Scheidungsschicksal abspielt, einen wichtigen Einfluß ausüben: die Entscheidungen und Interventionen von *Richtern, Jugendämtern, Rechtsanwälten, Gutachtern* und die *gesetzlichen Rahmenbedingungen* für diese Entscheidungen und Interventionen. Mit der Definition der „Scheidung" als das *Gewahrwerden des Kindes,* daß es in Zukunft nicht mehr mit Vater und Mutter zusammen leben wird (s.o. S. 27), haben wir uns von diesen Rahmenbedingungen ab- und den psychischen Prozessen zugewendet. Die ganze Problematik der *Sorgerechtsregelung* bin ich elegant umgangen, indem ich stillschweigend den Sorgeberechtigten als „Mutter" bezeichnete. Und auch in den Ausführungen zu den „gesellschaftlichen Rahmenbedingungen" (Kap. 1.5) ging es mir in erster Linie um solche gesellschaftlichen Verhältnisse, die - abseits konkreter (gerichtlicher) Scheidungsverfahren - auf die subjektiven Fähigkeiten der Betroffenen, mit Scheidung und Trennung umzugehen, einen strukturbildenden Einfluß haben.

Es ist an der Zeit, den „realen" Bedingungen, unter denen sich eine Mutter und ein Vater trennen oder scheiden lassen, den wichtigen Platz einzuräumen, der ihnen zukommt. Daß ich erst jetzt darauf zu sprechen komme, hat freilich einen wichtigen Grund. Denn die Menschen, die in diesem Bereich professionell mit der Scheidung befaßt sind, die Gesetze erlassen, Urteile fällen oder Gutachten erstellen, unterliegen denselben Schwierigkeiten und Mystifikationen wie die unmittelbar Betroffenen. Und zwar in zweierlei Hinsicht: Da ist erstens die scheinbar objektive Position desjenigen, der betrachtet, prüft, wertet und urteilt und der vermeintlich mit dem, was er beobachtet, prüft, bewertet und worüber er urteilt, nichts zu tun hat. Und da ist zweitens die Vorstellung, daß sich dieses Beobachten, Prüfen, Werten und Urteilen auf eine solide, fachliche (juristische oder psychologische) Grundlage beziehen lasse. Tatsächlich ist es jedoch so, daß Richter, Sozialarbeiter wie Gutachter notwendigerweise in jeden Fall, mit dem sie sich auseinandersetzen, mit ihrer eigenen bewußten und unbewußten Persönlichkeit hineingezogen werden; daß sie diesen Fällen auch insofern nicht äußerlich bleiben, als ihre Funktion diesen Fall bzw. dessen Verlauf ganz unmittelbar beeinflußt (noch *bevor* Urteile gefällt oder Empfehlungen abgegeben werden); schließlich erweist sich die fachliche und damit eine objektive Fundierbarkeit des Handelns als schmerzliche Illusion - wobei ich besonders an das Kriterium des *„Kindeswohls", die Kriterien gutachterlicher Empfehlungen* und an die Vorstellungen denke, es gäbe in Angelegenheiten der Familien-, Kinder- und Jugendwohlfahrt eindeutige Aussagen darüber, was *richtig* und *falsch* wäre. Das Dilemma besteht darin, daß ohne diese Illusionen eine familiengerichtliche Rechtsprechung jedoch gar nicht möglich wäre.

Ich werde mich in diesem Kapitel vor allem mit diesem letzten Problem, den „Fundamenten" institutioneller Interventionen und Handlungen beschäftigen. Die andere, nicht minder wichtige Aufgabe, die persönlichen Verstrickungen der in diesem Bereich tätigen Personen aufzulösen, ist hingegen in Supervisionsgruppen besser aufgehoben als in einer theoretischen Abhandlung. Darüber hinaus halte ich es für gar nicht so unwahrscheinlich, daß auch die kritische theoretische Reflexion der eigenen Handlungsgrundlagen einen „heilsamen" und entlastenden Effekt haben kann: Wenn man weiß, daß das Wasser tief ist, schwimmt man und bleibt in der Nähe des Ufers; erschrecken tut man nur, wenn man angenommen hatte, festen Grund zu haben und plötzlich keinen mehr spürt. Unsicherheit und Angst sind aber wichtige Wegbereiter sowohl unbewußter emotioneller Verstrickungen als auch möglicherweise verhängnisvoller Fehlentscheidungen.

Im ersten Teil wende ich mich einigen praxisrelevanten Schwierigkeiten des Konzeptes „Kindeswohl" im Zusammenhang mit Sorgerechts- und Besuchs- bzw. Umgangsregelungen zu. Die grundsätzlichen theoretischen Probleme solcher Entscheidungen führen folgerichtig zur Frage, welcher Stellenwert der Einführung des *gemeinsamen Sorgerechts* einzuräumen ist. Dabei werde ich mich allerdings nicht mit der nachgerade absurden Diskussion beschäftigen, die derzeit in Österreich in Gang ist, ob denn das gemeinsame Sorgerecht (in Österreich: „Obsorge“) als gesetzliche *Möglichkeit* eingeführt werden soll[122]. Gegen diese Möglichkeit wird nämlich ins Treffen geführt, daß unter einem gemeinsamen Sorgerecht die Konflikte zwischen den meisten geschiedenen Eltern nur eskalieren würden; daß jedoch Eltern - und dieser Hinweis wird immer wieder gemacht -, die wirklich für ihr Kind in gemeinsamer Verantwortung weiter sorgen *wollen,* dies ja tun können, auch wenn offiziell das Sorgerecht nur bei dem einen Elternteil ist. Für absurd halte ich die Diskussion deshalb, weil es selbst dann keinerlei plausiblen Grund gibt, warum man Eltern, die *beide* und von *sich aus* diesen gesetzlichen Titel gerne hätten, diesen Titel verweigern soll. Von wirklichem theoretischen Interesse ist hingegen die Diskussion, die zur Zeit in Deutschland geführt wird: ob das gemeinsame Sorgerecht *als Regelfall* eingeführt werden solle, daß heißt: Das Sorgerecht wird durch eine Scheidung der Eltern überhaupt nicht tangiert und besteht unverändert so lange weiter, bis sich ein Elternteil *dagegen* ausspricht. Erst dann wird das Gericht mit dieser Frage befaßt, wobei der Einspruch erhebende Elternteil nachweisen muß, warum das gemeinsame Sorgerecht *in diesem Fall* nicht funktioniert bzw. den Entwicklungsinteressen des Kindes zuwiderläuft.

Natürlich geben Gesetze nur einen Rahmen ab, und können gerichtliche Entscheidungen nur eine Weichenstellung sein. Ob sich die Entwicklungsbedingungen für das Kind dann tatsächlich so günstig gestalten wie intendiert, hängt in erster Linie von den Eltern und anderen Bezugspersonen des Kindes ab.

In diesem Zusammenhang stellt sich nun die Frage nach den *Bedingungen für die Vollziehbarkeit von Gesetzen oder gerichtlichen Entscheidungen,* die Frage nach den Chancen und Grenzen staatlicher Gewalt. Dabei geht es nicht nur um *Sanktionen.* Immer öfter taucht in den letzten Jahren der Gedanke an *Beratung* nicht nur im Zusammenhang individueller Schwierigkeiten und expliziter Beratungswünsche von Betroffenen auf, sondern bildet darüber hinaus einen Gegenstand auch rechts- und sozialpolitischer Überlegungen: *Müßten* nicht alle Eltern, die sich trennen, darin beraten werden, was sie im Hinblick auf ihre elterliche Verantwortung für die Kinder tun und lassen sollen? Oder wenigstens in jenen besonders schwierigen Fällen, bei denen abzusehen ist, daß es mit einem Sorgerechts- oder Besuchsrechts-Entscheid nicht

---

122 Österreich befindet sich in der Situation, in welcher Deutschland vor 1982 war: Ein gemeinsames Sorgerecht ist bei uns gesetzlich nicht möglich.

getan ist? Es geht also um das schwierige Problem, ob *Beratung (i.w.S.) auch verordnet werden kann,* oder anders ausgedrückt: ob professionelle Hilfestellungen wie Therapie oder Beratung für Kinder und Eltern auch als Teil staatlicher Zwangsmaßnahmen vorstellbar sind. Darum wird es im dritten Teil dieses Kapitels gehen. Den vierten Teil bilden ein paar abschließende Überlegungen zum Stellenwert institutioneller Rahmenbedingungen im Gesamtkontext der Scheidungsproblematik und die Idee des „sozialen Netzwerkes“.

5.1
Was heißt „Kindeswohl“? Zum Dilemma gerichtlicher Entscheidungen über Sorge- und Umgangsrecht

Noch vor ein paar Jahren war mein hauptsächliches Forschungsinteresse auf die psychischen Begleiterscheinungen, auf die mittel- und langfristigen Folgen der *normalen, durchschnittlichen* (also auch einvernehmlichen) Scheidung der Eltern gerichtet. Auch meine praktischen Erfahrungen im beratenden Umgang mit Scheidungseltern machte ich zunächst mit Müttern und/oder Vätern, die sich *freiwillig* einer Beratung unterzogen. Die Konflikte zwischen den geschiedenen Eltern waren zwar zum Teil beträchtlich, aber es handelte sich doch zumeist nur um einen „kalten“ Krieg.

In den letzten Jahren bin ich hingegen über Fortbildungen, Supervisionen, Gutachtertätigkeit und Beratung in besonders schwierigen Fällen mit Müttern in Kontakt gekommen, die jeden Besuchskontakt zwischen ihren Kindern und dem Vater verhinderten; mit Vätern, die ihre Kinder seit Jahren nicht mehr sehen konnten; mit Vätern, die von einem Tag auf den anderen aus dem Leben ihrer Kinder verschwunden waren; mit wild um ihre Kinder kämpfenden Eltern; mit Kindesabnahmen; mit den seelischen Nöten der vor Gericht zitierten Kinder - mit „heißen“ Kriegen also und mit grundverschiedenen Praxisformen von Richtern, Gutachtern, Jugendämtern, Rechtsanwälten und Beratern, sich in diesen Krieg einzuschalten. Und alle, die kämpfenden Eltern eingeschlossen, tun dies im Namen des „Kindeswohls" - so sagen sie zumindest. Nun ist das „Kindeswohl" ein theoretisch so komplexes Thema, daß eine umfassende Erörterung eine eigene Arbeit erfordern würde. Andererseits ist es zu wichtig, um hier gänzlich ausgeklammert zu werden. Ich entschließe mich daher zu einem Kompromiß und werde vier mir besonders praxisrelevant erscheinende Aspekte herausgreifen und thesenhaft beleuchten: die Rolle des Familienrichters; die Kriterien von Sorgerechts-Entscheidungen und ihre Gewichtung; die in diesem Zusammenhang besonders wichtige Anhörung des Kindes bzw. der Umgang mit den Präferenzwünschen des Kindes für einen Elternteil; und viertens die über die Anhörung hinausgehenden Methoden zur Feststellung des Kindeswohls, d.h. der Eruierung der Entscheidungskriterien.

Die Rolle des Familienrichters

These 1

In manchen Fällen mag ziemlich klar sein, was nicht dem Kindeswohl entspricht, indem die Anwendung psychopathologischer Kriterien deutlich gegen eine der Entscheidungsalternativen spricht. Dagegen stößt die (positive) Bestimmung dessen, was (jenseits der klaren Gefahr einer psychischen Erkrankung) dem „Kindeswohl" am besten entspricht, häufig auf prinzipielle Schwierigkeiten: Handelt es sich dabei doch um Wertentscheidungen, die nicht mehr allein mit „objektiven" psychologischen oder pädagogischen Kriterien zu treffen sind.

Was ich mit der 1. These meine, möchte ich an einem Beispiel verdeutlichen:

> Stellen wir uns einen Zehnjährigen vor, der gerade die vierte Klasse Volksschule (Grundschule) besucht, dessen Eltern sich scheiden lassen und bei dem das Gericht über das Sorgerecht zu entscheiden hat. Nehmen wir an, der Gutachter stellt (richtig) fest, daß *Christian* eine gute, intensive Liebesbeziehung zu beiden Eltern hat. Solche Beziehungen sind jedoch „trianguliert", d.h. sie definieren sich gegenseitig, sodaß sich auch jede Zweierbeziehung verändert, wenn sich das Beziehungssystem verändert. In unserem Fall würde das etwa bedeuten: Die Beziehung zwischen der etwas überfürsorglichen Mutter und Christian ist besonders innig und trägt noch deutlich symbiotische Züge. Bei der Mutter weint er sich aus, kann er sich „fallenlassen", bei ihr ist er aber auch „regressiv", d.h. unselbständig, eher ängstlich, fordernd-weinerlich, neigt zu trotziger Lernverweigerung usw. Der Vater hingegen scheint „die Welt draußen" zu

> repräsentieren, mit ihm ist Christian „groß", ehrgeizig, will dem Vater imponieren und akzeptiert von ihm gesetzte Grenzen (z.B. auch bezüglich Schule) viel leichter. Da beide Eltern verfügbar sind, hält sich dieses „triangulierte Objektbeziehungssystem" in einem guten Gleichgewicht, beide Zweierbeziehungen ergänzen sich komplementär[123].

Wird dieser Bub nun *von der Mutter getrennt,* ist dies mit großer Wahrscheinlichkeit traumatisch, verliert er doch eine zentrale Bedingung emotionaler Geborgenheit. Selbst wenn er seine Autonomie und seine progressiven Antriebe, die er vom Vater bezieht, aufrechterhält (vielleicht sogar kompensatorisch verstärkt), wird er ein Stück Sicherheit einbüßen, verwundbarer, vielleicht ängstlicher und verletzbarer (etwa in künftigen Partnerbeziehungen) werden. Umgekehrt würde die *Trennung vom Vater* die Machtkonflikte mit der Mutter verstärken, damit auch die Bereitschaft zu regressiven Konfliktlösungen. Es könnte sein, daß er im Gymnasium scheitert. (Zu den genannten seelischen Faktoren kommt hinzu, daß die Mutter eher ungebildet ist, diesbezüglich auch nicht viel Ehrgeiz und Unterstützung für ihren Sohn aufbringen kann - „Man sieht ja, wie Akademiker sind!" - womit sie den Vater meint.) Durch dieses Scheitern und durch den teilweisen Wegfall der männlichen Identifzierungsfigur würde er möglicherweise auch ein Stück Selbstwertgefühl einbüßen.

Und nun frage ich: Wer ist fähig oder legitimiert *zu entscheiden, welche Zukunft höher zu bewerten ist?* Wie sollte ein psychologischer oder pädagogischer Vergleich etwa zwischen einer „erhöhten Disposition, in Partnerschaften Geborgenheit zu finden" und einer „größeren Chance, im Beruf Selbstverwirklichung zu finden" aussehen? Es gehörte zu den schmerzlichsten Einsichten meiner Berufsbildung, einzusehen, daß es eine *richtige Erziehung* nicht gibt. Gäbe es nämlich eine solche, würde das heißen, daß es ein allgemeingültiges Modell gibt, wie ein Mensch sein (bzw. werden) muß. Vor solchen Festschreibungen jedoch müssen wir uns allemal hüten. Denn wo und wann immer solche Entwürfe sich gesellschaftliche Macht anzueignen vermochten, war die Folge Diskriminierung, Unterdrückung und unermeßliches Leid.

In der Tat ist dem Konzept des „Kindeswohls" jedoch eine solche Vorstellung, Zukunfts- bzw. Entwicklungsvarianten ließen sich *sachlich* bewerten,

123 Vgl. die Ausführungen zur „kompensatorischen Triangulierung" in Band 1, 106ff.

eingeschrieben. Wenn jemand legitimiert ist, solche Entscheidungen zu treffen, dann ist das aber offenbar nur der Betroffene selbst - also der Heranwachsende. Da für dessen Entwicklungsinteressen jedoch die Eltern die Verantwortung tragen, sind sie es, denen dieses Entscheidungsrecht zugestanden werden muß. Sind aber die Eltern dazu nicht in der Lage, ist in unserer Gesellschaft ganz eindeutig festgelegt, wem dann die Entscheidungsbefugnis zusteht: nämlich *dem Richter.*

Heißt das nun, daß Sachverständigen-Gutachten völlig hinfällig sind, daß wir uns mit ganz subjektiven Werturteilen der Familienrichter abfinden müssen (was ja schließlich auch im Widerspruch zu unserem Rechtsbegriff stünde)? Natürlich nicht. Erstens geht es in Pflegschaftsangelegenheiten immer wieder auch um Streitfragen, die weniger langfristige Perspektiven haben als etwa die Entscheidung über das Sorgerecht, z.B. um Fragen, was *zur Zeit* für das Kind im Hinblick auf ein *nicht umstrittenes Ziel* günstiger wäre. Zweitens stimmt es zwar, daß eine positive Festschreibung des Kindeswohls sachlich-objektiv nicht möglich ist, unter gewissen Umständen wohl aber eine *negative:* Wir können aufgrund unseres Fachwissens nicht entscheiden, was für das Kind „das Beste" ist, aber wir kommen doch immer wieder in die Lage sagen zu können, was dem Kindeswohl (aller Voraussicht nach) *abträglich* ist, welche (prinzipiell denkbaren) Alternativen also *auszuschließen* sind. Natürlich geht auch diesem Ansatz eine Prinzipienentscheidung voraus, daß nämlich ein gewisses Mindestmaß an psychischer Funktionstüchtigkeit und Gesundheit nicht unterschritten werden darf, will man noch von Kindeswohl sprechen. *Diese* Prinzipienentscheidung ist jedoch sehr wohl eine legitime Basis sachlicher Entscheidungen. Drittens kann der Sachverständige richterliche Entscheidungen durchaus auch bei Fragen des Sorgerechts oder anderen längerfristig relevanten Ziel- und Wertentscheidungen *unterstützen.* Allerdings *nicht* in Form *vorweggenommener* Entscheidungen in Gestalt *eindeutiger* Empfehlungen. Der Sachverständige kann aber die entwicklungspsychologischen/pädagogischen *Konsequenzen alternativer Entscheidungen erhellen.* Er könnte z.B. formulieren: „Wenn das Kind beim Vater bleibt, ist - mit einer gewissen Wahrscheinlichkeit - damit zu rechnen, daß..., bleibt es bei der Mutter, ist anzunehmen, daß es...". Eine solche Analyse nimmt dem Familienrichter zwar nicht die Entscheidungsverantwortung, aber er kann zumindest abschätzen, *wozwischen* er eigentlich zu entscheiden hat. Dazu bedarf es aber eines radikalen Umdenkens im Selbstverständnis vieler Vertreter beider Berufsgruppen[124].

Familiengerichtliche Entscheidungen haben also eine subjektive und eine objektive Seite. Was die subjektive Seite, also die zu treffenden *Wertentscheidungen* betrifft, muß konsequenterweise eingestanden werden, daß die von mir dem Familienrichter zugeteilte Aufgabe, seine Entscheidungsbefugnis nicht nur formal, sondern faktisch wahrzunehmen, *auch nicht mit juristischen Mitteln zu lösen ist.* Richterliche Entscheidungen setzen normalerweise voraus, daß es ein „richtig" und ein „falsch" gibt, welches sich an der Übereinstimmung/Nichtübereinstimmung mit der Gesetzeslage erweist. Genau dieses Kriterium steht aber dem Familienrichter sehr oft nicht zur Verfügung, weil sich das Kindeswohl, das sich sogar der psychologischen/pädagogischen Bestimmung entzieht, natürlich erst recht nicht über Gesetze definieren läßt. Das bedeutet, daß er zwar aufgrund seiner professionellen Funktion zu entscheiden hat, er diese Entscheidung jedoch nicht „professionell", sondern letzten Endes nur als privates Subjekt treffen kann. Müssen wir uns angesichts dieses Dilemmas aber nicht fragen, ob denn *Gerichte* dann überhaupt die geeignete gesellschaftliche Institution für die Regelung dieser Fragen des Zusammenlebens darstellen? Jedenfalls ist es wichtig sich vor Augen zu halten, daß die Tätigkeit des Familienrichters im Grunde mehr mit *ethischer Verantwortung* und *Weisheit* als mit *Rechtsprechung* zu tun hat.

Das Kindeswohl im Sorgerechtsstreit: objektive Entscheidungskriterien und ihre Gewichtung

These 2

Von diesem prinzipiellen Problem abgesehen, stoßen wir auch bei dem Versuch auf Schwierigkeiten, die Entwicklungschancen mit Hilfe der allgemein anerkannten objektiven Kriterien zu beurteilen. Diesen Kriterien kommt nämlich zum Teil ein sehr unterschiedliches Gewicht zu. Meiner Erfahrung nach werden viele Sorgerechts- und Besuchsrechtsentscheidungen nach Kriterien getroffen, denen nur eine sekundäre Relevanz zuzuschreiben wäre.

Die objektiven Entscheidungskriterien kann man in sekundäre und in primäre Kriterien teilen[125]. *Sekundäre Kriterien* sind: *Kontinuität* der Lebenssitu-

124 Vgl. dazu auch Balloff 1992 und Jopt 1992.
125 Vgl. z.B Ell 1990.

ation (im sozialen, lokalen und beziehungsmäßigen Sinn); die *Qualität der Lebensverhältnisse;* das dem betreffenden Elternteil mögliche *Ausmaß* an *persönlicher Sorge* (ohne Einschaltung von Dritten); die *Erziehungsfähigkeit;* die *Fördermöglichkeit* und das *Beisammenbleiben der Geschwister.*

Warum sind diese Kriterien nur als sekundäre zu betrachten? Es gibt Gründe, die zeigen, daß das betreffende Kriterium im Einzelfall relativ bedeutungslos werden kann:

- *Kontinuität* ist kein Selbstwert - bei einer belastenden Lebenssituation kann gerade ihre Veränderung das Richtige sein.
- Was die *Kontinuität sozialer Beziehungen* betrifft, hängt ihre Bedeutung darüber hinaus stark vom Alter und von der jeweiligen Eingebundenheit des je besonderen Kindes in ein bestimmtes soziales Netz ab.
- Äußerst schwierig gestaltet sich die Einschätzung der *Erziehungsfähigkeit:* Hatte sich ein Vater in aufrechter Ehe nicht viel mit den Kindern beschäftigt, heißt das noch lange nicht, daß er das auch in Zukunft so halten werde; die individuelle Erziehungsfähigkeit hängt auch stark vom Alter des Kindes ab. Der „Erziehungsfähigkeit" hält *Ell* die „Charakterähnlichkeit" als Kriterium entgegen, weil er meint, daß Charakterähnlichkeiten zwischen Elternteil und Kind die Einfühlung erleichtern und Konflikte minimieren. Schließlich ist darauf hinzuweisen, daß auch die Bestimmung der „größeren" Erziehungsfähigkeit letzten Endes die Vorstellung einer „richtigen" Erziehung in sich birgt - womit wir wieder beim Thema der These 1 wären.
- Die *„Förderungsmöglichkeit"* wird meist vom Bildungsniveau des Elternteils abgeleitet, was aus zwei Gründen fraglich erscheint: Erstens gibt es auch Nachhilfelehrer; vor allem aber hängt der Schulerfolg wesentlich von emotionellen Faktoren ab und läßt sich kaum je von einem noch so gebildeten und bildungsmotivierten Elternteil *erzwingen.*
- Das *Zusammenleben der Geschwister* entspricht oft dem Wunsch der Kinder, und Geschwister können sich in der Tat sehr oft bei der Bewältigung der Trennungskrise stützen und entlasten[126]. Aber das ist nicht immer so, zum Beispiel dann nicht, wenn ein Kind in den Rivalitätskämpfen mit dem jüngeren Geschwister durch die Scheidung *seinen* „Bündnispartner" verliert und sich nun, in der *Mutter-Familie,* an den Rand gedrängt und ungeliebt erlebt[127].

126 Vgl. z.B. das spannende Buch von Tilmann Moser 1982.
127 Vgl. Bd. 1, 1991, 195f.

Als *primäre Kriterien* sind die *Elterlichkeit* von Vater und Mutter und die *Stärke und Art der inneren Beziehung* des Kindes zum jeweiligen Elternteil anzusehen. Unter „Elterlichkeit" ist (nach *Ell*) der emotional-affektive Stellenwert, den das Kind im Leben des betreffenden Elternteils einnimmt, zu verstehen. Freilich ist auch das ein nicht unproblematisches Kriterium, da auch ein hoher affektiver Stellenwert sich für das Kind behindernd auswirken kann[128], wenn er ein gewisses Ausmaß überschreitet. Bleibt also als *das* zentrale Kriterium: *die innere Beziehung des Kindes zum Vater und zur Mutter.* Dabei wäre freilich wichtig, nicht nur auf die *Stärke der Bindung* zu achten - worauf sich gutachterliche Untersuchungen heute zumeist beschränken -, sondern auch auf die besondere *Qualität* der inneren Beziehung, also auf die besondere „Objektbeziehung". So kann z.B. die Objektbeziehung des Kindes zu dem Elternteil, an den es am stärksten gebunden ist, in hohem Maße durch innerpsychische Konflikte belastet sein, eine Belastung, die unter Umständen durch den Wegfall des anderen Elternteils noch zunehmen kann. Welche Objektbeziehung für das Kind förderlicher ist, hängt auch mit dem Alter des Kindes zusammen, d.h. mit den speziellen Entwicklungsaufgaben, die es in nächster Zeit zu bewältigen haben wird. Drittens ist an das vorher schon erwähnte Phänomen der „kompensatorischen Triangulierung" zu erinnern: Die innere Beziehung zu einem Elternteil ist mitunter nur deshalb harmonisch und entwicklungsfördernd, weil Defizite innerhalb dieser Beziehung vom anderen Elternteil - auch wenn die Bindung zu ihm schwächer zu sein scheint - kompensiert werden (vgl. oben den Fall von Christian). Mit anderen Worten: Die Antwort auf die Frage, an wen das Kind stärker gebunden ist, muß nicht dieselbe sein, wie die Antwort auf die Frage. *Die Trennung von welchem Elternteil kann das Kind weniger gut verkraften?*

Wie sieht nun die Handhabung dieser Entscheidungskriterien in der Praxis aus? Zur Illustration zitiere ich aus der Begründung eines österreichischen Gerichts, das im Sorgerechtsstreit die drei Kinder der geschiedenen Eltern der Mutter zugesprochen hatte:

> Plegschaftssache der mj. Sabine B. (14a), Andreas B. (10a) und Patrick B. (7a)[129].
> Die Minderjährigen, Sabine, Andreas und Patrick B., werden in die alleinige Obsorge der Kindesmutter Berta B. eingewiesen.

128 Etwa wenn Mütter nur mehr für ihre Kinder leben.

129 Vornamen und Initialen geändert.

Begründung: Die Kindesmutter stellte den aus dem Spruch ersichtlichen Antrag, gegen welchen sich der Kindesvater aussprach.

Nach Feststellung des Sachverhaltes (...) ergibt sich in rechtlicher Hinsicht:

Gemäß § 177 ABGB hat nach einer Scheidung das Gericht, so eine Vereinbarung zwischen den Kindeseltern nicht zustande kommt, zu entscheiden, welchem Elternteil die Obsorge für das Kind künftig allein zukommt (...) Im gegenständlichen Fall zeigen die Feststellungen, daß sich die Kindesmutter gut für die Betreuung der Kinder eignet, dies auch im letzten halben Jahr, in dem sie die Minderjährigen allein versorgt hat, unter Beweis gestellt hat. Obwohl sie berufstätig (halbtags) ist, bedarf sie im wesentlichen keiner fremden Betreuungsperson, da sie ihrer Arbeit während des Schulbesuchs der Kinder nachgeht. Der Vater hingegen ist, berufsbedingt, über einen Zeitraum von 24 Stunden zur Gänze abwesend (Arbeitstätigkeit in Wien), um dann für 48 Stunden wieder frei zu haben. Für seine berufsbedingte Abwesenheit würde er jedenfalls eine Betreuungsperson benötigen, steht eine solche im Familienkreis jedoch nicht zur Verfügung. Der Kindesvater erscheint dem Gericht auch von seiner Veranlagung her zur Kindesbetreuung weniger geeignet, wobei insbesondere auf sein leicht aufbrausendes und übertrieben eifersüchtiges Verhalten gegenüber seiner geschiedenen Gattin hinzuweisen ist. Die mj. Sabine B. hat sich überdies klar für einen Verbleib bei der Kindesmutter ausgesprochen, wobei dies nach den obigen Ausführungen nicht unbeachtlich ist. Jedenfalls wollen und sollen auch die Geschwister nicht getrennt werden, die mj. Andreas und Patrick B. haben zur Kindesmutter zumindest eine gleich gute Beziehung wie zum Kindesvater. Schließlich ist noch darauf hinzuweisen, daß der anwaltlich vertretene Kindesvater selbst keinen Antrag auf Übertragung der Obsorge gestellt hat, vielmehr, allerdings schon zu einem Zeitpunkt, als die Kindeseltern noch in derselben Wohnung lebten, die Abweisung des entsprechenden Antrages der Kindesmutter begehrte (...)

Aus all dem war daher spruchgemäß zu entscheiden.
Bezirksgericht (...) 1993

Als Kriterien für seine Entscheidung führt das Gericht also an: Die „gute Betreuung" der Kinder durch die Mutter, keine Fremdbetreuung, elterliche Eignung (die noch dazu dem Vater in psychologisch ungerechtfertigter Weise abgesprochen wird, da „aufbrausendes und eifersüchtiges Verhalten gegenüber seiner Ex-Gattin" über seine *väterliche* Eignung überhaupt nichts aussagt), schließlich der Wunsch der Kinder, zusammenbleiben zu dürfen, und ein formaljuristisches Argument. Dies alles jedoch sind *Kriterien sekundärer Gewichtung!* Über das entscheidende Kriterium, die *innere Beziehung (Objektbeziehung) der Kinder zu den Eltern,* findet sich lediglich die Bemerkung: „... die mj. Andreas und Patrick B. haben zur Kindesmutter zumindest eine gleich gute Beziehung wie zum Kindesvater". Was auch immer dieser kryptische Satz meint, er fußt ausschließlich auf dem persönlichen Eindruck des Richters bzw. der Sozialarbeiterin. Trotz eines diesbezüglichen Antrags des Vaters wurde keinerlei psychologische Untersuchung vorgenommen.

Natürlich handelt es sich um einen Einzelfall, meiner Erfahrung nach leider jedoch um einen recht repräsentativen Einzelfall.

Die Anhörung der Kinder; die Art des Umgangs mit Präferenzwünschen der Kinder für einen Elternteil

These 3

Mit den Aussagen der Kinder, in denen es um den Wunsch geht, lieber bei dem einen Elternteil zu bleiben, „umzugehen", heißt letztlich nichts anderes, als sie zu bewerten. Diese Bewertung ist jedoch ist eine äußerst diffizile Aufgabe, die nicht mit juristischen Methoden lösbar ist.

Von vielen Autoren wird der Wunsch des Kindes über seinen künftigen Verbleib ebenfalls als primäres Entscheidungskriterium anerkannt. Auch das Gesetz sieht vor, daß der Wunsch des Kindes zu beachten ist, allerdings mit einer sehr wesentlichen Einschränkung: „...wenn nicht schwerwiegende Gründe dagegensprechen oder der Wunsch gegen die offenbar erkennbaren Interessen des Minderjährigen gerichtet ist" (E15. zu §177 ABGB in MGA 33). Für *Ell* ist der Wunsch des Kindes sogar das wichtigste Kriterium: „Es gibt kein Kindeswohl gegen den Kindeswillen" (a.a.O., 59).

So gesehen scheint dieses Kriterium gar nicht so schwer eruierbar zu sein: Man muß das Kind offenbar nur *fragen,* wo es lieber leben möchte, eine Aufgabe, die auch jeder Richter wahrnehmen kann. Leider müssen jedoch auch hier aus kinderpsychologischer Sicht Bedenken vorgebracht werden:

- In den meisten Fällen, vor allem bei jüngeren Kindern (bis zum Alter von neun, zehn Jahren), haben die Kinder gar nicht den Wunsch, bei dem einen *oder* anderen Elternteil zu leben. Erstens wollen sie, daß die Eltern zusammenbleiben, zweitens können sie sich nicht entscheiden, weil sie Mutter *und* Vater lieben und drittens sind sie mit einer solchen Entscheidung auch deshalb überfordert, weil sie sich gar nicht vorstellen können, was es bedeutet und wie es sein wird, nun bei Mutter *oder* Vater allein zu wohnen. Mit anderen Worten: Das Kind kann die Frage nach seinem künftigen Verbleib nicht beantworten, weil das nicht *seine* Frage, sondern die Frage der Eltern bzw. des Richters ist.
- Ein weiterer Grund, (vor allem kleine) Kinder gar nicht erst zu fragen, ist dem Umstand geschuldet, daß Fragen dieser Art das Kind in schwere Loyalitätskonflikte stürzen, oder richtiger: die Loyalitätskonflikte, denen das Kind ohnedies ausgesetzt ist, auf die Spitze treiben. Denn sich *für* den einen Elternteil zu entscheiden, heißt, sich *gegen* den anderen zu entscheiden: „Wie aber kann ich dem Papa noch in die Augen schauen, wenn er weiß, daß ich gesagt habe, lieber bei der Mama bleiben zu wollen ..."
- Unerträgliche Loyalitätskonflikte erhöhen schließlich die Wahrscheinlichkeit von (für das Kind so fatalen) Spaltungsprozessen: Um dem Konflikt zu entgehen, identifiziert sich das Kind mit einem Elternteil und lehnt den anderen ab. Es verändert also unbewußt die inneren Bilder von den Eltern so, daß der eine Elternteil idealisiert und zum Träger aller positiven Eigenschaften wird, während der andere einer massiven Abwertung unterliegt und die Funktion des Sündenbocks übernehmen muß. Für uns ist dabei wichtig, daß der „erwählte" Elternteil *nicht unbedingt der sein muß, zu dem das Kind eine innigere Beziehung hat:* Die Entscheidung kann auch für den Elternteil fallen, vor dem das Kind mehr Angst hat oder den es für verletzlicher oder nachtragender hält!
- Den Antworten der Kinder, bei wem sie lieber leben wollen, ist auch deshalb mit Vorsicht zu begegnen, weil es bekanntlich nicht selten vorkommt, daß Kinder von einem Elternteil massiv unter Druck gesetzt werden, eine bestimmte Aussage zu machen. Und daß dem so ist, wird leider oftmals weder im Gespräch mit dem Kind noch mit den Eltern offensichtlich.

- Es gibt Kinder, die sich aus der Enttäuschung über ihre Eltern und aus den Loyalitätskonflikten dadurch befreien, daß sie alle emotionellen Rücksichten fahren lassen und ihre plötzliche Macht ganz opportunistisch nützen. Sie entscheiden sich dann für den Elternteil, von dem sie sich ein höheres Maß an Befriedigung unmittelbarer, subjektiver Bedürfnisse versprechen. Erstens müssen diese subjektiven Bedürfnisse aber nicht unbedingt den Entwicklungsbedürfnissen der Kinder entsprechen (z.B. unbeschränktes Fernsehen); zweitens unterliegen Kinder dabei mitunter gravierenden Fehleinschätzungen („Beim Papa/bei der Mama muß ich nicht in die Schule gehen, kann ich solange aufbleiben, wie ich will ..."). Manchmal spielen die Kinder ihre Eltern auch gegeneinander aus, was diesen möglicherweise recht geschieht, für die Kinder aber um nichts weniger schädlich ist.

Dem Gesetzestext ist also entgegenzuhalten, daß der Wunsch des Kindes durchaus seinen Entwicklungsinteressen widersprechen kann, *ohne daß dies „offensichtlich" erkennbar ist.* Und die Aufwertung des Kindeswillens zum wichtigsten Kriterium des Kindeswohls ist darüber hinaus problematisch, weil es unter Umständen äußerst schädlich sein kann, dem Kind überhaupt die Frage zu stellen, wo es bleiben will. Wie aber kann denn dann festgestellt werden, welche Entscheidung dem Kindeswohl tatsächlich am meisten entspricht?

Methoden zur Feststellung des „Kindeswohls"

These 4
Wo einvernehmliche Lösungen tatsächlich nicht erzielbar sind, muß sich die richterliche Entscheidung darauf verlassen können, daß die psychologisch-pädagogischen Fachleute auch tatsächlich über das notwendige theoretische Wissen und die Methoden verfügen, das familiäre Beziehungsgeflecht und die innerpsychischen Beziehungsmuster diagnostisch aufzuhellen. Was diese Fachkompetenz betrifft, besteht jedoch (meiner Erfahrung nach) bei einem großen Teil der Psychologen, Gutachter und - ganz besonders - bei den Mitarbeitern der Jugendämter ein sehr dringlicher Fortbildungsbedarf.

Diese These entspringt dem Umstand, daß ich leider oft Gutachten von Sachverständigen und Jugendämtern in Händen hielt, die sowohl in theoretischer als auch methodischer Hinsicht haarsträubend waren. Ich will aber woanders beginnen und zwar bei einigen Grundprinzipien der Psychodiagnostik, wie ich sie etwa meine Studenten lehre.

Um zu einem einigermaßen fundierten Verständnis des Charakters, der Stärken, Schwächen und Probleme sowie der unbewußten Psychodynamik eines Kindes bzw. des Familiensystems zu gelangen, muß das Untersuchungs-Setting unter anderem folgende Bedingungen erfüllen:

- Es muß dem Untersucher gelungen sein, zwischen sich und den Eltern eine Vertrauensbeziehung herzustellen. Nur dann werden die Eltern uns alles, auch die heiklen Dinge, erzählen. Dazu gehören ganz besonders die eigenen Probleme der Eltern, ihre Ängste, Schuldgefühle, Kränkungen, Aggressionen und Sehnsüchte, sowie lebensgeschichtliche Ereignisse von großer Tragweite.
- Nur wenn die Vertrauensbeziehung hergestellt ist, können wir damit rechnen, daß die Eltern mit uns kooperieren, d.h. konstruktiv an einer stimmigen Diagnose mitarbeiten. Außer einer ehrlichen Anamnese gehört dazu auch eine entsprechende entängstigende Vorbereitung des Kindes auf die Testuntersuchung. Andernfalls besteht die Gefahr, daß die Befunde zum Teil ein Artefakt der Untersuchungssituation sind, das heißt: Der Untersucher stellt jene Ängste, Aggressionen etc. fest, die *er selbst* hervorgerufen hat. (Im Gutachten jedoch werden sie dann der Erziehungssituation angelastet.)
- Für den Aufbau der Beziehung und den Erhalt der unerläßlichen lebensgeschichtlichen Informationen muß man zumindest mit drei bis fünf Sitzungen rechnen. Für eine fundierte Untersuchung des Kindes, für welche ebenfalls eine Vertrauensbeziehung notwendig ist und die aus Interview und einer projektiven Testbatterie[130] besteht, müssen wir uns ebenfalls hinlänglich Zeit lassen (drei bis vier Stunden).
- Wollen wir erreichen, daß die Eltern das Untersuchungsergebnis *annehmen können* und bereit sind, auch im Hinblick auf die empfohlenen Maßnahmen mit uns *zu kooperieren,* müssen wir für die Testbesprechung ein bis zwei Sitzungen vorsehen, bei größeren Kindern sind wir auch diesen ein Gespräch schuldig. Sowohl bei den Eltern als auch bei den Kindern kommt es darauf an, den Befund in verständliche und vorsichtige Worte zu fassen. Vorsichtig deshalb, weil psychologische und familiendynamische Befunde unter Umständen sehr verletzend wirken können. Und wenn diese

130 Vgl. S. 15, Anm. 8.

Verletzung zu groß ist, kann es leicht passieren, daß Eltern - im Dienste der Erhaltung ihres psychischen Gleichgewichts - gegenüber einem solchen Befund in (äußere und innere) Opposition gehen, damit aber auch in Opposition zu allen aus ihm abgeleiteten empfohlenen Maßnahmen.

Muß ich zur derzeit üblichen Praxis der Gutachten-Erstellung überhaupt noch ein kritisches Wort verlieren? Wir alle wissen, wieviele Gutachten nach nur *einem* Kontakt mit den Betroffenen zustandekommen; daß dieser Kontakt durch Mißtrauen und das Bestreben des jeweiligen Elternteils geprägt ist, nicht eine stimmige, sondern eine Diagnose im eigenen Sinn herbeizuführen; welch verzerrtes Bild der Gutachter von der Lebensgeschichte und der Persönlichkeit des Kindes erhält; daß die Kinder nicht nur nicht angstfrei vorbereitet sind, sondern oft beeinflußt werden, bestimmte Dinge zu sagen oder zu verschweigen; daß oft eine fundierte Testuntersuchung gar nicht stattfindet; und daß - anstelle einer behutsamen Testbesprechung - die Betroffenen das Untersuchungsergebnis aus dem Gutachten erfahren müssen, in welchem sie dann unter Umständen Dinge über sich lesen müssen, die psychisch einfach nicht verkraftbar sind. Dabei ist noch zu bedenken, daß das von mir oben skizzierte Setting auf kooperative Eltern bezogen ist, sodaß im Falle von Befunden in *Scheidungsfällen* eher noch mehr Zeit veranschlagt werden müßte.

Man könnte einwenden, aus institutionellen, zeitlichen, finanziellen oder anderen Gründen ließe sich das ideale Verfahren selten realisieren, weshalb man eben Kompromisse schließen müsse. Nur: Es gibt methodisch begründete Grenzen für Kompromisse. Sind gewisse Voraussetzungen für eine gültige Diagnostik nicht erfüllt, ist das Resultat nicht „weniger exakt" oder „etwas undifferenzierter" usw., sondern *wertlos!* Das führt unter anderem dazu, daß viele Gutachten sich nur scheinbar auf die methodische Untersuchung beziehen,[131] tatsächlich jedoch dem persönlichen Gefühlseindruck und der spontanen Parteinahme des Sachverständigen für eine Seite der Konfliktpartner entspringen[132]. Das bedeutet aber nicht weniger, als daß es sich hier um Urteile des mehr oder weniger „gesunden Menschenverstands" handelt, wie sie jedermann - also auch der Richter - zuwege bringt, keineswegs jedoch um besondere, nämlich *sachverständige* Urteile.

---

131 Das offenbart sich z.B. häufig an eklatanten Brüchen der Argumentation oder an der selektiven Verwendung des Untersuchungsmaterials für die getroffenen Schlußfolgerungen.

132 Ich gestehe, daß ich bereits einige Male - wenn ich es von der Sache her verantworten konnte - Klienten (mit Erfolg) beraten habe, wie sie mit Sachverständigen umgehen sollen, um sie für sich einzunehmen.

Die Erfahrung, daß viele Sorgerechtsentscheidungen nach eher sekundären Kriterien getroffen werden (vgl. den oben dargestellten Fall) und die so häufig fehlende theoretische und diagnostische Kompetenz der Gerichte bzw. Fachleute, läßt befürchten, daß in der *Mehrzahl der Fälle* für Sorgerechts- und andere Entscheidungen, für die das „Kindeswohl" maßgeblich sein sollte, nicht jene Kriterien zu Rate gezogen werden, denen die höchste psychologische und pädagogische Wertigkeit zukommt, sondern Kriterien, die sich in der gegebenen Situation *relativ einfach erheben lassen.*

Wenn diese Vermutung stimmt, wäre freilich ein großer Teil gerichtlicher Entscheidungen, die „im Namen des Kindes" gefällt werden, ad absurdum geführt.

5.2
Das gemeinsame Sorgerecht

Die einzig wirklich befriedigende Alternative bietet also die Hoffnung, mit der Ersetzung des hoheitlichen Verfahrens vor Gericht (etwa durch das Angebot von *Mediation* bzw. ergänzender Therapie- und Beratungsangebote) möglichst viele Eltern zu befähigen, Sorgerechts-, Besuchs- und andere Regelungen *einvernehmlich* zu treffen. Solche einvernehmlichen Lösungen mögen uns vielleicht von einem entwicklungspsychologischen oder pädagogischen Standpunkt her nicht immer optimal erscheinen[133], aber erstens sind wir als Fachleute - wie ja eben festgestellt - oft selbst nicht in der Lage anzugeben, was „optimal" wäre, und zweitens stehen für eine solche Feststellung die erforderlichen Ressourcen und Kompetenzen meist nicht zur Verfügung. Dagegen beinhalten einvernehmliche Lösungen der Eltern immerhin die nicht zu unterschätzende Chance, daß sich die künftigen Konflikte zwischen den Eltern in Grenzen halten werden.

Nun wissen wir jedoch, daß solche einvernehmlichen Regelungen sehr oft einfach nicht erzielbar sind. Und da stellt sich die Frage, ob nicht das *gemeinsame Sorgerecht als Regelfall* einen Weg aus diesem Dilemma böte. Diese Annahme beruht auf der Hoffnung, daß das gemeinsame Sorgerecht ein

133 Ich denke hier an die nicht so seltenen Vereinbarungen von der Art: „Ich behalte das Haus, dafür bekommst du das Kind."

gesetzlicher Rahmen sein könnte, der dem „Wohl des Kindes" in dreifacher Hinsicht entgegenkäme: Erstens, weil sich die Frage „Wer bekommt das Kind?" nicht mehr stellen würde und damit eine Quelle von Konflikten - die dann eben gerichtlich bzw. gutachterlich gelöst werden müßten -, wegfiele; zweitens, weil damit die Bereitschaft der Eltern, trotz Scheidung weiterhin gemeinsame Verantwortung für das Kind zu tragen, erhöht würde; und dies käme - drittens - dem wahren Wunsch des Kindes noch am nächsten: Mutter *und* Vater als Eltern zu behalten.

Versuch einer theoretischen Diskussion

Nun sind freilich die Ansichten darüber sehr geteilt, ob solche Hoffnungen berechtigt seien, und die diesbezüglichen Diskussionen werden mit großer Vehemenz geführt. Wohl auch deshalb, weil diese Fragen in den letzten Jahren stark ideologisiert wurden: Auf der einen Seite wird argumentiert, es handle sich beim gemeinsamen Sorgerecht um einen bedeutenden Fortschritt, um ein Stück auf dem allseits geforderten Weg zur kontinuierlichen Elternschaft trotz Scheidung, also geradezu um ein moralisches Gebot. Dagegen behaupten die anderen, das gemeinsame Sorgerecht wäre ein unakzeptabler Rückschritt in der gesellschaftlichen Entwicklung: Die Zuteilung des Sorgerechts an jenen Elternteil, der auch die alltägliche und praktische Verantwortung für das Kind trägt, trage den neuen Lebensformen jenseits der traditionellen Familie Rechnung. Da es bei der Forderung nach einem gemeinsamen Sorgerecht de facto um die Mitsprache der Väter gehe, entlarve sich dieses als Forderung nach der Wiedereinführung patriarchaler Machtverhältnisse. Bei dieser Sichtweise spielt wohl auch der Gedanke eine Rolle, daß die Scheidung in vielen Fällen auch als Akt der Befreiung und Selbstfindung der Frau zu betrachten sei.

Beide Positionen meinen, sich auf die neuere Forschung berufen zu können. Die Befürworter des gemeinsamen Sorgerechts verweisen auf die Erkenntnis, daß die Kontinuität einer intensiven Beziehung zum weggeschiedenen Elternteil für die psychische Entwicklung des Kindes von eminenter Bedeutung ist. Die Gegner befürchten, daß es dadurch zwangsläufig bei jeder noch so geringen Maßnahme, welche die Kinder betrifft, zu Auseinandersetzungen zwischen den Eltern kommen werde, und sie verweisen auf die Erkenntnis, daß Konflikte, welche die Eltern über ihre Kinder austragen, zu den größten Belastungen gehören, denen jene ausgesetzt sind.

Sehen wir uns einmal die Argumente pro und contra gemeinsames Sorgerecht genauer an. *Gegen* das gemeinsame Sorgerecht als Regelfall - das bedeutet in vielen Fällen: auch gegen den Willen eines Elternteils - sprechen nun freilich wirklich gewichtige Argumente:

a) Werden die Konflikte zwischen Vater und Mutter, die ja zur Scheidung führten, auf diese Art und Weise nicht jedenfalls prolongiert?
b) Statt daß sich die Beziehung zwischen den Eltern durch die Scheidung entspannen kann, werden die Auseinandersetzungen möglicherweise noch heftiger - und das in einem Bereich, in welchem die Kinder besonders miteinbezogen werden.
c) Werden jene Elternteile, welche das gemeinsame Sorgerecht ablehnen, dann nicht dazu verführt, in der „Schmutzwäsche" des Partners zu wühlen, was heute glücklicherweise dank der einvernehmlichen Scheidung nicht mehr so oft vorkommt?
d) Sichert das gemeinsame Sorgerecht, z.B. gegen den Willen der Mutter, nun nicht tatsächlich den Fortbestand von patriarchalen Machtverhältnissen trotz Scheidung?
e) Ist nicht die Gefahr sehr groß, daß diese Sorgerechtsregelung scheitert, nicht hält und sodann neu verhandelt werden muß? Statt einer einigermaßen beruhigten Nach-Scheidungs-Kontinuität könnte es also in verstärktem Ausmaß zu endlosen Kämpfen zwischen den Eltern kommen - und die primär Leidtragenden wären zweifellos wieder die Kinder.

Also Hände weg von dieser Idee? Nun gibt es freilich auch einige bedenkenswerte Argumente, die *für* das gemeinsame Sorgerecht als Regelfall sprechen:

a) Es gäbe ja nicht nur *entweder* gut kooperierende geschiedene Eltern, könnte man sagen, *oder* solche im offenen Kriegszustand, die den Ex-Partner unbedingt ausschalten wollen. Eine nicht geringe „Mittelgruppe" komme aufgrund der herrschenden Gesetzeslage nur nicht auf die Idee fortgesetzter gemeinsamer elterlicher Verantwortung. Mit dieser gesetzlich niedergelegten Verpflichtung würden diese Eltern die gemeinsame Sorge akzeptieren und zu leben versuchen, ohne dagegen von vornherein zu protestieren.
b) Gemeinsames Sorgerecht müsse ja nicht heißen, daß *jede,* die Kinder betreffende Entscheidung an die Zustimmung des nicht im Haushalt wohnenden Elternteils geknüpft ist. Das sei schließlich auch in intakten Ehen

nicht der Fall. Mit der Festlegung des Lebensmittelpunktes des Kindes (Wohnort) könne sich auch eine Art „Alltags-Sorgerecht" des Elternteils, bei dem das Kind lebt, verbinden. Aber vor dem Gesetz und im Hinblick auf wichtige, das Kind betreffende Entscheidungen wären beide Elternteile gleichberechtigt. Wo die Alltagssorge und wo das gemeinsame Sorgerecht zu gelten hätte, könnte bei der Scheidung, z.B. im Rahmen eines Mediationsverfahrens, festgelegt werden.

c) Die aufrecht bleibende gesetzliche Vaterschaft könnte bei vielen Männern die so schmerzliche narzißtische Wunde kühlen, welche durch den faktischen Einfluß- und Machtverlust gegenüber Frau und Kindern aufgerissen wird. Vielleicht müßten dann so manche von ihnen weniger verbissen gegen ihre Ex-Frauen kämpfen oder sich andere nicht so schnell von ihren Familien völlig zurückziehen.

d) Schließlich eine Anmerkung zu der Befürchtung, das gemeinsame Sorgerecht könne scheitern und der ganze Streit von vorne losgehen: Hat nicht auch das Argument einiges für sich, daß die positiven Folgen gemeinsamer elterlicher Verantwortung geradezu fordern, es wenigstens *zu versuchen;* daß man eine Chance nicht auslassen dürfe, nur weil auch ein Scheitern denkbar ist?

Betrachtet man die beiden Argumentationsreihen, muß man zugeben, daß jeder der vorgebrachten Gedanken etwas für sich hat und psychologisch durchaus plausibel ist. Mit anderen Worten: Es kann so sein, aber es könnte auch anders sein. Also was tun?

Ich glaube, man darf nicht den Fehler machen, die Effizienz des *gemeinsamen Sorgerechts als Regelfall* am Einzelfall nachweisen oder widerlegen zu wollen. Es geht hier um eine politische Entscheidung, die zumindest zwei Ziele verfolgt:

- Erstens: *Rahmenbedingungen* zu schaffen, die für *die große Mehrzahl* der betroffenen Familien bzw. deren Kinder bessere Entwicklungschancen eröffnen sollen. Weder können wir damit rechnen, daß es sich um die bessere Lösung für alle Fälle handelt, noch dürfen wir erwarten, daß günstigere Entwicklungschancen für die Kinder mit der Einführung eines Gesetzes *allein* schon gesichert wären. „Im Regelfall" impliziert ja die Möglichkeit der Ausnahme. Und über die Wirksamkeit von Gesetzen werde ich später (Kap. 5.4) noch etwas sagen.

- Zweitens käme der Einführung des gemeinsamen Sorgerechts als Regelfall (nach Ansicht seiner Befürworter) der Charakter einer *gesellschaftspolitischen Willensentscheidung* zu. Eine Willensentscheidung, die mittel- bis langfristig einen bewußtseinsverändernden Effekt anstrebt: Sich scheidenden Eltern sollte durch das automatische Weiterbestehen des gemeinsamen Sorgerechts die elterliche Verantwortung, die sie trotz Scheidung tragen, bewußter werden, und das sollte dazu führen, daß sie sich mehr anstrengen, zum Wohl des Kindes zu kooperieren.

Aber auch diese gesellschaftlichen Zielsetzungen verdanken sich psychologischen bzw. sozialpsychologischen Überlegungen. Es ist wohl einsichtig, daß sich mit *theoretischen Überlegungen,* die lediglich auf Erfahrungen mit *Einzelfällen* basieren, die Frage, ob solche mittel- und langfristigen *gesellschaftspolitischen Erwartungen* tatsächlich berechtigt sind, *nicht entscheiden*[134] lassen!

Plädoyer für empirische Forschung

Damit freilich ist einer Ideologisierung der Diskussion Tür und Tor geöffnet, wozu es nur eine Alternative gibt: *empirische Forschung.* Es ist für mich immer wieder erstaunlich, mit welcher Selbstverständlichkeit es die Politik schafft, ihre Konzepte von wissenschaftlicher Überprüfung freizuhalten. Wie einst die spekulativen Philosophen über die Erklärung von Naturphänomenen diskutierten, es jedoch strikt ablehnten, ihre Thesen im naturwissenschaftlichen Experiment zu überprüfen, wird mitunter jahrelang um Gesetze gestritten, ohne sich um wissenschaftliche Erkenntnisse zu kümmern oder vorhandene Methoden zur Entscheidungsfindung zu nutzen. Zwar werden in den Kontroversen immer wieder wissenschaftliche Befunde herangezogen, um eigene Argumente zu stützen. Diese Verwendung ist aber selbst ideologisch, da die Schlußfolgerungen einer methodenkritischen Prüfung nicht standhielten. Natürlich bin ich nicht so naiv zu glauben, Politik ließe sich de facto versachlichen. Politik ist Kampf um gesellschaftlichen Einfluß, Macht; ein Kampf, der hinter scheinbar sachlicher Legitimation der eigenen Positionen versteckt wird. Das eigentlich Erstaunliche liegt aber darin, mit welcher Selbstverständlichkeit sich die Gesellschaft das gefallen läßt, ihren politi-

134 Daß es doch noch eine weitere Möglichkeit gibt, sich mit dem gemeinsamen Sorgerecht *theoretisch* zu befassen, werde ich im Kapitel 5.3 zeigen.

schen Repräsentanten zu glauben bereit ist, daß sie ihre Entscheidungen kraft fachlicher Kompetenz treffen und darauf verzichtet, den wissenschaftlichen Beweis der Stimmigkeit der Argumente einzufordern. Und das in einer so wissenschaftsgläubigen Zeit wie der unseren.

Auch die Kontroverse um die Einführung *des gemeinsamen Sorgerechts als Regelfall* ist ein Beispiel für mangelhaft gesichertes Wissen, während es gleichzeitig durchaus Möglichkeiten gäbe, dieses Wissen zu schaffen, Möglichkeiten, die zu nutzen aber offenbar niemandem einfällt. Man könnte zum Beispiel untersuchen, woran es liegt, daß der Anteil an gemeinsamen Sorgerechtsregelungen in Deutschland zwischen den einzelnen Gerichtsbezirken oft erheblich schwankt. Die Vermutung liegt nahe, daß einzelne Richter diese Regelung nur dann aussprechen, wenn sie von den Betroffenen ausdrücklich verlangt wird, während andere Richter es auch unternehmen, Eltern, die nicht von vornherein das gemeinsame Sorgerecht anstreben, für diese Lösungen zu gewinnen. Wie machen sie das? Haben sie Erfolg damit (offenbar schon)? Wie entwickeln sich diese Fälle?[135] Vor allem jedoch müßte man nach Skandinavien fahren, wo das gemeinsame Sorgerecht seit Jahren als Regelfall gehandhabt wird, und dort Väter, Mütter und Kinder - die es sich ja (fast) nicht mehr aussuchen konnten - interviewen: Welche Befürchtungen hatten sie vorher? Welche Erfahrungen machten sie nun? Man müßte die Richter, die *einst* im gesetzlichen Rahmen des alleinigen Sorgerechts ihre Entscheidungen zu treffen hatten, *jetzt* hingegen im Rahmen des gemeinsamen Sorgerechts, nach ihren Erfahrungen befragen - schließlich sind sie es ja auch, die bei der Wiederaufnahme von Sorgerechts-Verfahren wieder befaßt werden. Nehmen diese Wiederaufnahmen zu oder ab? Welche Erfahrungen machten sie bezüglich der Chance, daß diese Regelungen halten?[136]

Schließlich bedürfte es einer *methodenkritischen* Aufarbeitung verfügbarer Statistiken bzw. der Erarbeitung von Statistiken über die Kontinuität von gemeinsamen Sorgerechtsregelungen; die Kontinuität und Intensität der Beziehungen zum „abwesenden" Elternteil; das Ausmaß an elterlichen Konflikten bzw. Kooperation nach der Scheidung; über die subjektive Zufriedenheit der Betroffenen; über mittel- und langfristige Verhaltensauf-

135 Bislang sind mir in dieser Richtung nur vereinzelte, „private" Untersuchungen bekannt; z.B. Magnus/Dietrich 1986, Finger 1988, Limbach 1989.

136 Von ersten ermutigenden Ergebnissen berichtet Björklund 1997.

fälligkeiten, Symptome oder seelische Probleme der betroffenen Kinder; u.a.m.[137] Dann ließe sich ein Vergleich dieser Daten in bezug auf unterschiedliche gesetzliche Rahmenbedingungen vornehmen. So - und nur so - ließe sich die theoretische Diskussion entscheiden.

Die wenigen zur Zeit verfügbaren Untersuchungen weisen freilich in die Richtung, daß optimistische Erwartungen an die Einführung des gemeinsamen Sorgerechts als Regelfall nicht ganz unberechtigt sind. Dennoch muß man sagen, daß das Defizit an Forschung in diesem Bereich bemerkenswert groß ist.

Sicherung der Beziehung zu beiden Eltern versus Konfliktvermeidung

Man kann allerdings die beiden Argumentationsreihen „pro und contra gemeinsames Sorgerecht als Regelfall" noch unter einem anderen Gesichtspunkt betrachten. Sie unterscheiden sich nämlich nicht nur hinsichtlich der Frage, wer denn nun im empirisch-wissenschaftlichen Sinn *recht hat,* sondern setzen auch unterschiedliche Gewichtungen im Hinblick auf die Lebensumstände, die für das Wohl des Kindes als entscheidend betrachtet werden. Soweit ich sehe, besteht das Hauptanliegen der *Gegner* des gemeinsamen Sorgerechts in der *Beruhigung der Konflikte* zwischen den Eltern, während die *Befürworter* des gemeinsamen Sorgerechts in erster Linie die Sicherung des *Kontaktes der Kinder zu beiden Eltern* im Auge haben[138]. Ob es *stimmt,* daß es zur Beruhigung der Spannungen beiträgt, wenn das Sorgerecht in der Hand eines Elternteils ist, mit dem das Kind lebt; ob es stimmt, daß das gemeinsame Sorgerecht Rahmenbedingungen schafft, die die Chance erhöhen, daß das Kind den zweiten Elternteil nicht ganz verliert - das sind Fragen, die es noch empirisch zu sichern gilt. Aber läßt sich nicht die Frage, ob relativ beruhigte

137 Diese Fragen wurden zwar von Balloff und Walter in einer methodisch sehr sorgfältigen empirischen Arbeit untersucht. Auch ergab diese Studie einen weit häufigeren Kontakt zwischen Vätern und Kindern bei gemeinsamer elterlicher Sorge. Wie die Autoren aber richtig betonen, erlauben diese Befunde noch keine Schlußfolgerungen für die anstehende politische Entscheidung: Es bleibt nämlich offen, ob die bessere Kooperation zwischen den Eltern tatsächlich eine Folge des gemeinsamen Sorgerechts darstellt oder ob nicht beides, Kooperation nach der Scheidung *und* gemeinsames Sorgerecht abhängige Variable sind, nämlich die Folge eines geringeren Maßes an Feindschaft oder Mißtrauen der Geschiedenen bzw. einer besseren Kommunikationsfähigkeit trotz der Scheidung, die sich vielleicht auch ohne gemeinsames Sorgerecht erhalten hätte (Balloff/Walter 1991b).

138 Balloff (1991) ortet hinter Befürwortern und Gegnern des gemeinsamen Sorgerechts primär die Spannung zwischen einer systemtheoretischen/sozialwissenschaftlichen und einer klinisch-psychiatrischen Sichtweise der Scheidung.

Lebensumstände *oder* die fortdauernde Beziehung zum Vater für eine „gesunde" Entwicklung des Kindes wichtiger ist, schon jetzt *theoretisch* beantworten, und zwar auf der Grundlage unseres (empirisch gut gesicherten) Wissens über die typischen seelischen Belastungen des Scheidungskindes?

Nun, ich glaube, im Einzelfall wird das wohl möglich sein. Eine allgemeine Aussage zu treffen, würde ich mich jedoch nicht trauen. Jedenfalls möchte ich davor warnen, die Präferenzfrage „Konfliktvermeidung versus Kontaktsicherung" vorschnell zugunsten der Kontaktsicherung zu entscheiden:

- Natürlich ist der Verlust des Vaters für das Kind traumatisch - darüber kann angesichts des gegenwärtigen Standes der Forschung kein Zweifel bestehen. Ebenfalls unzweifelhaft steht jedoch fest, daß eine *Chance*, die der Scheidung wenigstens prinzipiell innewohnt, gerade darin besteht, die *mindestens ebenso traumatisierenden* Konflikte zwischen den Eltern zu entspannen. (Dies ist ja auch einer der Hauptgründe, warum die häufig geäußerte Forderung, Eltern sollten trotz gescheiterter Partnerschaft *ihren Kindern zuliebe* dennoch zusammenbleiben, abzulehnen ist.)
- Aus der klinischen Praxis wissen wir, daß zu den größten Belastungen der „Scheidung" die Loyalitätskonflikte *nach der Scheidung* gehören, die umso größer sind, je intensiver die Konflikte zwischen den Eltern andauern.
- Schließlich wäre darauf hinzuweisen, daß es häufig gerade die Unerträglichkeit dieser Loyalitätskonflikte ist, die Kinder dazu bringt, ihrerseits den Kontakt mit dem Vater zu meiden.

Also läßt sich auch diese Frage nicht theoretisch entscheiden? Strenggenommen: Nein! Dennoch neige ich vom psychoanalytischen Standpunkt her dazu, die Kontinuität einer einigermaßen guten Beziehung des Kindes zu beiden Elternteilen höher zu bewerten als eine relative Ruhe der äußeren Beziehungsverhältnisse. Und zwar aus theoretischen und pragmatischen Gründen:

- Die durch den Wegfall des Vaters (möglicherweise) erzielte Ruhe ist sehr oft trügerisch. Entweder verlagert sich der Konflikt auf die Ebene der Mutter-Kind-Beziehung. Dann kann von „Ruhe" ohnedies keine Rede mehr sein, wie viele alleinerziehende Mütter aus leidvoller Erfahrung wissen. Oder aber die Ruhe wird mit massiven Verdrängungsleistungen des Kindes erkauft, die sich vielleicht erst in der Adoleszenz oder im Erwachsenenalter auswirken, dann freilich die Gefahr neurotischer Störungen und großen seelischen Leides sehr erhöhen.

- Die Fähigkeit der Kinder, mit Loyalitätskonflikten in einer nicht oder wenig pathogenen Weise fertigzuwerden, nimmt mit dem Alter zu. Die Abwesenheit bzw. der Verlust des Vaters bleibt hingegen - oft bewußt, jedenfalls aber im Unbewußten - ein lebenslanges Problem und wirkt sich gerade in jenen Lebensphasen des Kindes, in welchen es um die Gewinnung von persönlicher Autonomie geht (wie z.B. in der Pubertät und Adoleszenz), besonders nachteilig aus.
- Schließlich kann man sagen (und vielleicht ist das sogar das stärkste Argument): Solange sich zwei streiten, besteht - zumindest theoretisch - immer noch die Chance, etwas zu unternehmen, um die Verhältnisse zu beruhigen und die Eltern für eine Kooperation zu gewinnen, die dem Kind günstige Entwicklungschancen (wieder-)eröffnet. Ist der Vater jedoch erst einmal verschwunden, ist zumeist nichts mehr zu machen.

So erlaube ich mir am Ende - bei aller methodologisch und theoretisch begründeten Vorsicht - doch eine wertende Stellungnahme: Sollte sorgfältige empirische Forschung erweisen, daß das *gemeinsame Sorgerecht als Regelfall* tatsächlich die Chance erhöht, dem Kind auch nach der Scheidung beide Elternteile zu erhalten (was - bei aller gebotenen Vorsicht - absehbar ist), so halte ich seine gesetzliche Verankerung für eine wichtige und dringend notwendige Maßnahme - jedenfalls dann, wenn das Entwicklungsinteresse des Kindes als oberstes Entscheidungskriterium gilt. Ebenso klar dürfte aus meinen Darlegungen jedoch hervorgegangen sein - und hier greife ich wieder den folgenden Abschnitten vor -, daß mit der gesetzlichen Einführung des gemeinsamen Sorgerechts als Regelfall *allein* noch wenig erreicht ist. Die Chance, welche durch die neue Rechtslage eröffnet wird, muß durch begleitende Maßnahmen gewahrt werden. Und zu diesen gehört allen voran die fortlaufende Sicherung der Beziehung zwischen Kind und Vater durch *Beratung* und eventuell auch durch *rechtliche Maßnahmen,* die das Recht des Kindes auf Kontakt mit beiden Eltern - auch gegen die Bedürfnisse von Mutter oder Vater - zu sichern vermögen.

„Alternierendes Sorgerecht" und „Nestmodell"

Bevor ich darauf näher eingehe, möchte ich noch ein paar Bemerkungen zu zwei Sonderformen des gemeinsamen Sorgerechts machen: das *alternierende*

Sorgerecht, bei welchem das Kind eine Zeitlang bei der Mutter und dann wieder eine Zeitlang beim Vater lebt; und zweitens das sogenannte *Nestmodell,* bei welchem die Kinder am Wohnort - zumeist in der ehelichen Wohnung - verbleiben und abwechselnd von Mutter und Vater betreut werden.

Grundsätzlich spreche ich mich *gegen ein alternierendes Sorgerecht* aus. Es gibt zwar Untersuchungen aus den USA, die diesem Modell eine sehr hohe Zufriedenheitsrate auf seiten der Eltern bescheinigen, nicht systematisch untersucht wurden meines Wissens nach aber die (objektiven) Auswirkungen auf die Kinder. Diese freilich dürften weniger gut sein, denn eines ist gewiß: Kinder sollen zwar das Gefühl haben, bei Mutter *und* Vater willkommen zu sein, aber sie brauchen auch das Gefühl, *an einem Ort zu Hause zu sein*[139]. Erst vor kurzem wurde ich mit einem Fall bekannt, wo ein dreijähriges Mädchen im Dreitagesrhythmus zwischen Mutter, Vater und Großmutter pendelte und mit massiven Trotzanfällen reagierte, in deren Zentrum die regelmäßige Weigerung stand, sich anziehen zu lassen. Es liegt nahe, dieses Symptom als Verweigerung des Weggehen-Müssens zu verstehen. Allerdings muß man auch angesichts eines solchen, für das Kind augenscheinlich ungünstigen Arrangements sehr behutsam vorgehen. Es stellte sich nämlich heraus, daß dies der einzige Weg war zu verhindern, daß sich Mutter, Vater und Großmutter um das Kind bekriegen. Mit anderen Worten: Mitunter kann es notwendig sein, auch Lösungen des Sorge- oder Umgangsrechts zuzulassen, obwohl sie vom pädagogisch-entwicklungspsychologischen Standpunkt aus als nachteilig erscheinen, und zwar deshalb, weil sie die Chance der Kooperation wahren. Allerdings wird man es nicht dabei belassen dürfen: Man muß versuchen, die erst einmal ermöglichte Kooperation zwischen den Konfliktparteien dafür zu nutzen, gemeinsam mit den Betroffenen günstigere Lösungen zu erarbeiten.

Auf einen anderen Umstand möchte ich an dieser Stelle nochmals hinweisen: *Äußere* Beziehungsverhältnisse lassen nicht auf geradem Wege auf *innere* Beziehungsverhältnisse schließen. So ist nicht von vornherein auszuschließen, daß ein Kind, das abwechselnd bei Vater und Mutter lebt, sich gefühlsmäßig dennoch bei dem einen zu Hause und beim anderen auf Besuch befindet. Diesen Gesichtspunkt gilt es auch bei der Festlegung des Besuchs- bzw. Umgangsrechts zu bedenken: Die Kontinuität einer intensiven *inneren* Beziehung des Kindes zum Vater hängt nicht alleine von der Länge bzw. Kürze der Besuchsintervalle ab, sondern noch mehr davon, wie sehr der Vater

139 Ähnlich argumentiert auch Wallerstein (Wallerstein/Blakeslee 1989)

im Erleben des Kindes präsent ist - unabhängig davon, ob er körperlich anwesend oder abwesend ist. Erinnern wir aus an die dreijährige Corinna (S. 125 f.), die eine ausgesprochen innige Beziehung zu ihrem im Ausland wohnenden Vater pflegte, obwohl dieser nur alle zwei Monate für ein bis zwei Tage mit ihr zusammen sein konnte. Die Mutter freilich sprach oft von ihm, im Kinderzimmer gab es ein Bild des Vaters und „Papa" galt im privaten Sprachgebrauch als Synonym für „groß" und für „blau" (die Lieblingsfarbe des Vaters) usw. Wird die Existenz des Vaters hingegen zu Hause tabuisiert, kann es durchaus passieren, daß das Bild des Vaters bei einem kleinen Kind wie diesem verblaßt und das Vertrauen schwindet, auch wenn das Kind seinen Vater regelmäßig alle vierzehn Tage zu Gesicht bekommt.

Was das „*Nestmodell*" betrifft, fällt mein *Nein* noch klarer aus. Aber auch hier sind im Einzelfall Ausnahmen denkbar. Zum Beispiel dann, wenn die Kinder schon älter sind, und sich die Kontinuität des sozialen Umfeldes (Schule, Ballettgruppe, Sportverein, enge Freunde) für das Wohlbefinden und das seelische Gleichgewicht des Kindes als besonders bedeutungsvoll herausstellen sollte.

5.3 Zum Problem rechtlicher Zwangsmaßnahmen

Über die psychodynamische Bedeutung von Regeln und Ritualen

Überall, wo es Gesetze gibt, sieht die gesetzgebende Autorität Sanktionen vor, die die Einhaltung der Gesetze gewährleisten sollen. Was die Familiengesetzgebung betrifft, ist die Sache aber komplizierter. Zum einen steht der rechtsstaatliche Grundsatz, daß gesetzliche bzw. gerichtliche Entscheidungen durchgesetzt werden müssen, dem Grundsatz entgegen, daß sich der Staat möglichst wenig in persönliche Lebensangelegenheiten einmischen soll. Zum anderen treffen eventuelle Sanktionen nicht nur die Schuldigen, sondern auch das Leben der mit ihnen Verbundenen, und so ist nicht immer sicher, ob staatliche Sanktionen die (vermeintlich) Unschuldigen bzw. die Opfer (und hier vor allem die Kinder) schützen oder mitstrafen. Es geht hier um jene Fälle, in welchen z.B. Kinder ihre Väter nicht besuchen wollen; Mütter den Kontakt zwischen Kindern und Vater be- oder verhindern; oder Kinder nach Besuchstagen oder Ferienbesuchen dem sorgeberechtigten Elternteil nicht mehr zurückgebracht werden. In doppelter Hinsicht ergibt sich dann ein Spannungsverhältnis zwischen Recht und Kindeswohl: Auf der einen Seite steht der Wille des Kindes oder eines Elternteils, der sich seinerseits auf den Willen oder die Interessen des Kindes beruft; auf der anderen Seite steht die - einst im Interesse des Kindeswohls - getroffene gesetzliche Regelung. Und selbst wenn man davon ausgehen kann, daß der Rechtsbruch dem Kindeswohl widerspricht, kann es sein, daß die durch staatliche Gewalt vollzogene Wiederherstellung der Rechtssituation für das Kind zu einem traumatischen Erlebnis wird, z.B. wenn sich ein Elternteil sein Sorgerecht oder Besuchsrecht mit Hilfe der Polizei zu sichern trachtet.

Es handelt sich dabei um ein Problem der Jugendwohlfahrt, das sich nicht nur in Scheidungsfällen ergibt, sondern überall dort, wo Interessen und Rechte von Kindern gegen Eltern und Elternteile geschützt werden sollen: z.B. in Fällen von Mißhandlung, Vernachlässigung oder Mißbrauch. Immer wieder stellt sich dann die Frage: Was schädigt das Kind mehr - die Fortsetzung der (sicher schädigenden) *derzeitigen* Lebensverhältnisse oder die (sicher ebenfalls schädigende) gewaltsame *Trennung* von den primären Bezugspersonen?

Aus diesem Grund muß in diesem Bereich sehr behutsam mit Zwangsmaßnahmen umgegangen werden. Das geschieht zum Teil auch. Mitunter ist die Behutsamkeit jedoch so groß, daß Elternteile ihre Kinder oft jahrelang nicht zu Gesicht bekommen, obwohl sie über ein bestehendes Besuchs- bzw. Umgangsrecht, ja vielleicht sogar über das Sorgerecht verfügen. In diesen Fällen - und ihrer gibt es beileibe nicht wenige - erscheint das Recht ziemlich zahnlos und läßt die Diskussion darüber beginnen, wieviel an staatlicher Machtausübung tatsächlich den betroffenen Kindern zugutekommt, wo die Einmischung oder umgekehrt zu große Zurückhaltung gerade das Gegenteil erreicht.

Betrachtet man die diesbezüglichen Usancen bzw. Diskussionen in verschiedenen europäischen Ländern[140], lassen sich fünf Bereiche erkennen, in

140 Im September 1996 fand in Freiburg eine *Konferenz zur Praxis des Sorgerechts im europäischen Vergleich* statt. Die Berichte über die derzeitigen Regelungen des Sorge- und Umgangsrechts in verschiedenen Staaten finden sich in Brauns-Hermann et al. 1997.

denen der Staat in das persönliche bzw. familiäre Privatleben eingreift bzw. eingreifen könnte. Ich habe diese fünf Bereiche „hierarchisch" gereiht. Ganz oben steht die Art von Einmischung, deren Berechtigung nach meinem Eindruck von einem großen internationalen Konsens getragen wird, an letzter Stelle die Art von Einmischung, die so gut wie nirgends gewagt wird. Diese fünf Bereiche sind:

1. *Das gemeinsame Sorgerecht als Regelfall:* Es stellt insofern eine staatliche Einmischung dar, als es Eltern, die sich scheiden lassen, ein Sorgerechtsmodell vorgibt. Der internationale Konsens unter Fachleuten, daß eine solche Vorgabe zu vertreten sei, ist groß. Der Zwangscharakter dieses Gesetzes ist beschränkt, weil die Beteiligten das Recht haben, ein alternatives Modell vorzuschlagen.
2. *Die familiengerichtliche Entscheidung über das Sorgerecht gegen den Wunsch eines oder sogar beider Elternteile.* Hier ist der Grad der Einmischung wesentlich höher. Solche Entscheidungen finden zumeist dann statt, wenn sich die Eltern nicht einigen können. Dann nimmt das Gericht den Eltern ein Stück pädagogischer Verantwortung aus der Hand, indem es sich selbst die Kompetenz zuschreibt, zu wissen, was für das Kind am besten ist, wobei es sich häufig der Hilfe von psychologischen Gutachtern bedient. Dennoch herrscht kaum ein Zweifel daran, daß solche Einmischungen mitunter unabdingbar notwendig sind.
3. Nicht mehr so groß ist der Konsens darüber, wieviel Macht der Staat ausüben soll, um das *Umgangs- bzw. Besuchsrecht* zu sichern, dessen Verletzung heutzutage leider immer wieder passiert. Diesbezüglich ist auch die Gesetzeslage in den einzelnen Ländern sehr unterschiedlich. Das reicht von der strafrechtlichen Definition der Umgangsverhinderung als *Körperverletzung,* über die Definition als *Menschenrechtsverletzung* (im Sinne der UN-Charta), über mehr oder weniger hohe *Beugestrafen,* (die de facto bedeuten, daß man sich von der rechtlichen Verpflichtung, den Kontakt des Kindes zum anderen Elternteil zu ermöglichen, freikaufen kann) bis hin zu *sanktionslosen Ermahnungen.* Interessant finde ich, daß überhaupt nicht von der Variante die Rede ist, auch das *Nichtwahrnehmen des Besuchsrechts durch den Vater* unter Sanktion zu stellen. Das hängt wohl damit zusammen, daß das Besuchs- bzw. Umgangsrecht offenbar überall als Recht des weggeschiedenen Elternteils und nicht als Recht *des Kindes* formuliert ist.

4. *Die Junktimierung von einvernehmlicher Sorgerechtsregelung und Scheidung:* In der Türkei können sich Eltern nur dann scheiden lassen, wenn sie zu einer einvernehmlichen Regelung des Sorgerechts gelangt sind[141]. Es ist dies eine recht massive Form, die Eltern zur Verantwortung gegenüber ihren Kindern zu rufen. Allerdings fehlt hier die staatliche Parteinahme für ein bestimmtes Sorgerechtsmodell. Mit der Einführung des gemeinsamen Sorgerechts als Regelfall entfiele wohl auch die Notwendigkeit einer solchen Sanktionierung.
5. Und nun zum Schlußlicht dieser Reihe der psychosozialen Hilfen. Mag es sich nun um Verfahren der außergerichtlichen Konfliktlösung (Mediation), um psychologisch-therapeutische Hilfen für Eltern und/oder Kinder oder um pädagogische Beratung der Eltern hinsichtlich des Umgang mit den Kindern handeln: Obwohl mitunter in Diskussionen der Gedanke der *verordneten Beratung* auftaucht, herrscht doch zur Zeit ein großer Konsens darüber, daß jede Form professioneller Hilfeleistung *nur auf freiwilliger Basis* möglich ist und dem Staat hier lediglich die Aufgabe zusteht, für entsprechende Angebote zu sorgen.

Betrachtet man diese fünf Interventionsbereiche, fällt der große Respekt vor den Wünschen der Eltern bzw. vor ihrer Bereitschaft, den rechtlichen Vorgaben auch tatsächlich Folge zu leisten, auf. Dieser Respekt zeugt nicht nur von demokratischer Gesinnung, sondern auch von einer erfreulichen Bereitschaft, in Gesetzgebung und Rechtsprechung auf die Erkenntnisse von Psychologie und Pädagogik Rücksicht zu nehmen: *Gelebte elterliche Verantwortung, Kooperation* oder *Vertrauen* (z.B. in den besuchenden Elternteil) lassen sich weder mit Paragraphen noch mit Urteilen erzwingen. Wo die Fähigkeit oder die Bereitschaft der Betroffenen fehlt, ist eine andere Kompetenz gefragt: die der psychosozialen Dienste. Freilich kommen auch diese nur zum Zug, wenn die Eltern es wollen. Und wenn nicht? Ja, dann sind wir offenbar mit unserem Latein am Ende. Hier fängt die Autonomie der Eltern an, hier endet aber auch der Schutz der Kinder. Jene Vorsicht vor Interventionen bzw. die Skepsis gegenüber der Möglichkeit, „Leben verordnen zu können" - und dazu gehört auch professionelle Hilfe - hat also eine nicht unbeträchtliche Schattenseite. Aber ist die Zurückhaltung in diesem Ausmaß wirklich psychologisch hinreichend begründet?

141 Köksal 1997.

Tatsächlich ist es nämlich so, daß sich hinter der Befürchtung, jede Art verordneter bzw. erzwungener Beziehungsgestaltung wäre zum Scheitern verurteilt, ein recht eindimensionales Modell von der menschlichen Persönlichkeit verbirgt. Ein Persönlichkeitsmodell, das sich etwa so charakterisieren ließe: „Menschen handeln nach ihren Einsichten, und zwar so gut wie sie können. Wenn nun manche Eltern z.B. zu egoistisch sind oder nicht einsehen können, was für ihre Kinder gut ist oder daß Beratung ihnen helfen könnte - läßt sich eben nichts tun.“ Die Sache ist aber komplizierter, vielleicht dadurch aber auch wieder einfacher.

Zunächst: Menschen versuchen in erster Linie das zu tun, was sie *wollen. Wissen* und *können* tun sie meist viel mehr. Es passiert mir zum Beispiel heutzutage kaum mehr, daß ich, etwa anläßlich von öffentlichen Vorträgen vor geschiedenen Müttern, mit meinen Hinweisen, daß Scheidungskinder auch weiterhin ihre Väter brauchen, Erstaunen oder Widerspruch ernte. Was ich höre, ist: „Ja, selbstverständlich, nur bei *meinem* Exmann ist das leider nicht möglich!“ Wir sehen, wie hier *Wollen* und *Können* verschwimmt. Wenn z.B. eine Frau auf ihren früheren Mann eine solche Wut hat, daß sie es nicht ertragen kann, wie *ihr* Kind mit *diesem* Vater innig verkehrt; wenn sie vielleicht Angst hat, das Kind könnte ihn lieber als sie haben, sodaß sie möglicherweise nach ihren Mann auch noch ihr Kind verliert... usw. und aus diesen Gründen gegen den Kontakt des Vater mit dem Kind kämpft: *Will* eine solche Mutter den Kontakt nicht ermöglichen oder *kann* sie ihn nicht ermöglichen? Als Psychoanalytiker würde ich das folgendermaßen formulieren: *Libidinöse* Strebungen (z.B.: das geliebte Kind ganz für sich zu haben) plus aggressive Regungen (z.B.: sich am Vater zu rächen) plus *narzißtische* Regungen (z.B.: Stolz, Machtausübung, Wiederherstellung der Selbstachtung nach erlittener Kränkung) plus Angst (z.B.: das Kind an den Vater zu verlieren; oder davor, daß der Vater für das Kind schädlich sein könnte) führen zum *Bedürfnis,* den Kontakt zwischen Kind und Vater zu unterbinden. Wenn die beteiligten (libidinösen, aggressiven, narzißtischen) Triebstrebungen und/oder die Angst sehr stark sind, wird dieses Bedürfnis *zwingend.* So gesehen läßt sich auch sagen, in welche Richtung professionelle Hilfe gehen müßte, soll sie dazu führen, daß sich eine solche Mutter anders verhält: Gelingt es uns, die beteiligten Triebstrebungen *bewußt zu machen,* verlieren sie zumindest einen Teil ihres imperativen Charakters. Vor allem aber können wir im Bereich der Ängste, die oft genug überzogen oder überhaupt unrealistisch sind, sehr viel an entlastender Aufklärung leisten[142]. Aber da gibt es noch etwas sehr Wichtiges: Nicht alle Regungen des Menschen spielen so zusammen, daß sich *ein einziges,* mächtiges Bedürfnis ergibt. Es gibt so gut wie immer auch *gegengerichtete* Kräfte. In ihrer *Liebe* mag die Mutter nicht nur den Wunsch haben, ihr Kind ganz für sich zu besitzen, sondern auch, daß aus ihm ein autonomer, glücklicher Erwachsener werde; und sie möchte ihm natürlich auch kein Leid antun und ihm den Vater, den es liebt und der ihm so viel bedeutet, nicht wegnehmen. Den *Aggressionen* gegen den Vater mag auch ein Stück (freilich unausgesprochener) Einsicht entgegenstehen, daß am Scheitern der Beziehung vielleicht auch sie selbst einen Anteil haben könnte; auch mögen noch Reste von freundschaftlichen oder Liebesge-fühlen für ihn da sein. Was den *narzißtischen* Bereich betrifft, könnte es auch eine Genugtuung sein, daß sich der Vater um seine Verantwortung nicht drücken kann, ja daß er sich jetzt vielleicht mehr um sein Kind kümmern muß als während der Ehe, um seine Liebe nicht zu verlieren. Vor allem aber eröffnet eine gute Beziehung zwischen Vater und Kind für die Mutter Freiräume und Zeit, um für sich selbst etwas tun zu können. Und auch ihre *Ängste* sind vielleicht nicht ganz widerspruchsfrei determiniert. Sie mag irgendwo auch spüren, daß die Liebe des Kindes zum Vater noch lange nicht heißt, daß das Kind sie, die Mutter, nicht mehr liebt; daß es recht unwahrscheinlich ist, daß es seine Mutter gegen die neue Freundin des Vaters eintauscht, nur weil diese es öfter Fernsehen läßt; und sie weiß vielleicht auch noch irgendwo, daß der Vater - immerhin der Mann, den sie einst liebte - nicht durch und durch ein solches Scheusal ist, daß man das Kind vor ihm schützen muß.

Der Mensch tut also, was er will, aber er will zumeist Verschiedenes und oft genug Entgegengesetztes. In solchen Konflikten kommt es also offenbar darauf an, welche Seite gegenwärtig die stärkere ist. Stärker aber ist jene Seite, in welcher die im Augenblick wichtigeren bzw. die größere Anzahl an Motiven aufgehoben sind. Veränderungen in diesen Stärkeverhältnissen können somit auch zu beträchtlichen Veränderungen im Handeln und Verhalten führen. (Nichts anderes versuchen wir durch Beratung oder Therapie zu erreichen.)

Und nun zurück zu den staatlichen Interventionen und gesellschaftlichen Rahmenbedingungen. Äußere Einflüsse, wie z.B. das öffentliche

142 Zur Macht dieser „Geister" - Illusionen und unrealistische Ängste - über das Handeln von Eltern sowie über Möglichkeiten ihres „Sturzes" durch Beratung habe ich oben ausführlich berichtet (S. 166 ff.).

Bewußtsein, gesetzliche Regelungen des Sorgerechts, familiengerichtliche Sprüche, aber auch Strafandrohungen üben nämlich nicht bloß einen mehr oder minder großen *äußeren* Anpassungsdruck auf das Individuum aus, dem es sich letztlich entzieht, wenn ihm das Verlangte widerstrebt; solche äußeren Einflüsse wirken auch *direkt auf das Stärkeverhältnis der widerstrebenden Handlungsmotive.* Es könnte sein, daß das Wissen der Mutter um die Wichtigkeit der Vater-Kind-Beziehung (das allein jedoch nicht ausreicht, ihr Handeln zu bestimmen) durch das gemeinsame Sorgerecht als Regelfall gewissermaßen *unterstrichen* wird; daß das Handeln *gegen* dieses Wissen *erschwert* wird, weil man erstens zu Gericht gehen und zweitens sich gegen eine gesellschaftliche Norm stellen muß. Vielleicht zögert sie etwas und läßt es eine Weile darauf ankommen. Und dann kann es passieren, daß sie nicht nur schlechte Erfahrungen macht: Die andauernde gute Vater-Kind-Beziehung kommt nun möglicherweise ihrem (egoistischen) Interesse nach Entlastung so entgegen, daß ihr (ebenso egoistisches) Interesse, das Kind ganz für sich zu haben, etwas in den Hintergrund tritt. Es kann auch sein, daß ihre Ängste, das Kind an den Vater zu verlieren, abnehmen, weil sie erstens erlebt, daß das Kind sie weiterhin liebt und zweitens, weil der Vater, der nicht um sein Kind kämpfen muß, sich möglicherweise weniger aggressiv benimmt usw. In der Theorie-Sprache der Psychoanalyse ausgedrückt, könnte man sagen: Gesetzliche Vorschriften, wie z.B. das gemeinsame Sorgerecht als Regelfall, stärken zunächst durch (z.T. unbewußte) Angst vor Ächtung oder Strafe das *Über-Ich* (Wertvorstellungen, Bindung des Handelns an rationale Einsichten) gegenüber dem *Es* (libidinösen und aggressiven Strebungen). Aber nicht nur das: Handlungsweisen, die den Forderungen des Über-Ich entgegenkommen, befriedigen unter Umständen auch eine Reihe von anderen, nämlich entgegengesetzten Es-Ansprüchen, sodaß sich das Gleichgewicht der Motivationskräfte nachhaltig verändern kann.

Was für das gemeinsame Sorgerecht gilt, gilt auch für die Androhung von Sanktionen für den Fall, daß sich eine Mutter gegen den Besuchskontakt des Kindes mit dem Vater stellt. Je größer die drohende Strafe, desto wirksamer der Einfluß auf das Gleichgewicht der Kräfte. Daher scheint mir nicht nur von der Sache her, sondern auch im Hinblick auf die Wirksamkeit die Definition solcher mütterlicher Haltungen als „Gewalt am Kind" durchaus angebracht. Dem Vergehen wird ja nicht gleich eine Gefängnisstrafe folgen (die dem Kind dann die Mutter wegnähme). Unsere Strafgesetze sehen da ja inzwischen Alternativen vor, und die Zahl derartiger Verurteilungen wird nicht sehr hoch sein. Es wird in den allermeisten Fällen ausreichen, wenn die Mutter durch die drohende Sanktion das Gefühl bekommt: „Jetzt wird es ernst!"

Beeindruckt hat mich die noch aus dem alten Jugoslawien stammende Regelung in Slowenien. Dort besteht eine Sanktionsandrohung gegen die Mutter auch dann, wenn die Weigerung, den Vater zu besuchen, *vom Kind ausgeht*[143]. Solche Ablehnungen entstammen nämlich entweder Ängsten der Kinder, die sich aus Schuldgefühlen speisen, oder die Ablehnung ist das Resultat einer Identifizierung mit der Abneigung der Mutter, was dem Kind hilft, seinen Loyalitätskonflikt loszuwerden. Der Text des Gesetzes - die Mutter hätte es versäumt, das Kind auf die Besuche entsprechend vorzubereiten - formuliert die psychologischen Zusammenhänge als persönliche Schuld der Mutter. Wir müßten hinzufügen, daß es eine Schuld ist, der sich freilich viele Mütter nicht bewußt sind. Aber es ist gerade die Einführung der Kategorie „Schuld", die hier bewußtseinsstiftend wirken kann: Die Mutter trägt die letzte Verantwortung, weil sie die mit den Kindern zusammenlebt und daher auch den größten emotionellen Einfluß auf sie hat. Natürlich erstreckt sich diese Verantwortung nicht auf das Verhalten *des Vaters,* wohl aber auf ihre eigenen Handlungen und Verhaltensweisen, die zu einer Ablehnung des Vaters durch das Kind führen können als auch für die Unterlassung von Handlungen, die geeignet wären, dem Kind Angst zu nehmen.

Natürlich kann die Frage, ob und vor allem welche Sanktionen ergriffen werden sollen, nur im Einzelfall entschieden werden. Für den Bereich von Sorgerechts- und Besuchsregelungen möchte ich dennoch - gewissermaßen als hilfreiche Faustregel - drei, wenn auch sehr allgemeine Thesen formulieren:

1. Staatliche Interventionen, die darauf hinauslaufen, das Kind von einer geliebten Person, bei der es bleiben möchte, *zu trennen,* wirken mit hoher Wahrscheinlichkeit traumatisch. (Das gilt durchaus auch für Fälle von Gewalt und Mißbrauch, nur daß es dann darum geht, zwei Traumata gegeneinander abzuwägen.) Dagegen können Interventionen, die darauf hinauslaufen, eine bestehende *Beziehung zu sichern* oder eine unterbrochene Beziehung (etwa zum Vater) *wieder herzustellen,* den Entwicklungsinteressen der Kinder auch dann dienen, wenn sich die sorgeberechtigte Mutter oder auch das Kind selbst gegen diese Beziehung wendet.

143 Gec-Korosec 1997.

2. In solchen Fällen ist an den vermittelnden Einsatz von Sozialarbeitern aber eben auch an die Androhung/Verschreibung von Geldbußen oder anderen Sanktionen zu denken. Der Einsatz von polizeilicher Gewalt gegen einen Elternteil ist dagegen für fast alle Kinder ein traumatisches Erlebnis (mit unabsehbaren Folgen) und zu vermeiden[144].
3. In jedem Fall jedoch müssen unverzügliche Betreuungsmaßnahmen der Betroffenen in die Wege geleitet werden, damit die Absichten des Gerichts, die den getroffenen Interventionen (oder dem Verzicht auf Interventionen) zugrunde lagen, auch tatsächlich aufgehen können. Denn so wie gesetzliche Regelungen im allgemeinen nur einen *Rahmen* für das praktische Zusammenleben der Menschen zu liefern vermögen, ist auch der einzelne Spruch eines Richters *nicht schon die Lösung* sozialer und psychischer Probleme, sondern höchstens die beste Voraussetzung, daß sich die Dinge einigermaßen günstig entwickeln können, also erst der *Anfangspunkt einer möglichen Lösung*.

Natürlich kann es auch dann noch vorkommen, daß die Abneigung des Kindes trotz des andauernden Kontaktes mit dem Vater bestehen bleibt und daß die erhoffte Entlastung für das Kind - „Ich *muß* ja zum Vater, also kann mir die Mutter keinen Vorwurf machen!" - nicht eintritt. Dann werden die Umstände näher zu prüfen sein. (Von einer Abschaffung des Rechtes, gesetzliche oder richterliche Regelungen anzufechten, ist ja auch nie die Rede gewesen.) Aber in einer anderen Hinsicht müßten auch *die Väter* vom Gesetzgeber mehr ins Gebet genommen werden: Würde das Besuchs- bzw. Umgangsrecht nicht mehr - wie in fast allen Ländern üblich - als Recht des Vaters, sondern als *Recht des Kindes* formuliert, müßte man ebenso über Sanktionen gegen jene Väter nachdenken, die sich von sich aus nicht mehr um ihre Kinder kümmern. Ich bin mir bewußt, daß es sich dabei um ein sehr schwieriges Problem handelt und sich gegen eine solche Idee auch psychologische Einwände vorbringen lassen. Aber *zu diskutieren* könnte man beginnen, was in dieser Frage meines Wissens nämlich kaum geschieht.

Rituale sind älter als die menschliche Sprache. Als Träger von Bedeutungen, die mehreren Individuen gemeinsam sind, wirken sie sozialisierend, als Symbole markieren sie den Anfang willkürlicher Gedächtnisbeherrschung. Diese Rolle behielten Rituale in allen Kulturen bis zum heutigen Tag bei: die Menschen *an*

144 In dieser Allgemeinheit gilt letzteres freilich nicht für Fälle schwerer Gewalt, Vernachlässigung oder Mißbrauch.

gemeinsam Bedeutsames zu erinnern. Trotz der heutigen Neigung, Rituale aus einer naturwissenschaftlichen Lebenshaltung heraus zu verachten - was ein Fehler ist, weil sich die Wirkung von Ritualen nicht aus äußeren magischen Attributen, sondern aus deren innerer magischer Kraft herleitet - ist unser Alltag, sind die verschiedensten Lebensbereiche durch Rituale geprägt, oft ohne daß wir sie als Rituale erkennen. Rituale können privater, gemeinschaftlicher oder gesellschaftlicher Natur sein, ihre Bedeutung besteht stets darin, *ordnungsstiftend* zu wirken. Psychoanalytisch gesprochen gehört die Entwicklung und Einhaltung von Ritualen zu jenen Leistungen des *Ich,* mit deren Hilfe es zwischen Es-, Ich- und Über-Ich-Ansprüchen zu vermitteln und Kompromisse herzustellen vermag[145]. Daher bewirkt auch die *Einführung neuer Rituale* stets eine (partielle) Veränderung des psychischen Gleichgewichts und daher auch des Handelns in dem ritualisierten Lebensbereich.

So gesehen fällt auf, daß der Bereich der Nach-Scheidungs-Beziehungen durch ein weitgehendes Fehlen von rituell gestützten Vereinbarungen gekennzeichnet ist. Das Scheidungsurteil vermag diese Funktion deshalb nicht zu erfüllen, weil es lediglich einen rituell geregelten Zustand - die Ehe bzw. Partnerschaft - für beendet erklärt. Und soweit es Regelungen für die Zukunft vorsieht, beschränken sich diese auf äußeres Verhalten. *Haltungen* hingegen bleiben ungeregelt; ganz anders als beim Beginn einer Partnerschaft, wo Haltungen wie Treue, die Absicht zusammenzubleiben, gegenseitige Unterstützung und Hilfe u.a.m. explizit (im Zuge der Eheschließung) oder implizit vorausgesetzt sind. Für die Beziehungen zwischen geschiedenen Eltern, ihren Kindern, Großeltern, alten Freunden und neuen Partnern gibt es weder einen gesellschaftlichen Rollenkonsens noch persönlich bindende Verpflichtungen. Das zeigt sich unter anderem schon daran, daß unsere Sprache für diese Beziehungen nicht einmal über Worte verfügt, sodaß wir uns mit adjektivischen oder präpositionellen Konstruktionen (geschiedenes Paar, Ex-Frau) oder altmodischen, abwertenden Begriffen (Stieffamilie) herumplagen müssen, um überhaupt verstanden zu werden.

Vor diesem Hintergrund ist das von Mediatoren in den USA entwickelte Modell der *Scheidungszeremonie*[146] zu sehen, dem bei uns meines Wissens nach nur von *Tilman Moser*[147] die gebührende theoretische und praktische

145 Nicht umsonst haben Rituale eine große Nähe zu Zwangssymptomen.

146 Kaslow 1987, Lack-Strecker/Naumann 1995.

147 Z.B. 1994. Dort entwirft Moser auch eine elaborierte Dramaturgie einer solchen Zeremonie, die über meine untenstehende Skizze weit hinausgeht.

Beachtung geschenkt wird. So wie ich die Scheidungszeremonie verstanden habe, geht es bei dieser Idee darum, die Scheidung ähnlich wie die Eheschließung in einem feierlichen Rahmen zu begehen. Und zwar nicht bloß als ein Ritual der Beendigung - und damit der Lösung aller Bande - sondern als ein Ritual der Veränderung, also auf *Kommendes* bezogen. Im Zuge einer solchen Zeremonie können psychologisch überaus bedeutsame Botschaften ausgetauscht werden. Etwa wenn der „Zeremonienmeister"

- die Eltern auffordert, sich an ihre frühere Liebe zu erinnern;
- seine Anteilnahme am Schmerz bekundet, den das Scheitern dieser Liebe mit sich brachte (wodurch die Verletzungen und Kränkungen *ausgesprochen* werden);
- die Eltern auffordert, den ebenfalls anwesenden Kindern zu versichern, daß sie einst aus Liebe geboren wurden;
- sich bei den Kindern für das Leid, das sie ihnen antun/angetan haben, zu entschuldigen;
- die anwesenden, eingeladenen Freunde des Paares auffordert, dem Paar und den Kindern in dieser schweren Zeit beizustehen und dies - hier und jetzt - der Familie auch nachdrücklich zu versichern;
- die Mutter auffordert, dem Vater zu versprechen, daß sie nicht vergessen werde, daß er der Vater ihrer Kinder ist (und umgekehrt);
- die Eltern fragt, ob sie ihren Kindern versprechen wollen, sie nie daran zu hindern, den jeweils anderen Elternteil zu lieben und zu ihm Kontakt zu haben;
- den Vater auffordert, seinen Kindern zu versprechen, daß sie immer mit ihm rechnen können usw.

Dies alles sind Bereitschaften, zu denen sich ein großer Teil der Eltern, die sich scheiden lassen, bewußt bekennt oder die im Rahmen eines Mediationsverfahrens erarbeitet werden können. Nur vermögen sich gewöhnlich diese „leisen" Absichten auf die Dauer nicht gegen andere persönliche Motive durchzusetzen. Wie von Gesetzen und Sanktionsdrohungen darf nun auch von solchen Ritualen erwartet werden, daß sie das Gleichgewicht dieser potentiell miteinander in Konflikt geratenden Motive verändern und zwar zugunsten der reifen, elterlichen Ich- und Über-Ich-Anteile.

Es versteht sich von selbst, daß eine solche Zeremonie keine Wunder wirkt und keine Garantie gegen fortgeführte oder aufbrechende Konflikte sein kann. Aber immerhin:

- Zwischen bloßem *Vorhaben* und einem öffentlichen *Versprechen* besteht ein großer Unterschied.
- Ein festliches Versprechen (vor Zeugen) kann weniger leicht „vergessen" werden.
- Das Versprechen wird nicht nur gegenüber dem Ex-Partner, sondern auch gegenüber den Kindern abgegeben, was noch zusätzlich bindet.
- Schließlich ist darauf hinzuweisen, daß eine solche Zeremonie auch auf einen großen Teil der Kinder unmittelbar entängstigend und entlastend wirkt, was die Chance, die kommenden schwierigen Wochen und Monate ohne allzu große Destrukturierung des psychischen Gleichgewichts zu überstehen, wahrscheinlich erhöht.

Beratung zwischen Freiwilligkeit und Zwang

Natürlich reichen, wie gesagt, gesetzliche oder richterliche Regelungen des äußeren Beziehungsrahmens oder Trennungsrituale allein nicht aus, um allen Kindern wirklich förderliche Entwicklungsbedingungen zu sichern. Sei es, daß das gemeinsame Sorgerecht oder die Umgangsregelungen angefochten werden, sei es, daß die Konflikte innerhalb des äußeren Rahmens sich nachteilig auf das Kind auswirken. Dort entsteht dann Bedarf nach *professioneller Hilfe durch Mediation, Beratung oder Therapie.* Auch diese scheint jedoch nur dann möglich zu sein, wenn die Betreffenden dazu von sich aus bereit sind. Auch über die Ablehnung jeder Form von Zwangsberatung herrscht (wie gesagt) heutzutage ein großer Konsens. Hier wird offenbar ein Grundprinzip der Psychotherapie sehr ernst genommen: daß jede psychotherapeutische Anstrengung letztlich vergeblich ist, wenn der Patient nicht aktiv mitarbeitet. Dieser Respekt vor psychotherapeutischen Grundsätzen ist natürlich erfreulich. Dennoch kann ich dieser Tabuisierung von Hilfeleistungen, die mehr verordnet als freiwillig erwünscht wurden, nicht zustimmen. Bestünde nämlich zwischen Psychotherapie und Freiwilligkeit ein absolutes Junktim, gäbe es kaum eine Kinderpsychotherapie und auch kaum eine Psychotherapie innerhalb stationärer Institutionen, wie Kliniken, Heime oder gar Gefängnisse. Es gibt sie aber, und sie ist oft genug erfolgreich, trotz der ungünstigen Ausgangsbedingungen. Und was für die Psychotherapie zutrifft, kann auch auf die Beratung angewandt werden. Allerdings muß man sich *methodisch* auf solche besonderen Ausgangsbedingungen einstellen. Und das heißt: die Psychotherapie - oder eben die Beratung - muß *vorbereitet* werden, indem man daran arbeitet, den Patienten/Klienten für unser Angebot zu interessieren, zu motivieren. Der Grund dafür, warum eine solche Motivation sehr oft - sicher nicht immer - gelingt, ist kein anderer als der, warum ein verordnetes Sorgerecht, ein mit Sanktionen „erzwungenes" Besuchsrecht oder ein Scheidungsritual zum Erfolg führen kann: Ein großer Teil der Eltern, die von sich aus nicht bereit wären, professionelle Hilfe in Anspruch zu nehmen, sind nämlich keineswegs strikt gegen solche Hilfsangebote, sondern haben dazu - wie übrigens auch die freiwilligen Patienten - eine *ambivalente Einstellung*. Nur überwiegen bei ihnen (im Gegensatz zu den freiwilligen Patienten) die *gegen* die Beratung gerichteten Motive. Diese Motive können sein: Mißtrauen, ob mir dort kompetent geholfen wird oder ob der Berater zu mir hält; Scham- und Schuldgefühle, weil ich/wir es nicht alleine schaffen; der Einfluß von Freunden, die abraten; die Angst, einen Rat zu erhalten, den ich nicht wahrhaben will u.a.m. Das heißt aber nicht unbedingt, daß solche Menschen nicht auch unglücklich und hilflos seien; daß sie nicht sehr wohl die Sehnsucht haben, jemanden zu finden, der sie versteht; daß sie sich nicht unsicher sind, ob ihre Entscheidungen für die Kinder wirklich gut waren usw. Wenn nun solche Eltern zur Beratung geschickt werden, kann es durchaus sein, daß sie sich nicht wehren oder ihre Zeit nur absitzen, sondern daß sie - vielleicht nicht in der ersten oder zweiten Sitzung, aber vielleicht in der dritten - die Gelegenheit, die sich bietet, über ihre Sorgen zu reden, sehr wohl ergreifen. Und hier spreche ich nicht nur aus theoretischen Überlegungen heraus, sondern aufgrund häufiger persönlicher Erfahrung mit solchen „geschickten" Klienten: Jugendliche, die von den Eltern mehr oder minder zur Therapie gezwungen werden; Mütter, denen die Kindergärtnerin oder Schulpsychologin nahelegte, eine Beratung aufzusuchen, die das aber (zunächst) nur taten, um sich nicht unwillig zu zeigen, von sich aus jedoch nie gekommen wären; aber auch geschiedene Eltern, die ich im Rahmen eines Begutachtungsauftrages sah, und bei denen es mir gelang, aus der Begutachtung eine Beratung zu machen, die ihnen ermöglichte, eine gemeinsame Lösung zu finden. In all diesen Fällen handelte es sich um *verordnete Kontakte*, die für die Einleitung einer Beratung genutzt werden konnten, weil *neben* der Skepsis oder Ablehnung auch ein großes Bedürfnis nach Hilfe bestand.

Im übrigen ist ja auch die freiwillige Psychotherapie so freiwillig nicht. Halten wir uns nur vor Augen, was einem Psychoanalyse-Patienten durch die sogenannte „Grundregel" abgefordert wird: Alles zu sagen, was ihm einfällt, auch die unangenehmen Dinge; und das einem Menschen, den man nicht kennt und der einem auch keine Gelegenheit gibt, ihn kennenzulernen, weil er von sich nichts erzählt und auf Fragen bloß antwortet: „Was fällt Ihnen dazu ein?"; das alles drei- bis fünfmal pro Woche; und zahlen tut man dafür auch noch. Kaum ein Mensch würde sich dem freiwillig unterziehen! Man tut es, weil es einem *schlecht geht* und man - wodurch auch immer - zu dem Schluß gekommen ist: „Es bleibt mir gar nichts anderes übrig als mich dieser Prozedur zu unterziehen!" Oder man tut es, weil man selbst Analytiker werden will. Der hohe Stellenwert, den in der psychoanalytischen Technik die „Sicherung des Arbeitsbündnisses" einnimmt, deutet auf die stets ambivalente Einstellung unserer Patienten hin. In gewisser Hinsicht gibt es nur einen graduellen Unterschied zwischen einer *Widerstandsdeutung* - mit welcher der Analytiker seinen Patienten darauf aufmerksam macht, daß dessen Kampf gegen die Analyse ein Kampf gegen die eigene Gesundung ist - und dem Hinweis eines *Erziehungsberaters:* „Wir haben uns unser Gespräch beide nicht ausgesucht. Wo Sie aber nun schon einmal da sind, könnten wir vielleicht schauen, ob es nicht doch etwas gibt, was Ihnen (oder Ihrem Kind) helfen könnte..."[148].

Was mir vorschwebt, läßt sich vielleicht in folgenden drei Punkten zusammenfassen:

a) Es müßte uns gelingen, ein möglichst weitverbreitetes *Bewußtsein* zu schaffen, daß das gemeinsame Sorgerecht, kindgerechte Besuchsvereinbarungen- und pflichten, sowie die Bereitschaft, sich dabei professionell beraten zu lassen, unbequeme, vielleicht bittere, jedenfalls aber *unumgängliche Konsequenzen von Scheidung oder Trennung* darstellen, um die man nun einmal nicht herumkommt. Bei der Lösung der allermeisten Verträge sind Stornierungsgebühren, Entschädigungen oder sonstige Bedingungen fällig. Die auf das Kind bezogenen *Scheidungsbedingungen* müßten ähnlich selbstverständlich sein. Gewisse Illusionen, wie etwa „mit der Vergangenheit brechen zu können", „das Kind nur mehr für mich haben" oder auch „frei sein und keine Kinder mehr haben" könnten sich dann nicht mehr so

148 Natürlich handelt es sich bei dieser Intervention nur um ein Beispiel, das keinesfalls als Modell gemeint ist: Was man wann und auf welche Art und Weise sagt, um mit dem Klienten zu einem Arbeitsbündnis zu gelangen, kann nur in der konkreten Situation entschieden werden. Darüber hinaus ist festzuhalten, daß die Herstellung dieses Arbeitsbündnisses nicht durch *eine* Intervention gelingt, sondern nur über einen Prozeß. Genaugenommen spielt die Sicherung des Arbeitsbündnisses in *jeder* Therapie- wie Beratungsstunde eine wichtige Rolle. Zur Möglichkeit, ein Arbeitsbündnis auch mit unfreiwilligen Patienten herzustellen, vgl. Berner/Janicek 1986.

leicht ausbilden. (Der *Wunsch* danach mag ja durchaus bestehen, mit der *Illusion*, es könnte wirklich so sein, täte man sich jedoch schwerer.) Damit aber wären die egozentrischen Kräfte gegenüber den verantwortungsvollen Ich- und Über-Ich-Positionen deutlich geschwächt.

b) Um eine solche Bewußtseinsveränderung - und in der Folge eine Veränderung des Gleichgewichts der (widerstrebenden) psychischen Kräfte - zu erreichen, möchte ich den Gesetzgeber ermuntern, in dieser Frage mehr Mut zur eigenen Autorität aufzubringen. Und was für das öffentliche Bewußtsein der Gesetzgeber ist, ist im Einzelfall mitunter der Richter. Ich erinnere mich in diesem Zusammenhang immer wieder eines Wiener Richters, der sich die wütenden gegenseitigen Anklagen eines Elternpaares, das sich scheiden lassen wollte, und von denen beide das (alleinige) Sorgerecht beantragten, zwanzig Minuten lang anhörte, dann mit großer Geste den Akt schloß und sagte: „Das wird nichts. Was immer ich entscheide, wird für Ihren Sohn eine Katastrophe. Hier schreibe ich Ihnen eine Telefonnummer auf, dort gehen Sie hin und schauen Sie, daß Sie wie zwei verantwortungsvolle Erwachsene eine Regelung finden, die Ihr Kind nicht kaputt macht. Dann kommen Sie wieder!" Es war dies mein erster Fall von „Zwangsberatung". Und er fand ein gutes Ende. Ich bin mir gar nicht sicher, ob dieser Richter zu dieser „Verweigerung der Scheidung" gesetzlich berechtigt war. Aber darum geht es mir hier ja nicht, sondern darum, wie er seine Autorität einbrachte, sich im Unbewußten der Eltern an die Stelle des strengen Vaters, der die streitenden Kinder zur Ordnung ruft, setzte und sie tatsächlich ein Stück zur Besinnung brachte, die es ihnen dann auch ermöglichte, sich mit der *Notwendigkeit* einer Beratung *abzufinden.*

c) Drittens wende ich mich an die professionellen Helfer. Denn eine Beratung, die nicht ausschließlich freiwillig erfolgt, erfordert nicht nur eine große fachliche Kompetenz, weil das methodische Inventar erweitert und dann dem jeweiligen Fall sehr individuell angepaßt werden muß. Sie erfordert auch die Bereitschaft, von einem recht angenehmen Teil des beruflichen Selbstverständnisses - zumindest zeitweise - Abschied zu nehmen: nämlich ungefragt derjenige zu sein, der vom Klienten gewollt und benötigt wird. Also bereit zu sein, das bequeme Nest, in welchem er sich a priori geliebt fühlen darf, zu verlassen.

5.4 Abschließende Betrachtungen

Wie wichtig ist das gemeinsame Sorgerecht im Gesamtkontext der Scheidungsproblematik?

Es dürfte sich, nach dem bisher Gesagten, beim *gemeinsamen Sorgerecht als Regelfall* also doch um eine überaus wichtige Rahmenbedingung handeln, die Chance der Kinder auf eine fortgesetzte Beziehung zu beiden Elternteilen auch nach einer Scheidung zu erhöhen. Und ich versuchte zu zeigen, daß es sich dabei um mehr als einen nur äußeren Gesetzesrahmen handelt, der einfach neue Möglichkeiten eröffnet, sondern dank ihrer normativen Funktion um eine Maßnahme, die unmittelbar psychologische Auswirkungen zu zeitigen vermag. Dennoch darf der Stellenwert einer solchen Gesetzesänderung nicht in der Weise überschätzt werden, daß damit schon der größte Teil der Probleme erledigt sei:

Erstens müssen wir immer wieder daran erinnern, daß die psychologische Auswirkung des gemeinsamen Sorgerechts als Regelfall in vielen Fällen *allein* nicht ausreichen wird, die Beziehung des Scheidungskindes zu beiden Eltern auch *langfristig* zu sichern. Dazu bedarf es einer Ergänzung durch vermittelnde, beratende, oder therapeutische Angebote, um den Geist des Gesetzes auch Praxis werden zu lassen.

Zweitens dürfen wir nicht vergessen, daß sich die traumatischen Auswirkungen der elterlichen Trennung auf die Entwicklung der Kinder nicht ausschließlich von der häufigen Unterbrechung der Beziehung zum Vater herleiten. Es kommt ganz wesentlich darauf an, *wie* die Beziehungen *gelebt und erlebt werden.* Auch diesbezüglich muß den Kindern wie den Eltern kompetente professionelle Hilfe bereitgestellt werden.

Bei aller positiven Bewertung des gemeinsamen Sorgerechts darf *drittens* nicht vergessen werden, daß dadurch die Befassung der Gerichte mit Sorgerechts-Entscheidungen nicht völlig wegfällt. Der grundsätzlichen Problematik des Versuchs, über richterliche/gutachterliche Entscheidungen dem Kindeswohl zu entsprechen, müßte in strittigen Fällen durch eine Zusammenarbeit von Gerichten und Beratungsstellen begegnet werden, die es ermöglicht, anstehende Verfahren gewissermaßen über die Beratungsstellen „umzuleiten“[149].

Viertens müßten Möglichkeiten, auf Eltern auch einen gewissen Druck auszuüben, (aus psychotherapeutischen oder beraterischen Rücksichten) keineswegs ausgeschlossen werden. Natürlich lehne ich mit Balloff[150] und anderen eine *über Gesetze* verordnete Zwangsberatung schon aus ethischen Gründen ab. Aber *Ermahnungen* des Richters, das „Drohen“ mit einer gutachterlich begründeten Hoheitsentscheidung, bei der noch mehr zu verlieren sei, das Zureden von seiten der Rechtsanwälte u.ä.m. eröffnen ein großes Feld von Beratungschancen. Das sollte Richter ermutigen, in einem frühen Stadium des Verfahrens *Beratungsvereinbarungen* mit den Eltern zu treffen. Man könnte auch so sagen: Es ist nicht notwendig, daß Eltern *von sich aus* eine Beratung suchen; es genügt, wenn sie sich *nicht dagegen wehren.*

Fünftens muß festgehalten werden, daß solche - wie auch immer eingeleiteten - Beratungen in strittigen Sorgerechtsfällen im Hinblick auf das *Ergebnis* offengehalten werden müssen. Das heißt, der Berater (i.w.S.) darf zwar anstreben, ein Höchstmaß an gemeinsamer elterlicher *Verantwortung* zu sichern, *welche* rechtlichen und sozialen Rahmenbedingungen dies am ehesten ermöglichen, muß sich jedoch im einzelnen Fall erweisen. Denn im *Einzelfall* kann auch eine positive statistische Korrellation zwischen Kindeswohl - gemeinsamer Elternschaft - gemeinsamem Sorgerecht unter Umständen belanglos sein[151].

Sechstens: „Beratung“ oder „professionelle Hilfe“ ist nicht gleichbedeutend mit „Mediation“! Die Beratungsstellen müssen sich auch *methodisch* offenhalten. Wobei besonders die auf den *Beziehungs- und Erziehungsalltag bezogene psychoanalytisch-pädagogische Beratung* von (geschiedenen) Eltern ein, in der Beratungspraxis noch weitgehend unausgeschöpftes, Potential an Veränderungsmöglichkeiten darstellt.

Wenn wir *siebtens* diesen zentralen Stellenwert von Beratung i.w.S. bedenken, läßt sich unschwer abschätzen, daß *die zur Zeit bestehenden psychosozialen Angebote dafür nicht ausreichen.* Das dürfte wohl für alle Länder gelten, trotz der relativen Unterschiede in der bestehenden Versorgungslage.

149 Vgl. z.B. den Bericht von Scheurer-Englisch (1993).
150 z.B. 1991a, 1991b.
151 Vgl. Balloffs Konzept paralleler, alternativer, mehrphasiger Modelle der Sorgerechtsregelung (1993, 117f).

Achtens ist mit allem Nachdruck darauf hinzuweisen, daß die gesellschaftliche Verantwortung selbst bei einer hinreichenden Versorgung mit professionellen Hilfsangeboten noch nicht erschöpft ist. Denn ein großer Teil jener Bedingungen, die eine gute Bewältigung der Scheidung durch die Kinder heute erschweren bzw. die dafür verantwortlich sind, daß so viele Kinder heutzutage durch die Scheidung ihrer Eltern traumatisiert werden - obwohl sich eine Scheidung durchaus nicht traumatisch auf die Kinder auswirken *muß* - gehen auf ein Versagen der gegenwärtigen Gesellschaftspolitik in vielen Ländern zurück[152].

Von allen Maßnahmen, die ergriffen werden müßten, um das gegenwärtige Elend der meisten Scheidungskinder zu lindern und neue Entwicklungschancen zu eröffnen, ist die Verabschiedung eines neuen Gesetzes zweifellos die billigste. Paragraphen kosten nicht viel, und das ist in Zeiten, in welchen sich eine geradezu manisch ausufernde Budgetpolitik an die Stelle gesellschaftspolitischen Denkens und Handelns gesetzt hat, ein entscheidender Faktor. Wir sollten daher aufpassen, *daß unser Kampf um das gemeinsame Sorgerecht als Regelfall nicht als politisches Feigenblatt mißbraucht wird:* als hätte mit der Erfüllung dieser Forderung die Politik ihre Verantwortung gegenüber den Kindern schon wahrgenommen.

Die Idee des sozialen Netzwerks

Wir haben festgestellt, daß es nicht nur *eine* Betreuungsform für alle Probleme von Eltern und Kindern gibt, welche sich im Zuge einer Scheidung ergeben. Manche brauchen (auch oder sogar in erster Linie) juristische Unterstützung; für manche wäre die außergerichtliche Konfliktvermittlung („Mediation“) dringend anzuraten; andere benötigten dringend psychoanalytisch-pädagogische oder vielleicht auch familientherapeutische Hilfe; mitunter bedarf es psychoanalytisch-therapeutischer Unterstützung für die Kinder, manchmal auch für einzelne Eltern; oft sind für die Kinder „strukturierte“ sozialpädagogische Gruppen eine bessere Hilfe; vielfach benötigen Familien fürsorgerische Unterstützung; auch Selbsterfahrungsgruppen oder psychoanalytisch-pädagogische Gruppenberatung können eine große Bedeutung haben.

Man mag sich angesichts dessen eine Art zentraler „Diagnostikstelle“

152 Zur „gesellschaftlichen Produktion des Scheidungstraumas“ s.o. Kap. 1.5, ferner Jeffries 1997.

wünschen, zu der möglichst viele Betroffene geschickt werden, und die als Resultat eine differentialdiagnostisch fundierte „Indikation" für die „richtige" Art der Betreuung ausspuckt. Eine solche Vorgangsweise ist jedoch aus mindestens drei Gründen nicht praktizierbar:

- Erstens könnte eine - bezüglich Kapazität - noch so großzügig angelegte Institution eine solche Aufgabe quantitativ nicht leisten.
- Zweitens läßt sich Diagnose - Indikation - Beratung nicht so einfach trennen. Oft ergeben sich diagnostisch relevante Einsichten erst im Zuge eines bereits länger andauernden Beratungskontaktes.
- Drittens, und das ist der theoretisch wichtigste Grund, finden Betroffene den Weg zu professioneller Hilfe in der Regel über ein Phänomen, das sich weder verordnen noch verwalten läßt, sondern sich ganz zufällig und unvorhergesehen einstellt (oder eben auch nicht). Dieses so bedeutsame Phänomen ist das *Vertrauen*. Das Vertrauen, das Hilfesuchende oft ganz plötzlich in eine Person setzen und das sie (endlich) veranlaßt, sich zu öffnen und Rat zu erhoffen.

Da kann es nun aber leicht passieren, daß eine Familie zu einem Mediator gelangt, obwohl sie familientherapeutische Hilfe benötigen würde; daß eine Familie bei einem Familientherapeuten sitzt, obwohl dieser Vater und diese Mutter ihre gegenseitigen Probleme nur innerhalb eines psychoanalytisch-pädagogischen Einzelkontaktes besprechen könnten; daß der psychoanalytisch-pädagogische Berater bemerkt, daß es in diesem Fall um die Klärung einer Reihe juristischer Fragen ginge usw. Aber wenn es stimmt, daß die betreffenden Eltern, Kinder dort sind, *weil* sie (aus welchen Gründen auch immer) zu *diesem* Berater, Therapeuten, zu *dieser* Beratungsstelle oder zu *diesem* Rechtsanwalt Vertrauen haben, dann muß man damit rechnen, daß man sie auch nicht so einfach weg- oder weiterschicken kann, ohne Gefahr zu laufen, daß sie es dann ganz sein lassen.

Aber das sind gar nicht so gute Beispiele für die Rolle, die ich dem Vertrauen bei der Anbahnung von Hilfe zumesse. Haben nämlich die Eltern einmal die erste Hemmschwelle überwunden, ist die nächste vielleicht nicht mehr ganz so hoch (obwohl sie oft unterschätzt wird!). In den meisten Fällen ist es hingegen so, daß sich das Vertrauen, das dazu führt, *sich anzuvertrauen*, gar nicht im Kontakt mit einem professionellen Helfer einstellt, sondern - von Freunden abgesehen - im Kontakt mit Menschen des gewohnten sozialen Umfeldes, denen aufgrund ihres Charakters, öfters aufgrund ihrer sozialen, beruflichen Rolle, die Kompetenz einer Vertrauensperson zugeschrieben wird. Solcherart „erwählte" Personen sind vorzugsweise: Lehrer der eigenen Kinder; die Kindergärtnerin; der praktische, Kinder- oder Frauenarzt; die Anwältin, die im selben Haus die Praxis hat und der man oft im Aufzug begegnet; der Pfarrer, der Betriebsrat oder Vertrauensmann der Partei bzw. Gewerkschaft; der Organisationsberater, der Gespräche mit den Mitarbeitern des Unternehmens führt; eine freundliche Krankenschwester; die junge Sonderpädagogin, die im Kindergarten einen Vortrag über Lernförderung und Einschulung hält usw. In 90 % der Fälle wird der/die Angesprochene eine höfliche Zeitspanne lang zuhören und - aus dem Gefühl eigener Inkompetenz heraus - etwa so antworten: „Liebe ..., ich verstehe, daß das schwer für Sie ist. Nur leider bin ich nicht der/die Richtige für dieses Problem. Waren Sie schon einmal in einer Beratungsstelle? Das sollten Sie tun! Fragen Sie einmal beim Jugendamt oder schauen Sie im Telefonbuch nach ..." Der/die Ratsuchende darauf: „Natürlich, das hab ich mir ohnehin gedacht, entschuldigen Sie bitte und vielen Dank für Ihren Rat: Das wird wohl das Richtige sein." Die Chance ist vorbei! Denn die Chance bestand in diesem Fall vielleicht darin, daß in einem *glücklichen Augenblick* die persönliche Ausstrahlung eines Menschen gegeben war, der Leidensdruck besonders bewußt wurde und der/die Betroffene sich ein mutiges Herz faßte. Alle Faktoren vereinigten sich *in diesem Augenblick* zur Kraft, über den eigenen Schatten zu springen und machten das „Sich-Anvertrauen" möglich. Schon nach der ersten (ablehnenden) Antwort war diese Konstellation zerfallen: Anstelle von Vertrauen und Hoffnung machen sich möglicherweise (wieder) Resignation und Mißtrauen breit; an die Stelle des Leidensdruckes tritt Verleugnung, Schuldprojektion oder ähnliches; und der plötzliche Mut macht der gewohnten Angst und Scham Platz.

Aber ist das nicht unvermeidlich? Die Kindergärtnerin kann doch nicht plötzlich die Arbeit eines Psychotherapeuten oder eines Rechtsanwaltes übernehmen, nur weil ihr die Mutter, der Vater oder das Kind gerade Vertrauen schenkt!? Natürlich nicht. Aber vielleicht könnte sie einfach als einfühlsamer Gesprächspartner so lange zur Verfügung stehen, bis das Vorschuß-Vertrauen zu wirklichem Vertrauen wird, bis also eine Beziehung entstanden ist, die so tragfähig ist, daß der „gewählte" Gesprächspartner einen Rat erteilen kann, oder besser ausgedrückt: daß der/die Ratsuchende einen Rat auch *annehmen* kann. Wenn unsere Vertrauensperson *dann* eine bestimmte Beratungsstelle, Anwalt etc. vorschlägt und vielleicht noch dazu sagt, sie habe bereits mit Herrn/Frau X. gesprochen, man brauche nur anzurufen und werde schon erwartet - dann stehen die Chancen nicht so schlecht, daß es zur geeigneten professionellen Beratungsform kommt.

Damit ein solches „persönliches Weiterreichen“ praktisch möglich wird, müßten aber drei Voraussetzungen gegeben sein:

- Es müßte eine umfassende Aufklärung jener nicht- oder semiprofessionellen Personengruppen stattfinden, damit sie diese sich bietende Chance auch erkennen.
- Es müßte für diese Personengruppe ein hinreichendes Angebot an Beratungs-, Supervisions- und Fortbildungsmöglichkeiten bestehen.
- Schließlich wären Kommunikationsstrukturen nötig, die es erlauben, für Ratsuchende die entsprechenden persönlichen Kontakte herzustellen. Ein vielversprechendes Modell sind *interdisziplinäre Zentren* sowie *lokale Arbeitskreise*, die über die genannte Aufgabe hinaus auch die Zusammenarbeit der Vertreter verschiedener Professionen bzw. Beratungsformen *an einem Fall* möglich machen.

Soweit ich das aus der Ferne beurteilen kann, gibt es in Deutschland - zum Teil seit Jahren - einzelne Institutionen, die sich bemühen, in diese Richtung zu arbeiten[153] und Kern eines solchen „Netzes“ sein könnten. Es sind ihrer aber wohl noch zu wenige, vor allem aber müßte auf die Einbeziehung jener „semi-professionellen“ Gruppen verstärktes Augenmerk gelegt werden. Ein solches Netzwerk könnte die vielfältigen „Schwellen“, die einer professionellen Hilfe entgegenstehen, in einem Maße senken, wie es eine einzelne Institution nie vermag. Und es würde die Chance erhöhen, daß die Ratsuchenden schließlich auch jene Art von Hilfe erhalten, die sie gerade brauchen.

153 Z.B. der *Familiennotruf* München, *Zusammenarbeiten im Familienkonflikt* in Berlin, der *Trialog* in Münster, die (psychoanalytisch-pädagogische) *Erziehungsberatungsstelle* Offenbach (vgl. Finger-Trescher 1998). Den Hinweis auf interdisziplinäre lokale Arbeitskreise verdanke ich Elisabeth Mackscheidt (persönliche Mitteilung).

Anstelle eines Schlußwortes: Die Geschichte von Sascha und Simon

Der autobiographische Roman eines Scheidungskindes

Die Vorgeschichte

Eines Tages sprach *Frau M.* in meiner Praxis vor. Sie hatte ihren knapp achtjährigen Sohn *Sascha* wegen Bettnässens in einer psychotherapeutischen Ambulanz testen lassen, wo man befand, daß eine analytische Psychotherapie für den Buben angezeigt sei und die Mutter zu mir schickte. Das Einnässen hatte vor etwas über einem Jahr begonnen, nachdem die Mutter mit *Sascha* und der um drei Jahre älteren Schwester *Susi* von Salzburg nach Wien gezogen war. Ein weiteres Jahr zuvor hatten sich die Eltern scheiden lassen. Nach Wien zog die Mutter ihres neuen Partners wegen, der hier lebte. Zum Vater hätten die Kinder regelmäßigen Kontakt, erzählte *Frau M.;* zwar nicht so häufig wie in Salzburg, aber alle vierzehn Tage würden sie mit dem Zug nach Salzburg fahren und das Wochenende mit ihm verbringen.

Sowohl die Anamnese als auch die Testbefunde deuteten darauf hin, daß *Saschas* Einnässen wohl keine Erlebnisreaktion, sondern ein (posttraumatisches) neurotisches Symptom war. So stimmte ich der Therapie-Indikation zu[154] und begann, nach einer etwa dreimonatigen vorbereitenden Beratung der Mutter, mit *Sascha* im darauffolgenden Herbst (zweimal pro Woche) zu arbeiten[155].

Sascha entpuppte sich als freundlicher, zugewandter, intelligenter und sprachlich bemerkenswert talentierter Bub. Er freute sich auf die Therapie, weil ihm sein Bettnässen über alles auf die Nerven ging. Darüber hinaus emp-

154 Zur Therapie-Indikation bei Scheidungskindern s. oben Kap. 3.2.

155 Zum sogenannten *Zwei-Phasen-Modell,* demzufolge die Arbeit mit den Eltern nicht (wie im *bifokalen Modell)* parallel zur Therapie erfolgt sondern ihr vorausgeht, vgl. Figdor 1997.

fand er es als großes Privileg, jemanden zu haben, mit dem man alle seine Probleme besprechen konnte.

Allein, er sprach über keine Probleme. Es ging ihm gut, wie er beteuerte. Seine Mutter wäre zumeist liebevoll; *Peter,* ihr Lebensgefährte, ein guter Freund, und auch mit seiner Schwester käme er gut aus. Die Scheidung hätte ihn seinerzeit zwar schon geschmerzt, doch hätte er verstanden, daß das die beste Lösung gewesen sei, da sich die Eltern „einfach auseinandergelebt" hätten. Er liebte es, sich mit mir in Schach, Mühle oder Mikado zu messen, ärgerte sich nicht, wenn er verlor - „Es ist ja bloß ein Spiel" - und vereitelte jeden meiner therapeutischen Gesprächsversuche mit rationalisierenden Antworten oder intellektualisierenden Selbstreflexionen. Für symbolische Ausdrucksformen (Rollenspiele, Zeichnen) war er nicht zu gewinnen.

Saschas unbewußter Widerstand trübte die Atmosphäre in den Stunden in keiner Weise. Immer noch meinte er, gerne zu kommen. Bis ich im April, etwa ein dreiviertel Jahr nach Therapiebeginn, von der Mutter einen Anruf erhielt, in welchem sie mir mitteilte, daß *Sascha* die Therapie abbrechen wolle. In einem Gespräch zu dritt erklärte er seinen Entschluß damit, daß die Therapie ganz offenbar nichts bringe - er machte nach wie vor ins Bett - und sie ihm außerdem wertvolle Freizeit nehme. Ich fragte die Mutter nach ihrer Meinung. Sie war - aufgrund meiner Aufklärungen während der vorausgegangenen Beratung - auf die Möglichkeit eines solchen Widerstandes vorbereitet, verstand daher, daß es dem unbewußten Ich um die Aufrechterhaltung seiner Verdrängungen ging und antwortete daher, daß sie auf der Fortführung der Therapie bestehe. Daraufhin verlor *Sascha* (erstmals) die Beherrschung, schrie, heulte und verließ wütend - allein und die Türen zuknallend - meine Praxis.

In der folgenden Stunde zeigte er sich von seinem Wutanfall sehr betroffen und gegenüber meiner Erklärung, daß diese Wut wohl die ganze Zeit über da -, aber irgendwo versteckt gewesen sein mußte, sehr offen. So begann ich, ihm die Funktionsweise des Unbewußten auseinanderzusetzen. Ich sagte ihm, daß wir alle nicht nur so vernüftig und intelligent seien, wie wir scheinen, sondern in uns auch noch das Kind stecke, das wir vor langer Zeit einmal gewesen sind. So verstecke sich auch in ihm ein kleiner, vielleicht vierjähriger *Sascha*, der nicht so vernünftig ist wie der achtjährige, vieles noch nicht weiß, sich fürchtet und sich kränkt. Und deshalb auch - wie ein ganz kleines Kind - ins Bett mache.

Mit dieser Erklärung gab ich *Sascha* die Möglichkeit, seine als irrational empfundenen Gefühle und Gedanken ebenso wie sein Symptom in Worte zu fassen, ohne sich vor mir und sich selbst schämen zu müssen: Es ging nicht um *ihn,* den vernünftigen großen *Sascha,* sondern um jenen kleinen, dummen *Sascha*, der im Verborgenen sein Unwesen trieb. Ich sagte ihm, daß wir diesem kleinen, anderen *Sascha* nur dann zur Vernunft bringen könnten, wenn wir ihn *sagen lassen, was ihn bewegt.* Angesichts seiner Spielunlust, seines jedoch überdurchschnittlichen sprachlichen Talents schlug ich vor, über den Kleinen einen Roman zu schreiben. *Sascha* war Feuer und Flamme. Schließlich überlegten wir, wie wir sein „jüngeres" Alter Ego nennen könnten. „Simon", sagte *Sascha*, „Simon ist mein zweiter Name. Wie heißt du mit deinem zweiten Namen?" „*Walter*", antwortete ich. „Gut", schloß *Sascha*, „dann schreiben wir die *Geschichte von Simon* und dich nennen wir *Walter.*"

Methodische Anmerkungen

Und so begannen wir unseren „Roman". Jede Stunde war einem Kapitel gewidmet, für manche Kapitel brauchten wir auch länger.

Die Texte kamen dabei auf unterschiedliche Art und Weise zustande. Manchmal diktierte mir *Sascha* ganz spontan, und ich fügte Gedanken, die ich ihm gegenüber dazu äußerte, ein. Ein andermal unterhielten wir uns über ein Thema oder ein Problem und ich faßte unsere Überlegungen lediglich zusammen. Vereinzelt gibt der Text aber auch ein Stück therapeutischen Dialoges wieder. Etwa dann, wenn *Saschas* Widerstand anschwoll und er nicht weiterreden oder -schreiben wollte. Dann schrieb ich meine Gedanken über ihn auf, machte ihn dadurch neugierig, las sie ihm vor und wartete auf seine Reaktion bzw. Antwort.

Die Kapitel-Überschriften - also die jeweiligen Stunden-Themen - stammen von mir. Sie können als eine Art Deutung des Textes der vorhergegangenen Stunde (d.h. des voranstehenden Kapitels) gelesen werden: Die Kapitel-Überschriften stellen jeweils jenes Thema explizit in den Vordergrund, an das wir uns in der Stunde zuvor angenähert hatten, bzw. das in *Saschas* Material dieser Stunde bereits latent vorhanden war.

Die Arbeit an dem Roman bildete das zentrale technische Instrument der weiteren Therapie. Sein Fortschreiten fiel mit dem Therapie-Fortschritt zusammen. Am Ende des Romans hatte *Sascha* auch sein Symptom verloren.

Indem er sich all den verleugneten und verdrängten Gedanken, Erinnerungen und Gefühlen stellte, brauchte er sie auch nicht mehr neurotisch - durch das Einnässen - auszudrücken.

Ich habe mich entschlossen, den Text weder durch Erläuterungen, weiterführende Interpretationen oder technische Anmerkungen zu unterbrechen, sondern ihn so wie er gemeint war, stehen zu lassen: als ein literarisches Ganzes.

Leider kann ich *Sascha* aus Rücksicht auf ihn und seine Familie nicht mit seinem richtigen und vollen Namen als Autor nennen. So möchte ich ihm an dieser Stelle wenigstens für seine Kreativität und sein literarisches Talent sowie für die Einsichten, die ich selbst im Zuge unserer gemeinsamen Arbeit gewinnen konnte, herzlich danken. Und keine theoretische Zusammenfassung könnte sich als Schluß dieses Buches so eigenen, wie *Saschas* Geschichte: Die Geschichte eines ganz besonderen und doch auch so typischen Schicksals eines Scheidungskindes.

Sascha M.
und
Helmuth F.

DIE GESCHICHTE VON SASCHA UND SIMON

Roman

* * *

Geschrieben von Mai 1991 bis Jänner 1992

* * *

Prolog

Es waren einmal zwei Buben. Der eine hieß *Sascha* und war acht Jahre alt, der andere hieß *Simon* und war um einiges jünger als *Sascha* und auch viel weniger vernünftig. Er war ungefähr vier Jahre alt. Beide hatten ein Problem: Sie machten nachts ins Bett. Deshalb besuchten sie auch eine Psychotherapie. *Saschas* Therapeut hieß *Helmuth*, der von *Simon* hieß *Walter*. Während jedoch *Sascha* gerne zu *Helmuth* ging, weil er endlich mit dem Bettnässen aufhören wollte, haßte *Simon* die Therapie und wollte nicht mehr zu *Walter* gehen. Seine Mutter bestand jedoch darauf. Jetzt sitzt *Simon* wieder bei *Walter* und ist wütend...

I. Teil
Die Geschichte von Simon

1. Kapitel

Simon macht manchmal nachts ins Bett. Aber warum tut er das? Vielleicht aus Wut? Oder gar zum Spaß? Daß er es zum Spaß macht, ist eher unwahrscheinlich, aber nicht ausgeschlossen.

Fragen wir einmal so: Auf wen oder was könnte *Simon* wütend sein? Handelt es sich um einen Streit mit irgendwem? Zum Beispiel um einen Streit mit seinem Therapeuten oder seiner Mutter? Beide wollen nämlich in *Simons* Augen dasselbe. Sowohl sein Therapeut, *Walter*, als auch die Mutter wollen *Simon* einreden, weiter in Psychotherapie zu gehen. *Simon* möchte das aber nicht! Ja, vielleicht ist es sogar so, daß er gar nicht aufhören will, ins Bett zu machen?! Möglicherweise möchte er damit jemanden bestrafen? Wer aber hat *Simon* so Böses angetan, daß er ihn oder sie bestrafen muß? Vielleicht die Mutter? Oder *Walter?*

Simon will sich nicht festlegen, aber er sagt, er könne sich ganz gut vorstellen, warum ein Bub wie er nicht aufhören will, ins Bett zu machen. Er könnte sich denken: Vielleicht wird es der Mutter eines Tages zu viel, immer die Bettwäsche zu waschen, zu lüften, zu heizen, das Bett frisch zu überziehen, sodaß sie eines Tages resigniert und mit seiner Psychotherapie aufhört, weil sie draufkommt, daß sie ohnedies nichts nützt, daß Walter es nicht schafft!

Aber die Mutter tut das nicht, und *Simon* muß weiter zu *Walter* gehen. Es könnte sein, daß sich *Simon* denkt: Dein Pech, ich werde einfach weiterpischen und du wirfst das Geld für *Walter* unnütz zum Fenster hinaus.

„Das ist eine gute Erklärung", sagt *Walter*, „aber etwas ist daran nicht logisch: Nicht mehr in Therapie gehen zu müssen, kann doch nicht der einzige Grund sein, warum *Simon* immer noch ins Bett macht. Denn, wenn er damit aufhört, müßte er ja auch nicht mehr gehen!" Da muß es also noch einen Grund geben!

2. Kapitel
Warum hat Simon überhaupt mit dem Bettnässen begonnen?

Wann hat das Ganze begonnen? Es ist schon länger her. Im letzten Sommer war wieder alles in Ordnung, jedoch im Herbst begann es von neuem. War die Schule schuld? Vielleicht eine schlechte Note? Das ist aber eher nicht der Grund, denn erstens hat sich *Simon* seit dem Vorjahr gebessert, und seine Lehrerin ist sehr zufrieden. Und außerdem hatte er das Problem ja schon früher. Und zwar seit zwei Jahren. Wie war das damals?

Als der Papa von zu Hause auszog, befand sich *Simon* ein Vierteljahr vor Schluß der 1. Klasse. Er wohnte mit der Mutter und seiner Schwester dann noch bis Sommer in Salzburg. Der Papa auch, wenngleich in einer anderen Wohnung. Im Sommer zogen dann die Mutter, er und *Susi* nach Wien. Ziemlich genau zu der Zeit, als Papa auszog, begann *Simon*, nachts ins Bett zu machen. Es hängt offenbar mit dem Ausziehen des Papas zusammen. Aber wie genau?

Walter sagt, er hat schon viele Kinder kennengelernt, die nach der Scheidung der Eltern angefangen haben, ins Bett zu machen. Zum Beispiel *Florian:* Er weinte fast die ganze Nacht und dachte immer wieder an seinen Vater, sodaß er gar nicht merkte, aufs Klo zu müssen - und dann war's zu spät.

Oder zum Beispiel *Sabine:* Sie hatte Angst, daß vielleicht auch noch die Mama ausziehen könnte und fürchtete sich in der Nacht so, daß sie ins Bett machte.

Bei *Andreas* war es so: Er war furchtbar unglücklich, und das einzige, was ihm noch Spaß machte, war, mit seinem Penis zu spielen, weil das so angenehm war. Aber er schämte sich dafür und versuchte, es sich abzugewöhnen. Da träumte er aber immer wieder etwas Schönes und Angenehmes, sein Spatzi wurde groß, und er machte ins Bett, was schön war, solange er noch schlief.

Dann war da noch *Pauli.* Er war wütend auf seine Eltern und hoffte, sie würden vielleicht wieder zusammenziehen, wenn er nicht aufhört, ins Bett zu machen. Vielleicht war es beim kleinen *Simon* auch so? Könnte es nicht sein, daß sich *Simon* dachte: „Wenn ich jetzt aufhör' zu pischen, glauben die Alten, mir geht's wieder gut. Aber das sollen diese verantwortungslosen Eltern nicht glauben. Sie sollen Schuldgefühle haben, daß es mir schlecht geht. Und daß es mir schlecht geht, muß ich ihnen beweisen und darum mach' ich ins Bett. Und vielleicht, wer weiß, kommt dann der Papa doch zurück?!"

3. Kapitel

Walter fragt *Simon:* „Hast du dir eigentlich Gedanken gemacht, warum sich deine Eltern haben scheiden lassen?

Simon antwortet: „Ja, sehr oft sogar: weil sie gestritten haben."

„Worüber denn?" fragt *Walter.*

„Das ist ja die Frage", erwidert *Simon.*

„Warst du manchmal dabei, wenn sie stritten? Erzähl einmal, woran du dich erinnern kannst", fährt *Walter* fort.

Simon denkt nach: „Ich habe fast nichts verstanden, weil sie so gebrüllt haben. Es ging um die Steuererklärung. Ein anderes Mal um das Versorgen der Kinder, sollten sie sich einmal scheiden lassen. Oder darüber, daß sich einer mehr als der andere um die Kinder kümmerte. Und zwar sagte der Papa: 'Ich muß die ganze Zeit auf *Simon* aufpassen, warum machst du das nicht?' Darauf erwiderte die Mama: 'Mach ich doch, aber du nicht!' Oder manchmal stritten sie sich auch darüber, daß einer von beiden mit jemandem Essen gegangen ist, den der andere nicht ausstehen konnte, er aber trotzdem dabeisein mußte. Ein anderes Mal stritten sie sich darüber, wie man die Kinder erziehen soll. Mama war der Meinung, ihre Erziehung sei die bessere, Papa glaubte das von seiner.

„Worin", fragt *Walter,* „unterschieden sich denn ihre Erziehungsvorstellungen?"

„Mama war der Meinung, man sollte das Kind nicht so verwöhnen", antwortet *Simon.* „Papa dagegen fand, man sollte Kinder schon verwöhnen, zwar nicht zu viel, aber gerade richtig."

Plötzlich äußert *Walter* die Vermutung, daß *Simon* glaube, er *(Walter)* wolle verhindern, daß *Simons* Eltern wieder zusammenkommen. Vielleicht deshalb, weil *Walter* sich zum Ziel gesetzt hat, *Simon* solle nicht mehr ins Bett machen, dagegen *Simon* möglicherweise gerade deshalb ins Bett macht, damit seine Eltern wieder zusammenfinden?!

4. Kapitel Was denkt Simon über seine Eltern?

Zuerst einmal findet er sie kindisch. Sie sagen den Kindern immer, sie sollen vernünftig sein und sich nicht streiten, und dann streiten sie selber noch viel mehr.

Dann aber kommen Tränen in die Augen von *Simon,* und er wird wütend: „Warum streiten sie darum, wer sich mehr um mich kümmern soll, warum reißen sie sich nicht statt dessen darum, wer von ihnen mehr mit mir zusammensein kann. Sie tun so, als wäre ich eine Last!"

Schließlich aber kriegt *Simon* ein schlechtes Gewissen. Er glaubt: Weil die Eltern wegen ihm und wegen seiner Erziehung gestritten haben, sei *er* schuld, daß sie sich getrennt haben. Auch hatte sich *Simon* des öfteren gedacht, der Papa würde sich ärgern, weil er *(Simon)* gern mit der Mama zusammen war und umgekehrt. Oder auch, daß er irgend etwas falsch gemacht hätte. Dann versuchte er sich zu ändern. Zum Beispiel überlegte er: Vielleicht sollte ich nicht so gern mit beiden zusammen sein wollen, sondern nur entweder mit der Mama oder dem Papa, denn dann werden sie sich weniger streiten. Aber das geht auch wieder nicht, denn dann ist ja, wie er schon vorher sagte, der andere eifersüchtig, und sie streiten sich erst recht. Oder er sollte sich vielleicht mehr von ihnen zurückziehen, damit sie sich ausstreiten können, um sich wieder zu vertragen. Er versuchte es, aber es nützte nichts. *Nichts* nützte etwas, und doch wurde er das Gefühl nicht los, daß er irgendwas machen müßte, um sie wieder zu versöhnen. Er fragte daher auch *Berta,* das Kindermädchen, um Rat, doch die meinte, da könne man gar nichts machen, und *Simon* hätte keine Möglichkeit gehabt, Papa und Mama wieder zusammenzubringen.

Dennoch wurde *Simon* das Gefühl nicht los, versagt zu haben und schuld zu sein.

5. Kapitel
Als sich die Eltern schließlich trennten

Walter fragt *Simon:* „Kannst du dich an den Tag erinnern, als die Eltern dir sagten, sie würden sich scheiden lassen?"

„Richtig gesagt haben sie es mir gar nicht", antwortet *Simon.* „Ich habe nur bemerkt, daß sie sich jetzt überhaupt nicht mehr verstehen, und auch *Berta* bestätigte das. Eines Tages gingen Papa und Mama weg, und als sie zurückkamen, erklärten sie mir, daß sie sich hätten scheiden lassen. Sie sagten ungefähr: 'Wir haben uns getrennt; das heißt, der Papa wird ausziehen, weil wir uns nicht mehr verstehen und nur streiten."

Simon war verzweifelt. Er verstand nicht, wieso der Papa ihn und *Susi* hat verlassen können. Hat er denn uns nicht genug lieb? „Ich nämlich", denkt *Simon,* „würde nie jemanden verlassen, den ich wirklich lieb hab!"

Dann tröstete er sich, indem er dachte, sie würden es nicht ernst meinen. Dann aber kam der Tag, an dem Papa wirklich auszog. Ein letztes Mal gingen alle zusammen in den Park. *Simon* spielte Fußball mit seinem Freund *Wolfgang,* dann kauften sie noch ein Eis. Dann verabschiedete sich Papa und sagte *Simon* noch, er würde ihn nächstes Wochenende besuchen kommen. Es war also ernst gewesen. *Simon* hatte damals Tränen in den Augen, dann spielten sie noch ein wenig mit Mama und gingen nach Hause.

6. Kapitel
Wovor Simon sich fürchtete

Wenn die Mama böse war, dachte sich *Simon* manchmal, sie wäre gar nicht seine wirkliche Mutter. Vielleicht war seine wirkliche Mutter gestorben, zum Beispiel bei einem Autounfall. Und da gingen dann seine Phantasien weiter: Vielleicht hat sie dem Papa ein Mittel gegeben, zum Beispiel in die Medizin, wenn er krank war, damit er böse wird und mit ihr anfängt zu streiten und schließlich wegzieht, damit sie die Kinder alleine für sich haben kann. Manchmal dachte *Simon,* sie wäre möglicherweise ein Monster, wie die nächtlichen Schatten in seinem Zimmer: ein Monster, das einen höheren Posten bekommt, wenn es andere böse macht. Und dann gab es aber auch wieder die Augenblicke, in welchen *Simon* seine Mama schrecklich liebte. Aber wenn sie ihm böse erschien, fürchtete er, die Mama könnte auch ihm und *Susi* ein Mittel geben, welches sie böse machen würde, sodaß sie unfreundlich zu anderen werden - zu Fremden oder zum Papa.

Simon dachte sich auch: Papa und Mama haben sich getrennt, weil sie sich nicht mehr liebhaben; und sie haben sich nicht mehr lieb, weil sie so viel gestritten haben. Aber auch ich, überlegt *Simon* weiter, streite manchmal mit der Mama. Am Ende hört sie auch auf, *mich* liebzuhaben und trennt sich auch von mir, und dann bin ich ganz allein!

Da erklärt *Walter Simon,* daß die Liebe zwischen Mann und Frau etwas anderes ist als die Liebe zwischen Eltern und ihren Kindern: Die Liebe zwischen Mann und Frau geht manchmal zu Ende (wie auch sehr gute Freundschaften zwischen Kindern aufhören, was auch schon *Simon* bei sich selbst erlebt hat). Aber Eltern lieben ihre Kinder immer.

Das habe er sich schon selber vorgesagt, meint *Simon,* aber ganz verstünde er nicht, warum das wirklich zwei verschiedene Arten von Liebe sein sollten.

„Das hat mehrere Gründe", antwortet *Walter.* „Einer davon ist wohl, daß die Kinder ein Stück der Eltern sind."

Dann sagt *Walter,* daß er glaube, daß es noch etwas anderes gäbe, vor dem sich *Simon* vielleicht fürchtet: Wenn *Simon* sich selbst an der Scheidung seiner Eltern schuldig fühlt, dann liegt es doch nahe, daß er fürchtet, die Eltern könnten ihm *dafür* böse sein.

„Das stimmt", bestätigt *Simon.* Manchmal stellte er sich vor, sie könnten ihn in ein Heim geben. Oder sie würden alle zu einem Freund fahren. Vor Freude über den Besuch würde er „Juhuuu!" schreien, weil er glaubt, sie würden nur ein paar Tage bleiben. Doch dann stellt sich heraus, er solle für immer dort bleiben. Und so kam es, daß es *Simon* nach jedem größeren Streit mit den Eltern sehr schlecht ging, weil er voller Schuldgefühle war und Angst hatte, die Eltern würden ihn bestrafen, indem sie ihn weggeben. Oft, wenn Simon von seinem Papa etwas nicht bekommt, was er gerne hätte, denkt er sich heute noch: Das macht der Papa, um mich zu bestrafen, weil ich ihn und Mama auseinandergebracht habe. Auch wenn die Mama zu ihm unfreundlich ist oder ihm etwas nicht erlaubt oder ihm eine Unterschrift verweigert, glaubt er, daß sie das tut, um ihn zu bestrafen.

7. Kapitel
Was Simon sich alles wünscht

Walter vermutet, daß sich *Simon* im Augenblick wahrscheinlich am meisten wünscht, nicht mehr zu *Walter* gehen zu müssen.

Was ihn an der Therapie am meisten störe, sei das Reden über traurige Sachen, meint *Simon.* Außerdem würde er in dieser Zeit gern was anderes tun, zum Beispiel zu Freunden oder ins Hallenbad gehen, Aufgaben machen, üben, sodaß er auch bessere Noten haben könnte.

Die Schulnoten beschäftigen *Simon* schon sehr. Bisher hatte er:

• in der 1. Klasse:		2 Zweier;
• in der 2. Klasse,	1. Halbjahr:	auch 2 Zweier;
	im 2. Halbjahr:	3 Zweier;
• in der 3. Klasse,	1. Halbjahr:	3 Zweier und 1 Dreier (in Deutsch);
	im 2. Halbjahr:	4 Zweier und 3 Einser.

Schließlich hat *Simon* auch ein Problem damit, über all diese persönlichen Dinge mit einem Außenstehenden zu reden, weil er der Meinung ist, daß das jemanden außerhalb der Familie nichts angehe.

Natürlich wünscht sich *Simon* sehnsüchtig, daß Mama und Papa wieder zusammenkommen (darum begann er ja vielleicht auch, ins Bett zu machen). Manchmal denkt er sich auch, es wäre schön, wenn statt seiner Schwester *Susi* der Papa zu Hause wohnte, besonders dann, wenn er gerade Streit mit *Susi* hat.

Sehr oft freilich wünscht er sich, der Papa solle statt *Peter* da sein. *Peter* ist der neue Freund von der Mama. Manchmal haßte er ihn richtig, weil er glaubte, *Peter* nehme dem Papa den Platz weg. Obwohl *Simon* wußte, daß sich die Eltern getrennt hatten, bevor Mama den *Peter* kennenlernte, beschuldigte er *Peter* insgeheim trotzdem, den Papa vertrieben zu haben. „Es könnte ja sein“, überlegt *Simon,* „daß sich er und die Mama schon vorher gekannt hatten. Später erst heiratete die Mama den Papa, war aber traurig, bereute es und ging zu *Peter* zurück. So gesehen war doch *Peter* an allem schuld!“

Manchmal haßte er *Peter* so, daß Mama einmal eine Stunde lang weinte. Daraufhin bekam er große Schuldgefühle, sie so gekränkt zu haben. Andererseits ärgerte er sich jedoch noch mehr über *Peter,* weil sich die Mama offensichtlich so viel aus ihm macht. Und er haßte auch die Mama, weil sie *Peter* so liebt.

Manchmal wünscht sich *Simon* noch etwas: Wieder ein kleines Baby zu sein, denn damals war die Welt noch in Ordnung. Zum Beispiel fragte er einmal die Mama: „Warum kannst du dir nicht einen Reißverschluß machen lassen, damit ich wieder in dich hineinkriechen kann?“ Drinnen muß es sein wie im Schlaraffenland“, träumt *Simon* weiter. Und darin liegt wohl noch ein Grund für das Pischen, meint *Walter:* In der Nacht, wenn Simon ins Bett macht, ist er wie ein kleines Baby, da erfüllt er sich diesen Wunsch, wieder ganz klein zu sein!

Damals, als Mama so wegen Peter weinte, erzählt *Simon,* ging sie ihm so auf den Wecker, daß er am liebsten zum Papa gezogen wäre. Oft träumte er nachts, der Papa würde kommen und ihn rauben. Daraufhin würde sich die Mama von *Peter* trennen, um ihn, *Simon,* wieder zurückzubekommen, und dann wären sie alle wieder zusammen. Aber so ist es leider nicht gekommen.

Natürlich fragte sich *Simon* auch des öfteren, warum er eigentlich zur Mama und nicht zum Papa gekommen war, als sich die Eltern trennten. Mama hatte ihm erklärt, er bliebe bei ihr, weil der Papa aus beruflichen Gründen wenig Zeit habe und es doch besser sei, wenn *Simon* bei der Mama als bei einem fremden Babysitter wäre. *Simon* wußte, daß die Mama recht hatte. Aber es ärgerte ihn, weil er ihr in seiner Enttäuschung keinen richtigen Vorwurf machen konnte, daß sie ihn nicht zum Papa lasse. Insgeheim war er aber auch vom Papa enttäuscht: Der könnte doch auch ein bißchen weniger arbeiten und dafür mehr Zeit für ihn haben.

Das Reden über diese Sachen ist für *Simon* sehr schwer. Zur Erholung fällt ihm ein lustiges Gedicht ein:

Wir protestieren
auf allen Vieren
die Lehrer werden gehenkt
die Schule wird gesprengt!

Derzeit, sagt *Simon,* ist er einen halben Millimeter lieber bei der Mama; und zwar, weil er beim Papa so viele Stiegen steigen muß.

8. Kapitel
Andere Leute, die Simon kennt

Schon viel haben wir über Mama und Papa, ein bißchen über *Peter* und *Susi,* einmal etwas über *Berta* erfahren.

Dann gibt es noch *Walter,* seinen Therapeuten. Oft dachte sich *Simon,* der *Walter* ist noch blöder als *Lois* - das ist ein Bub, den *Simon* immer gehaßt hat. Manchmal ärgerte sich *Simon,* wenn er den Eindruck hatte, daß *Walter* ihm nicht glaube; zum Beispiel, wenn *Simon* behauptete, er wäre glücklich und hätte keine Probleme, und *Walter* antwortete, daß das nicht stimmen könne, denn sonst müßte er nämlich nicht ins Bett machen. Oft war er sich nicht sicher, ob *Walter* ihn gern habe. Früher mochte *Simon Walter* überhaupt nicht, so ähnlich, wie es früher bei *Peter* war. Später änderte sich *Simons* Einstellung zu *Walter:* Er wollte zwar nicht in Therapie gehen, war auch oft auf *Walter* wütend, mochte ihn aber trotzdem.

Sonst fallen *Simon* im Augenblick keine wichtigen Leute ein.

9. Kapitel
Wie Simon sich seine Familie wünscht

Vor circa zwei Jahren hätte *Simon* gern gehabt, wenn der Papa statt *Peter* und Susi in der Familie wäre, denn dann hätten sich Papa und Mama nur um ihn gekümmert. Die *Berta* hätte auch da sein können und Freunde oder eine Freundin. Damals hatte *Simon* eine Freundin, die er zwar nicht liebte aber gerne mochte. Sie war die Schwester von *Otto,* beide wohnten ganz in der Nähe. Sie hieß *Helene.*

Zur Zeit hat *Simon* gleich drei Freunde in seiner Nähe, manchmal ist noch ein vierter dabei: *Markus, Hans, Konrad* und fallweise *Robert,* außerdem noch *Paul* und *Phil.* Eigentlich wünscht sich *Simon* auch heute noch die Familie so, wie er es eben beschrieben hat. Allerdings, wenn er gerade nicht mit *Susi* streitet, mag er seine Schwester schon gern und möchte auch, daß sie da ist.

10. Kapitel
Eigenschaften der Leute, die Simon kennt

1. SUSI
- Sie bringt *Simon* zum Lachen.
- Manchmal ist sie nett, manchmal aber versucht sie, *Simon* auszuschließen.
- Manchmal ist sie lästig und begreift nicht, wann sie aufhören soll.
- Sie hört gern Billy Joel-Musik, spielt Klavier, was schön ist, manchmal aber auch stört; sie ist sehr lustig, manchmal aber auch fad.
- Sie ist ein bißchen dünn, nicht toll hübsch, aber nicht schierch (=häßlich).
- Sie hat Talent zum Klavierspielen und ist auch nicht blöd.
- Am meisten unterscheidet sie sich von Simon darin, daß sie ihn ausschließen will und daß sie so angeben muß.

2. MAMA
- Sie geht einem manchmal auf den Wecker.
- Aber sie ist auch lieb, lustig, kitzelt und tollt herum.
- Sie ist nicht geizig, nicht sparsam, sie ist großzügig.
- Sie bringt *Simon* zum Lachen.
- Sie ist mütterlich, sorgt sich um *Simon,* wenn er krank ist. Dann läßt sie ihn nicht irgendwelche verbotenen Sachen machen, zum Beispiel, eine notwendige Diät nicht einzuhalten.
- Von Papa unterscheidet sie sich dadurch, daß sie in der Früh nicht zuhört, wenn *Simon* was sagt. Da murmelt sie nur: „Jaja", woraufhin sich *Simon* freut, dann aber sagt sie: „Nein, das geht nicht." Dafür ändert der Papa oft seine Meinung.
- Sie ist hübsch.
- Sie kann kein Instrument, hat aber Talent im Aufräumen und darin, wie sie einen liebt und darin, ihre Stimme zu verstellen, die Augen zu verdrehen und ganz blöd dreinzuschauen; sie hat Talent, sich zu amüsieren, im Zuhören, ist gescheit, nicht lebensmüde und überrascht einen oft.

3. PETER

- Den mag *Simon* manchmal, manchmal wieder ärgert er sich über ihn. Er kann gut kochen, gibt immer ganze Pfefferkörner ins Essen, auf die *Simon* dann draufbeißt.
- Er kann lustig sein, macht bei Tisch immer Witze.
- Er kann nicht gut tanzen.
- Er ist nett und dann wieder abscheulich. Wenn man zum Beispiel mit ihm streitet, wird er wahnsinnig grantig. Er schreit zwar nicht, lacht aber über einen und spottet einen aus. Wenn *Simon* zum Beispiel die Suppe zu heiß ist, sagt er: „Iß ein Butterbrot!" Das kränkt *Simon.* Oder wenn *Simon* dann der Mama ein schlechtes Gewissen machen will und sagt: „Ich werde verhungern!" sagt er: „Dann verhungere eben!" Und das kann *Simon* rasend machen.
- *Simon* haßte es auch, wenn *Peter* mit der Mama englisch sprach, damit die Kinder nichts verstehen können. Inzwischen denkt sich *Simon:* „Naja, lerne ich wenigstens Englisch!" Englisch reden sie wahrscheinlich, wenn sie sich über ihren Urlaub unterhalten, den sie allein, ohne Kinder, verbringen wollen; oder wenn sich *Peter* durch die Kinder gestört fühlt und nicht will, daß sie dreinreden.
- Manchmal glaubt *Simon* schon, daß *Peter* ihn und *Susi* mag. Manchmal aber, besonders wenn sie streiten, ist sich *Simon* dessen nicht mehr sicher.
- Mama liebt *Peter,* weil sie ihn hübsch und intelligent findet. Intelligent findet *Simon* den *Peter* auch...
- *Peter* richtet sich weniger nach *Simon,* als der Papa das tut.
- Er fährt gerne Rad, ist eher nett, kann sehr großzügig sein und ist sehr einflußreich.
- Eigentlich hat *Peter* bei *Simon* inzwischen schon einen sehr hohen „Mögeposten".

4. PAPA

- Er ist großzügig, nett, kann auch sehr sauer sein, dann wieder lustig und fröhlich, manchmal auch verwirrt - eigentlich ist er alles.
- Sauer wird er dann, wenn man nicht macht, was er will, vor allem aber, wenn er mit *Sonja,* seiner neuen Freundin, streitet. Zum Beispiel dann, wenn sie die Kinder in Schutz nimmt. Aber sie versöhnen sich dann schnell wieder.

- Wichtig ist dem Papa, daß die Kinder zusammenhalten und nicht so viel miteinander streiten.
- Zu *Simon* ist der Papa anders als *Peter. Peter* weiß nicht so viel über *Simon* wie der Papa, aber das, was er weiß, weiß er genau und merkt es sich. Zum Beispiel wann *Simon* geboren wurde. Einmal fragte Papa *Simon,* als sie mit Bekannten sprachen: „Wann bist du eigentlich geboren?" - „1982!", antwortete *Simon* und lachte ihn aus. Er wußte, daß der Papa damals im Streß war und war ihm nicht böse. Aber *Walter* glaubt, daß sich *Simon* damals trotzdem gekränkt hatte.
- Von der Mama unterscheidet sich der Papa zunächst einmal dadurch, daß er ein Mann ist, und die Mama eine Frau. Daher nimmt sich *Simon* auch am Papa mehr Beispiel als an der Mama. An der Mama nimmt sich *Simon* die Ruhe zum Vorbild, am Papa die Lust. Die Mama heult schneller; auch der Papa ist traurig, aber er zeigt es nicht so sehr. Auch hält er es aus, nicht zu lachen, wenn man ihn kitzelt.

„Das klingt so", sagt *Walter,* „als wäre der Papa, eben weil er ein Mann ist, stärker als die Mama. Ich glaube aber, daß du dir öfters um deinen Papa Sorgen machst, und daß er dir leid tut."
Das will *Simon* aber nicht hören. Er tut so, als hätte *Walter* gar nichts gesagt, spielt mit dem Ping-Pong-Ball und dem Spielgeld. Plötzlich bricht es aus *Simon* hervor:
„Ja, ich hab große Angst um ihn, daß er sterben könnte, einen Unfall erleidet, Geldprobleme hat wegen der hohen Miete, die er zahlen muß. Manchmal hab ich auch wegen der Mama Angst, auch des Geldes wegen, zum Beispiel, wenn sie sich Kleider kauft, aber nicht so stark wie beim Papa."

Diese Ängste hat *Simon* allerdings immer nur, wenn er alleine ist. Er fürchtet auch, daß der Papa schrecklich traurig ist, weil er *Simon* nicht so oft sieht.

Simon dichtet:

Das Gericht schlägt vor
die Krise ist zu Ende.

Walter dichtet weiter und folgendes Gedicht entsteht:

Das Gericht schlägt vor
die Krise ist zu Ende
weil an dem Seil empor
Politiker behende
hängen werden ohne Gnade
doch um die beiden ist nicht schade.

Walter und *Simon* fangen an, über die Sünden „der beiden" zu phantasieren. Ihr Verbrechen war: Mord; sie haben den Richter erschossen, nachdem er gesagt hat, es sei um die beiden nicht schade.

5. SONJA
Sonja mag *Simon* sehr gern und er sie auch. Aber sie hat sehr oft mit dem Papa Streit wegen *Simon* und *Susi.*

11. Kapitel

Inzwischen ist es schon Sommer geworden. Einiges hat sich verändert. *Simon* geht es inzwischen recht gut. Vor allem kann er mit der Mama viel besser streiten als früher, ohne diese schrecklichen Schuldgefühle. Und er versteht sich mit *Peter* viel, viel besser. Und, was ihn natürlich besonders froh stimmt: Er macht zu Hause schon seit geraumer Zeit nicht mehr ins Bett. Er kommt inzwischen auch viel lieber zu *Walter.*

Dieser macht *Simon* darauf aufmerksam, daß ihre beidseitige Beziehung viel Ähnlichkeit mit *Simons* Beziehung zu Peter hatte: „Beide waren wir für dich Eindringlinge, beide haben wir in deinen Augen mit der Mama gepackelt, um den Papa loszuwerden und dir das Pischen abzugewöhnen, beide waren wir Außenstehende. Inzwischen aber hast du uns beide ‘entdeckt’: einerseits nämlich, was dir die Therapie auch an Positivem bringt, und was andererseits *Peter* alles für dich als väterlicher Freund bedeuten kann. Früher waren wir für dich Feinde, nun hast du gelernt, uns zu benützen, für deine eigenen Bedürfnisse."

Simon sieht das auch so. Er möchte die Geschichte, die wir zusammen geschrieben haben, noch einmal hören, und *Walter* liest sie ihm vor. Während des Vorlesens fallen *Simon* noch einige zusätzliche Dinge ein. So findet er, daß die Probleme der anderen Kinder, von denen *Walter* (im 2. Kapitel) erzählt hatte, den seinigen schon sehr ähnlich seien. Inzwischen ist er aber sicher, daß nicht er die Schuld an der Trennung trug: „Die beiden haben *selbst* gestritten, nicht *ich* habe versagt!!!" betont er.

Zu *Susi* fällt *Simon* ein, daß er sie wahnsinnig gern hat, auch mit ihr versteht er sich zur Zeit besser.

Dann fällt ihm auf, wie viele *Widersprüche* in der Geschichte sind: einmal denkt oder fühlt er so, dann wieder anders, aber auch die anderen sind einmal so und einmal so.

„Das ist normal", sagt *Walter,* „so ist die Welt, so sind die Menschen, so ist die Seele. Wir möchten gern so vieles, darunter gibt es immer auch Wünsche, die sich widersprechen. Auch können wir denselben Menschen lieben *und* hassen, wir können uns über uns schämen und dann gleich wieder sehr stolz sein, wir - und alle Menschen - haben Stärken und Schwächen, man mag ganz groß sein und dann wieder ganz klein und so weiter. Das ist zwar oft schwierig, aber man braucht sich nichts drauszumachen, daß es in uns mehrere „Ichs" gibt, so wie bei dir den *Simon* im *Sascha!*"

12. Kapitel

Eines Tages kommt *Simon/Sascha* ganz aufgeregt in die Therapie und ruft *Walter/Helmuth* entgegen: „Es ist etwas ganz Wunderbares geschehen... Mama und Peter werden heiraten!"

Und er erzählt, wie glücklich er ist und daß er auch schon eine Idee hat für das Hochzeitsgeschenk: Es soll ein schöner Stein sein, als Symbol für Festigkeit, damit diese Ehe halten möge!!

In der darauffolgenden Stunde, es ist die letzte vor den Sommerferien, gehen *Sascha* und *Helmuth* zusammen einen Stein für Mama und *Peter* kaufen.

II. Teil
Die Geschichte von Sascha

Auch nach dem Sommer fühlt sich *Sascha* sehr gut und er hat den Eindruck, alle seine Probleme in der Therapie mit *Helmuth* bearbeitet zu haben. Aber da war etwas, was noch nicht ganz in Ordnung war: *Sascha* machte zwar zu Hause nicht mehr in Bett, von Zeit zu Zeit jedoch noch in Salzburg, wenn er den Papa besuchte.

„Da muß es also doch noch etwas geben, was dir Kopfzerbrechen macht", meint *Helmuth,* „vielleicht sollten wir unsere Geschichte weiterschreiben.

Sascha ist einverstanden. *Helmuth* will zu schreiben beginnen: „*Simon* in Salzburg". Aber *Sascha* sagt: „Wir brauchen den Teil von mir, der manchmal anders denkt und fühlt, als ich glaube, nicht mehr mit einem anderen Namen benennen. Schreiben wir *'Sascha'!* Es bin doch ich, der so ist und nicht ein anderer. Und dich nennen wir jetzt auch *Helmuth* und nicht mehr *Walter.*"

Also schreibt *Helmuth:*

1. Kapitel
Sascha in Salzburg

Eigentlich glaubte *Sascha,* daß er *Sonja* lieber mag als *Peter,* sie ihn also weniger beim Papa stört als *Peter* bei der Mama. Und doch muß er bei der Mama nicht mehr pischen, beim Papa aber noch manchmal.

Ganz am Anfang, als Papa auszog und *Sascha* mit seiner Mutter und *Susi* noch in Salzburg lebte, wohnte der Papa in der Grossgasse. *Saschas* Lieblingsort dort war die Küche, denn dort haben sie gespielt. Von der Küche ging es ins Kinderzimmer, an das er sich aber nicht gut erinnern kann. *Susi* schlief in einem Bett, er weiß aber nicht mehr in welchem. Er selbst auf einer Couch und Papa im Arbeitszimmer. Auf der Couch spielte *Sascha* gern Raumschiff und knallte Papa mit Schaumgummibällen ab.

Plötzlich erinnert sich *Sascha* an einen Ausflug, als Papa und Mama noch zusammen waren. Sie fuhren mit Rädern in einen Wald. Da war ein See und Boote, *Sascha* hatte ein Modellboot. Sie gingen baden. Das Wasser war ganz grün, für andere zu schmutzig, aber sie schwammen im See. Da gab es auch Leute mit ganz tollen Modellbooten und einen Wasserfall...

Diese erste Wohnung von Papa war sehr klein. Soweit sich *Sascha* erinnern kann, hat er damals schon ins Bett gepischt. In dieser Wohnung lebte Papa allein, da er *Sonja* noch nicht kannte. Eines Tages lernte *Sascha* dann *Sonja* kennen. Papa sagte: „Heute werdet ihr die Sonja kennenlernen.

Da dachte sich *Sascha:* „Wird sie nett sein, kinderfreundlich?“

Helmuth denkt sich dazu, daß *Saschas* Gefühle damals sehr gemischt gewesen sein müssen. Er glaubt, daß es *Sascha* doch irgendwie lieber gewesen wäre, den Papa ganz für sich zu haben und nicht die wenige Zeit, die sie zusammen hatten, den Papa nicht nur mit *Susi,* sondern jetzt auch noch mit einer neuen Frau teilen zu müssen.

Dann sahen sie *Sonja* zum ersten Mal. Sie hatte gerade geduscht und einen Bademantel an.

Papa zog um, wo sein Arbeitszimmer zugleich das Spielzimmer war. *Sonja* war jetzt öfters da und *Sascha* erzählt, daß er sie sehr gern mochte.

Daraufhin meinte *Helmuth:* „Aber es ist doch gut möglich, daß du auch ein wenig eifersüchtig warst?“

Sascha will das nicht glauben, aber *Helmuth* stellt sich das so vor: Plötzlich ist da noch jemand, den der Papa liebhat! *Helmuth* kennt viele Kinder, und fast alle sind auf die neue Freundin des Vaters wenigstens ein bißchen eifersüchtig, auch dann, wenn sie die Freundin mögen. Und da ist noch etwas: *Sascha* hofft doch, daß Mama und Papa wieder zusammenkommen würden. Und da war doch *Sonja* genauso im Weg wie *Peter!*

2. Kapitel
Veränderungen

In letzter Zeit hat sich in *Saschas* Leben eine Menge verändert, was ihm zuerst gar nicht so klar war: Mama und *Peter* heirateten; *Sascha* hörte auf, in Wien ins Bett zu machen; der Papa zog wieder um, jetzt mit *Sonja* zusammen. *Helmuth* glaubt, daß das auch für das Pischen in Salzburg wichtig ist.

Sascha erzählt, daß er meist abends, im Bett, sehr traurig ist, weil er den Papa so wenig sieht. *Helmuth* fragt, ob *Sascha* auch träume?

„Ja, manchmal, wenn ich Angst habe. Eigentlich habe ich fast jeden Abend ein bißchen Angst“, gesteht *Sascha.* „Zum Beispiel vor dem Kleiderständer oder anderen Sachen im Zimmer, die im Dunklen ganz anders aussehen.“

3. Kapitel
Träume

Sascha erzählt: „Manchmal träume ich von gruseligen Sachen und daß ich aufs Klo gehe, und da vergessen die Muskeln, das Lulu zurückzuhalten."

„Welche gruseligen Sachen träumst du denn?", fragt *Helmuth.*

„Zum Beispiel von Monstern", sagt *Sascha.* „Die kommen, ich habe ein Schwert und will die Mama befreien. Da kommt *Peter* von hinten und will mich überfallen. Aber ich rede mit ihm, und er hilft mir. Und so befreien wir Mama und *Susi*...

Oder ich träumte, ich liege im Sterben. *Peter* haut einen zusammen und *Susi* hilft ihm. Das war lustig, denn sie hob den Rock. Dann hau wieder ich einen zusammen...

Früher hatte ich ein Stofftier. Ich träumte, daß es groß wird und mit Fremden daherkommt. Das waren Monster, ich kannte sie. Sie kamen näher und näher, was sollte ich tun? Sie hatten lila Ohren...

Übrigens träume ich oft, daß ich Mama mit einem Schwert befreie. *Peter* ist manchmal gut und manchmal böse...

Oder: Mama, Papa, *Susi* und ich sitzen beim Frühstück, da läuten irgendwelche Typen an der Türe. Ich höre die Stimme eines Freundes von Papa. Die Typen nehmen den Freund fest. Einmal gewinnen wir, manchmal träume ich aber auch, daß sie uns ermorden. Manchmal ist es die Polizei..."

Helmuth fragt *Sascha,* ob er im Traum weiß, warum er bedroht wird. Aber *Sascha* weiß das nicht, meistens wacht er auf.

„Vielleicht tun sie es aus Spaß?", überlegt er. „Manchmal kommt es auch vor, daß im Traum der Papa, *Susi* oder die *Sonja* Monster werden. Oft sind das nur ganz kurze Träume. Einmal war es so, daß der Papa die Mama und *Susi* biß, woraufhin die beiden auch zu Monstern wurden. Manchmal werden sie es aber auch von selbst. Manchmal werde ich auch selbst ein Monster und will Papa, Mama, *Peter* oder *Susi* beißen. Und das geht immer so weiter..."

4. Kapitel
Wenn Sascha manchmal ein bißchen ein schlechtes Gewissen hat

Wenn *Sascha* mit der Mama streitet, ein bißchen. Aber er verträgt sich gleich wieder mit ihr. Bei Papa ist es etwas anders. Fast jedesmal streiten *Sascha* und Papa ein wenig. Zwar vertragen sie sich wieder schnell, aber beim Wegfahren hat *Sascha* oft Schuldgefühle.

Helmuth meint, daß es da außer dem Streiten noch etwas gibt, das *Sascha* Schuldgefühle macht: Früher hat *Sascha* außer der Mama nur den Papa lieb gehabt, und *Peter* hat ihn meistens gestört. Papa und Mama sollten wieder zusammenkommen und *Peter* gehen. Jetzt aber freut sich *Sascha* über die Hochzeit von Mama und *Peter,* und er hat *Peter* auch lieber als früher. Ja, er wünscht sich sogar von Herzen, daß die beiden zusammenbleiben sollen! So hat er nun ein bißchen Angst, daß der Papa glauben könnte, daß *Sascha* ihn nicht mehr so liebhat wie früher, weil er doch will, daß *Peter* bei der Mama bleibt. Sollte das aber stimmen, das heißt, der Papa das wirklich glauben, könnte *Sascha* nun vielleicht fürchten, daß nun der Papa aufhört, *Sascha* zu lieben. In *Saschas* Träumen zeigte sich das dadurch, daß der Papa plötzlich zum Monster wird und ihn und die Familie bedroht.

Helmuth hat noch eine weitere Vermutung: Aus diesen Schuldgefühlen heraus könnte sich *Sascha* denken: Solange ich ins Bett mache, weiß der Papa, daß ich über sein Weggehen traurig bin. Und das soll er wissen, damit er mich weiter liebhat. Also muß ich bei ihm auch weiterpischen!

5. Kapitel
Was sich der kleine Sascha wünschen könnte

Der „kleine" *Sascha* ist ein Teil von *Sascha,* er ist in ihm drin, er wünscht, denkt und fühlt andere Sachen als der große, achtjährige *Sascha.* (Früher nannte *Sascha* ihn *„Simon"*.)

„Es könnte natürlich auch sein", sagt *Helmuth,* „daß der kleine *Sascha* in Salzburg nicht nur ins Bett pischen muß sondern auch will; vielleicht weil er damit vom Papa etwas erreichen möchte."

Sascha überlegt. Er möchte zum Beispiel, daß der Papa aufhört zu rauchen, aber das ist ja lächerlich, nur eine Kleinigkeit.

„Nein, das ist ganz wichtig“, sagt *Helmuth.* Denn es zeigt, daß sich *Sascha* um seinen Papa große Sorgen macht.

„Ja, das stimmt“, antwortet *Sascha.* Zum Beispiel damals, als der Opa starb, war *Sascha* sehr unglücklich, weil er sich vorstellte, auch der Papa könnte sterben: Zum Beispiel einen Unfall haben, ermordet werden oder Selbstmord begehen, und *Sascha* hat Schuldgefühle, weil er nicht auf den Papa aufpassen kann.

„Warum sollte sich der Papa umbringen?“, fragt *Helmuth.*

„Vielleicht, um mich zu bestrafen“, meint *Sascha,* „oder weil er traurig ist nach einem Streit mit mir.“

Helmuth ergänzt: „Oder weil du inzwischen lieber bei der Mama (und *Peter)* lebst?!“

„Ja, deshalb auch“, sagt *Sascha* leise.

„Ich glaube“, sagt *Helmuth,* „es wäre gut, wenn du einmal mit deinem Papa darüber reden würdest; über deine Monster-Träume, daß du Angst hast, er würde dich nicht mehr liebhaben, wenn du den *Peter* magst und bei der Mama leben möchtest; und daß du Angst hast, er könnte darüber schrecklich traurig oder böse werden. Denn ich bin überzeugt davon, daß das nicht der Fall ist, daß der Papa das versteht, genau weiß, wie sehr du ihn liebst und auch dich immer lieben wird.“

„Ja“, sagt *Sascha,* „das ist eine gute Idee, das werde ich tun. Eigentlich glaube ich - nämlich der große *Sascha* - auch, daß das so ist.“

Außerdem wünscht sich *Sascha,* daß der Papa mehr Zeit für ihn hätte. Als zum Beispiel *Sascha* das letzte Mal in Salzburg war, hatte der Papa zwar das ganze Wochenende Zeit, aber *Sascha* hätte gern noch mehr, etwa, daß das Wochenende länger dauern könnte.

Helmuth fragt, ob *Sascha* nicht auch auf *Susi* eifersüchtig ist.

„Ja, vielleicht“, antwortet *Sascha.* „Manchmal wäre es mir lieber, ohne *Susi* zu fahren. Aber manchmal fahre ich auch lieber *mit* ihr, manchmal wiederum ist es mir egal.“

6. Kapitel
Was Sascha an seinem Papa stört

„Könnte es sein, daß du dir vom Papa nicht nur Dinge *wünscht,* sondern es auch welche gibt, die dich *stören?*“ fragt *Helmuth.* „Über das, was dich an der

Mama stört, hast du ja schon öfter geredet, bereits bevor wir mit unserer Geschichte begannen; zum Beispiel, daß sie immer besser zu wissen glaubt, was für dich gut ist. Was also stört den großen oder den kleinen *Sascha* am Papa?"

„Natürlich, da gibt's schon etwas", antwortet *Sascha.* „Aber das ist was Persönliches... ich weiß nicht... nein, mir fällt nichts ein!"

„Vielleicht ist es auch so", meint *Helmuth,* „daß dir das Thema sehr unangenehm ist und daß der *kleine Sascha* nicht will, daß ihm einfällt, was ihn am Papa stört?!"

Nach einiger Zeit sagt *Sascha:* „Manchmal, wenn wir streiten, glaube ich, er will gar nicht, daß ich bei ihm bin. Da krieg' ich eine unheimliche Wut. Obwohl ich weiß, daß er mich, seinen zweitgeborenen Sohn, liebt, vergesse ich das dann ganz. Da glaube ich dann, daß der Papa den Streit geradezu sucht. Das letzte Mal, zum Beispiel, als mich die *Susi* so provozierte, und er das überhaupt nicht verstanden hat."

Helmuth fragt *Sascha,* wie das genau war.

„Begonnen hat es schon in Wien", erzählt *Sascha.* „Da kam sie ins Zimmer, und obwohl ich sie bat zu gehen, weil ich allein sein wollte, blieb sie und legte sich auf den Boden. Das macht sie oft und sagt dann, daß ich sie hochheben soll. In Salzburg ging das weiter. Sie kitzelte und ärgerte mich, obwohl ich ihr sagte, sie solle aufhören. Als dann mein Salzburger Freund *Björn* und ich eine Polsterschlacht machten, kletterte sie durch die Gegend und forderte uns auf, vom Bett runterzugehen. Das hörte der Papa und sagte zu ihr: 'Das ist nicht nur dein Sofa, es gehört uns allen!' Da freute ich mich, und sagte zu *Susi:* 'Ätschebätsche!' Da schimpfte der Papa mit mir: 'Das war aber gar nicht freundlich!' Ich erzählte ihm, wie es war, und daß die *Susi* oft blöd und ekelhaft ist. Aber er glaubte mir nichts! Das ist etwas, was öfters vorkommt und mich an ihm sehr stört: daß er mir oft nicht rechtgeben will. Das kränkt mich sehr, und ich werde dann ziemlich traurig und zornig, schreie manchmal, weine, gehe ins Zimmer, bis der Papa kommt. Dann reden wir wieder. Aber es kommt vor, daß der Streit wieder von vorne losgeht. Wenn ich dann so am Bett lieg, denke ich, daß der Papa mich nicht will und bin wütend auf ihn und auch auf *Susi,* weil sie es so macht, daß ich und der Papa streiten. Da schaut es dann immer so aus, als wäre sie die Gute und Brave und ich der Böse und Schlimme. Papa sagte uns, wir sollen einander gelten lassen. Ich will das eh, aber manchmal provoziert sie mich so, daß ich einfach nicht kann!"

7. Kapitel
Happy End

Sascha und *Helmuth* haben beschlossen, daß sie mit der Therapie aufhören können, wenn es so bleibt, daß *Sascha* nun auch nicht mehr bei seinem Freund und auch nicht mehr beim Papa in Salzburg ins Bett macht.

„Eigentlich sind wir ziemlich weit vorangekommen", sagt *Sascha.* „Vielleicht haben wir nicht alles besprochen, aber irgendwie haben wir doch eigentlich geschafft, was wir uns vorgenommen haben. Ich bin auch richtig stolz darauf!"

Dann sagt *Sascha* noch, daß er sich ganz offen und frei fühle, lustig und sehr glücklich. Es könnte aber auch sein, daß ihm *Helmuth* ein wenig abgehen wird. Dieser meinte, auch *Sascha* werde ihm abgehen. Sie beschlossen, bis Ende Jänner weiterzumachen, vielleicht auch ein wenig über das Sich-Trennen und Verabschieden zu reden, nach den Semesterferien auf eine Stunde pro Woche zu reduzieren und dann im März mit der Psychotherapie aufzuhören.

Literatur

Abelin, E.L. (1971): Role of the father in the seperation-individuation process. In: McDevitt, J.B./Settlage, C.F. (Hrsg.): Separation - Individuation. Essays in Honor of Margaret S. Mahler. New York (Int. Unv. Press) 1971.

Abelin, E.L. (1975): Some further observations and comments on the earliest role of the fahter. Int. Psycho-Anal. 56, 293-302.

Adorno, T.W./Frenkel-Brunswick, E./Levinson, D.J./Sanford, R.N. (1950): The Authoritarian Personality. New York.

Ayalon, O./Flasher, A. (1987): Chain Reaction. Children and Divorce. London/Bristol 1993.

Balloff, R. (1991): Gemeinsame elterliche Sorge - ein anzustrebender Regelfall? Report Psychologie 16, 3/1991, 16-21.

Balloff, R. (1992): Kinder vor Gericht. Opfer, Täter, Zeugen. München (Beck).

Balloff, R. (1993): Die Regelung der elterlichen Sorge nach Trennung oder Scheidung. Neuere Tendenzen und Entwicklungen. In: Menne, K./Schilling, H./Weber, M. 1993.

Balloff, R. /Walter, E. (1991a): Konzeptionelle Gedanken zur Trennungs- und Scheidungsintervention. Familie und Recht 2/1991, 63-69.

Balloff, R. /Walter, E. (1991b): Reaktionen der Kinder auf die Scheidung der Eltern bei alleiniger oder gemeinsamer elterlicher Sorge. Psychologie in Erziehung und Unerricht 38, 81-95.

Berner, W./Janicek, S. (1986): Auf dem Weg zum Arbeitsbündnis. Probleme der Psychotherapie in geschlossenen Institutionen. Sigmund Freud House Bull. 10/ Special Issue.

Bettelheim, B. (1975): Kinder brauchen Märchen. Müchen (dtv) 1980.

Bittner, G. (1981) (Hrsg.): Selbstwerden des Kindes. Ein neues tiefenpsychologisches Konzept. Fellbach (Bonz).

Bittner, G. (1985): Der psychoanalytische Begründungszusammenhang in der Erziehungswissenschaft. In: Bittner, G./Ertle, Ch. 1985.

Bittner, G./Ertle, Ch. (1985) (Hrsg.): Pädagogik und Psychoanalyse. Würzburg (Königshausen & Neumann).

Björklund, A. (1997): Zur Praxis des geltenden Sorge- und Umgangsrechts in Skandinavien. In: Brauns-Hermann, Ch./Busch, B.M./Dinse, H. 1997.

Brauns-Hermann, Ch./Busch, B.M./Dinse, H. (1994) (Hrsg.): Verlorene Liebe - gemeinsame Kinder. Elterliche Sorge nach der Trennung. Reinbek (Rowohlt).

Brauns-Hermann, Ch./Busch, B.M./Dinse, H. (1997) (Hrsg.): Ein Kind hat das Recht auf beide Eltern. Neuwied (Luchterhand).

Bühler, H./Kächele, St. (1978): Die Ehescheidung als pathogener Faktor - eine kinder- und jungendpsychiatrische Untersuchung. Praxis der Kinderpsychologie und Kinderpsychiatrie 27/8, 269-298.

Burgner, M. (1985): The oedipal experience: effects on developement of an absent father. The Int. Journ. of Psa. 66, 311-320.
Datler, W. (1987a): Ist die Verhaltensstörung eine schul-pädagogische Kategorie? In: Datler, W. 1987b.
Datler, W. (1987b) (Hrsg.): Verhaltensauffälligkeit und Schule. Konsequenzen von Schulversuchen für die Pädagogik der „Verhaltensgestörten". Frankfurt/M. (P. Lang).
Datler, W. (1995): Bilden und Heilen. Auf dem Weg zu einer pädagogischen Theorie psychoanalytischer Praxis. Mainz (Grünewald) ²1997.
Datler, W./Büttner, Ch. (1993): Nachruf auf Hans-Georg Trescher (1950-1992). Jahrbuch für Psychoanalytische Pädagogik 5, 10-13.
Datler, W./Figdor, H./Gstach, J. (1998) (Hrsg.): Die Freude am Kind. Psychoanalytisch-pädagogische Erziehungsberatung heute (Arbeitstitel). Gießen (Psychosozial) vorauss. 1998.
Dolto, F. (1988): Scheidung. Wie ein Kind sie erlebt. Stuttgart (Klett-Cotta) 1990.
Düriegl, G./Winkler, S. (1992) (Hrsg.): Freimaurer. Solange die Welt besteht. Wien (Museen der Stadt Wien).
Ell, E. (1990): Psychologische Kriterien bei der Sorgerechtsregelung und die Diagnostik der emotionalen Beziehungen. Weinheim (Dt. Stud. Verl.).
Emery, R.E. (1988): Marriage, Divorce and Childrens Adjustment. Newbury Park (Sage).
Erikson, E.H. (1959): Identität und Lebenszyklus. Frankfurt/M. (Suhrkamp) 1966.
Fiala, I. (1989): Mein Kind, dein Kind, unser Kind. Vom Umgang mit den Problemen in einer neuen Partnerschaft. Frankfurt/M. (Fischer).
Figdor, H. (1989): Können neurotische Kinder „pädagogisch" geheilt werden? Pädagogisch relevante Anmerkungen zum theoretischen Verhältnis von Trieb-, Struktur- und Objektbeziehungstheorie. In: Sasse, O./Stoellger, N. 1989.
Figdor, H. (1991): Kinder aus geschiedenen Ehen. Zwischen Trauma und Hoffnung. Mainz (Grünewald) ⁶1997.
Figdor, H. (1993): Wissenschaftstheoretische Grundlagen der Psychoanalytischen Pädagogik. In: Muck, M./Trescher, H.-G. 1993.
Figdor, H. (1995): Psychoanalytisch-pädagogische Erziehungsberatung. Die Renaissance einer klassischen Idee. Sigmund Freud House-Bulletin, Vol 19/2/B, 21-87.
Figdor, H. (1997): Psychotherapie versus Beratung. In: Reinelt, T./Bogyi, G./Schuch, B. 1997.
Figdor, H. (1998): Verantwortete Schuld und das Wiederentdecken der Freude am Kind. Zwei Prinzipien psychoanalytisch-pädagogischer Erziehungsberatung. In: Datler, W./Figdor, H./Gstach, J. 1998.
Finger, P. (1988): Kurzbeiträge. Zur gemeinsamen elterlichen Sorge nach der Ehescheidung - eine Nachfrage bei hessischen Familiengerichten. Dt. Richterzeitung 66, 12-17.

Finger-Trescher, U. (1998): Möglichkeiten und Grenzen psychoanalytisch-pädagogischer Erziehungsberatung in der Institution - dargestellt am Beispiel der Beratungsstelle für Eltern, Kinder und Jugendliche der Stadt Offenbach. In: Datler, W./Figdor, H./Gstach, J. 1998.

Fischer, G. (1990): Die Fähigkeit zur Objektspaltung. Ein therapeutischer Veränderungsschritt bei Patienten mit Realtraumatisierung. Forum der Psychoanalyse 6, 199-212.

Fraiberg, S. (1959): Die magischen Jahre in der Persönlichkeitsentwicklung des Vorschulkindes. Reinbek (Rowohlt) 1972.

Freud, S. (1937c): Die endliche und die unendliche Analyse. GW 16, 51-99/ St.A. Erg.Bd. 351-392.

Fritsch, I./Sanders, H. (1987): Hau ab, Du bist nicht meine Mutter. Augsburg (Maro).

Fthenakis, W.E. (1985): Väter. 2 Bände. München (dtv) 1988.

Fthenakis, W.E./Niesel, R./Griebel, W. (1993): Scheidung als Reorganisa-tionsprozeß. Interventionsansätze für Kinder und Eltern. In: Menne, K./Schilling, H./Weber, M. 1993.

Fthenakis, W.E./Niesel, R./Kunze, H.-R. (1982): Ehescheidung. Konsequenzen für Eltern und Kinder. Müchen/Wien/Baltimore (U&S).

Fthenakis, W.E. u.a. (1996): Trennung, Scheidung und Wiederheirat. Wer hilft dem Kind? Weinheim/Basel (Beltz).

Gambla, U./Will, U./Zelazuy, K. (1989) (Hrsg.): Alleinerziehende Mütter und Väter erzählen. Mainz (Grünewald).

Gec-Korosec, M. (1997): Zur Praxis des geltenden Sorge- und Umgangsrechts in Slowenien. In: Brauns-Hermann, Ch./Busch, B.M./Dinse, H. 1997.

Giesecke, H. (1987): Die Zweitfamilie. Leben mit Stiefkindern und Stiefvätern. Stuttgart (Klett-Cotta).

Gutschmidt, G. (1993): Kinder in Einelternfamilien. Positive Aspekte einer Lebensform. In: Menne, K./Schilling, H./ Weber, M. 1993.

Hackl, M./Kopf, E. (1995): Psychoanalytisch-pädagogische Elternberatung und Mediation. Zwei Konzepte zur professionellen Hilfestellung bei Scheidung/Trennung der Eltern. (Seminararbeit am Institut für Erziehungswissenschaft der Univ. Wien).

Häsing, H. (1989): Mutter hat einen Freund. Alleinerziehende Frauen berichten. Frankfurt/M. (Fischer).

Jahrbuch für Psychoanalytische Pädagogik (1989ff): Bde. 1-3 hrsg. von Trescher, H.-G./Büttner, Ch.; Bde. 4-5 hrsg. von Trescher, H.-G./Büttner, Ch./Datler, W.; Bde. 6-8 hrsg. von Datler, W./Finger-Trescher, U./Büttner, Ch. Mainz (Grünewald). (Ab 1997 erscheint das Jahrbuch im Psychosozial-Verlag).

Janata, A. (1992): Höhere Weihen der Mysogynie. In: Düriegl, G./Winkler, S. 1992.

Jeffries, P. (1997): Zur Praxis des geltenden Sorge- und Umgangsrechts in Großbritannien. In: Brauns-Hermann, Ch./Busch, B.M./Dinse, H. 1997.

Jopt, U. (1992): Im Namen des Kindes. Plädoyer für die Abschaffung des alleinigen Sorgerechts. Hamburg (Rasch u. Röhrig).

Kaslow, F. (1987): Dynamics of Divorce - A Life Cycle Perspective. New York (Brunner-Mazel).

Kavanagh, J.A. (1989): Rainbows for all God's Children: A Case Study. Loyola Univ. of Chicago.

Köksal, M. (1997): Zur Praxis des geltenden Sorge- und Umgangsrechts in der Türkei. In: Brauns-Hermann, Ch./Busch, B.M./Dinse, H 1997.

Kölling, W. (1993): Väter in Trennungskrisen. Vaterbilder und Scheidungskonflikte. In: Menne, K./Schilling, H./Weber, M. 1993.

Krabbe, H. (1991) (Hrsg.): Scheidung ohne Richter. Neue Lösungen für Trennungskonflikte. Reinbek (Rowohlt).

Krabbe, H./Stoetzerschlueß, G./Weißheimer, S. (1993): Hilfe für Kinder bei Trennung und Scheidung in der Beratungsstelle Trialog Münster. Eltervereinbarungen für Kinder und Gruppen, für Kinder aus Scheidungsfamilien. Zentralblatt für Jugendrecht 7/8, 329-334.

Lack-Strecker, J./Naumann, H. (1995): Scheidungszeremonien. Workshopbericht. In: Zusammenwirken im Familienkonflikt 1995.

Limbach, I. (1989): Die gemeinsame Sorge geschiedener Eltern in der Rechtspraxis. In: BM d. Justiz (Hrsg.): Rechtstatsachenforschung. Köln (Bundesanzeiger) 1989.

Mackscheidt/Wenzlawik (1987): Praxisbericht: Wochenendseminar für Alleinerziehende mit ihren jugendlichen Töchtern und Söhnen. Z. f. Kinder- und Jugendhilfe 68/11, 509-513.

Magnus, U./Dietrich, S. (1986): Gemeinsame elterliche Sorge nach Scheidung - eine Erhebung beim Familiengericht Hamburg - Mitte. Z.f.d. gesamte Familienrecht 33, 416-420.

Mähler, G./Mähler, H.-G. (1995): Was können wir instiutionell für Scheidungskinder tun oder lassen? Workshopbericht. In: Zusammenwirken im Familienkonflikt 1995.

Maier-Aichen, R./Friedl, I. (1993): Zusammenleben in Stieffamilien. In: Menne, K./Schilling, H./Weber, M. 1993.

Menne, K./Schilling, H./ Weber, M. (1993) (Hrsg.): Kinder im Scheidungskonflikt. Beratung von Kindern und Eltern bei Trennung und Scheidung. Weinheim/München (Juventa).

Moser, T. (1982): Familienkrieg. Frankfurt/Main (Suhrkamp) 1985.

Moser, T. (1994): Familienkrieg und Friedenskonferenz. Über Rituale von Trennung und Scheidung. In: Brauns-Hermann, Ch./Busch, B.M./Dinse, H. 1994.

Muck, M./Trescher, H.-G. (1993) (Hrsg.): Grundlagen der Psychoanalytischen Pädagogik. Mainz (Grünewald).

Napp-Peters, A. (1985): Ein Elternteil-Familien. Soziale Randgruppe oder neues familiales Selbstverständnis? Weinheim-München (Juventa) 1987.

Napp-Peters, A. (1988): Scheidungsfamilien. Interaktionsmuster und kindliche Entwicklung. Arbeitshilfen, H. 37.
Pedro-Caroll, J.L./Cowen, E.L. (1985): The Children of Divorce Intervention Program. J. of Consulting and Clinical Psychology 53, 603-611.
Piaget, J. (1950): Der Aufbau der Wirklichkeit beim Kinde. Gesammelte Werke, Bd. 2, Stuttgart (Klett) 1975.
Petri, H. (1991): Scheidungskinder im gesellschaftlichen Umbruch - Über Haß und Versöhnung nach der Trennung. Familiendynamik 16, 351-362.
Proksch, R. (1990a) (Hrsg.): Wohl des Kindes. Nürnberg.
Proksch, R.(1990b): „Vermittlung" in Scheidungskonflikten (Mediation). In: Proksch, R. 1990a.
Proksch, R. (1993): Vermittlung. Verwirklichung von Elternrecht und Kindes-wohl durch Vermittlung (Mediation). In: Menne, K./Schilling, H./Weber, M. 1993.
Reinelt, T./Bogyi, G./Schuch, B. (1997) (Hrsg.): Lehrbuch der Kinderpsychotherapie. München (Reinhardt).
Reischies, A./Rudnitzki, E. (1987): Und plötzlich hab' ich Kinder. Probleme und Konfliktlösungen in Stieffamilien. Düsseldorf (Econ).
Richter, H.-E. (1989): Nachwort zu Häsing, H.: Mutter hat einen Freund. Alleinerziehende Frauen berichten. In: Häsing 1989.
Rotman, M. (1978): Über die Bedeutung des Vaters in der „Wiederannäherungsphase". Psyche 12, 1105-1147.
Rotman, M. (1981): Der Vater der frühen Kindheit - ein strukturbildendes drittes Objekt. In: Bittner, G. 1981.
Rudeck, R.(1993): Kindergruppenarbeit im Feld Trennung und Scheidung. In: Menne, K./Schilling, H./Weber, M. 1993.
Sasse, O./Stoellger, N. (1989) (Hrsg.): Offene Sonderpädagogik - Innovation in sonderpädagogischer Theorie und Praxis. Frankfurt/M. (P. Lang).
Scheib, A. (1987): Der zweite Anlauf zum Glück. Risiko und Chance der Stief-Familie. München (Ehrenwirth).
Scheuerer-Englisch, H. (1993): Beratung statt Begutachtung. Ein Modell der Zusammenarbeit von Erziehungsberatung und Familiengericht. In: Menne, K./Schilling, H./Weber, M. 1993.
Schmitz, H./Schulte, S. (1993): Gruppenintervention für Kinder aus Trennungsfamilien. Köln (unv. Diplomarbeit).
Spiel, W. (1967): Therapie in der Kinder- und Jugendlichenpsychotherapie. Stuttgart (Thieme) ²1976.
Visher, E.B./Visher, J.S. (1987): Stiefeltern, Stiefkinder und ihre Familien. Probleme und Chancen. München/Weinheim (Psychologie Verlags Union).
Walker, J. (1995): Möglichkeiten und Grenzen von Scheidungsmediation in England. Workshopbericht. In: Zusammenwirken im Familienkonflikt 1995.
Wallerstein, J./Blakeslee, S.(1989): Gewinner und Verlierer. Frauen, Männer, Kinder nach der Scheidung. München (Droemer Knaur).

Wallerstein, J.S./Kelly, J.B. (1980): Surviving the breakup. New York (Basic Books).
Winnicott, D.W. (1971): Vom Spiel zur Kreativität. Stuttgart (Klett-Cotta) [2]1979.
Zulliger, H. (1952): Heilende Kräfte im kindlichen Spiel. Stuttgart (Klett-Cotta) [6]1979.
Zusammenwirken im Familienkonflikt (1995) (Hrsg.): Dokumentation. Kinder und Jugendliche im Scheidungsprozeß ihrer Eltern. Zur Forschung, Theorie und Technik von Therapie und Beratungspraxis. Berlin (Eigenverlag).

Quellenhinweise

Das **3. und 4. Kapitel** ist eine überarbeitete und erweiterte Fassung eines Aufsatzes, der unter dem Titel: Zwischen Aufklärung und Deutung. Zur Methode und Technik psychoanalytisch-pädagogischer Beratung von Scheidungseltern, in: Eggert-Schmid Noerr, A./Hirmke-Wessels, V./Krebs, H. 1994, erschienen ist.
Im **5. Kapitel** haben Textteile von drei schon publizierten Aufsätzen Verwendung gefunden:

Obsorge, Kindeszuteilung, Besuchsrecht - Betrachtung aus psychoanalytisch-pädagogischer Sicht. Der Österreichische Amtsvormund 122, 5/1994, 167-171.

Kindliches Erleben im Obsorgestreit: Bei staatlicher Intervention und im Kulturzwiespalt. Der Österreichische Amtsvormund 128, 6/1995, 183-189.

Über die Befindlichkeit von Kindern nach Trennung und Scheidung im Rahmen unterschiedlicher Sorgerechtsmodelle. In: Brauns-Hermann, Ch./Busch, B.M./Dinse, H. 1997.

1999 · 225 Seiten · Broschur
EUR (D) 20,50 · SFr 36,–
ISBN 3-932133-52-8

Was tun, wenn Eltern mit ihren Kindern nicht mehr zurecht kommen? Wie kann man die Sorgen und Nöte verstehen, mit denen diese Eltern ebenso zu kämpfen haben, wie die Kinder?

Dieses Buch zeigt, in welcher Weise die unbewusste Bedeutung von Eltern-Kind-Problemen erschlossen und in die Beratungspraxis Eingang finden können. Darüber hinaus werden die Grundlagen und Grundzüge psychoanalytisch-pädagogischer Erziehungsberatung dargestellt und anhand zahlreicher Fallbeispiele diskutiert.

2006 · 199 Seiten · Broschur
EUR (D) 19,90 · SFr 34,90
ISBN 3-89806-511-1

In 12 Vorträgen und Aufsätzen demonstriert Helmuth Figdor, wie der schwierige Balanceakt zwischen gesellschaftlichen Anpassungsforderungen, den Wünschen der Kinder und ihren langfristigen Entwicklungsinteressen in der Praxis gelingen kann.

Obwohl das Buch von der pädagogischen Praxis handelt, bildet es zugleich einen wichtigen theoretischen Beitrag zur Psychoanalytischen Pädagogik: demonstriert Figdor doch, wie sich Kulturkritik, psychoanalytisches Verstehen und pädagogische Orientierung in wirksamer Praxis verwirklichen lassen.

Die Themen lesen sich wie ein A–Z pädagogischer Alltagsprobleme: Aggression, Beratung, Gewalt, Kindergarten, Krankheit, Missbrauch, Schule, Sexualität, Trennung bzw. Scheidung und Verhaltensstörung.

PSV
Psychosozial-Verlag

Goethestr. 29 · 35390 Gießen · Tel. 0641/9716903 · Fax 77742
bestellung@psychosozial-verlag.de
www.psychosozial-verlag.de

2006 · 248 Seiten · Broschur
EUR (D) 24,90 · SFr 43,–
ISBN 978-3-89806-458-3

György Hidas und Jenö Raffai zeigen neue Zusammenhänge zwischen Störungen der Mutter-Fötus-Bindung und Störungen der Persönlichkeitsentwicklung nach der Geburt auf. Ihre unvergleichliche Methode zur Analyse der Bindung zwischen Mutter und Fötus eröffnet neue Therapiemöglichkeiten für Fachleute der prä- und perinatalen Psychologie und weist werdenden Eltern Wege zur vorgeburtlichen fördernden Kontaktaufnahme mit ihrem Baby.

2000 · 400 Seiten · Broschur
EUR (D) 25,90 · SFr 43,–
ISBN 978-3-89806-043-1

Seit den Anfängen der Psychoanalyse gibt es eine Hintergrunddiskussion zur lebensgeschichtlichen Bedeutung von Erfahrungen vor und während der Geburt. Diese wird in dem Buch dargestellt und zugänglich gemacht. Daraus ergeben sich Anregungen für eine Diskussion von Konsequenzen für Theorie und Praxis der Psychoanalyse. Insbesondere ergibt sich ein tieferes Verständnis der Inhalte von Mythen, Märchen und Riten und der Wurzeln in frühester vorsprachlicher Erfahrung. Kulturpsychologie und Gesellschaftswissenschaften können hieraus neue Gesichtspunkte gewinnen.

PV
Psychosozial-Verlag

Goethestr. 29 · 35390 Gießen · Tel. 0641/9716903 · Fax 77742
bestellung@psychosozial-verlag.de
www.psychosozial-verlag.de